山东省高等学校优秀骨干教师国际合作培养项目

青年学术丛书·法律
YOUTH ACADEMIC SERIES-LAW

少数人差别权利研究

——以加拿大为视角

耿　焰　著

人民出版社

目　　录

前　言

一、少数人差别权利的价值

卢梭曾言:"人是生而自由的,但却无往不在枷锁之中。"①人究竟因为什么而不幸?世界上还有很多人在贫穷中挣扎,在不断地与疾病抗争。对他们而言,贫穷、疾病自然是其不幸的原因,但问题仅仅如此吗?由于是文化上的"少数人"就不能生活在自己的文化之中,或被迫脱离自己所属的文化群体,同时又无法或不愿融入另一个文化群体,与不以自己文化为特征的公共系统之间始终存在疏离感等,这些又何尝不是人不幸的缘由?

人不仅仅是政治动物(亚里士多德语),需要确定自己与国家(即亚里士多德眼里的"城邦")的关系,寻求国家的庇护;人更是一种文化动物,其只有在生于斯、长于斯的文化中才能获得对完整自我的认同。这主要体现在:个体认同完整自我所需的自我判断和自我反省的道德能力来源于既定文化。首先,尽管人可以有许多与生俱来的假设,但个体的道德能力却不是与生俱来的;相反,其是依靠成长于某个特定的社会、学习和使用它的语言,参与其生活、体验其道德规范,在成为特定文化群体一名成员的过程中锤炼出来的。离开社会所包含的文化环境,个体不可能形成和发展自己基本的道德能力。其次,虽说个体对完整自我的认同依据的是个体独立的价值观念,

---

① 〔法〕卢梭:《社会契约论》,何兆武译,商务印书馆1980年版,第8页。

但这种价值观念并非是个体天生的，而是在个体与他人互动的过程中，依靠其所置身的文化背景以及该文化所提供的用于观测和总结与他人互动关系的价值系统来完成的。尽管文化不能为不同的个体提供一种统一的价值观念，但其至少提供了一种有关信念、准则和实践的框架；在此框架内，个体才形成自己的价值观念，完成自我认同。再次，完整的自我必须有起码的自尊，而这种自尊来源于对地位与承认的一种渴望，渴望寻求"一种在其中我能够感觉到我是一个负责任的行动者的状况"，而"唯一能够这样承认我并因此给予我成为某人感觉的，便是那个从历史、道德、经济也许还有种族方面我感到属于其中的社会的成员们"。① 这种承认是自尊的基础，"当我被作为一个不受承认或者得不到充分尊重的群体的成员时，我也会感到不自由"。如此，个体方能形成对完整自我的认同。

既然个体对完整自我的认同只能依据其既定文化，表现出特定的文化属性，那么他人和国家对个体完整自我的承认就不应该仅仅局限在承认个体具有独立的道德能力及其可以按照自己的意愿选择生活的范围上，而且还需承认个体所属的文化和文化群体，即承认个体的文化归属。此处的文化是指个人在其参与的社会实践中所依赖的种种价值观和由此产生的各种象征，如语言、信仰、习俗等，由这种价值观和象征展现和塑造的特定的生活方式即为文化，体现了包括民族、族裔、族群在内的群体的本质特征或"本真性"。

如果我们真诚地相信个体的文化归属对于个体完整自我的认同具有特定的意义，个体身份是"由提供框架或视界的承诺和身份规定的，在这种框架和视界内我能够尝试在不同的情况下决定什么是好的或有价值的，或者什么应该做，或者我应当赞成什么或反对什么"②，那么个体所处的文化，包括其所属的特定文化群体的存在与发展，就应该被视为个体的特定需要而加以维护，只是维护的途径因不同的文化在公共领域中的被反映的程度相异而有所区别。

在多文化的国家中，不同的文化在公共领域中被反映、被接受的程度存

---

① ［英］以赛亚·伯林：《自由论》，胡传胜译，译林出版社2003年版，第229—230页。

② ［加］查尔斯·泰勒：《自我的根源：现代认同的形成》，韩震译，译林出版社2001年版，第37页。

在着显著的区别。对于自己的文化在公共领域得到充分反映的多数文化群体的成员而言，他们的文化的确就像空气，能供其自由地"呼吸"；但对于少数人而言，由于他们的文化与在公共领域中所采纳的文化不同，这种不同甚至达到了不同质的程度，因此，尽可能地"呼吸"乃至自由地"呼吸"自己的空气——体验自己的文化可能就是一件奢侈的事情，奢侈到需要国家认可他们额外的文化诉求——确立少数人的差别权利——才能够实现。

有一种看法认为，少数人的文化之所以遭受生存压力乃至生存危机，这是一种竞争的自然结果，非人为因素所造就。换言之，持这种看法的人认为，文化的危机是文化之间竞争的体现，是"优胜劣汰、适者生存"的进化，少数人的文化实际遭受生存压力和危机的事实本身就说明其文化的社会适应性太弱，无相当的竞争能力，"被淘汰"是一种痛苦的但应该被接受的合理结果。这种观点其实并不新鲜，西方的现代宪政主义长期持这样的观点，认为少数人的文化"落后"或"野蛮"，少数人只有臣服于西方主流文化，其生活才能融入"政治社会"，少数文化群体中的个体才能成为有价值的公民。如在加拿大，专门为其少数人之一印第安人制定的《加拿大印第安人法》（*The Indian Act*）及在其形成百余年后推出的修正案，虽然赋予了作为个体的印第安人公民身份，但却以印第安人须否认自己的文化、放弃自己在原文化中本来的权利为代价，正如有人所言："使土著民同化到加拿大主流社会并丧失自己的文化以及一切与此种文化相关的权利，是该法的主题。"① 加拿大于1869年颁布的《逐渐授予印第安人公民权利法案》，更是将这种"主题"表达得淋漓尽致。

这种社会进化论观点不仅否认了文化之间平等的价值，而且给社会带来了灾难性的后果。其中的原理很明了，如果少数人的文化是"落后"、"野蛮"的代名词或被贴上类似的标签，那么少数文化群体中的个体也会在不知不觉中将其文化视为其之所以在社会中遭遇尴尬的源泉，对自身、自己同其他人的关系产生一种扭曲的、错误的或至少是不妥当的认识和看法。在此种

---

① 姜德顺：《加拿大土著民艰辛的维权之路——解读"土著权利"和"条约权利"》，《世界民族》2007年第5期。

状况下，人性不可避免地会被扭曲，而"从扭曲的人性之材中，造不出直的东西"（康德语）。

还有一种观点认为，文化与文化之间并不存在不可逾越的界限，成长于特定文化的个体完全可以介入和融入另一文化，如在国家公共领域中被广泛采纳和推崇的多数人文化。因此，没有必要采取"贴标签"的方式来区分少数人，更没有必要在统一公民权利之外确立少数人的差别权利来维护其文化本身的生存和发展。在理论上，这种观点似乎合理，少数人确实可以介入乃至融入多数人的文化，多数人文化在公共领域内的广泛传授和反映也增加了这种介入和融入的可能性；但在实际上，介入和融入另一文化谈何容易？这种介入和融入在少数有着特殊背景的国家即便有成功的先例，其也不具有普遍性。更为重要的是，个体乃至群体融入另一文化的成功事例也不能成为左右少数人选择的合理理由。人既然不能脱离文化而生活，且只有在生于斯、长于斯的文化中才能获得对完整自我的认同，那么少数人生活在自己文化中的愿望和诉求就应该同多数人的愿望一样，获得平等的承认和尊重。

值得庆幸的是，不少人已经开始对上述观点进行反思，充分意识到文化是平等的，每种文化都有自己独特的、不可取代的价值，也意识到个体成功地融入另一文化的巨大困难。这种反思和认识体现在国际人权的发展上。国际人权公约虽然长期坚持了一种理想标准，即由体现自由民主工业社会的价值和制度的权利构成的理想标准[1]，但今天的人权环境已经与当年删除关于少数人文化诉求的权利时期大不相同[2]，包括多数人在内的许多人已经认识到：在国家共同体中，与多数人相比较而言，少数人就是具有不同文化特征的群体及其成员。此处的文化特征包括语言、宗教、习俗，实质是价值观的

---

[1] 这是英国人权法学者对《人权宣言》的评论，批评《人权宣言》不顾文化多样性的事实，将暗含体现自由民主工业社会的价值和制度作为普遍的标准和目标，要求那些从来没有生活在这样的社会里的国家采取所谓的"国内国际的渐进措施"向这个标准看齐，朝这个目标前进。结果是，"尽管《人权宣言》声称其具有普遍性，但它所规定的权利有许多简直与这些国家无关。"参见［英］A. J. M. 米尔恩：《人的权利与人的多样性——人权哲学》，夏勇、张志铭译，中国大百科全书出版社 1993 年版，第 3 页。

[2] 联合国在 1948 年的《世界人权宣言》中废除了所有关于少数人权利保护的内容，用个体权利来取代少数人权利的保护。

实践，蕴涵、浸润在生活方式之中。"少数人"与"多数人"的区别不仅在于二者的文化特征、价值观和生活方式的差异，更在于其文化在国家公共领域被反映、被容纳、被推行程度的截然不同。基于此，国家应采取各种补偿性措施，对少数人予以差别对待，使得他们能够守护、传承和发展自己的独特文化。对于国家的此种义务，相关的国际人权公约和文件均有规定。在某种意义上，少数人的差别权利就是国家此种义务的具体体现。

少数人差别权利是其"享有自己文化的权利"，实质是一种文化诉求而非政治诉求。之所以将特别保护少数人文化的权利称为"差别权利"，是因为这种称呼不仅能体现此种权利的性质即"差别性"，包括其与公民基本权利的"差别"、不同类型少数人权利诉求的"差别"、权利实施路径的"差别"，更能反映少数人权利设置的目的以及达到目的的方式。一言以蔽之，设置少数人权利的目的就是为了包容文化之间的差异，尊重文化的多样性，而不是一味地追求文化的统一。"差别"既是特征，也是目的，更是达到目的的方式。

少数人差别权利的确立能给少数人的文化一个包容、宽松的发展环境，使其不至于受到来自多数群体文化的不适当的压力，尽可能保障自身文化的自然发展。这样做的目的，可以使少数人不被强制地脱离与其文化的联系，若少数群体的成员用行动来自愿表明其想改变与原有文化和文化群体的亲密关系，或想与原有文化和文化群体形成一种不那么紧密的联系，甚至自动放弃其文化或脱离其文化群体（如自愿移民），少数人的差别权利也能为其融入另一文化和文化群体提供一种缓冲，最大限度地降低其在不同文化背景下选择的无所适从，维护其基本的自尊，不至于冲击到其完整自我的形成和识别。由此，包括《公民权利与政治权利国际公约》在内的许多国际人权公约和文件以及诸多国际人权机构，都特别关注到文化上的少数人其特有的文化诉求，也关注到实现这些诉求的路径，那就是少数人有权通过各种差别方式来"享有自己的文化"。这些关于少数人文化诉求的人权公约和文件以及国际人权机构的实践，也构成了少数人差别权利的基本框架。

少数人的差别权利并不能直接减轻或消灭所有人的不幸，但对少数人差别权利的承认与实现，至少可以在相当程度上降低或减轻少数人的不幸。

在另一种意义上，少数人不幸程度的减轻或降低又岂止是仅仅惠及少数人？虽说不能直接将其他群体、其他人的幸福等同于自己的幸福，但同为同一国家共同体的成员，若对其他文化群体及其成员的愿望置之不理，其他文化群体及其成员的不幸所导致的不满、怀疑甚至敌视终究会祸及自己本来的幸福。

如此，少数人的差别权利值得研究。

二、以加拿大为视角的缘由

之所以在少数人差别权利的研究上将目光投向加拿大，主要是出于以下原因：

首先，在人权领域，就少数人差别权利的确认和实现而言，加拿大独树一帜。

无论对加拿大1982年《宪法》的第三十五条如何理解，不能否认的是，加拿大是目前世界上唯一将"少数人"的差别权利用宪法的方式加以确立的国家，其1982年《宪法》第三十五条规定了土著人在加拿大享有土著人权利和条约权利。而再往前推也不难发现，实际上早在1971年，加拿大政府就通过实施多元文化主义政策确认了作为少数人的移民群体的成员在语言方面的差别权利，移民在被要求学习加拿大官方语言的同时，也享有自己学习和让子女学习自己母语的特别权利。这些差别权利的规定后来都被吸收到确立公民基本权利的宪法性文件《加拿大权利与自由宪章》之中，集中体现在第二十三条。

其次，加拿大本身独特的社会结构和文化造成了其少数人类型多样、少数人差别权利实施的路径多样，充分地体现了差别权利的差别性要求。确切地说，在加拿大，被称为文化识别下的少数人不仅包括土著人，也包括法裔文化群体，同时还涉及大量的移民等。以少数人的类型划分，不仅有少数民族，也有不能称为民族的族裔群体等。以土著人为例，加拿大的土著人（Aboriginal People），指印第安人（Indian）、因纽特人（Inuit，又称爱斯基摩人）和梅蒂斯人（Metis，又根据音译为米提人）。根据 2001 年加拿大联邦政府人口普查的数据，在加拿大 2963 万余人口中，土著人有 976305 人，占全国总人口的 3.2%。少数人人口的数量不是加拿大土著人受到关注的原因，其中的文化特色乃是根本。虽然印第安人、因纽特人和梅蒂斯人都同为文化上的少数人，但深究下去，因为各种不同的历史原因和境遇，其各自的文化在加拿大公共领域得到反映的程度以及各自文化所面临的困境均有差别，这种差别决定了他们各自具体的文化诉求的不同，其主张的差别权利无论是在权利形式、权利内容上还是在实现权利的路径上，都存在差异，"差别权利"名副其实。如印第安人和因纽特人，其在文化上的困境不同，因为历史原因，后者在相当长时期内被加拿大主流社会"遗忘"，但这种"遗忘"反而使因纽特人的文化在受到的外界不恰当的压力方面，最为典型的如强制同化等远不及前者。同时，加拿大作为世界上移民最多的国家，移民的文化诉求与土著人又有很大的区别，甚至可以说是截然不同。移民在主观上并不反对融入主流社会，"被同化"在某种程度上也许就是移民的心愿，但在融入主流社会的同时其也有保留自己文化特色的要求（其中很重要的一个原因就是成功地融入另一种文化并没有想象的那么容易，过程异常艰辛、代价异常巨大）。因此，满足移民这种文化诉求的差别权利在内容上与土著人的差别权利就存在着很大的不同，如同为语言权利，前者只需要弱促进性语言权利即可满足，后者则将摆脱语言困境的希望寄托在强促进性语言权利的实现上。可见，考察加拿大少数人差别权利中的种种"差别"，有助于澄清少数人差别权利的基础性概念与原则，同时摸索和探讨实现差别权利的可行路径。其中的原理有加拿大学者早已评价到："每一场冲突或纷争都有它的独特历史和情况，这就要求人们在制定公正和可行的解决方案时予以充分的考虑。我的主张是：后退一步，海阔天空——确定一些必须考虑的关键概念和原则，以此为依据，为恰当地处理少数人权利（minority rights）奠定基础。"①

再次，加拿大在少数人差别权利的实践方面，不仅有成功的经验，也有

---

①　Will Kymlicka, *Multiculture Citizenship: A Liberal Theory of Minority Rights*, Clarendon Press 1995, pp.1-2.

深刻的教训，具体指少数人差别权利曾被加拿大法裔文化群体滥用。虽然经过几个世纪的努力，加拿大魁北克的法裔文化群体已经在许多方面成功地化解了来自英裔文化群体不恰当的压力，如自20世纪60年代后，法裔文化群体的语言——法语已经成为加拿大的官方语言，但加拿大法裔文化群体至今仍然为未能获得加拿大宪法对其"独特社会"的认可而耿耿于怀。在面对人数众多并在公共领域占据优势的英裔文化群体时，法裔文化群体以少数人"自决权"的名义采取极端方式，宣布单方面脱离加拿大，此即所谓的"魁北克分离事件"。加拿大的教训警醒我们：少数人差别权利有被滥用的危险，须在法律上界定各种差别权利的目的、实质及其与诸多人权原则的关系，此乃是防止滥用的有效途径。在这方面，加拿大政府，尤其是加拿大最高法院颇有经验，其就魁北克分离事件作出的宪法裁决值得深读。

此外，本书作者曾在加拿大多伦多大学以访问学者的身份进行研修，利用在加拿大9个月的研修时间，进行资料的收集、整理、研读和与相关学者的交流工作。由于有关少数人差别权利的内容和实施方式都隐藏在加拿大政府（包括联邦政府和地方政府）与少数人的谈判协议、各级法院的判例以及官方的政策中，因此笔者将主要精力投放在查看政府文件、研究法院判例上，论文的许多观点都来源于对这些文件、判例、政策等实证材料的挖掘、总结和凝练。

三、本书的结构

本书共分为五个部分，分别探讨了少数人差别权利问题的缘起、少数人的界定、少数人差别权利的含义和性质、少数人差别权利的哲学基础以及少数人差别权利的实践。

第一章讨论了少数人差别权利问题的缘起，以加拿大为对象，分别从原罪论、国际人权公约的变迁以及多元文化主义政策三个角度进行了分析，认为确立少数人差别权利既是出于对少数人历史上所遭受的长期不公正待遇进行弥补的一种原罪心理，也是国际人权领域对其早期漠视少数人额外文化诉求、不认可少数人差别待遇进行反思的结果。同时，国家采取的多元文化主义政策对于少数人差别权利问题产生了积极的影响，多元文化主义对不同文化平等价值的承认、对不同文化之间差异的维护以及对个体差异文化身份的承认等，为少数人差别权利的确立奠定了基础。

第二章讨论了少数人的界定问题，着重分析了《公民权利与政治权利国际公约》第二十七条关于"少数人"的规定，认为公约用以界定"少数人"的三个因素即种族、语言和宗教信仰都集中在一个关键性因素——文化差异上，由此得出一个结论，认为文化识别才是界定少数人的工具进路。"少数人"就是指在国家共同体内，在文化识别下，因种族、语言、信仰等因素而在文化形态上具有与多数人不同文化特征的群体及其成员，包括少数民族、族裔、移民和外籍劳工。

文化识别之所以成为界定少数人的进路，就在于文化对个体具有不可取代的价值，能满足个体对完整自我认同的需要。这主要体现在：个体形成完整自我的道德能力来源于文化；个体认同完整自我的价值观念来源于其既定文化；认同完整自我所需要的自尊离不开个体所属的文化。文化识别中"文化"是指价值观的实践，蕴涵在生活方式之中，通过语言、信仰、习俗等展现。文化与文化之间不存在优劣之分，甚至不可公度。与民族识别相比，文化识别体现了更多的宽容和尊重，对其他文化以及浸润于其中的个体的宽容和尊重。

第三章从分析《公民权利与政治权利国际公约》第二十七条出发，认为该条规定了文化上的少数人"享有自己文化的权利"，这构成了少数人差别权利的基本框架，即少数人差别权利是一种要求国家履行各种积极义务，以满足少数文化群体的成员能够实际地享有自己文化的权利，是一种由特殊主体——少数人享有的、具有特殊内容即享有自己文化的特殊人权，其实质是在公民基本权利之外通过宪法或特别法律规定的、以包容文化差异和尊重文化多样性为目的、通过差别待遇行使的特别权利。

本章还论证了少数人差别权利的差别性所在，认为少数人差别权利的差别性首先体现在其与公民基本权利的差别，二者在权利产生的背景、主体和实现路径上存在着截然差别；其次，少数人差别权利还体现在少数人之间权利诉求的差别上。不同的少数人群体由于各自的具体文化困境不同，自然产生不同的文化诉求，表现为同为一国家共同体的少数群体及成员，其所倚重的少数人差别权利的类型和内容存在很大的差别。再次，少数人差别权利的差别性还体现在权利实施路径上的差别，即便属于同一国家并享有相同权利类型的少数人，其在实现路径上也可能由于各自不同的历史境遇、现实需求和自身条件而寻求不同的路径来满足自己的文化诉求。在厘清少数人差别权利的概念后，本章还分析了少数人差别权利与公民基本权利以及与统一国家认同之间的关系问题，认为在少数人差别权利与公民基本权利的关系上，前者是后者的补充，在特定时候又形成对后者一定的约束；后者则是前者的维度。在少数人差别权利与统一国家认同之间的关系上则表现为，少数人差别权利是在统一国家认同的前提下实施的，统一国家认同于对少数人差别权利的实现具有保障作用，而少数人差别权利能促进统一国家认同。

本章最后部分还讨论了少数人差别权利与回归过去的问题，认为少数人差别权利的确定并不意味着回归过去，尤其是回归到部分少数人所主张的所谓国家与国家之间的状态。深究起来，少数人差别权利应该是选择一条中间道路。

第四章是本书的重点之一，分别从平等承认、包容差异的平等观、文化多样性以及如何通过承认个体差异的文化身份来弥补西方现代宪政主义的硬伤等方面，论证了少数人差别权利的哲学基础。

本章第一部分分析了平等承认、包容差异的平等观和文化多样性，以此作为确立少数人差别权利的哲学基础问题，认为鉴于他人的承认对于个体识别完整自我的影响，处于社会之中的个体对自身的认识在很大程度上被其他个体、群体、国家等的"承认"所左右，个体所形成的对自身特定的"识别"是"承认"的一种基本反映。因此，为了个体对完整自我的识别不至于被扭曲和出现错误，"承认"应该是一种"平等承认"，这其中就包含承认少数人的文化与多数人的文化一样，都具有不可取代的平等价值。又因平等承认的首要标准是承认个体有如其所愿地选择自己生活的自由，倘若少数人就想选择生活在自己的文化之中，那么这种选择也应被纳入"平等承认"的范畴。此外，对少数人作出的生活在自己文化之中的选择的平等承认还涉及对公共资源的平等利用，即文化上的少数人也有权利用公共资源来表明自己的文化识别，守护、传承和发展自己的独特文化。

另外，本章还通过分析加拿大联邦政府的《白皮书》和印第安人《不仅仅是公民》之间的分歧，比较了同等待遇的平等观和包容差异的平等观，认为如果将人的情感平等、理性平等两个假设前提置于文化识别之中，考量其中的文化因素，那么在面对具有差异文化的少数人时，包容差异的平等观比同等待遇的平等观更有可能接近甚至实现平等。第一部分的最后则论证了文化多样性问题，认为文化多样性是人类生活的真实图景，它保障了人类生活中一条条可能通向幸福的道路不被阻塞，少数人差别权利能维护和造就这种文化多样性，此亦成为其哲学基础之一。

本章第二部分和第三部分剖析了西方现代宪政主义的一个硬伤，即否认个体文化身份和排斥文化多样性。主要体现在：首先，关于权力和权利主体的核心概念排斥了文化的多样性，具体是指将人民和公民这两个概念与平等、权利、法治等其他概念进行的组合以及运用。其次，现代宪政主义以进步为由，限制了宪法对不同文化的习俗、风俗和习惯的承认。弥补现代宪政主义否认个体文化身份和排斥文化多样性硬伤的路径之一，就在于承认个体是公民身份和文化身份的同一，承认少数人的差别性公民身份，通过提供公民基本权利之外的差别待遇来满足少数人的额外文化诉求，即确立少数人的差别权利。

第五章探讨了少数人差别权利的实践。其中权利类型包括少数人差别自治权利、差别语言权利、差别习俗权利、少数人群体代表权利以及少数人融入帮助权等。

在少数人差别自治权中，着重探讨了差别自治权的模式，包括"市政府"模式、"公共政府"模式以及"三边联邦"模式等。在少数人差别自治权利与司法审查的关系上，认为差别自治权利受到是否合乎宪法的司法审查是必然趋势，但关键是如何在维护少数人独特文化特征与贯彻宪法精神之间找到一个平衡点。此外，以加拿大最高法院就魁北克分离事件所作的宪法裁决为例证，说明了差别自治权是少数人自决权的明智归宿。

在少数人差别习俗权利方面，本书论证了少数人差别习俗权利的理由、少数人习俗权利中习俗的含义和范围，包括确立共同体道德的习俗、维持生活模式的习俗、保持和体现独特文化传统的习俗等，并探讨了少数人习俗权利的维度，包括与公民基本权利的关系等。

在少数人差别语言权利方面，本书着重探讨了语言平等与语言自由的内容，认为不同的少数人在语言自由方面存在差异，并论证了少数人语言地位与官方语言地位的关系等。

关于少数人群体代表权利问题，本书着重研究了群体代表权利的法理基础以及在群体代表权利实践中的尝试等。

在关于少数人的融入帮助权方面，本书探讨了融入帮助权的含义，以及融入帮助权的构成，包括少数人配额分配制度等。

第一章　少数人差别权利问题的缘起

　　少数人差别权利问题的缘起首先基于一种"原罪"心理，具体指由于文化少数群体在历史上长期遭受的不公正待遇，使得人们普遍具有一种负罪感，由此产生纠正不公、回归正义的要求。在加拿大，少数人差别权利问题的提出正是"原罪"心理下纠正不公、回归正义的结果。其次，少数人差别权利问题的缘起与国际人权的发展也密切相关，是国际人权领域对少数人问题反思的结果。长期以来，在国家人权领域，人权的发展一直强调人权的普遍性，即不论个体的文化身份和由此产生的群体归属，一视同仁地保护个人公民基本权利和政治权利，以期达到普遍性的人权保障。因此，早期的国际人权公约对于国家内的文化少数群体，如少数民族、族裔、族群、土著人、移民等都不予以特别的关注，以防止违反不能给特定的群体、特定的人"贴标签"的一视同仁平等观的规定。同时，文化差异、文化识别在国际人权领域也不被接受，反而被刻意忽略，且美其名曰"善意的忽略"。这种只强调普遍人权、有意忽视文化差异的实践结果，导致早期国际人权公约无法应对少数人的文化诉求，国际人权公约和人权机构也因此备受质疑。为解决传统人权主张在保护少数人文化利益上的无力问题，区别对待文化少数群体及其成员的呼声也越来越高。在这一背景下，人们开始在国际人权领域反思传统人权理论忽视群体文化差异的问题，在一系列的国际人权公约和文件中确立了对少数人进行特别保护的少数人权利，并以此来强制各个缔约国家必须履行相应的积极义务。国际人权领域的这种变化，给加拿大带来很大的压力，促使其开始应对国内少数人的文化诉求问题。此外，加拿大在 20 世纪 70 年代采取的多元文化主义政策对于少数人差别权利问题也产生了积极的影响，多元文化主义对不同文化平等价值的承认、对不同文化之间差异的维护以及对个体差异文化身份的承认等，为少数人差别权利的确立奠定了基础。

一、原罪论与少数人的差别权利

"原罪"（original sin）本是基督教的一种理论假设，因为亚当、夏娃不听从上帝的旨意偷吃禁果，由此，人生来就有罪，后天的生活就是赎罪的过程。"原罪"在此处指少数人在历史上所长期遭受的不公正待遇使得人们普遍具有的一种负罪感。如同亚当、夏娃没有服从上帝一样，历史上的掌权者没有服从正义的原则，或他们服从了一个至少在现在看来是错误的"正义原则"，并对文化少数人采取了不公正的待遇，侵犯了其人权，这使得从这种不公正待遇中或多或少获利的后人自然有了一种负罪感，对少数人的原罪心理，或者至少是羞愧感由此产生。①

基于对少数人文化的贬低和否认以及建立一种占统治地位的同质文化的需要，少数人曾在历史上被强制地打入另类，导致其基本人权遭受大规模的严重侵犯，如少数人的传统领地被占用、盗用，少数人被隔离，少数人在文化上被强制同化，包括语言权利被限制，习俗被统一的法律替代等。具体到加拿大，其在相当长的一段时期内只承认和保护盎格鲁文化和法兰西文化，包括印第安人、因纽特人和梅蒂斯人在内的土著人文化不被平等承认，土著人的文化身份长期得不到国家的平等尊重，土著儿童被迫脱离自己的家庭，接受盎格鲁文化的同化。其他国家如美国、澳大利亚的情形并不比这里好多少。对少数群体的历史遭遇所抱有的这种"原罪"心理，能很好地解释人们对文化少数群体的同情行为，但是这是否能成为实行少数人差别权利的缘由呢？

---

① 有人认为历史是公共的历史，如果对于少数群体在历史上所遭受的不公正待遇的这段公共历史用负罪感形容不那么妥当的话，那么对于过去不公正的历史人们应至少有一种羞愧感。Cf: Waldron, *Superseding Historic Injustice*, p.7.

有种观点认为，文化少数群体在历史上遭受的不公正待遇不能成为其现在提出差别性权利诉求的充分基础。理由是：首先，从法律上弥补历史上的错误是不可能的。对错误的弥补要转换成法律上的弥补是有条件的，法律上的弥补只能针对特定人具体的过错所造成的具体的后果，民法、刑法等法律中的赔偿规定就是对符合条件的错误进行弥补的具体法律转换。文化少数群体因所遭受的不公正待遇而导致的人权被侵犯的事实，不是基于某个或某些特定人的行为，而是出于一种制度、一种体制，其损害后果也不是可以在法律上进行量化的，而是一种对个体来说难以衡量的普遍性不利后果，对这种后果的量化在法律上是不可能的。其次，基于历史的复杂性和法律制度的系统性，对这种由于体制的错误所造成的不利后果的弥补、补偿，在法律的方法上是不可行的。如少数群体的传统领地已被占据，无论是返还领地的方式还是其他赔偿方式都是不可行的，因为这其中涉及善意第三人的利益。第三人现在拥有的土地虽说从根源上属于少数人的权属范围，但第三人获取土地的方法是合法的，要求第三人对历史上拥有的这种侵犯负责无法律上的依据。更何况，即便没有历史上强行占用土地的行为，特定的土地到如今是否还属于少数群体或群体成员，这也是个未知数；如果第三人不是个体，而是更多的群体（该种情形非常普遍，如北美地区少数人历史上拥有的土地现已成为公共土地），那么对一部分特定人（少数人）的赔偿就会造成大多数人利益受损的结果。一句话，历史上由于体制所造成的错误，包括对文化少数群体人权的侵犯所造成的所有不利后果是不可能弥补的，无法采取赔偿等方式来矫正。即便是法律上的强制赔偿，该种情形的赔偿也不是严格法律意义上的赔偿，而仅仅是一种姿态，一种表示道歉或"（与少数群体）进行公共和解的姿态"①。此外，确立少数人的差别权利也不是一个补偿方法，与文化少数群体历史上遭受的不公正待遇没有必然的联系。历史上遭受不公正待遇的文化少数群体的成员至今仍然活着的微乎其微，现在的少数人应该是曾经有可能遭受不公正待遇的少数群体的后代，他们基于祖先的经历而获得一种

---

① "对于历史上的不公正应该放弃追究，法律上的赔偿仅仅代表一种名义上的、象征性的公共和解的姿态"的观点的具体论证可以参见 Waldron, *Superseding Historic Injustice*, p.7。

有别于其他非少数群体公民的权利，这种理由实在难以令人信服。

　　在加拿大，上述理由因强行割裂少数群体在历史上的不公正待遇与现在少数人差别权利诉求之间的关系而遭到质疑。虽然差别权利不一定能恢复原状，如将历史上以不平等条约获取的土著人土地返还回去，但"大多数人赞成对这些历史不公正进行某种形式的补偿"①。如在1969年，加拿大政府曾提出废除历史上所有与土著人签订的不平等条约，理由是"我们只能在我们的时代里讲公正"，其中的原罪心理表露无疑。②2001年，在加拿大爱德华王子岛一案中，法院就《加拿大权利与自由大宪章》第二十三条针对语言少数人群体所享有的差别性权利的规定再次声明到：第二十三条是为了弥补历史的错误，保护和促进少数人的语言区域，防止他们被同化。③这同样表达了一种原罪的态度。

　　从哲学的角度看，纠正不公、回归正义的要求可缘于犯罪感、负罪感。"原罪"之所以成为主张差别权利的理由，这主要是因为：首先，制度产生的影响是长远的，尤其是其中的不利影响通常都具有相当的延续性，少数人在历史上遭受的不公正待遇所带来的不利后果并不能因为今天的公正措施就能得到完全消除。其次，针对少数人历史上所遭受的不公正待遇，国家采取的纠正措施分为积极纠正措施和消极纠正措施。其中，消极纠正措施是指国家仅仅停止或废除不公正待遇的制度，如废除同化政策等，至于历史上不公正待遇的制度所造成的状况，包括延续至今的不利后果对少数人实际地位的影响等，则不在消极纠正措施的考虑之列，反倒是积极纠正措施对此有应对路径。换言之，就消除历史不公正待遇的不利影响而言，积极纠正措施比消极纠正措施更为有效，历史上不公正待遇所带来的不利后果并不能因为今天的消极纠正措施就完全得到消除。如少数群体在当今社会中的地位普遍低下，可以说是因文化差异而在历史上遭受的不公正待遇的不利影响所致，并

---

　　①　［加］威尔·金利卡：《少数的权利：民族主义、多元文化主义和公民》，邓红风译，上海世纪出版集团2005年版，第139页。

　　②　Cf. Trudeau, P.E. *speech of 8* Aug.1969, repr.as *"Justice in our Time"* in Eldon Soifer（ed.）*Ethical Issues: Perspectives for Canadians,* Broadview Press, Peterborough，1992, p.295.

　　③　Cf. Arsenault-Cameron v. Prince Edward Island 2001 1S.C.R.3.

且这种不利后果的延续与政府刻意忽视这段历史所采取的消极纠正措施有关。如在早期，加拿大联邦政府的报告对少数人实际地位的刻意回避。因此，倘若正视历史与现实，尤其是历史上不公正待遇的不利后果延续至今的现实，那么国家就有义务采取积极纠正措施，最大限度地制止历史上不公正待遇给少数人带来的不利后果的延续和扩散。否则，社会的正义原则就在少数人的正当利益、合理利益的保护上陷入了一种盲区（实际上，不利后果的延续已经对社会的正义原则形成了事实上的挑战）。可见，历史上的不公正待遇和人们由此产生的"原罪"心理与少数人的差别权利之间至少有着道德上的联系，认可少数人差别权利的存在是国家所承担的一种道德义务。这其中的联系如有人所言，既然"共在一个领土、共享一段历史（无论其有多么不公平，历史还是共有的），因此我们必须在一点上达成一致，那就是虽然不能一次性彻底地解决少数人的问题，但应允许不同的群体在尽可能协商一致的基础上共存"①。更重要的是，针对少数人在历史上所遭受的不公正待遇，不管是采取赔偿措施还是提供补偿办法，在事实上并不可能使得少数人回到没有遭受不公正待遇的应然状态，任何法律的赔偿和补偿也达不到这种应然状态，即所谓公平地赔偿或补偿是不可能的。鉴于此，少数人差别权利诉求的目的并不是在其各种财产受到损害的事实状态上"恢复原状"，而是要纠正其与其他群体的关系、其成员与其他群体成员的关系，用差别权利来承认其文化具有同等的价值，以及应得到的同样尊重（虽然可能由于事实上的规模关系不一定在公共领域得到如同多数人文化一样的被反映程度），以最大限度地防止当今和将来的被侵权情形，特别是现在和未来因其文化归属所产生的不公劣势。如就加拿大的少数人之一土著人的要求来看，其关注的不是索回他们在与欧洲人接触之前所拥有的一切，而是关注维系自己作为独特社会存在所需要的东西②，其中最为本质的就是"承认并尊重独特的土著

---

①　Duncan Ivison, *Postcolonial Liberalism*, Cambridge, Cambridge University Press 2002, p.100.

②　《世界土著人理事会宣言》，转引自 Nettheim Garth, "*Peoples*" and "*Populations*": Indigenous Peoples and the Rights of Peoples, in Jams Crawford（ed.）, *The Right of Peoples*（Oxford University Press, Oxford）, p.115.

文化、历史、语言和生活方式"①。如此看来，对不公正待遇所采取的赔偿或补偿的途径不是"就事论事"或"浅尝辄止"，而是为文化少数群体及成员在法律上确立一种公正、公平的法律关系。如有学者所指出的那样，"（少数人的）权利诉求不仅包含赔偿，更在于确立他们与殖民州的关系。如土地不仅意味着财产被占用，更意味着对公正协作的条款的违反"②。因此，从这个意义上看，少数人的差别权利应该是历史上不公正待遇和由此产生的"原罪"心理的必然结果。

二、国际人权的发展与少数人的差别权利

加拿大人权委员会主任委员麦克斯·耶尔登（Max Yalden）在 1989 年人权年度报告中曾言："如果说还有什么事令加拿大在国际社会抬不起头，或者说还存在因我们违背义务而应该受指责的地方的话，那就是与土著人的关系问题。"这段评论清晰地呈现了加拿大因少数人问题在国际社会，尤其是国际人权领域所遭受的压力，而这个压力反过来也是加拿大少数人差别权利得以发展的缘由之一。

（一）早期国际人权公约对少数人文化诉求的无力

如果以 1948 年的《世界人权宣言》作为标杆，那么国际人权运动的兴起无疑是在第二次世界大战以后。但这种兴起也没有能应对少数人特定的文化诉求，体现在联合国在 1948 年的《世界人权宣言》中废除了所有关于少数人（包括少数民族和少数族裔）权利保护的内容，用个体权利取代了少数人差别权利，并且这一取代一直持续了 20 多年，直到《公民

---

①　联合国消除种族歧视委员会 1997 年第五十一届会议《关于土著人民的一般性建议二十三》。

②　Duncan Ivison, *Postcolonial Liberalism*, Cambridge, Cambridge University Press 2002, p.100.

权利与政治权利国际公约》第二十七条的出现。① 可以说，在国际人权运动的早期，国际人权公约对少数人文化诉求表现得颇为无力。其中的原因是：

首先，对崇尚个体绝对主导地位的自由主义价值观的排他性推崇。在国际人权领域，虽然以《联合国宪章》为代表的早期国际人权公约对它们所使用的人权概念均没有进行定义，如表明联合国宗旨的第一条就直接提出了人权概念，没有进行界定。② 但综合其表述，不难发现这些所采取的人权概念是一种理想的标准，即"作为一种无论何时何地都属于全人类的人权概念，它不仅忽视了文化的多样性，而且忽视了人的个性的社会基础。它以同质的无社会、无文化的人类为前提，但这样的人类是不存在的"③。再进一步分析不难发现，早期人权公约所采取的"人权"概念并没有真正做到文化中立，相反，其"人权概念"建立在一种文化基础上，那就是欧洲文化，这充分体现在其所认可的价值观——自由主义价值观上。④ 就人权的概念本身而言，无论从何种角度来定义，都不得不承认一个事实，那就是人权概念是一个复杂的学术观念，应蕴涵多种价值观念。正是由于其复杂性，才使得对何谓人权一直是众说纷纭，自由主义的价值观仅仅是一种可以用来解释人权概念的

---

① 1966 年的《公民权利与政治权利国际公约》，因为该公约第二十七条规定了少数人的差别权利，但该公约直到 1976 年才生效。

② 《联合国宪章》第一条第三款规定：促进国际合作，以解决国际间属于经济、社会、文化及人类福利性质之国际问题，且不分种族、性别、语言或宗教，增进并激励对于全体人类之人权及基本自由之尊重。"

③ ［英］A.J.M. 米尔恩：《人的权利与人的多样性——人权哲学》，夏勇、张志铭译，中国大百科全书出版社 1993 年版，第 6 页。

④ 有学者对于近代颇有影响的人权观进行总结，认为存在两种类型的权利推定，一是以英国为代表的典型的经验式、事实性的推定，理由是《自由大宪章》所载的内容，虽可视为僧侣、贵族和国王斗争的结果，但"它在法律上，理论上的推论，主要是根据某种关于权利义务的既成事实。这种既成事实主要包括：权利主体所处的社会地位和所享有的财产、利益、权力等已属客观的存在；确认这类地位和利益的法律、习惯也属客观存在"。而以法国和美国为代表，则展现了另一种人权权利的推定方式，先验式的推定方式，因为二者的权利推定都是在一个"人生而自由"的假定下展开的（参见夏勇：《人权概念的起源——权利的历史哲学》，中国政法大学出版社 2001 年 7 月修订版，第 153—160 页）。实际上，无论是事实性的推定还是先验式的推定，都体现了自由主义的价值观念。

价值观，并不代表取代的价值观，更不能成为一种普遍标准。自由主义的价值观推崇个体的绝对主导地位，一切围绕个人进行，即便考虑到个体与所在的社会的关系，也认为个人在社会中也是居于支配地位的。在国际人权运动发展的早期，国际人权公约自觉或不自觉地将产生于特定文化的自由主义价值观作为一种普遍的标准来适用于具有不同文化的社会，潜意识里将所有的社会都视为同一类型的社会，即能产生自由主义价值观的那种社会。其中的情形正如有人所描述的那样：

"《人权宣言》体现了理想标准，而理想标准由体现自由主义民主工业社会的价值和制度的权利构成，暗含着这些价值和制度。含蓄地号召所有的国家都变成自由主义民主社会，要求他们努力采取'国内国际的渐进措施'，必须朝着这个目标发展。但是人类的大多数没有，也从来没有生活在这样的社会里，在可能预见的将来也不可能如此。……结果是，在许多国家，尤其在促成所谓'第三世界'的国家，这种标准无疑成为乌托邦，尽管《宣言》（指《人权宣言》——笔者注）声称其具有普遍性，但它所规定的权利有许多简直与这些国家全然无关。"①

其次，用公民个人权利来取代少数人差别权利。由于自由主义价值观在早期国际人权公约中被排他性地首肯，国际人权公约中的人权确切地说更多的是一种个性化的权利，强调个人拥有自我的权利。而为了体现这种个体权利的平等性，个人的身份就依靠不加区别地向每一个人都开放的统一身份——公民身份来界定，即便是那些本意在于协调个体与社会关系的国际人权公约，如《公民权利与政治权利国际公约》，也是通过对个体公民身份的认同和强调来协调个人与其所处的社会之间的关系。由此，将在西方民主体制下形成的关于人权等同于公民个人权利的路径作为模式，并借助于国际人权公约成为一种普遍性的标准。换言之，人权就是一种个人权利的观点在国际人权领域长期占据主导和优势地位，鉴于这种认识，认为应给予特殊的文化群体以特殊的地位，包括长久的宪法承认的观点受到排

---

① ［英］A. J. M. 米尔恩：《人的权利与人的多样性——人权哲学》，夏勇、张志铭译，中国大百科全书出版社 1993 年版，第 3 页。

挤。相反，那种主张包括特定文化少数群体利益在内的少数人利益应通过个人权利来实现的观点得到推崇。这表现在：在第二次世界大战后相当长一段时期内，在国际人权领域，人们一直主张不宜通过给予某些文化群体特殊的权利来直接保护这些群体，而应通过保障所有个体成员的基本公民权利来间接保护文化上的少数人，至于他们究竟具体属于哪些特定文化群体则不在考量范围之内。更何况，公民的基本权利如言论自由、结社自由、思想自由、良心和信仰自由等虽然被赋予了个人，由个人来行使，但个人却是通过在群体内与他人之间的互动来实现这些权利的。因此，公民个人的基本权利能促进群体的活动，从而在客观上促进群体的生存和发展。一句话，否认应该确立少数人特别权利的观点认为，只要群体的成员其个人的基本权利得到保障，就无须赋予少数人更多的权利，少数人差别权利应该被而且在实际上也被公民个人权利所取代。此外，那种担心赋予少数人差别权利会对国际和平秩序产生威胁的主张，则对公民个人权利取代少数人差别权利局面的形成起到了一种推波助澜的作用，况且，在历史上，少数人权利的话语还曾被德国纳粹滥用。因此，"对少数人群体予以特别保护的方式被认为具有相当的危险性"①。由此不难理解，早期的国际人权公约没有专门的概念、条款来应对少数人的文化诉求，即便是那些意在保护少数人权利的条款，也不得不将其纳入公民个人权利范畴之内，没有任何条款专门触及少数人群体及其成员专有权利的内容。如1948年《世界人权宣言》第三条规定的禁止基于"民族和社会出身的歧视"的内容就是如此。这一对少数人差别权利集体沉默的现象也体现在区域性的人权公约中。如《欧洲人权公约》第十四条有关于禁止对"少数人民族歧视"的内容，但也是涵盖在公民基本权利之中的。

有人对此评论道：

"战后人权促进运动的普遍倾向是，把少数民族问题归纳为促进全人类都享有基本个人权利这个更一般性的问题，而不去专门提及少数人群体的个体成员。主导理论是少数民族个体成员没有必要、没有资格或不能够被赋予

---

① 周勇：《少数人权利的法理》，社会科学文献出版社2002年版，第62页。

特殊权利。人权理论作为少数群体权利这一概念的替代品，强烈地暗示少数人群体成员已经享有平等个人待遇，不能再合法地要求更多措施去保护其族裔特殊性。"①

用推崇个人绝对地位的自由主义价值观作为国际人权公约唯一认可的人权哲学，用个体权利替代少数人差别权利，产生的问题不仅是这种"欧洲范式"的人权哲学及其演绎出来的人权概念、人权规则等在国与国之间产生矛盾，即使是在一国之内，由于文化的多样性，在人权问题上套用统一的"欧洲范式"也会产生冲突。典型的是加拿大，因文化的差异，加拿大土著人对作为宪法组成部分的《加拿大权利与自由宪章》中所涉及的个人权利感到陌生，除非以集体权利来平衡。② 此外，尽管确认少数人差别权利确实存在各种显而易见的危险，但是，用公民个人权利取代少数人差别权利无法满足少数人特定的文化诉求，造成了明显的不正义、不公正，这也是一个显而易见的事实。并且，那种关于"正义不仅仅体现为分配，而且体现为个人能力的实践和发展以及群体的联结与合作所必需的制度条件"③ 的观点，正逐渐被人们所接受，人们可以理解不同文化在国家公共领域被反映的程度不同，但不能容忍少数人的文化不被尊重，少数人生活在自己文化之中的愿望不被平等地承认和尊重。由此，人们在国际人权领域开始了对少数人问题的反思。

（二）国际人权领域对少数人问题的反思

虽然自由主义的理论以维护原子化的个体为核心，但事实是，生活在世界上的个体不是一个孤立的个人，其总是存在于特殊的社会角色和社会关系之中，是多重身份的同一。这其中，对个人而言，文化群体的成员身份是最重要和最基本的身份之一，这种身份决定了个体承继的生活方式，也决定了

---

① Claude Inis, *National Minority: An International Problem*, Harvard University Press, Cambridge Mass 1955, p.211.

② Cf. *Aboriginal Policy*, p.22.

③ Iris Mariion Young , *Justice and the Politics of Difference,* Princeton: Princeton University Press1990, p.39.

什么才是个体的利益，什么样的状态才是个体渴望的自由。因此，不存在抽象的个人权利，如果没有文化群体成员资格，那么个人权利也无从谈起。由于个体所处的具体文化群体不同，所遵循的生活方式不同，因此决定了在相当程度上他们对于何谓利益、何种利益应该作为权利的内容等问题的理解是多样的，这种多样性也同时说明公正和正义的内容也应该是多样的。有人根据正义内容的多样性特征提出依据多元的形式来分配社会物品的主张，认为在社会物品的分配中，不存在跨越全部精神和物质世界的唯一一组首要的或基本的物品，此时的社会物品既包括常见的货币和商品，还包括成员资格、安全与福利、公职、教育、亲属关系和爱、神恩、政治权利、社会承认等等，但无论是精神的还是物质的，任何一组社会物品都不应具备对一切社会物品的统治和支配权力。① 传统人权的主体——公民是一种成员资格，其与公民权利一样可以视为一种社会物品，无论其多么重要，也不能成为取代其他一切资格和权利的支配性的社会物品。从这个意义上讲，少数人作为文化群体成员资格和由此产生的差别权利，也应具有公民资格和公民权利所不能取代的价值。因此，以自由主义为核心价值的传统人权在这方面需要反思。

少数人差别权利不能被公民个人权利取代，不仅能在理论上得到求证，更本质的是在实践中，单纯依靠传统人权、仰仗公民个人权利，常常无力应对少数人的文化诉求。不能否认持自由主义观念的传统人权以及公民个人权利在促进群体之间平等与公正方面的效力，但是这种效力并非适用于一切领域；相反，在一些特定的领域，在有关少数人最重要的问题上，面对少数人因明显的不公正所产生的特定诉求，传统人权要么无能为力，不能实际阻止不公正的发生和延续；要么起到了反作用，在某种程度上加剧了这种不公正。以下以移民定居政策为例，具体论证传统人权在维护少数人正当利益方面的无能为力。

国家制定的国内移居定居政策，不管出于何种目的，比方说为了充分利用资源、为了转嫁或消除贫困的压力或者纯粹就是市场经济的运作，有可能

---

① 参见［美］迈克尔·沃尔泽：《正义诸领域：为多元主义与平等一辩》，褚松燕译，译林出版社 2002 年版，第 11 页。

造成一种结果，那就是国内某一地区的人口或来自国外的新移民大量涌向少数人传统的历史领地，而这种大规模的移民和移居势必危机到少数人的文化，甚至对其原有生活方式造成毁灭性的冲击。面对这种移居所带来的困境，少数人能求助于公民个人权利吗？不幸的是，答案是否定的。如依据加拿大的宪法，个体有迁徙自由，这意味着其可以迁往的加拿大任何一处定居，这其中自然包含少数人的传统领地或历史领地。有人可能会说，作为公民，少数人也有参与社会生活的权利，其完全可以通过参与国内移居政策的制定来达到防止这种不公正发生的目的。但是，依据公民个人权利，每人只有一个投票权，即便是少数人参与了政策的制定，由于人数原因，更由于文化差异所造成的利益认识的差异（在多数人看来，移居对少数人社会和生活的冲击也许不见得就是一种不公正，接受多数人的生活方式是向文明和进步的靠近，这何尝不是一种明智的选择），少数人的"声音"注定被淹没在多数人的"声音"中，即依靠公民个人权利，在制定具体政策的当时就阻止这种不公正成了一种奢望。类似的情形还发生在官方语言政策等领域中，在此不赘述。①

　　实际上，不仅仅是一国国内移居政策以及官方语言政策等领域涉及传统人权对少数人保护的无力问题，就整体而言，传统人权不足以防止群体文化的不公正，有时还会使情况变得更糟糕。因此，少数人的文化诉求不能单纯地寄希望于传统人权，传统的人权标准根本解决不了与文化少数群体有关的最重要的和最有争议的问题。如加拿大的土著人提出了"不仅仅是公民地位"（citizen-plus status）的概念，认为他们不是不接受公民身份，他们也想扎根于一个没有歧视的公民社会中，为推动社会的整合尽自己的责任。但是，单纯的公民地位却不能解决他们因被同化而在文化识别上所遇到的特殊的社会问题，也不能保证他们的语言、他们的文化、他们的识别作为加拿大整体社会的法定部分的生存和繁荣。为了公正地解决这些问题，在国际人权领域，越来越多的人认识到需要用少数人的特别权利（差别权利）来补充传

---

① 关于传统人权在官方语言政策等方面如何不能制止对少数人的不公正方面的具体论述，可参见［加］威尔·金里卡：《少数人的权利：民族主义、多元文化主义和公民》，邓红风译，上海世纪出版集团 2005 年版，第 70—79 页。

统的人权规则。

国际人权领域对少数人问题的反思体现在一系列的国际人权公约和文件、国际人权机构的行为以及各种区域性人权公约和文件上。据不完全统计，已经有 40 多份国际人权公约和文件涉及少数人权利问题，包括 1966 年《公民权利与政治权利国际公约》和 1992 年《在民族或族裔、宗教和语言上属于少数人的权利宣言》。不仅如此，国际人权公约、文件还在一系列的规定中，将对少数人权利的保护与强制国家必须履行相应的义务联系起来。

在这一系列国际人权公约中，加拿大几乎都是缔约国，自然承担了国家义务，其中既包括不灭绝、不同化、不歧视、不排斥等消极的不作为义务，也包含适当立法、采取优惠政策和特别措施、提供资源、促进多元文化教育和跨文化教育、促进少数人对社会生活的充分参与以及"正当关乎"[①]的积极作为的义务。一言以蔽之，加拿大承担的国际义务要求其必须在少数人差别权利的确立上有所作为，甚至一些国际法提供的特定的规则方法（specific doctrinal techniques）也直接对加拿大国内法形成约束[②]，典型的如联合国人权事务委员会的裁决。在《公民权利与政治权利国际公约》生效后，联合国人权事务委员会受理的第一桩个人申诉案件的被申诉人就是加拿大政府，申诉人是一名印第安妇女。大致情况是，依据加拿大《印第安人法》，其因与非印第安人结婚丧失了作为印第安人的身份和权利；这一结果导致她离婚后，无法回到原先的印第安保留地生活。联合国人权事务委员会裁决：加拿大依据《印第安人法》否认申诉人的印第安人身份，事实上侵害了她与其所属的群体的其他成员一起享有自己的文化和语言的权利。[③] 该裁决使加拿大意识到"成员身份"也是一种"文化利益"，其后《印第安人法》被修

---

①　"正当关乎"（due regard）是指国家在其制定和实施政策，以及在与其他国家或国际组织制定和执行合作方案时，应恰当地考虑少数人的利益所在，在发生利益冲突时进行合理的权衡，防止忽视或直接损害少数人利益的情况发生。

②　Cf. Kelley C.Yukich, *Aboriginal Rights in The Constitution and International Law,* 30 U.B.C.L.Rew.235（1996）.

③　Cf: *Sandra Lovelace v. Canada*, Communication No.24/1977.

改。① 由此可见国际人权公约及机构的行为对加拿大的约束。不少人甚至直接认为，加拿大宪法第三十五条关于土著人权利和条约权利的规定，确立了加拿大国家与土著人特别的宪法关系，这符合加拿大的国际义务，是加拿大履行国际义务的行为。

同时由于少数人的类型多样，虽说其共同的目标都集中在"保留和发展自己的文化"，但就保留的具体目标和实现路径而言却是各不相同的，权利之间存在差别，实现权利的方式也不尽相同。因此，国际人权公约也不适宜规定一项总的最低限度的权利；相反，其更多地作一些原则性规定，要求各个国家确立适合本国国情的特殊的少数人权利作为传统人权的补充。换言之，国内法上的义务才是具体的、普遍的。加拿大人权委员会主任委员麦克斯·耶尔登（Max Yalden）在 1989 年人权年度报告中曾言：如果说还有什么事令加拿大在国际社会抬不起头，或者说还存在因我们违背义务而应该受指责的地方的话，那就是与土著人的关系问题。这也是意指加拿大须在包括法律和政策在内的国内法实践上有所作为，方能改变加拿大在少数人权利保护上的被动局面。就是在这样一个背景下，加拿大少数人差别权利的问题开始受到关注。

三、多元文化与少数人的差别权利

（一）多元文化主义政策的兴起

由于国家在文化问题上不可能实际地采取一种中立的立场，单是其语言政策就明示或默许地表明了对某种特定文化的赞成或鼓励。因此，具有多

---

① 在 Sandra Lovelace V. Canada 案件之后，又一名印第安妇女因同样的遭遇申诉到联合国人权事务委员会，该委员会于 1984 年 3 月 30 日受理此案。加拿大政府在有关该案的答辩中承诺修改《印第安人法》中违背少数人权利保护的条款，特别是认真考虑加拿大议会印第安妇女小组委员会的报告，该小组委员会在 1982 年 9 月 21 日的报告中业已建议修改《印第安人法》，使印第安妇女不会因与非印第安人结婚而丧失其印第安人身份，并使以前因此而失去印第安人身份的人可以通过申请而恢复身份。1985 年，加拿大政府修改了《印第安人法》第十二条第 1 款 b 项的规定，该申诉也被撤回。

文化的国家都面临同一个问题：如何对待异文化。纵观历史，各个国家对待异文化不外乎遵循三种模式：第一种模式是"统一模式"，即要求少数民族、族裔和移民等文化少数群体及其成员逐渐放弃自己的文化，接受多数文化群体的语言、信仰、习俗，臣服于多数文化群体的文化。"统一模式"的实质就是同化，因此，该模式下的政策尽管名目繁多，但实质都是同化政策，明示或暗示地表明某一种文化（常常是多数人的文化）是进步的、高水准的文化，是衡量人类一切文明的标准和尺度，不承认文化平等。第二种模式是"熔炉模式"，该模式得名于一剧作《熔炉》①，指在政府不干预的前提下，不同的文化融合成一种新的文化，并且在融合中，多数群体的主流文化起了一个主导作用。美国常常被认为是成功实践"熔炉模式"的移民国家，因为在益格鲁文化上形成和发展起来的"美国文化"或"美利坚传统"被认为是一种全新的国家文化和传统，"熔炉"即意味着本来有着不同语言、不同信仰和习俗的人们都臣服于一种融合多种文化的新文化。与"统一模式"相比较，"熔炉模式"显然要温和得多，至少肯定了不同文化的共存。因此，许多学者据此认为不能将"熔炉模式"归类于"同化论"，其与同化不完全是一回事。② 但是，"熔炉模式"没有明确文化之间的平等地位，其以多数人的主流文化为基础的融合也间接地表明了一种同化的实质，只是这种同化比

---

① 1908年，美国剧作家伊斯雷尔·赞格威尔（Isreal Zangwill）创作了一部引起轰动的剧作《熔炉》（*Melting Pot*）。剧中的人物之一，一位躲过沙俄时代大屠杀的难民作了这样一番精彩演讲："阿美利加是上帝的坩埚，一个让所有来自欧洲的民族得以熔化和改造的熔炉！你们站在这里，你们是优秀的人，这是当我在埃利斯岛（Ellis Island）上看见这些人的时候产生的认识，你们在这里组成50个集团，有50种不同的语言和历史，有50种不同的血仇和争斗，但你们与你们的兄弟不再一样，因为你们来到了上帝的火场，这是上帝之火。德意志人和法兰西人，爱尔兰人与英吉利人，犹太人与俄罗斯人之间的深仇大恨不再有意义，都随着你们进入了上帝的坩埚。上帝创造了阿美利加人！" Nathan Glazer and Daniel P. Moynihan, B*eyond the Melting Pot: The Negros, Puerto Ricans , Jews, Italians and Irish of New York City* (Cambridge, MA: MIT Press, 1963) pp.289-290. 转引自爱德华·莫迪默、罗伯特·法恩主编《人民·民族·国家——族性与民族主义的含义》，刘泓、黄海慧译，中央民族大学出版社2009年版，第17—18页。

② 参见陈云生：《宪法人类学——基于民族、种族、文化集团的理论建构及实证分析》，北京大学出版社2005年版，第464页。

"统一模式"更隐蔽罢了,如美国的"熔炉模式"就是将各种文化融化在以盎格鲁文化为主料的"大锅"里。这些都成为"熔炉模式"备受诟病之处。第三种模式是"马赛克模式",即主张不同的文化和平共处,保留各自的特色,从而组成一个"马赛克"。①"马赛克模式"的实质就是多元文化主义,承认不同文化的平等价值,并确立包括少数人在内的所有文化群体在文化上的平等地位。

在历史上,加拿大对待异文化长期采用的是"统一模式",只是围绕"统一"出现过法裔文化群体和英裔文化群体轮流"坐庄"的局面。当初,最早来到加拿大地域的法裔文化群体就主张其他移民群体放弃其原来的文化,臣服于法兰西的文化,接受法兰西的传统。后来因法国在争夺北美殖民地的战争中失利,围绕英吉利文化群体的盎格鲁模式的同化理论在加拿大占据了绝对主导地位。于是,在某种意义上,同为"建国民族"的法兰西文化群体与其他移民群体一样,沦为加拿大的少数人。第二次世界大战后,法裔文化群体这种尴尬的地位更加明显。当时,作为多数人的英裔文化群体及其成员占尽经济高速发展的先利,与法裔文化群体间的差距不断拉大。在此种情形下,在法裔文化群体的集中居住地魁北克,一种强烈要求保留和张扬魁北克独特文化的呼声渐渐高涨,到20世纪70年代末,产生了带有极端民族主义色彩的"魁北克党"。面对魁北克法裔文化群体的这种压力,加拿大政府采取了二元文化主义的政策,重申英裔加拿大人和法裔加拿大人同为加拿大"建国民族",并在1969年7月9日通过了《官方语言法》,正式以立法形式承认法裔文化群体的语言——法语与英语一样,同为加拿大的官方语言。二元文化主义的政策在相当程度上缓解了加拿大法裔文化群体的极端情绪,极大地抑制了魁北克的分裂主义势力。但是,二元文化政策受到了加拿大其他文化群体的抨击。以土著人为例,他们认为二元文化主义政策不仅没有考虑到土著人文化的平等性和独特性,更加剧了他们被法兰西文化和盎格鲁文化同化的危险。其他的移民群体也表达了同样的愿望,认为"不应仅把

---

① 加拿大在1922年就出现了"马赛克"概念,源于莫瑞·吉本《加拿大马赛克》一书。Augie Fleras, *Jean Leonard Elliott, Multiculturalism in Canada*, Nelson, Canada 1992, p.64.

加拿大看成双文化社会，应视之为一个多元文化的社会，要给予其他族裔平等地位"①。来自其他诸多文化群体的抗议和呼吁，使得加拿大政府重新审视了多文化的国情，适时调整了二元文化主义政策。1971年，加联邦政府推出了"双语言框架内的多元文化主义政策"，承认加拿大族裔文化的多样性，并以财政资助的方式鼓励各族裔保持自己文化的独特性。这标志着多元文化主义在加拿大的兴起。

（二）多元文化主义政策对少数人差别权利的影响

1. 多元文化主义政策暗含了对不同文化具有平等价值的一种承认

加拿大多元文化主义的政策最初仅仅包含四个方面的内容：一是在资源许可的情况下，国家将对那些愿意和努力发展其能力来为加拿大作出贡献的弱小民族提供支持，而且对明显需要帮助的弱小民族进行帮助；二是政府将帮助所有文化群体人员克服文化障碍，全面参与加拿大社会；三是政府将在保持国家团结的前提下，促进加拿大各文化群体间的接触和交流；四是政府将继续帮助移民学习加拿大一种官方语言以便其全面进入加拿大社会。

虽然这四个方面的内容在现在看来比较粗浅，但相比较于二元文化政策，却已经具有明显的进步意义，体现出多元文化主义政策暗含着对不同文化具有平等价值的一种承认。

2. 多元文化主义政策承认差别性公民身份，为少数人差别权利的确立奠定了基础

在1984年后，加拿大开始加强多元文化主义的立法工作，提出了多元文化主义的立法原则，将多元文化主义确认为加拿大公民权的主要特征，并在《加拿大权利与自由宪章》中吸收了多元文化主义政策，将其转化为法律条款。如《加拿大权利与自由宪章》没有将个人权利绝对化，认为其应该受到合理限制，同时规定了少数人权利，认可集体权利，并且规定对于《加拿

---

① 这是加拿大"双语言和双文化"委员会成员、乌克兰裔的贾拉斯洛夫·罗德尼基（Jaraslow Rudnycky）代表英裔和法裔以外的"第三种力量"所发出的呼吁。参见李剑鸣、杨令侠：《20世纪美国和加拿大社会发展研究》，人民出版社2005年版，第250页。

大权利与自由宪章》的解释不得妨碍对加拿大各种文化的保护和加强。① 这实际上表明，多元文化主义政策承认的差异公民身份已经为法律所认可，为少数人差别权利的确立奠定了基础。

公民身份本来是在确定国家与个人关系时，为了达到平等的待遇特意"过滤"了个人包括文化身份在内的各种特质而形成的别无二致的统一身份，公民权就是个人基于这一统一身份所享有的从事某种行为的资格或能力，这种资格或能力在个人与个人之间也是没有区别的。将多元文化主义作为公民权的特征，这就意味着在统一的、别无二致的公民身份中，立法应考虑某些特殊文化群体成员的特定文化身份，并采取特别的措施、实行差别待遇来真实地体现其作为公民的平等地位。多元文化主义与公民权关系的这种地位实际上说明，多元文化主义承认少数人在统一的公民身份外还存在着差别性公民身份的事实，在国家共同体之外还存在着文化共同体的事实，并由此决定了公民权利的多样性。即在文化多元的社会中，"需要不同的公民权来保护文化共同体免受不必要的解体"②。

3. 多元文化主义肯定了包容文化的多元和差异的价值

实际上，多元文化主义的许多政策本身就是包容差异平等观的体现，一些针对少数人的具体政策甚至可以说就是一项体现包容差异平等观的少数人差别权利。如多元文化主义政策中关于政府帮助移民在过渡时期运用自己语言权利的规定，就是一项以移民或其他自愿融入他文化群体的个人为权利主体的"融入帮助权"，该项权利目前已经被《加拿大权利与自由宪章》吸收。《加拿大权利与自由宪章》第二十三条第 1 款规定，"少数人"无论其是否在加拿大接受英语或法语教育，都有权让自己的子女在小学或中学接受同自己一样的语言教育，体现了对文化多元和差异价值的肯定和包容。

---

① 这种承认公民差异身份的多元文化主义政策集中体现在《加拿大权利与自由宪章》第一条、第十五条、第二十三条、第二十七条的规定中。如第十五条规定在法律面前和法律之下的平等"不排斥旨在改变处境不利的个人或集体，包括由于种族、民族出身或肤色、宗教、性别、年龄和身心缺陷而处境不利的个人或集体的条件而规定的法律、规划或活动"，肯定了少数人差别权利。

② ［加］威尔·金利卡：《自由主义、社群与文化》，应奇等译，上海译文出版社 2005 年版，第 146 页。

第二章　少数人的界定

　　作为传统人权的补充，少数人差别权利的理论建立在对一种理想化的城邦模式和社会同质文化否认的基础上。西方现代宪政理论一个突出的特点，就是以古希腊的城邦作为理想化城邦模式，认为共同体的成员应该具有共同的起源、语言和习俗，分享共同的制度，即社会文化具有同质性。这样的同质文化社会不是不存在，比如对西方现代宪政主义发生深刻影响的英国社会，相对来说就是一个单一文化社会，是在同质文化基础上建立的共同体。但是同质文化社会并不是社会的唯一形态，也不是一个多数形态。相反，多种非同质文化并存倒是许多社会现实的状态。加拿大学者威尔·金利卡论证了同一国家内产生文化多样性的范式，包括"原先自治的和领土集中的文化被并入了更多的社会"以及"个人和家庭移民"①的范式。由此，"现代社会受到一种日益强烈的冲击，这就是少数群体要求承认他们的认同，接受她们的文化差别。"②对于现代社会的这种现象，加拿大的许多学者采取了一个现实的姿态，从肯定和维护文化多样性的角度来论证少数人差别权利的理论基础，而这首先涉及文化识别、文化身份与民族身份等诸多问题。

---

　　① ［加］威尔·金利卡：《多元文化的公民身份——一种自由主义的少数群体理论》，马莉、张昌耀译，中央民族大学出版社2009年版，第13—14页。

　　② 同上书，第13页。

一、我是谁——文化识别

虽然在哈姆雷特看来：生存还是毁灭，这是值得考虑的问题①，但细究起来，对于个人而言，"我是谁"才是一个真正令人困惑而又不得不面对的问题。

在生物学上，人与人没有区别，组成人的基因无本质区别，人的生物学构造没有区别，器官功能也没有区别。但为什么"我是我"而不是其他人呢？这里不得不涉及"完整自我"的认同与文化识别问题。"完整自我"认同是个体对自己是谁、自己作为人应具备什么样的基本特质的理解，既包括个体对自身的基础性认识，比如对自身需求、自身利益、自身目标的认识，也包括个体对自身与他人关系的基础看法，如满足自身需求的可能性等。"完整自我"的认同是个体独立的基础，但这种认同却不能离开个体既定的文化背景，只能在文化识别的基础上形成。

文化识别又称文化认同，是个体对影响自身的文化或文化群体所形成的一种身份归属，这种归属之所以对个体必不可少，根本原因在于人不仅仅是政治动物（亚里士多德语），需要确定自己与国家（即亚里士多德眼里的"城邦"）的关系，寻求国家的庇护，人更是一种文化动物，只有在生于斯、长于斯的文化中才能认清"我是谁"。虽然有人憧憬那种脱离文化的生活，认为"在纷杂多样的文化中过着自由自在、四海为家的生活，已是可能的也是令人满意的……再也不能说所有的人如同需要衣食住行一样，需要扎根于他们自己及其祖先的那一种特定文化之中。沉浸在这样的文化中也许是人们喜欢和乐意的事，但他们不能以此声称这是他们必须做的事情……"②但是这种观点经不住推敲，也是不现实的。人不可能脱离与文化的紧密联系，即便是所谓的解除和远离所有的社会关系，遁入空门，比方说出家，也不能由

---

① ［英］莎士比亚：《哈姆雷特》第三幕。

② Waldron Jeremy, *Minority Cultures and the Cosmopolitan Alternative*, University of Michigan Journal of Law Reform,25/3:762.

此断定人就可以借此脱离了文化。实际上，选择什么样的方式出家本身就是一种文化，佛教方式的剃度出家与基督教的修行本身就蕴涵了文化的区别。即便是到深山中自我修行，修行本身也是文化的，否则修行又从何谈起？文化就像空气，无所不在，个人是不可能脱离文化的，实际上也脱离不了。人脱离文化，尤其是脱离其生于斯、长于斯的既定文化，这只是一种想象，在这种想象中，人性不可能形成，人不可能达到对自己的"识别"，会一直受到"我是谁"等基本问题的困扰。原因不在于其他，就在于个体"完整自我"的认同只能在特定的文化中依据文化识别完成。这具体体现在：

（一）认同"完整自我"的价值观念来源于个体既定的文化

首先，"完整自我"的认同体现在个体能进行自我选择，过一种自己愿意过的生活。但何谓"自己愿意过的生活"呢？这本身就是一个需要依靠个体的理想和目标来确定的问题。从表面上看，无论是个体自己的理想和目标还是由此产生的对幸福生活的追求，都是个体自我的选择，其看似随意、偶然，但却无不受到其所处的特定文化的影响，即威廉·冯·洪堡特所说的特殊精神力量。[①] 可见，个体的选择无不受制于个体的生活经验、经历以及交往事实，一句话，受制于其所处的文化背景。文化的作用不仅意味着个体的选择没有一种"凌空蹈虚的视点"；相反，这种选择还表明他们是在一个由特定的社会文化所提供的一种归属、一种承诺的背景下的选择，这种归属和承诺表现为文化所提供的一整套价值观念，即"我是什么取决于我感受什么、想什么；我的所感所想取决于我所属的社会盛行的那些情感和思想"[②]，即个体进行的自我选择受制于其既定的文化。

其次，个体进行自我选择，过自己愿意过的生活，这其中所依据的价值观念并非是个体天生的，而是在个体与他人的互动过程中，依靠其所置身的

---

① 威廉·冯·洪堡特认为："在人类隐蔽的、仿佛带有神秘色彩的发展过程中，精神力量是真正进行创造的规则。"而这个"精神力量"就是指文明、文化和教养。参见［德］威廉·冯·洪堡特：《论人类语言结构的差异及其对人类精神发展的影响》，姚小平译，商务印书馆 1999 年版，第 28 页。

② ［英］以赛亚·伯林：《自由论》，胡传胜译，译林出版社 2003 年版，第 229 页。

文化背景以及该文化所提供的用于观测和总结与他人互动关系的价值系统来完成的。不管个体接受这种价值系统与否，或仅仅将其作为参考抑或作为反面，总体个体认同"完整自我"的各种观念都不是个体在"真空"中形成的，而是在个体所置身的特定文化提供了各种"素材"让个体"加工"完成的。人们经常会发现，分属于不同文化群体的人，其观念差异之所以如此之大，就是囿于文化。一个人是靠生长于某个特定的社会、学习其语言、参与其生活（包括道德生活和政治生活）、在自然地、无所察觉地成为群体成员的同时成为一个独立个体的。社会不同，所处的文化背景不同，个体差异自然巨大。对文化的这种魔法作用，有人曾经形象地比喻说："文化就像软件一样，指导人的行为"①。这不是说特定的文化给不同的个体提供了统一的价值观念，但至少提供了一种有关信念、准则和实践的框架，在此框架内，个体才形成自己的价值观念，完成自我认同。

再次，文化给人提供了一个"清晰的空间"。在这个空间内，人们在"集体和个体之间游动，在过去和现在之间游动"②，个体的价值观念由此不断得到修正，威尔·金利卡将其总结为"对文化的熟悉程度决定了可想象的范围"③。此外，在认同"完整自我"的价值观念与个体既定文化的关系这个问题上，加拿大学者普遍赞同和引用塔米尔的观点。塔米尔曾将这种的置于特定文化和历史背景之中的个体称为"语境中的个体"，认为个体依据自己价值观念所进行的选择不可能具有一种"凌空蹈虚的视点"，即不可能在一个没有任何背景、归属或存在的情形下进行选择。相反，一个人之所以能够反思、评价并选择自己善的概念、目的，是"因为他处于一个特定的社会与文化环境中，这个社会文化环境为他提供了选择标准。自我决定、自主性以及批判性地反思与选择的能力是这个人的概念的主要特征，但是文化归属、

---

① Duncan Ivison, *Postcolonial Liberalism,* Cambridge: Cambridge University Press, 2002, p.37.

② Homi K. Bhabha, *Cultural, Choice and the Revision of Freedom*, in Austin Sarat and Thomas R. Kearns（eds）*Human Rights: Concepts, Contests, Constingencies*（ Ann Arbor, The University of Michigan Press,2001, p.57.

③ ［加］威尔·金利卡：《多元文化的公民身份———一种自由主义的少数群体理论》，马莉、张昌耀译，中央民族大学出版社 2009 年版，第 130 页。

宗教信仰以及关于善的观念，也就是这些选择的结果，也是这个人的概念的
基本特征"①。

（二）认同"完整自我"所必需的自尊离不开个体所属的文化

自尊是个人对自身价值、地位的感受和认识，以及要求他人对此最低限
度的承认和尊重。个体"完整自我"的认同需要起码的自尊，而这种自尊来
源于对地位与被承认的一种渴望，渴望寻求"一种在其中我能够感觉到我是
一个负责任的行动者的状况"，而"唯一能够这样承认我并因此给予我成为
某人的感觉的，便是那个从历史、道德、经济也许还有种族方面我感到属于
其中的社会的成员们"②。这种承认是自尊的基础，也是获得"完整自我"认
同的基础。如果某一文化没有受到普遍的尊重和承认，那么其成员的自尊
也会受到威胁，"完整自我"的认同自然受到影响。对于承认、自尊与认同
三者之间的关系，查理斯·泰勒有着精辟的论述，他认为："认同一词表明
一个人对他是谁，以及他作为人的本质特征的理解。这就意味着我们自我的
认同部分地来自他人的承认，如果得不到他人的承认，或者只得到他人扭曲
的承认，我们自我的认同就不可避免地受到显著影响"③。一种文化如果获得
的只是他人扭曲的承认，那么该文化群体或其中的个人在对自我的认识上也
会以一种卑下的情感来看待自己，即"扭曲的承认不仅表现为缺乏应有的
尊重，它还能造成可怕的创伤，使受害者背负致命的自我仇恨"④。其中的原
理如同"在我没有被承认是自我管理的人类个体意义上，我也许会感到不
自由"一样，"当我被认为是一个不受承认或者得不到充分尊重的群体的
成员时，我也会感到不自由"⑤。换言之，"唯有公民们有起码的自尊，他们
才能积极参与宪政协商过程，表达意见，然后经由这样的参与，成为人民

---

① ［以］耶尔·塔米尔：《自由主义的民族主义》，陶东风译，上海世纪出版集团 2005 年
版，第 22—23 页。

② ［英］以赛亚·伯林：《自由论》，胡传胜译，译林出版社 2003 年版，第 228 页。

③ Charles Taylor, *The Politics of Recognition*, in Amy Gutmann（ed.）Multiculturealism and
the Politics of Recognition, Princeton Univercity Press, Princeton 1992, pp.25-73.

④ Ibid.

⑤ ［英］以赛亚·伯林：《自由论》，胡传胜译，译林出版社 2003 年版，第 229—230 页。

主权的一部分，同时履践公民自由与私人自由"。① 如此，个体"完整自我"的认同离不开其既定的文化，该文化受尊重的地位能为其中的个体提供起码的自尊。

（三）个体认同"完整自我"所需的自我判断与自我反省能力来源于既定的文化

虽说个体对"完整自我"的认同是独立进行的，体现在"一个人只要保持说得过去的数量的生活的常识和经验，他们自己规划其存在的方式总是最好的，不是因为这种方式是最好的，而是因为它是自己的方式"②，即达到所谓的自治。但是，达到这种自治所需的自我反省和自我判断的道德能力却非与生俱来。人可以假设许多与生俱来的东西，如天分、性格甚至权利，但是判断什么是对、什么是错，什么可以做、什么不可以做的道德能力却不是与生俱来的，而是在成长过程中与周围的人接触，在周围发生的事件（即便是偶然的事件）的刺激和反应中形成的，即"个人作出有意义选择的能力取决于其与文化结构的接触"③。个人所处的特定社会为个人提供了形成和塑造其道德能力的诸多因素，其中最为核心的就是文化因素。个人的道德能力依赖于其特定的文化背景，无论是对自身行为的衡量、反思还是对他人行为的评价、反馈等，无不与个人所处的包含特定生活方式在内的文化相联系。人们的判断能力、反省能力的形成和锤炼依靠的是特定社会的文化所提供的价值系统，通过对自己、周围的人、事、环境以及他们之间互动过程的观测和总结才完成的。个体利用文化背景所提供的素材一次次提炼自己善的观念的过程就是其形成、锤炼自我的反省能力、判断能力的过程。因此，可以毫不夸张地说，个体的独立的善的观念也好，自我的反省能力、判断能力也罢，无一不是其所置身的文化的产品。

---

① ［加］詹姆斯·塔利:《陌生的多样性——歧异时代的宪政主义》，黄俊龙译，上海世纪出版集团 2005 年版，第 198 页。

② ［英］约翰·密尔:《论自由》，许宝骙译，商务印书馆 1959 年版，第 80 页。

③ Will Kymlicka, *Multicultral Citizenship: A Liberal Theory of Minority Rights*, Clarendon Press,1995, p.81.

二、文化识别中"文化"的含义

（一）作为特定生活模式的"文化"

"文化"（culture）以及其同义词文明（civilization）均源于拉丁文 colere，包含居住或占据（inhabitation）、教养（cultivation）、崇拜（honour with worship）等含义。早期"文化"作为一个名词，表示一种自然的生长倾向，尤其是指植物或动物等自然物。16世纪时，"文化"的使用扩展到了人类生活，开始用以指称人的习惯，表示对人的倾向的一种感觉。但在18世纪以前，文化作为抽象的名词，指代一种过程的特定阶段或过程的结果的含义并不普遍。① 以后启蒙思想家开始将"文化"、"文明"用于描述人类发展的长期过程。在今天，文化至少有三种含义：一是作为抽象名词，用来描述智力、精神等发展的普遍性路径；二是作为抽象的名词，用以描述以音乐、文学、绘画、雕塑、电影、哲学或历史等形式展现；三是作为独立的名词，描述人类发展的过程和路径，表现为一种思想、艺术或智力成果的运用。其中"文化"的前两种含义是狭义的，晚期发展演变出来的第三种含义则比较宽泛，符合文化识别中"文化"的要求。

如果"文化"指的是人类发展的路径、过程，那么其中的具体含义又是什么呢？人类发展的路径和过程是一个实践的过程，一个不断践行观念、想法以及在践行的满足与不满足之间修正自己观念和想法的过程。从此意义上看，文化是人们观念、想法的实践过程。如维柯认为，文化就是任何社会对现实、对世界、对自然、对自身、对自身的历史及其奋斗目标的看法，这些诸多看法通过其成员的行为、思想、感觉等来表现，通过他们的文字、他们的语言的形象描述或抽象的隐喻来表达，也通过他们的崇拜、他们创制的机构来展现。② 德

---

① 关于拉丁语、英语中"文化"一词的演变，Cf. Raymond Williams, *Keywords: A Vocabulary of Culture and Society*, London: Frontana Paperbacks 1983, pp. 88-89.

② Cf. Isaiah Berlin, *The Crooked Timber of Humanity*, edited by Henry Hardy, London: John Murray（Publishers）Ltd., pp.8-9.

国哲学家赫尔德也持相同的看法，认为文化就是社会成员的想法、感觉，通过他们的衣着和歌声、他们所敬仰的"上帝"、他们的设想、他们的习俗、他们固有的习惯等来表现。① 由此可见，文化的实质是价值观念的实践，这种价值观念蕴涵、浸润在生活方式之中。从这个意义上看，可以将文化识别中的"文化"理解为一种生活模式、生活方式，通过个体在参与整体社会实践的过程中所形成和依赖的种种"思维"、"观念"或者"感觉"来展现，并由此产生出各种各样的"象征"，如语言、信仰、习俗、服饰、艺术、建筑等。人类发展路径和过程的复杂性恰恰与其特定的生活方式相联系，是多样的生活模式、生活方式或生活样式本身造就了这种复杂性。依据生活模式或生活方式来定义文化识别中"文化"的含义，这种观点值得信赖。通晓东西方文化的梁漱溟也持同样的看法，他认为："文化是什么东西呢？不过是那一民族生活的样法罢了。"而生活又是什么呢？"生活就是没尽的意欲——与叔本华所谓意欲略相近——和不断的满足与不满足罢了。"② 梁漱溟还谈及不同文化的成因是"生活样法最初的本因的意欲分出两异的方向，所以发挥出来便两样罢了"③。一句话，由特定"思维"、"价值观"和"象征"所展现和塑造的特定生活模式可被称为"文化"。

在加拿大，将文化识别中的"文化"定义为一种生活模式、生活方式的观点得到了普遍认同。如威尔·金利卡在论证自由与文化息息相关、自由依赖于文化时认为："我所关注的文化本性是社会文化，即这种文化给其成员提供了涉及整个人类活动范围的有意义的生活方式，包括公共领域和个人领域中的社会、教育、宗教娱乐和经济生活。这种文化往往是建立在地域集中和共同语言基础上的"④。这种文化强调的"不仅涉及共享的记忆或价值，而

---

① Cf. Isaiah Berlin, *The Crooked Timber of Humanity*, edited by Henry Hardy, London: John Murray（Publishers）Ltd., p.10.

② 中国文化书院学术委员会编辑：《梁漱溟全集》（第一卷），山东人民出版社2005年版，第352页。

③ 同上书，第352页。

④ ［加］威尔·金利卡：《多元文化的公民身份——一种自由主义的少数群体理论》，马莉、张昌耀译，中央民族大学出版社2009年版，第111页。

且也涉及共同的制度和实践"①。

（二）不可公度的文化

如果文化识别中的文化是指一种生活模式，那么接下来的诘问就是：文化之间可否公度？是否存在可以相互衡量的共同标准？而依据这种共同标准，文化之间是否有优劣、高低之分？对这些问题的回答不得不提及进化论式的文化观。

18—19 世纪自然科学的发展对人类产生的影响怎样高估也不过分，有人甚至将其作为在近代影响人类历史的因素之一。② 其中，作为自然科学成果之一的达尔文进化论不仅在生物学界成为一面旗帜，还开始成为哲学家们的"科学工具"，用来诠释各种社会现象。在 18 世纪哲学家们的"科学"引导下，人们对何谓文化、何谓文明采取了一种进化论式的、由低级到高级的发展观点，如人类学家路易斯·亨利·摩尔根（Lewis Henry Morgan）的观点就具有代表性。长期研究印第安人的摩尔根认为，人类经验所遵循的法则具有一致性，人类文明的发展是阶梯式的，从底层开始，分为几个阶段，包括野蛮时代、开化时代和文明时代，分别代表了低级、发展与高级阶段。③ 此外，那种认为人类社会经历了狩猎、采集、开化和商业社会四个阶段的观点也同进化论式的文化观相联系，因为这四个阶段分别代表了不同层次的文化。对文化的这种理解，实际上将不同群体、不同地区的文化在所谓的文化阶梯上强行排列，表明了一种文化进化论的观点。

不仅如此，在所谓的文化"进化"过程中，以欧洲文化为标准，哲学家们还"合理"地推论出欧洲文化处于进化的"顶端"，代表人类的最高水准，而其他非欧洲文化自然还处在"进化"的早期阶段，包括野蛮或开化阶

---

① ［加］威尔·金利卡：《多元文化的公民身份——一种自由主义的少数群体理论》，马莉、张昌耀译，中央民族大学出版社 2009 年版，第 112 页。

② Cf. Isaiah Berlin, *The Crooked Timber of Humanity,* edited by Henry Hardy, London: John Murray（Publishers）Ltd., p.1.

③ Cf. Lewis H. Morgan, *Ancient Society*, edited by Leslie A. White, Cambridge, Massachusetts, the Belknap Press of Harvard University Press, 1964, pp.32-45.

段。即便是那些有着辉煌过去的国家，若以欧洲文化为衡量标准，其文化已经停滞了，因此这些国家的文化也只能是劣等文化。① 一句话，依从进化的自然规律，欧洲文化与其他非欧洲文化在进化阶梯上的优劣等级是已经被"决定"了的事实，既无法改变，也无法逃避。由于非欧洲文化被贬为劣等文化，处于该种文化下的个体是否能达到理性的程度就值得怀疑。于是欧洲对非欧洲文化群体成员的殖民就有了充足的理由。尽管密尔等自由思想家相信，"一个人只要保持说得过去的数量的生活常识和经验，他们自己规划的存在的方式总是最好的，不是因为这种方式是最好的，而是因为它是自己的方式"②，但只有接受欧洲文化的个体才被认为具备这种选择能力，那些拥有其他既定文化的个体就被断定为没有这种自我规划的能力。进化论式的文化观自 18 世纪开始流行，可以说是当时不带任何偏见的人的普遍看法。③

进化论式的文化观实际上遵从了一个柏拉图式的理想化理念，那就是如同自然科学一样，所有关于社会的真命题只有一个正确答案，其余的答案必然是错误的，而寻找唯一正确答案的可能性就在于获取知识，所谓"知识即美德"的寓意也在于此。从古希腊开始，这种信念就一直根植于西方思想，只是在不同的时代，人们对于"何谓真正的知识"有着不同的理解。柏拉图眼里的知识显然与基督教教徒所崇尚的知识不一样，前者推崇哲学以及在人

---

① 密尔列举中国作为这方面的例子。密尔在《论自由》中谈到"个性为人类福祉的因素之一"时，担心"有其高贵的过去历史以及所宣奉的基督教的欧洲"变成另一个中国，并将中国与欧洲作了比较。他认为，包括习俗在内的中国文化与欧洲相比，处于下风。由此，在密尔看来，"（中国）几千年来原封不动；而他们如果还会有所改进，那必定要依靠外国人。"即便是对于中国的习俗，他也认为是"因为他们（指中国——笔者注）遇有难得的好运，竟在早期就备有一套特别的习俗"。他并不承认中国文化的价值。参见［英］约翰·密尔：《论自由》，许宝骙译，商务印书馆 2005 年版，第 84—85 页。

② ［英］约翰·密尔：《论自由》，许宝骙译，商务印书馆 1959 年版，第 80 页。

③ 约翰·斯图亚特·密尔在分析影响代议政府的因素及不同种族、民族之间建立同一政府的可能性时认为，除人口与政治力量的因素外，文化等级也是其中重要的因素，并频繁地使用文化高等文明（superior in civilization）来指代欧洲文化，用文化劣等（inferior in civilization）、野蛮地区（barbarian region）来指称非欧洲文化的其他文化。可见，主张"欧洲文化为优等文化，其他非欧洲文化为劣等文化"的观点在当时十分盛行，可以说是当时不带任何偏见的知识分子对待文化的观点的真实写照。Cf. John. Stuart. Mill, *Considerations on Representative Government,* The Library of Liberal Arts Press, 1958, p.102, pp.233-277.

可假设的领域内的数学、几何学知识，后者则认为有关基督教的神学知识才是真正的知识。但诸如此类的分歧并不妨碍人们达成一致的观点，那就是：所有的关于社会的真命题只有一个正确答案，其余的答案必然是错误的。人只有掌握了真正的知识，才能寻找到唯一正确的答案，才能理解自己与万物的关系，才能认清和确定自己的目标，明白自己该做什么、不该做什么，要怎样行为才有可能实现自己的目标。一句话，只有掌握和依从真正的知识，人才能依从正确的答案将自己在世界上进行正确定位。因其对自然界合乎理性、近乎于真理的解释、推理和论证，进化论毫无疑问地被推崇为这样一种真正的、科学的、能寻找到唯一正确答案的知识。人们发现，既然自然界存在着由低级到高级、由远古到现代的自然演化过程，"物竞天择、优胜劣汰"成为自然界必须顺从和适应的自然法则，那么人类也属于自然界的一部分，人类凭什么能独立于进化论之外呢？科学知识之所以为科学，就在于其可以广泛地、不加区别地运用于各种领域，包括人类的社会生活。在进化论的"科学"指导下，人们所寻找到的唯一正确答案就是：在人类社会的演化进程中，"存在着一架阶梯，从远古一直延伸到现在"[①]。不同的群体在进化阶梯上处于不同的阶段，文化是其标志，其中欧洲文化无疑在进化阶梯的顶端，不仅代表了人类社会在进化上的最高成就，也代表了人类社会演化的目标、方向。由此，对于其他非欧洲文化而言，接受和顺应这种进化论的要求，臣服于欧洲文化无疑才是最为科学和明智的选择，否则"物竞天择、优胜劣汰"的自然法则会无情地作用于它们。

文化真如自然界一般，存在着各自高低不同的"进化"阶段吗？对这种观点，德国的哲学家赫尔德（Herder）早就提出过尖锐的批评。在赫尔德所处的时代，法国文化无不为当时的欧洲各国所仰慕。法国的语言、文学、绘画、建筑、沙龙、服饰以及各类社交礼仪，均为当时的人们津津乐道，成为争相效仿的对象。德国也不例外，不甘落后地加入到效仿法国文化的行列。赫尔德对此种效仿行为颇不以为然，认为德国文化有着自身独特的不可

[①] Isaiah Berlin, *Vico and Herder: Two Studies in the History of Ideas*, London: The Hogarth Press 1976, p.189.

取代的优势，德国人没有必要模仿法国而成为第二类法国人。更为难能可贵的是，赫尔德把这种本意在于强调德国文化独特价值以抨击当时"效法之风"的观点发展成为一种关于文化的基本观点，并推之于所有的文化和文化群体。即便在当时盛行的欧洲文化与非欧洲文化的对比中，赫尔德也保持了相当冷静、客观的头脑，认为文化就是一种生活方式，无所谓高低优劣之分。赫尔德在其未发表的论文《人类历史的哲学观点》中论及"文化"时写道："没有比这个词更不确定的了，在其被用来指代所有的民族和过程时，没有比这个词更具有欺骗性的了"①。在谈及欧洲的基督教文化力图对非基督教文化群体强加影响时，赫尔德更是一针见血地指出，欧洲人的这种做法无异于"自掘坟墓"，其他文化群体的反抗是必然的。②

　　文化就是特定生活模式的指代，特定的文化是特定的群体在自己的经历中所萌生的对世界、对自然、对现实、对自身、对自身的历史和未来目标的看法和实践，这些看法和实践尽管在个体之间还存在着种种差异，但在群体外部看来，通过个体的语言、信仰、理想、创制的机构、习俗、固定的习惯、衣着甚至食物以及饮食方式体现出来的观念和看法及实践，具有大致的趋同性，可以以此将其与别的群体区分开来。即这些诸多看法和实践体现在群体大体一致的生活方式中，生活方式是其文化的集中体现。不同文化群体的生活方式可能在许多方面有相似性，但特定文化群体的生活方式仍然是独特的，这种独特性使得他们之间不存在优劣之分，甚至有可能根本就无法比较，不可公度。即便是同一文化群体，在其生活方式所体现的文化中，也

---

　　① Raymond Williams, *Keywords: A Vocabulary of Culture and Society,* London, Frontana Paperbacks 1983, p.89.

　　② 赫尔德还设想了一个天主教传教士与其奴隶的对话，以此来说明一个文化群体所信奉的价值观念、信仰等未必能得到另一文化群体的认可，人们没有任何理由强行将自己的信奉施加于不同的文化群体，即便是出于所谓良好的愿望。对话如下：

　　奴隶："你为什么往我的头上泼水？"

　　传教士："为了让你死后去天堂。"

　　奴隶："我不想去白人的天堂。"

　　奴隶拒绝了传教士的临终仪式，死去。

　　Isaiah Berlin, *Vico and Herder: Two Studies in the History of Ideas,* London: The Hogarth Press 1976, p.161.

不存在一个所谓的从远古一直延伸到现在的进步阶梯。其中的原理正如查理斯·泰勒所言："经过相当长的时期使我们的世界变得丰富的各种文化，对人类而言都具有某种重要性。……不同的文化都有平等的价值。"①

三、文化识别与民族识别

（一）民族身份的实质——文化身份

迄今为止，虽然关于"民族"的概念仍然是十分含混的，但一个有趣的现象不容忽视，即许多学者在论及民族时都将文化作为区分不同民族的标准，无论是承认民族的客观存在还是否认其客观存在，在"文化"作为首要的区分特征这一问题上，他们都表现出惊人的一致。如吉勒尔（Gellner）认为："如果只有两个人，但这两个人拥有共同的文化，那么他们就属于同一个民族。"②加拿大许多学者也持同样的观点，认为"民族"与"文化"可以直接等同。如威尔·金利卡表示："我是把'文化'当做'民族'或'人民'的同义词使用的，也就是说，它是一种结构基本完整、占有一定领土或土地、共享一种独特语言和历史的跨世代的共同体。"③可见，民族的"黏合剂"就是"文化"，民族身份的实质就是文化身份，其原因在于：

首先，文化是人类自我表达的一种自然形式。文化就像空气一样无所不在，个体可能不属于特定文化，可以脱离特定的文化，但绝不可能脱离任何文化或不属于任何文化。文化的产生是一个自然的过程，组成任何文化的诸多因素如语言、习俗、信仰等特质都是自然的，都有自己的历史，这种自然性同任何人为的因素相比较，更具有持久性。民族、种族、族裔只有加入或

① Charles Taylor，*Multiculturalism and " The Politics of Recognition",* an essay by Charles Taylor with commentary by Amy Gutmann, Steven C. Rockefeller, Michael Walzer and Susan Wolf, Princeton: Princeton University Press 1992, pp.64-66.

② Ernest Gellner , *Nations and Nationalism*, Ithaca, New York, Cornell University Press 1983, p.7.

③ ［加］威尔·金利卡:《多元文化的公民身份———一种自由主义的少数群体理论》，马莉、张昌耀译，中央民族大学出版社 2009 年版，第 26 页。

者依靠文化的因素才有意义，抛弃其中的文化因素，民族识别本身也会变得空乏，毫无意义。其中的原理正如赫尔德所言，自然创造民族，而民族依靠语言、习俗等因素自然地被区别。决定一个民族的是那些气候、教育、其与邻里的关系等可改变的或经验式的因素，而不是那些难以琢磨的或不可改变的特征，如种族和肤色。① 换言之，最终是文化，也只有文化才能作为将不同的民族区分开来的依据。

其次，一个人的民族身份通常意味着对一种特定文化的遵从和依赖，特定的文化以各种形式影响着其成员，并在很大程度上决定着他们想要成为的那种人。一个人在特定文化下依据特定民族身份所获得的系统性价值观通常会对本人产生终身性影响，即便选择有意地离开或有意地保持一定的距离，他也不能完全地抛弃成长过程中所获得的价值观。其中的情形如同罗尔斯所描述的那样：

"离开我们一直都在其中成长的社会和文化，而我们却在言谈和思想中使用社会和文化的语言来表达和理解我们自己、我们的目的、目标和价值。我们依靠社会和文化的历史、风俗、习惯来发现我们在社会世界中的位置。在很大程度上，我们认肯我们的社会和文化，并对它们有一种亲密的和无法表达的了解，即使我们对它们中的许多东西存有质疑（如果不是否定的话）。"②

由此可见，"文化"才是辨别民族的本质特征，是一个民族与另一个民族相区别的"本真性"标志。如爱瑞斯·玛丽恩·杨认为："无所不在的文化包含了符号、想象、习惯行为、故事等，借助它们，人们表达他们的经验并相互交流。"③塔米尔更是明确地表示："确切地说，文化就是使一个民族的成员与其他民族成员区别开来的标志。"④实际上，"文化"与"民族"或"族群"同一的概念已经被广泛认可。如《麦克米伦人类学词典》就依据"文

---

① Cf. Isaiah Berlin, *Vico and Herder: Two Studies of the History of Ideas*, London: The Hogarth Press 1976, pp.159-163.

② ［美］约翰·罗尔斯：《政治自由主义》，万俊人译，译林出版社 2000 年版，第 235—236 页。

③ Iris Marion Young, *Justice and the Politics of of Difference,* Princeton: Princeton University Press 1990, p.23.

④ Yael Tamir, *Liberal Nationalism*, Princeton: Princeton University Press 1993, p.10.

化"的标志来定义"族群",认为族群是"能自我区分或是能被与其共处或互动的其他群体区分出来的一群人,区分的标准是语言的、种族的、文化的、族群的因素联合以及社会和文化的标准,且族群性的研究的确集中在族群间的互动及其认同的文化和社会的关联过程中"①。在这个意义上,"文化少数群体"、"文化少数人"就与"少数民族"或"少数族群"同义。

既然民族识别下的民族身份的实质就是文化识别下的文化身份,那么为什么要刻意强调文化识别而不直接用民族识别呢?

(二) 文化识别比民族识别体现出更多的宽容

虽然民族身份的实质乃是文化身份,但是民族识别在不否认文化差异的同时,还强调"共同的祖先"、"因共同的祖先而获得的共同经历"(尤其是那些痛苦的或被视为耻辱的经历),更强调民族这种群体至高无上的、压倒一切的共同目标,追求极端的集体主义崇拜。换言之,在民族识别中,血缘、血统、肤色、人种、种姓、种族、经历等因素被赋予神奇的力量,人们认为一致的种族、血缘定会产生一致的需求,共同的祖先所获得的共同经历理所当然地指向所有成员都应为之奋斗的共同目标。如此,个体不仅在所谓的民族身份上是无能为力、无从选择的,因为谁也不能选择自己的出身、选择自己的祖先或选择群体的经历(个体只是其中的一分子),而且个体在这种民族识别中还将完全丧失自我,"个人充分实现自己的唯一方式就是把自己认同于种族这种整体,为它服务,遵循它的习俗,不假反思地歌颂它的伟大"②。个体的感情、目标、理想、信念、价值等等全都依赖于民族或种族的感情、目标、理想、信念和价值,个体成为民族的附属物,民族这种群体取代个体成为个体实现人性、追求理想生活的基本单元。更具有潜在危险性的是,民族识别中对祖先、种族、血缘和因此而产生的共同经历以及群体共同目标的强调和依赖,还会在群体中滋生一个意识,那就是:他们是一群不同

---

① Charlotte Seymour-Smith, *Dictionary of Anthropology*, Boston: Macmillan Press Ltd., 1986, p.95.

② [以] 耶尔·塔米尔:《自由主义的民族主义》,陶东风译,上海世纪出版集团 2005 年版,第 5 页。

于其他群体的有着神奇起源的群体，具有不寻常的经历，有着特殊的使命或命运。由此极易导致他们用怀疑、不信任的眼光来看待其他民族，甚至在行为上对其他民族（包括处于一个国家共同体内的其他民族）作出轻蔑或反感的举动，即形成唯我独尊的意识。而这种意识一旦在现实中遭受挫折或受到妨碍，他们必然求助于各类方法和途径来摆脱挫折或清除障碍。在这种种努力中，在所谓的"异族"人之间，容易形成"一种夸张的怨恨或轻蔑的态度"，或产生"一种过于强烈的赞赏或崇拜态度"，"有时则是两者兼备，它既会导致在观察事物上独具慧眼，也会——这是过度敏感的产物——导致对事实的一种神经质的歪曲"。① 实际上也是如此。德国在第二次世界大战时推行的种族主义，其理论依据之一即是强调日尔曼人"神圣"的血统性质和特殊的使命，并且这种论调至今都没有完全消失，表现为统一后的德国在享受了推倒柏林墙最初的狂欢，而随后不得不承受统一所必须蒙受的经济损失时，失业的怨恨、对未来的恐惧一度使得许多德国人在所谓的"异族"群体如土耳其人、原东德人中寻找替罪羊，甚至令人震惊地提出了所谓"纯种日尔曼人"② 的概念，让人惊悚地联想到纳粹的政策。这一切的主要根源之一就是对确定"民族"的出身、血统、共同经历等所谓不可更改的身份特征的过度强调以及对所谓群体共同目标的极端追求。可见，强调"共同祖先"、"共同经历"和"共同目标"的民族识别，更容易导致一种不宽容，而这种不宽容的后果极有可能是灾难性的。

文化则不同，它表现得更加中性、客观，总是以一种令人同情的、合理的途径与生活模式紧紧相连。文化识别表达了个体的一种归属感和认同感，是个体在反思后希望自己作为某种文化群体成员存在，并且分享那种独特感觉所表达的一种情感诉求。与民族识别所产生的归属感和认同感不同，文化识别包含了更多的积极内容，主要体现在：文化识别比民族识别更多地体现着宽容和尊重，体现着对其他文化以及浸润于其中的个体的宽容和尊重。

由于文化识别中的文化被定位为生活模式，存在着不可公度、缺乏相互

---

① ［英］伯林：《反潮流：观念史文集》，冯克利译，译林出版社 2002 年版，第 29 页。

② White, J.B. *Turks in the new Germany*, American Anthropologist, 99（4）：pp.754-769.

衡量的共同标准等情形，因此，文化识别的宽容首先体现为文化之间的宽容，体现在对不同文化平等价值的认可上。文化识别中的"文化"既然集中体现为特定的生活方式，这本身就暗示了一种宽容心态，即认为"没有任何一种文化比其他文化更为优秀，也不存在一种超然的标准可以证明这样一种正当性：可以把自己的标准强加于其他文化"①。在文化识别下，人与人之所以不同，就是因为文化的差异，而这种差异源于对一种文化普遍共有的忠诚和固有的对所有文化一律平等理念的认可。可见，文化识别不仅表达了个体在特定文化下完成自我认同的归属感，同时也承认不同的文化都具有同样的终极平等价值。少数人的文化也不例外。

　　不仅如此，文化识别还认可个体在其中的主动性、选择性，体现了对个体选择的宽容和尊重。虽然个体对自己的文化识别在很大程度上由他人对个体的"承认"所决定，但是"识别"本身并不是完全被动的，个体并不是在得到社会的"承认"后被动地得出对自己的基础性看法的；相反，作为具有判断能力的个体，其对自身的认识很大程度上是主动选择的结果，选择不同，文化相异，识别自然就不同。民族识别强调个人民族身份的不可避免性和不可抗拒性；文化识别则不同，它认可和强调个体在其中的主动性、选择性，文化识别下的文化身份对个体而言既有先在性，也有选择性。其中，先在性体现在个体基于出身、成长所自然获得的一种文化身份；选择性则体现在个体作为一个具有自由意志的人，能够反思、评价甚至否认其既定文化。换言之，个体对于依据出身取得的文化身份，既可以选择接受（那种已经意识到自己文化的缺陷，但依然决定坚持这种文化，遵循它的习俗，运用其特定的价值标准去评价是非的做法也视为接受），也可以选择与其保持距离，在对其进行评价、深思后再进行选择，甚至可以选择融入另一种文化。虽然对个体来讲，抛弃自己基于出身所获得的文化而融入另一种文化是痛苦的，面临着转换过程中的种种障碍，单是类型学上的特征就会极大地限制一个人融入另一文化群体的想象。如出生在德国、成长于德国的土耳其人的后裔，哪怕到了第三代也依然不被认为是德国人，而被认为是外国人，这其中很重

---

① ［英］C.W.沃特森：《多元文化主义》，叶兴艺译，吉林人民出版社2005年版，第16页。

要的一个原因就是其类型学上的特征。① 但困难并不意味着排除可能性，个体确实仍然可以选择自己的文化，这种选择不仅在个体真实地处在一个能为他提供评价标准的特定的文化环境之中时才能实现，即便存在时空的距离，个体也有可能实现这种选择，因为"一个文化的成员，通过想象性的洞察力，能够理解另一个文化或社会的价值、理想以及生活方式，即使是那些在时间和空间上非常遥远的文化和社会"②。更何况，在当今世界上，发达的现代传播技术也为个体融入其他文化提供了便利条件，这无疑在客观上更有助于个体的选择。

在国际人权领域，文化识别与民族识别这种更深层次上的区别已经引起了不少人的关注，许多人认为应该用文化识别来取代民族识别。以研究自由主义的民族主义而著称的耶尔·塔米尔也认为："因技术的进步和经济的繁荣依赖于跨民族的合作，因此跟以前相比，同化更是一个可能的选择。在此种情形下，应该回归'文化的民族主义'，用'文化的独特性'来确立民族和文化群体的边界，这种边界通过在成员与非成员之间建构价值观念、宗教、语言以及心理来确立。否则，在这样一个'后民族的时代'，民族的差异将被抹去，所有的民族都共享一种肤浅的单一文化，看肥皂剧、吃麦当劳、喝可口可乐、把孩子送到迪斯尼乐园——这与其说是一个乌托邦，不如说是一个噩梦。"③

在加拿大，文化识别与民族识别相区分的观点也逐渐得到认同，即便是那些将"文化"和"民族"作为同一词来使用的学者也承认："要把文化多样性与少数民族多样性区别开来"④。而这种区分也暗合了以文化识别取代民

---

① Cf. Horrocks, D. and Kolinsky, E.（edited）（1996）*Turkish Culture in German Society Today,* Providence, RI, and Oxford: Berghahn.

② Isaiah Berlin, *The Crooked Timber of Humanity*, edited by Henry Hardy, London: John Murray（Publishers）Ltd., p.10.

③ ［以］耶尔·塔米尔：《自由主义的民族主义》，陶东风译，上海世纪出版集团 2005 年版，第 169—172 页。

④ 威尔·金利卡的这一言论，表明其虽然将"文化身份"与"民族身份"通用，但同时已经意识到一些文化群体并不等于民族，如移民群体。文化识别并不一定就意味着民族识别。参见［加］威尔·金利卡：《多元文化的公民身份——一种自由主义的少数群体理论》，马莉、张昌耀译，中央民族大学出版社 2009 年版，第 20 页。

族识别的趋势。加拿大政府更是将"民族识别"与"文化识别"的深层次区分运用到实践当中，成为成功地化解加拿大魁北克省独立情绪的一个重要因素。①

四、文化识别下的少数人

（一）文化识别下的"少数人"

基于上述文化概念，在文化识别下，按照个体的既定文化在一个国家共同体中的地位，可以将个体划分为两类，即多数人（majority）与少数人（minority）。其中多数人是指其文化在国家公共领域得到充分的反映的个体及其群体，如其语言被尊为官方语言，价值观被推为主流价值观等。少数人则是在一个特定的共同体中，与多数人相比较，具有不同文化特征、分享不同文化信念的个体及群体，此处的文化特征包括语言、宗教、习俗等，实质是价值观的实践被蕴涵、浸润在生活方式之中。可见，"少数人"是与多数人在文化识别下相比较而产生的一个概念，"少数人"与"多数人"的区别不仅在于二者文化特征、价值观和生活方式的差异，更在于其文化在国家公共领域被反映、被容纳、被推行程度的截然不同。《公民权利与政治权利国际公约》第二十七条将其统称为"种族、语言、宗教"上的"少数人"。

（二）界定少数人的关键因素

"少数人"这个概念表面上似乎与数量有联系，"少数"与"多数"本身就是一个数量关系的概念，一些区域性人权公约也将"数量"作为构成"少数人"的要素。② 但值得注意的是，数量可以作为界定少数人的因素，却不

---

① 2006 年，加拿大众议院通过联邦政府总理哈伯承认确认"魁北克"为"民族"的决议，称"魁北克是统一加拿大的一个民族（nation）"。但根据哈伯的解释，此处的"民族"（nation）不是"政治和法律意义上"的民族，而是"文化和社会意义上"的民族。

② 如欧洲人权公约确立的"少数人"，是指在数量上居于少数，在人种、宗教或语言方面具有不同于其他人的特征，含有维护他们文化、传统、宗教或语言倾向的国民。

是界定少数人的关键性因素。这意味着,"少数人"在数量上具有一定的群体性特征,但未必有确切的数量要求。理由如下:如果将数量作为界定少数人的关键因素,那么究竟多少数量才能够得上少数人的标准呢?对这个问题,法律的确不可能制定一个统一的标准,各国的法律实践也没有统一的标准。于是有人很聪明地想出来一个办法,那就是制定数量的限度,如根据《牛津英语辞典》的解释,在特定的共同体中,无论是成员还是构成共同体的部分,若其数量没有达到全体的一半,这些成员或部分就能被称为少数人。① 这个限度有意义吗?根据这个数量上的限度,当年实行种族隔离政策的南非,其白人应该是"少数人",这个结论也未免太荒唐了。可见,在界定"少数人"的过程中,人口的数量应该不是关键性的因素。那么什么构成界定"少数人"的关键性因素呢?《公民权利与政治权利国际公约》提供了答案。

《公民权利与政治权利国际公约》第二十七条规定:"在那些存在着种族的、宗教的或语言的少数人的国家中,不得否认这种少数人同他们的集团中的其他成员共同享有自己的文化,信奉和实行自己的宗教或适用自己语言的权利。"这其中包含界定少数人的三个方面因素,它们分别是"ethnic"、"religious"和"linguistic",即公约规定的少数人包括"种族的"、"宗教的"和"语言的"少数人。那么种族、宗教和语言是否就是界定少数人的关键因素呢?下面对其逐一进行分析。

第一个是种族因素。就种族概念而言,种族(ethnic)一词最初来源于生物学,后被人类学、民族学等所吸收。依照目前比较通行的看法,种族又称人种,是指具有共同遗传特征的人类群体,因为长期的环境和遗传的影响,人在肤色、发色、眼色、头型、身高等方面存在着差别。虽说按照生物学的观点,不同的种族都属于同一物种即智人,但依据人在肤色等诸多外观和类型学上的差别,不同的种族就相当于同一物种下的若干变种,而在长期隔绝的状态中,这些若干变种的种种特征和彼此间的差异又会因遗传被保

---

① 原文"the smaller number or part, a number which is less than half the whole number." Cf. *The Oxford English Dictionary,* Second Editions, Prepared by J.A. Simpson and E.S.C. Weiner, Clarendon Press, Oxford 1989,p.825.

留下来。因此，在这个意义上，种族与"血统"等具有同义，在各类语言中，对于人种或种族的描述往往又与"血统"和世系有关，或直接成为"血统"的代称。如有人曾考证，英语中种族的名称"race"最初来源于意大利语"razza"，亦含有"血统"之意，后经古法语演变而来。① 按照人种族的概念，人类分为四个种类，包括欧罗巴人种（又称白色人种）、蒙古人种（又称黄色人种）、尼格罗人种（又称黑色人种）和大洋洲人种（又称棕色人种）。种族的概念从 18 世纪开始流行，19 世纪到 20 世纪上半叶可以说是人种或种族概念风靡世界的鼎盛时期，人类学、民族学等均将人种作为基本概念。康德在 1785 年撰写的论文《什么是人种》中，将这个概念上升到哲学的高度。那么种族是否能作为界定少数人的关键因素呢？

本书认为，不能将种族作为界定少数人的关键因素，根本理由在于：种族概念中包含了进化论观点，非常不恰当甚至是错误地将人类类型学上的差别作为"进化过程"中等级差别的依据和佐证。如前所述，种族的概念最初来源于生物学，与生物学中的进化论有着非常紧密的联系。生物学上的进化论本来无可非议，但当人们将包含这种进化论的种族概念应用到人类社会研究中，作为划分民族等群体的标准，并用来衡量不同的文化和文明时，种族概念极易演变成种族优越论，基于人种或种族概念上的各种区别，包括肤色、眼色、发色、身高等因素就极有可能非常荒唐地构成不同文化群体在进化过程中处于不同等级的依据。康德也曾使用人种或种族来指代民族，将人种或种族标准作为界定民族的标准。如他认为："民族可以说是植根于人类血缘混合之中的天生的自然特性，而不是那种后天获得的、人为造成的（或修饰过的）性格特征。"② 由于民族的性格特征"通常不是由他们不同的文化类型引出，而要从他们通过不同原始血统的混合而来的天赋素质中引出"③，因此，在康德看来，英吉利民族和法兰西民族是世界上最文明的民族（在

① 参见黄现璠（遗稿）：《论西方"民族"术语的起源、演变和异同》（六），甘文杰、甘文豪整理，《广西社会科学》2008 年第 6 期。

② ［德］康德：《康德文集》，刘克苏、刘汉、邓小芒等译，改革出版社 1997 年版，第 668 页。

③ 同上书，第 658—663 页。

此，康德同意休谟的观点）。从康德的话可以看出，正是由于种族概念过于倚重血缘、肤色等不可改变的因素以及其本身包含的进化论观点，因此，种族概念不适宜作为划分群体的因素（在强调群体的平等时，种族概念的这种不适宜性表现得尤为明显），更不应作为界定少数人的关键因素。实际上，那种认为某些人种居于高等人种之列，有些人种居于次等人种，有些人种甚至在进化上存在缺失的荒唐结论之所以能在一个多世纪大行其道，根本原因之一就在于人种或种族概念错误地适用了生物学的进化理论。有人对此总结道："自然领域的适者生存法则运用到社会领域，金字塔型的人种等级制度和'种族意识形态'便以'科学化的根据'为媒介融合到了西方文明中的信仰和社会制度中，诸如白种人被归为第一等，黄种人被归为第二等，黑种人被归为第三等异类的谬论风行西方世界。"①

不仅如此，人种或种族概念还非常不恰当地将人类在语言、信仰、习俗、制度等文化上的差异看成是人种被划分为高低等级的结果，贯穿了一种文化歧视。实际上，从表面上看，肤色、发色、眼色、身高、体型等人种因素似乎可以作为群体区分的标准，但是这个标准却不能想当然地在人们心目中产生一种认同意识，而且共同的认同意识所导致的自觉的认同行为乃是区分群体的本质所在。这其中的关系正如有人所总结的那样："黑人群体之所以成为黑人群体，不仅仅是因为肤色，而是共同的历史所造成的共同的文化而形成的自我认同"②。成长于另一文化群体的黑人，尽管属于相同的人种，有着相同的肤色等共性特征，但却不属于黑人群体，其受异文化影响的价值观念、生活方式等也表明了通常情形下其不可能产生归属于黑人群体的自我认同。可见，人种显然不是区分少数人的关键因素。

《公民权利与政治权利国际公约》之所以强调种族因素，首先是因为出生、血缘往往意味着成长于不同的文化，种族唯有与文化因素相联系，才能

---

① 科坦布尔：《地球物产杂志》，堀川建译，和泉屋半兵卫出版社 1872 年版，第 7 页。转引自黄现璠（遗稿）：《论西方"民族"术语的起源、演变和异同》（六），甘文杰、甘文豪整理，《广西科学》2008 年第 6 期。

② Iris Marion Young, *Justice and the Politics of Difference*, Princeton: Princeton Unversity Press 1990, p.4.

作为界定"少数人"的因素。其次，因为出生和血统的缘由，人表现出的类型学特征尤其是外貌、外观特征往往最为引人注目而且持久，典型的如肤色、眼色、毛色等。也许是好奇心使然，更多的是在自己所属的群体中长期共同生活所形成的正常人的概念使然，人往往自觉或不自觉地将具有异样外观特征的人划为另类，这种趋向在与具有异样外观特征的异族人交往时表现得尤为明显。这种潜意识的倾向往往使种族成为划分民族、种族或族裔的第一标准。更为重要的是，无论是什么原因，单纯的种族只会产生外观上不同的类型学特征，因这种外观不同的类型学特征而遭受的歧视性待遇或其他任何不公平待遇，通过确立个体统一的基本权利就能加以解决，如对平等权利中同等情形下同等待遇这一要求的落实，就能消除这种因为种族而产生的歧视，没有必要再单独地规定"少数人"的概念并求助于享有自己文化的权利这种个体权利之外的其他权利来实现。反倒是在应对文化上的差异和不同时，不能单纯地求助于统一的公民个体权利。

那么宗教是否是界定"少数人"的关键因素呢？由于《公民权利与政治权利国际公约》中使用了宗教的（religious）这一提法，因此，应该从英语的角度来探讨宗教一词的含义。"religion"一词来源于拉丁语"religio"，西塞罗在《论神之本性》中使用了"relegre"和"religere"，前者是指反复诵读，后者则包含了小心考虑之意，表达了一种对神的崇敬。奥古斯丁在《上帝之城》中也使用了"re-eligere"，表示人在信仰上的重新抉择以及决断。在西方，宗教最为宽泛的定义就是指人对其认为可支配人的、超自然力量的所有形式的信仰，通过抉择、行为规则等来体现。[①]

从对宗教定义的分析可以看出，宗教的实质是一种文化现象，表达了人们对于世界、对于未来、对于自身以及自身与周围事物关系的种种看法和观点，正如《宗教百科全书》所解释的那样："每个已知的文化都包含了或多或少的宗教信仰，它们或明了或令人疑惑地试图完美地解释世界。当某些行为典范在特定的一个文化中得到确定时，它就将在这个文化中打下深深的历史烙印。宗教在形式、完整度、可信度方面因文化不同而不同。"如果说宗

---

① Cf. *Black's Law Dictionary,* West Publishing Co. 1990, p.1292.

教是界定"少数人"的关键因素，那么宗教所代表的文化也应该是界定少数人的关键因素。

最后来分析语言是否是界定少数人的关键因素。什么是语言呢？最常见的问题也最难解释。根据《韦氏新世界字典》的解释，最为常见和通用的语言定义有以下几种：语言不仅包括通常理解的人类的言语、系统的文字表达、用来表达或交流思想和感觉的声音以及由这些声音组合而成的系统，还包括表达或交流的任何方式，如手势和标记，也包括用来传达信息的符号、字母、数字、规则等特殊集合。

语言的实质是什么呢？语言当然是一种文化现象，是特殊的文化标记和符号。正因为如此，语言也常常成为民族的标志，如同有人所言："虽然民族之所以成为民族有很多成分、因素、标志和标准，但所有这些当中最有力的之一，也许就是最有力的，肯定是语言了。"① 可见，语言应该是区分群体的标志。

综合以上分析则不难发现，在《公民权利与政治权利国际公约》提供的界定少数人的三个因素中，种族、语言和宗教都共同指向文化，不同的种族往往意味着不同的文化，语言、宗教本质上就是一种文化现象，是文化的象征和标志，宗教和语言不同也意味着一种文化差异。由此可以认为，文化上的差异乃是界定少数人的关键因素。

作为界定少数人的关键因素的文化差异，其本身不仅具有客观性，也具有稳定性和持久性。一种文化的孕育和产生是缓慢的，其完全消失也不是那么容易的，一直以语言、信仰、习俗等形式贯穿于生活方式之中的文化不会轻易被另一种文化取代；相反，缓慢地接受其他文化的影响，同时利用文化自身的磁场作用来浸润、消磨、更新这种影响，并导致一种独一无二的新的文化或文化合成体的诞生，反而是文化中常见的现象。可见，文化"是一种与观念、知识、个人习惯和公共行为方式一起的缓慢的孕育，……其特征可以从居民消费方式、建筑风格到政府体系、产权安排、法律制度、文学

---

① ［英］以赛亚·伯林：《现实感》，潘荣荣、林茂译，译林出版社2004年版，第291页。

形式和戏剧表演等一切方面获得证明"①。正因为文化具有如此特征，文化上的"少数人"即指依据文化识别、享有不同文化的群体及个体，且他们分享的文化在公共领域不占据优势。实际上，在实践中，那种单纯依据人种或出生、"血统"等不可改变的因素来定义少数人的观念已经式微。例如在加拿大魁北克，40多年前绝大多数魁北克人相信，作为一个"真正的魁北克人"，就必须有最初法国拓荒者的血统，如今却只有不到20%的人还持有这种观点。② 因此，少数人的文化差异以及因这种差异导致其在社会中的地位才是确定其是否为"少数人"的关键因素。这种地位是指其文化在国家等共同体内部的公共领域中没有得到充分反映的一种状态。

在论及少数人的社会地位时，不能不谈到一个问题。有学者不否认"群体的社会地位"乃是界定少数人的关键因素，但将少数人的"群体的社会地位"称为"非主宰性地位"③，这种提法值得商榷。因为这样的提法暗示了少数人权利的一个方向，那就是如果"少数人"是因其"非主宰性地位"而受到"多数人"的制约，那么是不是应该将"少数人"的社会地位提至"主宰性地位"方能免除"多数人"的制约呢？在现实中，不是所有的文化群体都能在一个国家共同体中共同处于"主宰性地位"，阿罗的"不可能性定理"在这里同样适用。④ 当社会中所有的群体都有各自的偏好而社会在方案的选择上又存在着多种可能时，不可能让达到让所有的群体都满意的结果，"主

---

① 这是英国学者C.W.沃太森对1066年后诺曼底文化和英国文化相互影响的过程及结果的描述，认为两种文化尽管有剧烈的碰撞，产生相互的影响，但结果是没有谁被淘汰或被取代，而是相互浸润到对方的生活中。并且这个时期非常长，"不是几个月和几年而认为是数十年乃至几个世纪的一件事情"。参见［英］C.W.沃太森：《多元文化主义》，叶兴艺译，吉林人民出版社2005年版，第91页。

② 原文是法文，转引自［加］威尔·金里卡：《少数的权利：民族主义、多元文化主义和公民》，邓红风译，上海世纪出版集团2005年版，第312页。

③ 原文是"少数人保护的核心是其群体的社会学意义上的'少数'，即盖群体在其生活的社会中处于非主宰性地位，占主宰性地位的数量上的少数人群体不受这种制度的保护。"参见周勇：《少数人权利的法理》，社会科学文献出版社2002年版，第12页。

④ 美国经济学家肯尼思·J.阿罗用数学分析方法得出一个结论：如果众多的社会成员具有不同的偏好，而社会又有多种备选方案，那么在民主的制度下不可能得到令所有的人都满意的结果。这被称为不可能性定理（arrow's impossibility theorem）。

宰性地位"又从何谈起？更让人忧虑的是，"主宰性地位"容易让人联想到一种政治诉求，因为就特定群体而言，如果没有取得"政治上的优势"，很难说就达到了一种"主宰性地位"。比较而言，将因文化差异引起的"其文化在国家共同体内的公共领域中被反映的程度"作为社会地位的体现，更具有客观性和现实性。文化在公共领域中未得到充分反映，表明少数人因其文化而被"赋予"一种"天然劣势"，界定社会成员中的少数人就是为了扭转这种"天然劣势"。而扭转"天然劣势"的途径并非一定就是上升到"主宰性地位"，更不是一定要通过政治诉求方能实现。只要在一定的公共领域中全面反映其文化，只要表明其文化具有同等的价值、同样受到尊重，使得少数人生活在自己文化之中的选择在现实条件下能最大限度地实现，这就实际扭转了少数人的"天然劣势"，达到从文化识别的角度定位少数人的目的。加拿大联邦政府与法裔文化群体就其加入加拿大联邦的谈判时所订立的协议就是一个实例。①

　　少数人是在国家共同体内因文化识别所产生的概念，那么，界定少数人的关键因素是否包含在一国居留时间长短的要求呢？联合国人权事务委员会在其《一般评述》中指出，《公民权利与政治权利国际公约》第二十七条所用的存在一词与在一国居留时间的长短无关，享有该项权利的少数人群体成员并不需要是该国公民或永久性居民。因此，在成员国境内的移民工人甚至旅行者，只要具备构成少数人群体成员的条件，都应享有这些权利。② 因此，少数人自然包括作为文化群体存在的少数民族的成员，也包括那些不能

---

① 1867 年，加拿大英裔移民和法裔移民围绕加拿大结成联邦的条件进行协商。尽管法裔文化群体清楚地意识到他们在联邦中将是少数，但最终还是同意加入联邦，但这是有条件的。其中一个条件就是他们为扭转自己的"天然劣势"，坚持语言和教育管辖权要保证归属于各省，而不归属于联邦政府。法裔文化群体坚持这个条件是"不可协商的"；作为交换，他们准备在新议会中让步，同意按人口选举代表的原则。于是，"他们在新的国家中的少数地位被制度化"。这个"制度化"不仅意味着法裔文化群体在议会中处于少数地位，更意味着他们已经通过获得一种差别权利保证了自己独特的文化受到尊重，而这种尊重并不是通过获取一种"主宰性社会地位"得来的。Smith Anthony, *Canadian Confederation and the Influence of American Federalism*, in Marian McKenna（ed.0, The Canadian and American Constitutions in Comparative Perspective（University of Calgary Press, Calgary）p.75.

② Cf. General Comment No.23（50）on Article 27.

称作民族的少数文化群体的成员，如移民、迁徙工人等。

（三）少数人的类型

少数人的类型具体包括以下几个方面：

1. 少数民族、少数族裔、族群及其成员

指特定的民族、族裔、族群及其成员在国家共同体中与其他民族、族裔、族群相比较，因文化上的差异而成为少数人。如前所述，判断少数民族、族裔、族群的标准不单单是种族的标准，单纯的出生、"血统"等不足以成为少数民族、族裔、族群，不同种族、不同"血统"的人属于同一文化群体的现象并不少见，这其中或许是因为文化的交流、个体对某种特定文化的倾慕以及其他带有强制性的措施，包括历史上的同化或者所谓的"熔炉"① 过程使得具有不同种族和"血统"的群体有可能融入其他文化群体，如不少学者主张的美国文化群体（如果成立的话）实际就包含了诸多具有不同种族和"血统"的成员。

根据促进和保护人权小组委员会保护少数人工作组的建议，少数民族是指那些在一个国家属于少数，而在其祖国则居于多数的民族。换言之，由于边界变更的结果，某一个特殊群体永久地成为另一个国家的一部分，但该群体发现他们在该国处于少数人地位。② 值得注意的是，《公民权利与政治权利国际公约》第二十七条并没有使用少数民族的概念，主要原因是"少数民族暗含更高的起点，它会排斥那些永远也不能成为少数人民族的少数者"③。这个缘由倒是从另一个角度表明了少数民族与少数人族裔、族群等的区别，即少数民族与少数人族裔、族群形成的少数人在境遇上存在差别。在加拿

---

① "熔炉"（melting pot）本是法裔美国人 Hector. St. John. Crevecoeur 1782 年在《一个美国农人的信札》中提出的思想。他认为人的生长与植物的生长一样都受制于其所处的环境，美国独特的气候、政治制度和宗教以及工作环境，将来自世界不同文化群体的移民熔制成具有同样品质和理想的人。1908 年，美国剧作家 Isreal Zangwill 以《熔炉》（*melting pot*）为名，创作了一个剧作，将美国比喻为能使所有的移民融化和再生的"熔炉"，"熔炉"从此成为一种理论，一种放弃原来的文化，接受新文化的理论。

② 参见徐显明主编：《国际人权法》，法律出版社 2004 年版，第 345 页。

③ 同上书，第 345 页。

大，少数人族群、族裔被称为"无国家的民族"。

2. 土著人

20世纪70年代，土著人在寻求确切的法律保护以摆脱在社会中被边缘化的地位时，土著人这个概念并没有被单独提及，而是直接用部落或民族名称来指代，如被称为印第安人等。但对土著人来讲，部落或民族的称谓不尽如人意，因为其仅仅代表了一种特定的经济社会组织，并不能表明土著人与所居住的土地之间的历史联系。在土著人看来，在自己居住的土地上，他们与欧洲征服者之间存在着先来后到的、有政府承诺可证明的特定历史关系，如加拿大土著人同加拿大政府签订的若干条约。此外，土著人也不满意对其少数人的定位。在他们人看来，少数人的称呼本身就意味着一种弱势，在此基础上主张的差别性权利与按照历史协定所享有的权利有区别。于是土著人开始尝试用一些新的概念来表明这个群体的独特性，如加拿大的印第安人在20世纪80年代开始用"原住民"（first nation）来称呼自己，以此表明他们是该片土地的第一占有者，不是众多文化少数群体中的一支。这种称谓将他们不愿混同于其他文化少数群体，或仅仅被当做少数文化群体中一部分的心态表露无遗。在此种情形下，从20世纪80年代开始，土著人有了一个固定的名称，即土著人或土著人民，英语为 indigenous population 或 indigenous people。[①] 那么什么是土著人呢？为此，国际劳工组织下了一个定义："独立国家中的土著民是指那些在被征服、被殖民或建立现时的国家疆域时居住在一个国家或一地理区域内的居民的后裔，无论其法律地位如何，他们还保留着自己独特的部分的或全部的社会、经济、文化和政治制度。"[②] 在国际劳工

---

① 有学者认为，"indigenous population"和"indigenous people"还是有区别的，前者译为"土著人"，后者则是"土著人民"，"而国际法文化上适用'土著人民'一词是土著人民长期以来坚持斗争的结果"。参见周勇：《少数人权利的法理》，社会科学文献出版社2002年版，第8页。笔者认为这种称呼变化的意义不大，仅仅表明一种姿态，至少在法律上是如此。如即便翻译为"土著人民"，也不意味着其已经被国际社会视为"人民"，享有"人民"特有的权利——自决权。相反，使用"土著人民"的国际劳工组织为了避嫌，还在其《第169号公约》中规定："本公约使用人民一词不得解释为包含该词在国际法上可能富有的权利。"因此，本书不刻意区分"土著人"和"土著人民"。

② Convention No.169, Article 1.

组织这个具有代表性的定义中，"曾经被征服、被殖民或在现有国家建立之前已经实际居住"的历史成为构成土著民定义的关键，即定义土著民依从的是"历史的角度"，而这种历史不是每个文化群体都曾经历过的，因此，这就自然地将"土著民"同其他少数人区别开来。如同有学者所评论的那样："与少数人概念相比较，构成土著民群体特性的是该群体与先前的社群存在着'历史上的连续性'。这种'历史上的连续性'具体说来，可以指拥有祖先的土地或与土地原先的占有者具有共同的祖先，以及享有相同的文化、语言或居住在某个相同的区域内。"① 无独有偶，土著人在自身的主观意识上也是从历史的角度来定义自己身份的，土著人概念本身就表明了一种历史关系。

如前所述，界定少数人的关键因素是文化，文化上的差异乃是构成少数人的根本条件。那么对土著人这种基于历史角度的定义又有什么特别的意义呢？是否意味着已经将土著人排除在少数人之外呢？从表面上看，国际社会对土著民的保护与对少数人权利的保护正逐渐呈分立趋势，一种赞同制定有关土著人事务新准则的观点正在被缓慢地接受。如 1971 年，联合国在有关种族歧视的研究中，对土著人的权利保护问题就单列了一章，题目是《对土著人保护的相关措施》(*Measures Taken in Connection with the Protection of Indigenous People*)，将土著人从少数人中特别地分离出来。1971 年，联合国经社委员会（United Nations Economic and Social Council）授权对土著人的生存条件进行研究，1983 年完成了长达 5 册的研究报告，成为联合国正式的参考文献。2000 年，联合国人权委员会授权设立关于土著人事务的永久性论坛；2002 年，该论坛成立。这种趋势是否已经表明从历史角度定义的土著人已经同少数人分立，土著人不是少数人中的一个类型？其享有比少数人更多的权利？或者少数人的差别权利满足不了土著人的诉求？

毋庸置疑，土著人确实在历史上遭受了极不公正的待遇，但这是否就意味着其需要特殊的补偿权利，国际社会单独为其制定公约是否也是基于这种历史上的不公正待遇？对此，许多学者给出了否定性的答案。理由在于，土著人屈辱的历史并不是使其在国际人权领域被单独对待的根本原因，反而

---

① 周勇:《少数人权利的法理》，社会科学文献出版社 2002 年版，第 9 页。

是由于文化上的根本性差异促使国际人权机构将其单列。

土著人作为少数文化群体，在归属于一个更大的国家之前，就已经拥有自己的习俗等社会规范，形成了自己的社会并有效地运作。如在欧洲人17世纪抵达北美大陆之前，北美的土地上就已经有500多个由土著人组成的主权国家，"这些土著人根据自己民族的制度与正统的释宪传统统治自己的国度约有两千年之久"①。欧洲人到达北美之后，出于各种利益考虑如贸易利益等，曾将土著人社会作为国家对待，认为土著人是一个根据自己的法律治理自己事务的国度。这种关系通过欧洲国家与土著人签订的一系列条约得到确认，如1630年至1832年期间，英国王室与土著人经过上百次的条约谈判所达成的协议、发表的声明。②尽管土著人的这段经历构成了土著人独特的历史，但这仍然不是土著人被单独分立的缘由，这段历史所体现的深刻文化差异乃是土著人被国际人权机构区别对待的根本原因。这一点从国际人权公约和人权组织对土著人基本权利的原则性规定上可以清楚地体现出来。

首先，土著人并没有因为这段独特的、不公正的历史而享有"人民"的地位，从而理所当然地获得自决权。迄今为止，没有任何国际人权公约和国际人权机构明文地承认土著人的"人民"地位以及其享有自决权的实体权利，这一点同少数人的地位完全一致。其次，从国际人权公约和人权实践来看，土著人是通过享有和利用有关少数人的全部权利来满足其权利诉求的，土著人权利的内容与实现路径与少数人无异，至少不存在根本性的冲突。至于说有关少数人权利诉求的公约规定太弱，不能满足土著人的需要，出现这种状况的岂止是土著人，少数人又何尝不是如此？典型的如《公民权利与政治权利国际公约》第二十七条，虽然其规定少数人有"享有自己文化"的

---

① James Tully, *Strange Multitiplicity: Constitutionalism in an age of diversity*, Cambridge University Press 1995, pp.117-118.

② 这些协议和声明包括：1664年后所签订的各种条约，1665年后印第安事务皇家委员会（Royal Commissions on Indian Affairs）的各种记录，1670年起对殖民地行政官员颁布的皇家命令，1696年贸易理事会（the Board of Trade）的声明以及1763年的王室公告（the Royal Proclamation of 7 October 1763）等。Cf. James Tully, *Strange Multitiplicity: Constitutionalism in an age of diversity*, Cambridge University Press 1995, p.118.

权利，由于传统上认为"享有自己的文化"的权利属于免受干涉的消极权利，不包括接受援助、拨款、实行自治或获得公众承认的内容，因此，第二十七条的规定在某种意义上只不过是包括言论自由、信仰自由等公民基本权利的再一次重申或翻版。① 由此可见，就土著人的概念，更深层次的定义应该从文化的角度进行描述。无论土著人的历史状况如何，其实际的文化与多数人具有本质的差异，这是事实，历史上的不公正待遇如强制同化，也没能使这种差异缩小，反而激起了土著人的反抗，坚定了其维护自己独特文化的信念，这也是国际人权公约逐渐将土著人单独开列的根本原因。对此，有人曾如此评价：

"这意味着一定有一些其他原因，使得国际社会（缓慢地）趋于赞同有关土著居民的新准则。部分原因肯定是想对过去的不公正进行补偿，但是，我猜测，另一个更重要的原因是，人们相信，多数民族和土著人之间的文化差异，要比它同无国家民族之间的文化差异要大得多。土著人不仅具有独特的文化，而且他们形成了完全不同的文化形态，不同的'文明'，它们均植根于一种前现代的生活方式中，这种生活方式需要保护，以免受现代化、世俗化、城市化、'西方化'等的冲击。换句话说，对土著人实行国际保护的根据，不在于过去所受不公正待遇的程度，而在于文化差异的程度。"②

这种观点同样得到了国际人权机构的认同。联合国消除种族歧视委员会曾向各缔约国发出呼吁，要求"向土著人民提供条件，使其能够以符合自己文化特点的方式获得可持续的经济和社会发展"③。可见，基于同多数人文化的差异，土著人本质上也是少数人，其与其他少数人的区别更多地在于与多数人文化差异的程度不同。土著人在历史上所遭遇的不公正待遇并没有弥补这种文化差异，相反，不公正待遇更激发了其维护自己独特文化的迫切愿望。

---

① 参见［加］威尔·金利卡：《少数的权利：民族主义、多元文化主义和公民》，邓红风译，上海世纪出版集团 2005 年版，第 124 页。

② 同上书，第 129—130 页。

③ 联合国消除种族歧视委员会 1997 年第五十一届会议《关于土著人民权利的一般性建议二十三》。

3. 移民

移民通常是指从一个国家或地区移居到另一国家或地区，并在那里长期居留、在当地从事生计性活动、被课以当地社会义务的人或群体。依照此种概念，几乎所有的移民都能被列入少数人类型，体现为：在现实中，国家与国家之间或国家的地区与地区之间通常意味着文化的区别和文化群体的划分，即便是那些具有同源性文化的国家和地区亦是如此，因为文化本身就是在不同的地理和历史环境下结合不同的因素孕育、磨合而成。两种或多种同源性的文化因在不同的地区、受到不同因素的影响、浸润、消磨、沉淀，不同的经历、目标和历史经验也会使它们各自发展成独特的文化。如加拿大的魁北克法兰西文化与法国文化具有同源性，但是因在加拿大的经历、历史以及与英裔文化的长期磨合，魁北克的法兰西文化早已发展成与法国文化相区别的独特文化。此时，即便是从法国来到魁北克定居，也意味着从一个文化环境进入另一个文化环境，从一个文化群体融入另一个文化群体。只有那些在一个国家内部不同地区之间移居的人或群体才有可能因不涉及文化和文化群体的区分，或仅仅涉及亚文化和亚文化群体的区别而不被列入少数人之列。

与少数民族、族裔等其他少数人相比，移民少数人类型在维护自己独特文化的需要方面不如其他少数人强烈，其更多的是要求在融入移居国或移居地区当地文化的同时，保留自己的部分文化特征，这其中最为重要的原因就在于移民是自愿的选择，在作出选择的当时，个体就应该充分地考虑到文化差异问题。实际上，移民之所以选择移民，其主观上愿意接受移居国或地区的文化，或至少不反对接受移居国或地区当地的文化是隐含的前提，只是成功地融入另一种文化，被另一文化群体接纳为成员往往不是想象的那么容易，其中的过程异常艰辛。如此，移民才萌发出要求移居国或地区的多数文化群体考量其特定文化需求的愿望，满足这种愿望，更多的是为了减轻移民融入其他文化和文化群体的压力，最大限度地减轻其在面对文化差异时的无所适从。因此，移民少数人类型对维护自身文化特征的要求，更多地体现在一些融入帮助措施上，如要求国家在公共节假日安排时考虑到其文化识别下对特定文化表征的认同，要求国家为其子女提供母语教育等。

4. 其他类型的少数人，包括外籍劳工、迁徙工人等

外籍劳工、迁徙工人或客籍工人属于少数人中的"新少数人"。在传统上，针对少数人的保护只在"旧少数人"中得到确认。"旧少数人"是指在族裔、语言或宗教上有其独特性并在一个地域范围内生活了很长时间的群体，这里是否具有稳定性和居住国的国籍是区分"新旧少数人"的关键。依照这一概念，外籍劳工等作为"新少数人"就被排除少数人的类型之外。但人权事务委员会显然不同意这种看法，表现在其不仅否认了以公民代替人的修改提议，而且对在其《一般评述》中已经对《公民权利与政治权利国际公约》第二十七条意义上的少数人作了扩大性解释，将外籍劳工包含在少数人之列。①

外籍劳工不是新近才出现的，历史上就一直存在，只是到了现在，在经济相互依赖以及统一市场的调配下，外籍劳工等群体呈扩大的趋势。这其中也许是国家出于经济上的考虑，如考虑到包括工资、福利等在内的用工成本；也许是出于政治上的忧虑，如若让本国最为弱势的那部分人承担艰苦但同时令人不快的工作，确实可能冒某种政治上的风险。更多的可能情形是国家出于某种现实的考虑，想在不扩充自己成员——公民群体的前提下，寻找到完成社会必需的而本国公民或移民不能承担或不愿意承担的工作。在此种情形下，他们将目光瞄向了国外的劳工市场，用高于外籍劳工本国的工资和待遇，采用订立雇佣合同的方法引进了具有他国国籍的、专门承担部分工作的人员。于是，外籍劳工就成为少数人的另一种类型，他们与工作或居住地国家的多数群体也表现出巨大的文化差异。

外籍劳工成长于不同的文化环境，具有不同的文化背景，这似乎不难达成共识。让人迷惑的是，将外籍劳工作为文化识别下的一种少数人，这样做有必要吗？或者有什么价值？

从表面看，外籍劳工群体与其他类型的少数人群体如少数民族、族裔、移民等似乎也不同，最为主要的区别在于，与其他类型的少数人相比较，外籍劳工的流动性非常强，没有从事劳务工作所在地国家的公民身份，国家通

---

① 参见周勇：《少数人权利的法理》，中国科学文献出版社 2002 年版，第 13 页。

常也不准备赋予其公民身份。虽然移民群体中部分成员也可能没有公民身份，但其移居他国的目的是长期居住，在国与国之间通常不存在较大的流动性。因此对移民迁入或已经移居的国家而言，其至少是被作为潜在的公民对待的，特定国家接受其移民的申请本身也表明了国家认可其永久性居民身份，并随时准备在适当的时候接受其公民身份。而外籍工人则不同，在其正在效力的国家看来，他们是自愿来工作而不是来定居的，其最终的归属应该是工作完成或签证期满或在某个时候回到他们自己的国家去，他们是那里的公民。换句话说，外籍劳工在工作所在地国家的停留只是暂时的，他们通常可以想走就走，既然如此，为什么还要在没有赋予其公民身份或没有将其视为潜在的公民的前提下确认其少数人的地位呢？更何况，虽然没有公民身份、无法享受公民待遇的境况使得外籍劳工事实上处于一种弱势群体的地位，这固然使人同情，但外籍劳工在选择出国工作的当时，就应该对这种状况有一个大致不差的评估，他们是在评估后自愿来承担工作的，目的是得到较好的报酬。通俗地说，挣钱才是他们来到异国他乡工作的根本原因所在。正是在这种思维模式的主导下，许多国家才制定了针对外籍劳工的各种限制性条款来固化其被排斥、被边缘化的事实，也阻止其向移民和公民的过渡，如历史上加拿大政府对待华工的政策即为如此。

诚如前所言，人们通常不愿意与自己的文化、自己的文化群体分离，倘若由于某种迫不得已的原因如生计，个体不得不在异文化和异群体中生活，那么最大程度地生活在自己文化之中的愿望是合乎情理的，也是应该尽可能地给予满足的，将外籍劳工在他国短暂生活的现象视为对生活在自己文化之中的愿望的降低甚至放弃是违背事实的。更何况，对于外籍劳工而言，哪怕是短暂的劳务工作，也不可避免地被卷入到他们所到国家的法律体系，不同程度地参与到当地的生活之中。此外，虽然大部分外籍劳工将返回母国作为自己的选择，但也不能排除部分外籍劳工作出愿意融入当地文化群体的选择。因此，承认外籍劳工作为少数人的一种类型，这不仅是严格按照文化识别界定的结果，更是让每个人都能够最大限度地"享有自己的文化"。这也是人权事务委员会不刻意区分"新旧少数人"的用意所在。

(四)"绝对少数人"与"相对少数人"

有一些群体及其成员,虽然其在以生活方式、生活理念和基础性价值观等体现的文化方面与多数人不存在根本性的差异,但基于性别、残障、某些具体取向、婚姻状况、家庭状况等特征,他们受到了歧视或不公平对待,或至少没有被一视同仁。这类群体及其成员也常被视为少数人。如在一个更加倚重男性的社会中,妇女就是少数人;在一个不那么顾及或实际上未能够顾及残障人愿意过正常人生活心愿的社会中,残障人就成为少数人;同理也可推导出具有同性性取向的人即同性恋者在异性性取向占据主流的社会中的少数人地位,独身乃至单亲家庭在一个更加看重完整家庭的社会中也可能成为少数人。但严格地说,上述群体及个体不是公约所说的少数人,如果非要将具有上述特质的群体及个体称为"少数人"的话,也只能被称为"消极少数人"或"相对少数人",与文化识别下的"绝对少数人"还存在着本质的区别。因为对"消极少数人"或"相对少数人"来说,由于与多数人不存在根本性的文化差异,因此他们缺乏绝对的、长久的联合基础,不能作为一个基本的文化共同体而存在。文化共同体不是单纯的在利益基础上正式结盟而形成的实体,更不是意识形态群体。文化共同体是一种社会群体,这种群体通过"文化形式、实践与生活方式与别的群体相区别,群体内的成员之间因相似的经历和生活方式而导致他们彼此之间存在特殊的联系,这种联系推动着他们的联合,也使得群体在生活方式与彼此之间的联系上与别的群体不同。"① 因此,对于文化识别下的少数人而言,他们彼此之间的粘连性是长久的。而相对少数人则不然,其联合的基础具有非长久性,即便在主张公平待遇时亦是如此,因为一旦平等对待的目标达到,就会失去联合的基础,群体的"粘连性"就会自动消失。更何况,在实践中,"消极少数人"或"相对少数人"这种公平待遇的要求完全可以通过个体的普遍的基本权利来实现,不必也不需要像少数人,确切地说是文化识别下的"绝对少数人"一样,产

---

① Iris Marion Young, *Justice and the Politics of Difference*, Princeton: Princeton Unversity Press 1990, p.43.

生一种长期的"额外文化诉求"。如自 1982 年宪法后，就有关同性恋案件的裁决中，在同性恋者是否享有配偶权的问题上，无论是持肯定态度还是持否定态度，加拿大最高法院裁决的法理基础都是基于《加拿大权利与自由宪章》中有关个人不受歧视的规定，即借助于公民普遍个人的权利就能衡量"相对少数人"是否达到了所谓的公平待遇。①

（五）少数人的额外文化诉求

个人不仅仅因为贫穷、疾病、愚笨或其他未知因素的影响而招致不幸，不能融入特定的文化环境，始终被当成外人对待也是造成不幸的缘由。有人甚至断定："缺乏具有相同背景基础上的群体关系，自由与平等将不复存在。"② 从这个意义上看，用文化识别来区分个体，区分本身并不是终极目的，在文化识别下强调同为国家共同体成员的个体在文化上的差异以及对不同文化平等价值的实际承认，这才是识别的价值所在。其中的原理正如有人所言："文化识别不是用来确定一个人终极目的的手段，而是作为我们可进行终极选择和认清自身价值的一个背景，是获得自尊以及个人的终极目的值得追求的信念的前提。"③

文化识别下的少数人之所以成为少数，在于其既定文化在国家公共领域中未能得到充分反映和表达，而这种未被充分反映、充分表达的文化，实际上使少数人在国家共同体中居于一种"天然的"的劣势地位。以语言为例，其中的情形正如查理斯·泰勒所言："假如现代社会有一'官方语言'，按这一术语的完整意思，就是国家赞助、灌输和定义的语言和文化，所有经济职能和国家职能都通过这一语言和文化起作用。因此，使用这种语言并属于这一文化的人们很明显拥有很大的优势。讲其他语言的人则明显处于劣势。"④

---

① 典型的案件包括 1995 年伊根诉加拿大案件等。

② Isaiah Berlin, *Vico and Herder: Two Studies in the History of Ideas*, London: The Hogarth Press 1976, p.195.

③ Kymlicka, Will. *Liberalism, Community and Culture*, Oxford: Oxford University Press 1989, p.192.

④ Charles Taylor, *Nationalism and Modernity,* in R. Beiner（ed.）Theorizing Nationalism, State University of New York Press 1999, pp.219-245.

加拿大的土著人就是一个典型的例子。"（加拿大）土著人对自己文化结构命运的担忧不是多余的——其文化的确处境危险。在加拿大讲英语和法语的人极少对他们的文化结构的命运担心，因为他们自由轻松地就能得到一种安全的文化成员的保障，而土著人要达到此目标却要付出许多。这是一种非常重要的不平等，如果这种不平等被忽略，那么其极有可能演变为一种不公平……在选择的背景中需要特别的权利来消除这种妨碍人们选择的不平等。"①

　　由于不同文化具有平等的价值，因此少数人这种似乎"天然的"劣势并不具有当然的合理性；相反，既然支撑个体作出有意义选择的各种因素如价值观念、自尊、自我判断能力、反省能力等都与个体既定文化相关，这就为少数人差别权利的确立提供了理由。"要使得有意义的个人选择成为可能，个人不仅需要有接受信息的途径，思索评价心思的能力，表达的自由，而且还需要有接触社会文化的途径。因此，那些可以保障和扩大这种接触的群体差别措施，应在自由主义的公正理论中占有一席之地。"②因此，少数人因肯定自身既定文化价值而产生的"额外文化诉求"就应得到理解和尊重，这种"额外文化诉求"可最大限度地降低少数人因自身既定文化受到不恰当压力（主要是来自多数人文化的压力）而引发的缺乏归属感和认同感，以及由此造成的种种挫折和苦恼，使作为少数人的个体能最大限度地按照自己的意愿生活，包括遵从自己的既定文化，同时也能最大限度地减少少数人因自身的文化自豪感受到伤害和"完整自我"认同受阻而试图寻求各种颇具危险性的"药方"的种种尝试，从而也避免社会陷入极端民族主义的泥沼。③

　　更为重要的是，文化识别不仅让人们认识到"少数人"的"额外文化诉求"的合理性，更让人反省到实现这种"额外文化诉求"不能寄希望于统一

---

　　①　Kymlicha, Will. *Liberalism, Community and Culture*, Oxford: Oxford University Press 1989, p.190.

　　②　［加］威尔·金利卡:《多元文化的公民身份——一种自由主义的少数群体理论》，马莉、张昌耀译，中央民族大学出版社 2009 年版，第 122 页。

　　③　伯林以第一批真正的民族主义者——德国人为例，说明民族主义是"受伤害的文化自豪感与一种哲学和历史幻象结合在一起，试图消弭伤痛并创造一个反抗的内在中心。"详细论证可参见［英］伯林:《反潮流: 观念史论文集》，冯克利译，译林出版社 2002 年版，第 417 页。

的公民权利，而需通过一种差别性的文化权利来实现。因为在文化识别下的少数人不仅是公民，更是具有差别性公民身份的个体，这种差别性就体现在其文化在公共领域中被反映的程度与多数人存在着截然的区别。《公民权利与政治权利国际公约》第二十七条不仅将少数人的权利定位于文化权利，而且特别强调"这种权利有别于人人已经能够根据《公民权利与政治权利国际公约》享受的一切权利"①，其旨意也在于此。如此，在基于统一公民身份的公民权利之外寻找途径来满足少数人的"额外文化诉求"方是可取之道。这不仅成为文化识别的终极价值，也成为少数人差别权利的理论基础之一。

---

① 杨宇冠主编：《联合国人权公约机构与经典要义》，中国人民公安大学出版社 2005 年版，第 217 页。

第三章　何谓少数人的差别权利

　　联合国《公民权利与政治权利国际公约》第二十七条规定了文化上的少数人"享有自己文化的权利"；在 1992 年《在民族或族裔、宗教或语言上属于少数群体的人的权利宣言》中，更是以肯定的论调再次确定了这种权利，这构成了少数人差别权利的基本框架，即少数人差别权利是定位于一种要求国家履行各种积极义务，以满足文化少数群体的成员能够实际地享有自己文化的权利，是一种由特殊主体——少数人享有的、具有特殊内容即享有自己文化的特殊人权，实质是在公民基本权利之外通过宪法或特别法律规定的、以包容文化差异和尊重文化多样性为目的、通过差别待遇行使的特别权利。少数人差别权利的差别性体现在其与公民基本权利的差别上、少数人之间权利诉求的差别上以及权利的实施路径的差别上。虽然在少数人差别权利的性质上存在集体权利与个体权利性质之争，但这并不影响少数人差别权利的确立。在少数人差别权利与国家统一认同的关系上，应该抛开对少数人差别权利性质问题的纠结，少数人差别权利是在统一国家认同的前提下实施的，统一国家认同对少数人差别权利的实现具有保障作用，而少数人差别权利能促进国家认同。少数人差别权利的确定并不意味着回归过去，尤其是回归到部分少数人所主张的所谓国家与国家的状态。深究起来，少数人差别权利应该选择一条中间道路。

一、少数人差别权利的含义

（一）作为文化诉求的少数人差别权利

为了文化间的相互尊重，为了让每个人都能享有自己的文化，《公民权利与政治权利国际公约》第二十七条才专门规定了文化上的少数人"享有自己文化的权利"，认为："在那些存在着种族的、宗教的或语言的少数人的国家中，不得否认这种少数人同他们的集团中的其他成员共同享有自己的文化、信奉和实行自己的宗教或适用自己语言的权利。"相对于《公民权利与政治权利国际公约》中要求缔约国"不得否认"的语气而言，1992年《在民族或族裔、宗教或语言上属于少数群体的人的权利宣言》第二条第1款对内容的表述就显得更加肯定和明确："在民族或族裔、宗教和语言上属于少数人群体的人有权私下和公开、自由而不受干扰或任何形式歧视地享受其文化、信奉其宗教并举行仪式以及使用其语言。"这些规定构成了"少数人差别权利"或"少数群体差别权利"的基本框架，将其定位于一种要求国家履行各种积极义务，以满足少数文化群体的成员能够实际地享有自己文化的权利，是一种由特殊主体少数人（包括少数文化群体及其成员）享有的、具有特殊内容即享有自己文化的特殊人权，"这种权利有别于人人已经能够根据《公民权利与政治权利国际公约》所享有的其他一切权利"①。可见，"少数人差别权利"或"少数群体差别权利"实质就是一种在公民基本权利之外通过宪法或特别法律规定的包容文化差别形式的特别权利，其实质是一种文化诉求，《公民权利与政治权利国际公约》称之为"享有文化的权利"以及"信奉和践行自己的宗教和使用自己语言的权利"。这种文化诉求意味着"人们所过的生活，经过思考和评估后他们觉得有价值的，而不是由历史和命运强加给他们的。对这样一种生活，权利就是一种保障。强迫人接受他所鄙视的文化，或者成为他不喜欢的群体中的一员，也就无

---

① 参见联合国人权事务委员会1994年第五十届会议第23号一般性意见。

权利可言。"①因此，以文化诉求为实质的少数人差别权利应定位为一种文化权利，这种权利让个人生活在他们所选择的文化之中，让他们在统一的公民身份之外自己决定自己的社会皈依即文化身份；这种权利满足个体遵循某种文化以及与某种文化的承载物如语言、信仰、习俗等建立特殊关系的愿望和需求，其旨意不仅在于保护个体遵从他们既定的文化，保护少数人文化群体成员的选择背景，同时也保护他们能不断地创造自己的文化以及不断确定自己的文化边界。少数人差别性权利的功能首先在于给少数群体的文化提供一个包容、宽松的发展环境，使其不至于受到来自多数群体的不适当的压力，尽可能保障文化的自然发展。其次，少数群体的差别权利保障少数群体中的个体不被强制地脱离与其文化的联系，若少数群体的成员用行动来表明其自愿地想与其文化群体形成一种不那么紧密的联系，甚至自动放弃其文化，离开所属的文化群体（如自愿移民），少数群体差别性权利也能为其融入另一文化群体或更大的文化群体提供一种缓冲，最大限度地降低其在不同文化背景下选择的无所适从。

在实践中，将少数人差别权利作为文化权利的定位已经渐成流行趋势。以加拿大的少数人之一——土著人的权利为例，就能充分说明这一问题。土著人权利英文对应词称为 aboriginal rights 或 indigenous rights，但是何谓土著人权利，在加拿大却一直是众说纷纭。土著人权利曾一度定位于财产权利，起初就是与印第安人的土地权利相联系。其最早的起源是在 16 世纪，被当时的一名西班牙神学家 Francisco de Vitoria 在其著作中提及，他认为印第安人同欧洲人享有一样的财产权利，此后英国和荷兰对印第安的土地买卖合同以及 1763 年的皇家声明（the royal proclamation of 1763）以及 18、19 世纪的边界谈判，都暗示了印第安人在土地上的一些权益。②基于土著人权利的这种起源，有人认为土著人权利就是一种财产权，是基于印第安人等土著人自远古时代起对特定土地的占有而享有的权

---

①　［以］耶尔·塔米尔：《自由主义的民族主义》，陶东风译，上海世纪出版集团 2005 年版，第 2 页。

②　Cf. Kerry Abel and Jean Friesen（edited）: *Aboriginal Resource of Use in Canada: Historical and Legal Aspects,* University of Manitoba Press 1991, p.3.

利。① 对权利的这种定义受到质疑。首先，这种定义实际上将确定土著人权利的举证责任推给了申诉人，即申诉人必须向法官或相关人证明其祖先在久远的年代之前已经开始占有特定的土地或至少历史性地使用过。其次，这种财产权利学说将土著人权利限定在财产利益上，其狭隘性与土著人权利诉求的多样性相距甚远，无益于平衡土著人与政府之间的关系，自然遭到强烈反对。最后，在关于土著人权利上，政治权利学说也曾独领风骚，但现今已经被文化权利的定位所取代。

1982 年，加拿大宪法第三十五条第 1 款的出台，标志着加拿大土著人与宪法独特关系的确认，随之宪法同时也确认了土著人的一项差别权利即土著人权利（aboriginal rights）。由于土著人权利的条款被载入宪法，因此对土著人权利识别的主要职责在加拿大最高法院，其通过判决对土著人权利的概念、性质、目的、内容以及维度等进行阐释，正如加拿大最高法院所言："当法院在识别宪法条文的目的或其试图保护的利益时，法院工作的实质是解释条文的基本原理，阐明隐含在保护背后的理由。就宪法第三十五条第 1款而言，法院必须解释识别土著人差别权利的基本原理，识别土著人在整个加拿大社会的独特地位。"② 在一系列案件中，司法部门分别论证了土著人权利的远古性、不间断性和习俗性，这种论证显示了土著人权利实质是文化权利，目的是保障土著人独特文化的生存和发展。如在 R. v. Vander Peet 一案中，加拿大最高法院称："一项行为若能够被称为土著人权利，其须作为土著人整体独特文化的实践、习俗和传统的组成部分，并且在接触时期就已经声称拥有" ③。其中所谓 "接触时期"（the time of contact）是指，欧洲移民初到北美大陆与土著人基本和平交往时期，在加拿大具体是指 1763 年的加拿大政府同印第安人签订《1763 年王室声明》（Royal Proclamation of 1763）时期。

至于为何将这种旨在维护少数人文化的生存和发展、在公民基本权利之

---

① Cf. Peter Cumming and Neil Mickenberg, *Native rights in Canada*, 2nd ed ,Toronto, 1972, p.13.

② *R. v. Van der Peet,*［1996］2 S. C. R. 507 at 537.

③ Ibid, 507.

外的补充权利称为"少数人差别权利",主要是基于以下考虑:

有关少数人的权利目前存在几种称呼,其中最常见的是以"少数人权利"(minority rights)来笼统地概括,早期在国际人权领域比较流行,其主要是从联合国《公民权利与政治权利国际公约》第二十七条规定中直接引用,将二十七条中出现的"少数人"和"权利"直接结合而成,不少学者也认同了这种称呼。但随着对"少数人"权利研究的深入,人们发现,简单而笼统的"少数人权利"已经不能够很好地显示该种权利的内涵及其与公民基本权利的界限,于是不少人包括国际人权机构开始考虑用其他的称呼来替代"少数人权利"的笼统叫法,其中,鉴于权利设置的目的及其与公民基本权利的关系,"少数人特定权利"或"少数人特别权利"的叫法渐渐开始流传,也得到了不少人的呼应。如联合国少数人问题工作组主席阿斯比约恩·艾德认为,"特定的少数人规则是对普遍的、个人人权的补充"①。在加拿大,"特定权利"或"特别权利"(specific rights)的称呼在各类关于少数人包括土著人的论著中也开始多见。但是,"特别权利"或"特定权利"在强调区分少数人权利与公民基本权利的同时,却有给"少数人"贴"标签"的嫌疑,"标签"下的权利极有可能被误认为是一种"优惠权利"、"特殊权利",而这种误会不仅仅与确立少数人权利的目的和宗旨有差异,也是少数人所反感的,他们不认为自己是因为某种方面比别人差或比别人低等才特别地享有某种特殊的权利。如依据加拿大土著人的观点,他们认为自己既是国家的公民,同时也是文化群体的成员,这种双重身份决定了他们不仅仅具有公民的地位,所谓"citizen-plus status"即来源于此。由此,"特定权利"或"特殊权利"的叫法日趋式微。与此同时,还有一种叫法也得到了部分人的认可,即"少数人群体权利"(minority group-rights)。这种称呼注意到了作为个体的少数人与其文化群体,确切地说是"文化少数群体"(cultural minorities)之间的关系,注意到了少数人权利确立的核心目的就是承认少数人的群体文化认同,而且权利的主体不仅仅是个人,《公民权利与政治权利国际公约》中有关"少数人同他们集团中的成员共同享有文化"的表述,也表明了集体

---

① 周勇:《少数人权利的法理》,社会科学文献出版社 2002 年版,"序言"。

权利的存在。由此，"少数人群体权利"这一提法应运而生。如 1992 年联合国大会所通过的《少数人权利宣言》，特别强调其是"在民族或族裔、宗教和语言上属于少数群体的人的权利宣言"。但是"少数群体权利"的提法也有弊端，主要体现在其易与公民基本权利混淆，即将"少数群体权利"的保护归入公民基本权利的范畴。如公民基本权利中的思想自由、信仰自由就被认为是一种"少数群体权利"，"因为它保护了宗教少数群体免于多数群体的迫害"①。

近年来，随着少数人权利观念被越来越多的人接受，相关权利的人权哲学研究也逐渐深入，另一种提法日益受到关注并有被包括少数人在内的人们广泛接受的明显趋势，那就是"少数人差别权利"或"少数群体差别权利"，英语表述为"minority differentiated rights" or "group-differentiated rights"。该称呼的基础在于关于少数人权利的人权哲学研究已经洞悉到个人应该是多重身份的统一，在多重身份中，其首先是作为特定文化群体的成员存在，而不是仅仅具有公民的身份。个人基本的社会身份应该是由国家和文化共同体一起铸就而成的。如果在个体整齐划一的公民身份中加入文化因素，那么个体的公民身份就演变成为"差别性公民身份"（differentiated citizenship），其中的差别就是文化的差别。由于少数人人口数量的原因，更由于其文化差异，与多数人相比较，少数人的文化在国家共同体的公共领域内被反映的程度与多数人的状况有着截然的区别。换言之，多数人的文化在公共领域得到了充分的反映，其实际生活在一个处处体现自己文化特质的社会中，由此，多数人的公民身份与特定文化群体成员身份合二为一，形成"重合"。正因为身份的"重合"，通常情况下，多数人体会不到自己作为特定文化群体成员的身份。因此，细究起来，差别仅仅是少数人所依存的文化与公共文化的差别，"差别性公民身份"就成为少数人的代称。而为维护少数人特定文化生存和发展所确立的权利，就被称为"少数人差别权利"或"少数群体差别权利"。由此"少数人差别权利"的说法由此脱

---

① ［加］威尔·金利卡：《多元文化的公民身份——一种自由主义的少数群体权利理论》，马莉、张昌耀译，中央民族大学出版社 2009 年版，第 68 页。

颖而出，也赢得了更多的信赖[1]，正所谓"某些群体差别形式，只有在其成员拥有某种群体特别权利时，才能得到包容"[2]。本书也使用"少数人差别权利"这一称呼。与其他几种称呼相比较，这种称呼不仅能体现权利的性质即"差别性"，包括其与公民基本权利的差别、少数人之间的差别、权利诉求的差别、权利实施路径的差别，更能反映少数人权利设置的目的以及达到目的的方式，即通过"差别形式"维护少数人具有差异性的文化，达到不同文化和平共处的局面。一言以蔽之，少数人权利的目的就是为了维护文化之间的差异，而不是文化的统一。差别既是特征，也是目的，更是达到目的的方式。

（二）少数人差别权利的"差别性"所在

1. 差别性之一：少数人差别权利与公民基本权利的差别

少数人差别权利不是公民基本权利，而是公民基本权利之外的补充，目的是切实地维护文化的平等价值，体现文化和文化群体之间的平等和公正关系。少数人差别权利与公民基本权利的差别主要体现在以下四个方面：

（1）产生权利的背景不同：公民最初是西方宪政理念和体制的产物，公民身份是个体在宪政体制下的抽象身份。其抽象性体现在：不考虑所有个体各自具有的不同的特质，只要是人，其都应该具有相同的要求和目标，这就是获得独立的人格并保证展现人格。这种假设说明，公民被视为经由能动的和秩序的力量而成为具有同等赞成和决定能力的个人，独立人格的获得和展现就是其具体赞成或决定能力的体现，如其可以通过自治的方式来进行自由选择、自我约束。公民基本权利就是让公民获得独立人格和展现独立人格的一种"能动的和秩序的力量"。因此，公民基本权利是在除却个体各种特质

---

① 以加拿大研究少数人权利的著名学者威尔·金利卡为例，其在研究的相关论著中使用了多种称呼，包括 minority rights, group-differentiated rights, specific rights，但在其著作 *Multicultural Citizenship: A Liberal Theory of Minority Rights* 中，其特别说明了少数人权利应该是"group-differentiated rights"即"群体差别权利"。

② ［加］威尔·金利卡：《多元文化的公民身份——一种自由主义的少数群体权利理论》，马莉、张昌耀译，中央民族大学出版社 2009 年版，第 38 页。

的情形下，包括个体所处的文化背景，将个体视为具有相同感受、确立同一目标、并且为实现目标将采取相同手段的"一致个体"，为了维护个人选择的可能性，或是为了维护给予个人的一种机会，一种在宪法设置的公共空间内自由行为的机会和可能性，为个体而设定的权利。

少数人差别权利虽然与公民基本权利殊途同归，从根本目的上讲是为了个体，"促进并鼓励对于全体人类之人权及基本自由之尊重"①，但权利的设置并非直接针对所有的个体，而只是那些属于文化少数群体的个体。因此，从这个角度看，少数人差别权利产生的背景与公民基本权利相反，后者刻意抹去个体的各种特质，为个体戴上统一的面具——公民身份；前者则是刻意突出个体的不可缺少的特质——文化特质，并针对个体因具备某种文化特质在国家共同体中正在遭遇或可能遭遇的种种挫折而设定的权利，目的是通过特定的措施消除或在社会条件允许的范围内最大限度地消除一种不公正的现象，那就属于文化少数群体的个人因为自身的少数文化特质或差异文化特质而遭遇的种种尴尬、不便或困境。

（2）权利主体不同：公民基本权利的主体毫无疑问是个体，个体是公民基本权利的当然的主体，也是唯一的主体。少数人差别权利则不然，除个体作为少数人差别权利的主体外，文化少数群体也能成为权利的主体，如一个群体限定一个更大的社会对该群体实施经济权力或政治权力的权利，确保少数群体所依赖的资源和制度不会受到多数人决策的伤害的权利，包括自治权（self-government rights）、多族类权利（polyethnic rights）和特别代表权利（special representation rights）等。② 实际上，《公民权利与政治权利国际公约》第二十七条规定的少数人权利就是一种集体权利③，而《少数人权利公约》（全称是《在民族或族裔、宗教和语言上属于

---

① 联合国 1992 年《在民族或族裔、宗教和语言上属于少数群体的人的权利宣言》之"序言"。

② 参见［加］威尔·金利卡：《多元文化的公民身份——一种自由主义的少数群体权利理论》，马莉、张昌耀译，中央民族大学出版社 2009 年版，第 9 页。

③ 《公民权利与政治权利国际公约》第二十七条规定了"少数人同他们的集团中的其他成员共同享有自己的文化、信奉和实行自己的宗教或适用自己的语言的权利"。

少数群体的人的宣言》）都特别强调，少数群体的成员既可以单独也可以与其群体的其他成员一起行使其权利，肯定了在少数人差别权利中，少数群体作为权利主体的地位。①

（3）权利的内容不同：由于公民基本权利的目的是为了让个体获得独立人格和保障独立人格的展现，因此，其基本权利涉及的领域非常广泛，几乎涉及个体的全部生活领域。其中既包含事关个体生存和尊严的人身人格权，也包含维护个体选择的自由权；既包含体现个体之间公正的平等权，也包含保障个体全面参与社会生活的民主权；既包含劳动权、社会保障权，也包含个体的受教育权等。因此，公民基本权利的内容可以说是从政治到经济、从社会到文化，范围极广。反观少数人差别权利则不同，其权利集中体现在文化诉求之上，是为维护文化少数群体文化的生存和发展而确立的权利，虽然部分类型的差别权利的内容似乎也涉及经济、政治等方面，但文化诉求乃是其核心，经济或政治上的安排都是为了守护、传承和发展少数人文化。

（4）权利实现的路径不同：权利可以分为消极权利和积极权利。英国哲学家伯林在《两种自由概念》一文中，区分了两种自由的观念，即消极自由和积极自由。在伯林看来，消极自由是指"免于他人干涉和强制的自由"，而积极自由则是指"去做……的自由"。消极自由和积极自由对应了权利中的消极权利和积极权利，二者是根据相对义务人的行为方式来划分的。如果相对义务人须以积极主动的作为方能保障权利人权利的实现，此种权利称为积极权利；反之，那种只需要相对义务人以不干预的方式进行消极不作为就能保障权利实现的权利则称为消极权利。在权利的相对义务人中，最重要的义务人是国家。如此，积极权利的实现需要依靠国家的积极作为来确保义务的履行，这意味着国家承担有积极义务，要么促成资源的利用，要么提供资源；而消极权利的实现只需要国家的消极不作为，不需要国家再提供资源，仅仅利用国家现有的制度即可，其中的成本可以忽略

_____

① 《少数人权利宣言》第三条第 1 款规定："属于少数群体的人可单独和与其群体的其他成员一起行使其权利，包括本宣言规定的权利，而不受任何歧视。"

不计。

通常认为公民基本权利中的政治权利如言论自由等属于消极权利，其实现不需要国家在现有制度内再提供资源，以某种积极的行为来促成公民实现这种权利。当然，这并不是说公民的政治权利等消极权利的实现不需要任何成本（国家所有的制度保障都有相应的成本），而是指在现有的制度范围内，不需要再另行规定制度或另行提供资源来促进权利的实现。此外，公民基本权利也有部分内容属于积极权利，具体是指"具有经济和社会性质的权利，其特点是包含了集体的尤其是政府的义务。这些权利包括：社会安全的权利、工作的权利、休息和闲暇的权利、受教育的权利、达到合理生活水准的权利、参与文化生活的权利，甚至包括诉诸一种保证这些权利的国际秩序的权利。……这些权利不是保护个人以对抗政府或其他当权者的，而是提请公共权力机构注意要让个人自己拥有的那种自由权利需要通过另一些自由而得以实现……"①。由此可见，公民基本权利的实现路径有两类，即通过国家的作为与不作为。

相对于公民基本权利的实现路径而言，少数人差别权利的实现路径比较单一，其必须依靠国家的积极作为才能实现。少数人差别权利不属于消极权利，而是积极权利，这其中的根本原因在于国家不可能是文化上的中立者，即便是没有明示的态度，国家在公共领域中对一种或几种语言的认可、采用，对某些文化群体生活方式和价值观的推崇，也证明了国家对特定文化的赞成、鼓励。因此，对于具有差别性公民身份的少数人而言，其希望生活在自己文化中的愿望并不能由于国家的不作为而在国家现有的制度内自动地实现。少数人依据统一的公民身份，也享有言论自由，但却不能自动地享有在公共领域内用自己的语言来表达自己的自由。因此，保证实现文化之间平等的少数人差别权利是一种积极权利，只能依靠国家的积极作为，在现有的制度框架内再行提供资源来实现。如果将国家的不作为或所谓的"中立"作为少数人差别权利实现的路径，只能将少数人的弱势

---

① ［美］卡尔·弗里德利希：《超验正义——宪政的宗教之维》，周勇、王丽芝译，生活·读书·新知三联书店1997年版，第94—95页。

地位永久化。在这个角度上看，公民基本权利和少数人差别权利的实现路径存在根本区别。

2. 差别性之二：少数人权利诉求之间的差别

虽然从概念上看，少数人都是在一个国家共同体内依据文化识别产生的，具体指其文化与多数人的文化之间存在着差异，且在公共领域内没有得到充分反映、充分表达的群体及其成员。但是深究起来，少数人之间也存在着差别。首先，少数人形成的原因存在着很大的差别，有些少数人由历史境遇造成，如一国境内的少数民族；有些则基本上是出自个人的意愿，如移民等。其次，不同类型的少数人，他们具体的文化诉求也不尽相同。虽然从总体上看，少数人差别权利都是为了维护少数人文化的生存和发展，是在公民基本权利之外的特别补充权利，但其类型多样，并且这多样类型的差别权利并不意味着适合所有的少数人，都能满足不同类型少数人的不同文化诉求。换言之，少数人的文化权利诉求之间存在差别。这其中最为根本的原因就是囿于不同类型的少数人在不同文化困境中经历了不同的感受，由此产生了不同的合法性预期以及不同的特定诉求。以加拿大的土著人和移民为例，二者同为少数人，但由于其成为少数人的缘由以及由此所面临的具体文化困境不同，对于什么样的限度才是合法的在预期和判断上显然不一样。土著人在融入国家共同体加拿大之前，其在自己传统的领地上已经形成了有效的社会运作。他们有自己的语言，拥有自己的制度和习俗。不管外人如何评判，他们的语言和制度、习俗已经形成自己的有效的社会性文化。据资料显示，在17世纪欧洲人抵达北美之前，北美（包括加拿大）已经有500多个由土著人组成的"国家"，其根据自己民族的传统统治自己的国度长达2000年之久。早期，欧洲人对于土著人的这种国家地位也是承认的，17世纪30年代至1832年，代表英王的官员同各个土著人协商签约就是一个证明。但后来欧洲人不仅拒绝成为土著人的"移民"，反过来要求其承认和迁就欧洲国家的主权，要求其臣服于欧洲文化，由此开始了殖民和同化过程。因此，对于加拿大的土著人而言，他们最为关注的就是如何维护自己作为独特社会的存在，差别权利中的土著人权利、语言权利和自治权利自然成为其权利诉求的首选。这也是在国际人权领域中，为什么土著人正在逐渐被分离出来单独制定公约加以对待的深层次的原因，其文化上的权利诉求相当程度上要求与多数人的社会适当隔离，以有效防止多数人文化造成的不恰当压力。

而移民则不同。显而易见，移民虽然也来自不同的文化群体，其文化与加拿大国家共同体的主流文化存在着差异，但是无论是出于什么具体原因、在何种历史境遇下的移民，移居最终都体现为个人意愿。同土著人相比较，移民群体不是一个由历史机制形成的社会共同体，而是出于个人意愿，要求以个体或家庭的形式融入另一文化的群体。因此，他们也以个人或家庭为单位分散在加拿大境内，虽然有自己的文化，但移民后，其不得不放弃原有的文化，包括制度实践，因为这种文化只有在其母国的生活方式中才有意义。当然，移民也有保存自己文化特征的愿望，但这种愿望同融入移居国度的主流文化的愿望相比却不是首要的。移民本身就意味着对自己原有文化的放弃，与原有文化群体的脱离，因此，对移民而言，他们更迫切的要求是如何尽快在移居国度多数人的主流文化中获得一种真实的"成员资格"，这种"成员资格"意味着他们是在知晓主流文化的前提下，就如何生活自由地作出选择。换言之，他们最根本的愿望是融入主流文化，成为主流文化群体中的成员。在这种具体的文化困境下，移民的文化诉求更多地集中在"融入帮助权"上，比如要求政府提供资助，帮助移民及其子女学习官方语言，帮助他们了解移居国度的基本价值追求、基本政治体制和法律运作、培训他们的各种技能以便尽早在移居国度立足等。差别权利中的重要权利如自治权，对移民而言太过遥远，他们本身的群体特性也不支持群体自治权。

在少数人差别权利中，权利的差别不仅体现在不同类型的少数人之间，即便是同一类型的少数人，其具体权利诉求也有差别。究其原因，具体的文化困境使然。如在加拿大，同为土著人的印第安人和因纽特人，其在文化上的困境不同，因为历史原因，后者相当长时期被加拿大主流社会"遗忘"，但这种"遗忘"反而使因纽特人的文化所受到的外界不恰当的压力，典型的如强制同化等远不及前者，由此也产生了不同的权利诉求。

3. 差别性之三：权利实现路径上的差别

就少数人差别权利的实现路径而言，是否存在着一种放之四海而皆准的、适合于任何人、任何地方、任何情形的唯一方式？是否存在着一种一劳永逸、彻底解决少数人差别权利问题的路径或规律？这是少数人差别权利在实施路径方面必须面对的问题。对于自然界领域所崇尚的科学而言，科学不仅意味着一种系统化的描述，而且意味着发现和运用一种规律，使得其能以最快捷的方式运用于实践、造福于人类。但是，历史的经验告知我们，凝结了人类情感、观念和经验的各种习俗、制度，并不像自然界一样可以用一种或几种简单的规律和演绎性的定理来解释其中的运动，这不仅仅是因为各种非理性的、偶然的事件、力量在其中的作用不容忽视、不容小视，更重要的是人的情感、人的价值观受到文化的不可替代的影响。在一种文化中被视为理所当然、普通寻常的事情，在另一种文化中也许就是一种叛逆，或者至少是怪异的。每种文化都有区别于其他文化的独特的、鲜明的、令人不解但也绝非夸张的特点，这些特点无不在文化群体成员身上打上烙印，使得人成为各种各样的不同的人，具有不同的生活目的、目标以及寻求不同的达到他们各自理想的方式和途径。有人曾说过："我这辈子见过法国人、意大利人、俄国人……至于人，我宣布，我这辈子还从未遇见过。"①言下之意即是人都是成长于不同文化群体、受到不同文化影响的具体的文化人（当然人对于不同的文化也施加各自的影响），不存在一种抽象的、不受文化影响的人。同理，也不存在一种不变的人性。虽说人都有各种基本的需要，如对食物、住所、安全的需要，但是如何理解这些需要以及采取什么样的方式才能更为妥当地达到这些需要，囿于不同的文化，不同的人可依据不同的标准，从不同的角度来理解。由此，对于人性的满足问题就不存在一种不变的具有普遍性和永恒性的模式、途径和方法。

既然囿于文化的影响，人与人各不相同，人性也有特殊性，满足人性的方式更是多种多样，因此，在少数人差别权利的实施路径上，也不存在适合

---

① de Maistre, Considerations sur la France. ［法］约瑟夫·德·迈斯特：《关于法兰西的思考》，Lyon/Paris,1866, p.88。转引自［英］伯林：《反潮流：观念史论文集》，冯克利译，译林出版社 2002 年版，第 167 页。

于任何人、任何地方、任何情形的唯一模式,更不要试图去发现所谓能一劳永逸地解决少数人差别权利实现问题的统一标准。国际人权机构早就注意到这个问题并提醒人们,少数人差别权利的宗旨是维护文化的差异,而"文化本身是以多种形式表现出来的"①,故也不存在着一种放之四海而皆准的、统一的或普遍的具体模式。所有的在实践中有效的模式无不与少数人所在的具体环境状况、具体需求、所处的国家共同体的制度、所信奉的理念相关,与包括土地资源使用在内的特定的生活方式有关。如土著人的文化就包含了渔猎等传统的生活方式。因此,囿于文化的多样性,如果人为地忽视这种烙印,将一种事先拟定好的框架或者所谓的规律强行地在不同社会中推广,恐怕结果不会比预料中的好。实际上,不仅是不同少数人之间的差别权利存在不同模式,即便是同一类型的少数人也可能因为种种不同的境遇和由此产生的不同需求而在差别权利实现的模式上迥异。如在加拿大,虽然印第安人、因纽特人、梅蒂斯人都是加拿大的少数人之一——土著人,但各自在自治权利的实现路径上也存在着非常明显的差别,其中的情形如同加拿大联邦政府在其关于土著人自治权利的指导性文件《加拿大政府实施固有权利和土著人自治权利谈判路径》中所表明的那样:

"政府注意到印第安人、因纽特人和梅蒂斯人他们各自都有自己不同的需求、境遇和抱负,想通过不同的路径来践行他们的固有权利(指自治权利,笔者注)。其中有的想在自己土地上建立他们自己的自治政府,有的想在更为宽广的公共政府框架内行使自己的权利,有的则想要一种制度安排。考虑到土著人的各种需要和境遇,政府会支持各种各样的权利实现路径,并在可谈判的特定协议方面采取灵活的措施。"②

---

①　这是联合国人权事务委员会对于"少数人"享有自己文化的权利所作的阐释。原文是"关于第二十七条(指《公民权利与政治权利国际公约》——笔者注)所保护的文化权利的行使,委员会认为,文化本身以多种形式表现出来,包括与土地资源的使用有联系的特定生活方式。……"参见联合国人权事务委员会 1994 年第 23 号一般性意见。

②　*The Government of Canada's Approach to Implementation of the Inherent Right and the Negotiation of Aboriginal Self-Government.*

二、少数人差别权利与公民基本权利

不可否认，个人乃是权利的终极目标，每个人都应该是自由社会中平等的一员，能充分地利用自由社会所提供的各种机会来进行自我选择，最大限度地按照自己的意愿过自己想过的幸福生活，成为自己想成为的那种人。但是如何才能算是平等的一员，或者如何才能达到平等？必依照一视同仁、不加区别的平等待遇原则就能解决问题？在某些情形下，依照公民的基本权利或个体普遍性的权利很可能无法实现平等，原因在于并非每个人都能够真正"平等地"利用自由社会所能提供的各种机会来进行自我选择。换言之，单纯依靠公民基本权利或个体的普遍性权利，解决不了少数人是否能真实地成为社会中平等的一员，是否能平等地利用社会的各种机会的问题。对于其文化未能在国家公共领域中得到充分反映、未被充分采纳的少数人而言，他们与反映和采纳其他文化的公共系统之间的疏离感，在很大程度上妨碍了他们充分利用社会提供的各种机会进行自我选择，他们不得不花费更多的时间、精力，付出更多的代价去熟悉不同于自己文化的语言、价值观念、行为模式，去熟悉产生于其他文化之中的各种游戏规则。与此同时，他们还不得不承认自己特定的文化群体成员身份所带来的尴尬处境，潜意识地否认自己的文化，承受由此产生的巨大心理压力。虽然联合国《种族与种族偏见问题宣言》规定："所有个人和群体均有维护其特性的权利，有自认为具有特性并为他人所确认的权利"①，但这种权利显然不能仅仅依靠公民基本权利来实现；相反，利用少数人差别权利，可以承认文化归属的价值，承认文化识别下特定文化群体的成员身份对于个人是否能遵从自己的意愿进行生活具有不可替代的价值，从而弥补公民基本权利在这方面的缺失和不足。从这个角度来看，少数人差别权利与公民基本权利二者之间的基本关系就是：少数人差别权利是公民基本权利的补充；前者是特殊人权，后者是普遍人权。

---

① 1978年《种族与种族偏见问题宣言》第二条。

（一）外部保护与内部限制

从权利与强制的关系来看，某人的权利就意味着对他人的强制，那么作为特殊人权的少数人差别权利如何与作为普遍人权的公民基本权利维持一种平衡？这也是少数人差别性权利不得不面临的问题。少数人差别性权利的设置，在实际的运作中又不可避免地对公民的基本权利产生微妙的、复杂的影响，这种影响的极端情形就是差别性权利与公民的基本权利相碰撞，尤其是有助于维护群体独特文化特征的少数人的群体权利与作为少数群体成员的个体的基本权利可能产生直接对立，如何处理这种对立？加拿大学者金利卡曾经提出"外部保护"与"内部限制"之说，试图以此来避免差别性权利与其他权利之间的冲突问题，也借此划定差别性权利的维度。依照其观点，"外部保护"是指文化群体可以通过限制更大的共同体或社会决定的影响，寻求保护自己的独特存在和认同。"内部限制"则"旨在保护群体免受'内部歧义'（internal dissent）对稳定产生的破坏影响"①。由于"内部限制"常常将群体的利益凌驾于群体成员之上，如以保护群体文化的生存和发展、维护群体的团结等为理由，利用群体权利来限制成员的自由，因此被认为是不可取的。相比较之下，"外部保护"具有维护独特文化的直接目的和实现个人文化身份认同的终极目的，因此是可行的。这种试图以划分"内部限制"和"外部保护"的方式来解决少数人差别权利与公民基本权利冲突的观点值得商榷。首先，内部限制就一定不合理吗？这倒未必。为维护文化群体文化的独特性，很多时候，群体成员不得不同时成为群体公共道德的道德主体，承担反映群体共同利益的社会责任而不能过度地考虑自己的偏好。这种对群体成员的"内部限制"应该是合理的，否则在群体共同利益——文化受损的情形下，成员也不能分享其文化或从中寻求支持和帮助，自我利益也会受到损害。可见，基于维护文化认同的终极目的，让文化群体成员承担一定义务的"内部限制"不一定就是不合理的，即所谓"深刻而重要的义务

---

① ［加］威尔·金利卡：《多元文化的公民身份——一种自由主义的少数群体权利理论》，马莉、张昌耀译，中央民族大学出版社 2009 年版，第 50 页。

产生于身份认同的相关性"①。更为重要的是，虽然外部不恰当的压力确实是少数文化群体共同面临的问题，群体成员"享有自己文化"权利的实现往往在于缺乏适当的"外部保护"，以至于受到非基于文化群体之间的宽容和交流而带来的不适当的压力。但现实的情况错综复杂，"外部保护"和"内部限制"往往不是截然分开的，二者交叉不仅可能而且经常，这使得在"外部保护"的名义下，公民的基本权利也有可能遭受侵犯。换言之，在某些情形下，"外部保护"完全可能沦为实际侵犯公民权利的借口。发生在美国的马蒂尼兹（Martinez）案就很清晰地展现了"外部保护"与"内部限制"之间的交叉以及以"外部保护"为名侵犯公民基本权利的情形。

1941 年，茱莉亚·马蒂尼兹（Julia Martinez）作为一个 Santa Clara Pueblo 部落（一个印第安部落）的成员，与另一美国公民结婚后生子，其中包括一名叫 Audrey 的女孩。该女孩从小在 Santa Clara Pueblo 部落长大，讲部落语言，参与部落生活。但根据 Santa Clara Pueblo 部落的家庭法律，成员资格要么给父母双方都是部落成员的孩子，要么授予对外通婚的男孩成员，对外通婚的女性不能获得成员资格。因此，该女孩不能取得部落成员资格。由于部落成员资格不仅涉及身份，而且涉及印第安人享受的医疗服务，因此，在 20 世纪 70 年代，Audrey 和母亲向法院起诉，要求法院裁定 Santa Clara Pueblo 部落确认女孩的成员资格。

案件最终由美国最高法院裁定，结果是 Audrey 及其母亲败诉。这不仅意味着名叫 Audrey 的女孩不能基于部落成员的身份获得有关印第安人补偿性的医疗服务等福利，还意味着茱莉亚·马蒂尼兹的其他孩子在她过世后会被迫丧失留在部落的权利，而这一切仅仅是因为他们的母亲违背了部落关于禁止女性对外通婚的成员规则。美国最高法院判决的起点基于不干预的理性，不对部落的成员规则进行评价，"为维持部落文化，部落有权优先设置成员标准"②。

---

① ［以］耶尔·塔米尔：《自由主义的民族主义》，陶东风译，上海世纪出版集团 2005 年版，第 98 页。

② 有关案件的背景和评论，Cf. Ayelet Shachar, Multicultural Jurisdictions: *Cultural Differences and Women's Rights,* Cambridge: The Press Syndicate of the University of Cambridge 2001, pp.18-19.

　　文化与民族、种族、族裔有着联姻关系。在通常情形下，特定的"血统"可能意味着特定的文化，"血统"的杂交可能在一定意义上意味着文化的融合。正是基于这种观点，许多民族、种族或族裔、族群都禁止族外通婚，名义上是为了维护文化的独特性。在这种规则下，所谓"纯洁"的文化是得以保留，但这种保留却是以群体的某些成员承担了本不该承担的义务为前提的。在马蒂尼兹案件中，Santa Clara Pueblo 部落享有差别性自治权权利，有权制定关于自己成员资格的规则。同时，为给部落文化提供"外部保护"，美国联邦最高法院也充分维护了部落的这种自治的差别性权利，但在具体情形下，对差别性权利的维度却没有作任何探究，致使部分部落成员（不仅仅是名叫 Audrey 的女孩，还包括与其有同样处境的人）的基本权利如平等权等被侵犯，最终导致其特定文化群体成员的身份被剥夺。

　　该案件提示我们，单纯地依据"外部保护"和"内部限制"，不仅不能准确地确定差别性权利的维度，还可能发生在"外部保护"名义之下个人权利保护落空的问题，更有可能在维护文化群体的文化特质方面走入一个极端，用文化的生存来压制公民的基本权利，即国家确认的、意在加强族裔文化群体的自治，以维护其独特文化特征的宽容——"外部保护"可能成为助长群体专制的一种因素。因为，在"外部保护"理论下，对具体争执的管辖可能陷入一种假设性的错误前提，那就是：文化群体的成员不能同时服从一个以上的权威，因此在有关文化群体成员的义务上，无论是国家的管辖还是群体的管辖，从根本上就是一种排他性的管辖。这种前提的错误之处就在于，这种区分完全有可能使少数文化群体的成员陷入一个两难境地，其要么选择由国家来管辖，这样做的结果是公民权有基本保障，但意味着要放弃文化群体的认同，放弃其本应有的文化实践，即便其实际上已经开始或长期从事这种文化实践，如就像名叫 Audrey 的女孩一样，虽然其在某一特定的文化群体中成长；要么承认群体的管辖，这样就有机会参与文化实践，继续生活在文化群体中，但承担自己的公民权利有可能被侵犯的风险。① 实际上，

---

　　① Cf. Ayelet Shachar, *Multicultural Jurisdictions: Cultural Differences and Women's Rights*, Cambridge: The Press Syndicate of the University of Cambridge 2001, pp.85-86.

差别性权利建立的基础是差别性公民身份，意指文化少数群体的成员在社会中的身份可能是多样的，既是某一特定文化群体的成员，又是国家的公民。不同的身份对应了不同的社会关系，身份的多样本身就意味社会关系的多样，个人由此可能服从的权威也应该是多样的。因此，承认这种社会关系的多样性和个人可能服从的权威的多样性，可更公正地探求个人的价值，更好地实现个人的尊严，更真实地满足文化少数群体成员个人的需求。而"外部保护"与"内部限制"的区分却很可能在某个具体的争执中完全确立某一社会关系的垄断性，与少数人差别性公民身份所暗示的多样社会关系相背离。此外，就个人的权利来看，其也不是静态的，不可能机械地在群体之间与群体内部划出一条清晰的界限，即"外部保护"与"内部限制"的交错完全是可能的。因此，确立少数人差别性权利的维度，还需要另辟路径。

（二）公民基本权利作为差别权利的维度

同样是关于印第安人的成员资格问题，联合国人权委员会（United States Human Rights Committee）对 Lovelace V. Canada 一案中的裁决更值得玩味，其中在关于公民的基本权利与所谓"外部保护"之间的平衡问题上，人权委员会所主张的公民权利作为终极目的的观念值得推崇。拉芙蕾丝（Lovelace）作为印第安部落的成员，因与非印第安人结婚，根据加拿大《印第安人法》（*The Indian's Act*）关于妇女同非印第安人结婚即丧失成员资格的规定，拉芙蕾丝丧失了她居住在印第安部落的权利和相关的利益。而与此同时，男性与非印第安人通婚则不受此限制。人权委员会没有根据所谓的歧视原则来裁定，而是根据《公民权利与政治权利国际公约》第二十七条关于少数人的文化权利的规定，认为申诉人拉芙蕾丝是托比克地区保留地印第安部落土生土长的印第安人，虽然在其婚姻存续期间她离家在外，但其依然保持了同印第安部落的联系，属于《公民权利与政治权利国际公约》第二十七条规定的少数人群体成员，是少数人。并且，由于在托比克地区以外不存在着与申诉人有着如此密切关系的群体，因此，否认申诉人印第安人的身份，实际上侵害了申诉人与其所属群体的成员共同享有自己文化、实践自己文化的权利。最后，联合国人权事务委员会裁定加拿大政府侵权。①

从表面上看，人权委员会的裁定似乎与公民的基本权利没有直接联系，裁决的基础理由是差别性权利，即少数人的文化权利。其实不然，细究起来大有文章，体现在裁决的最终结果维护了申诉人拉芙蕾丝作为公民的平等权。在拉芙蕾丝案件中，不同于美国最高法院无视名叫 Audrey 的女孩生于印第安部落、成长于印第安部落，即实际上已经作为文化群体的成员的事实，人权委员会注意到拉芙蕾丝同样生在印第安部落，成长于印第安部落，强行剥夺其文化群体成员身份以及与这种文化之间的联系本身就是对公民基本权利的侵犯。之所以没有直接采用禁止性别歧视的平等原则，是鉴于申诉人婚姻缔结之时，《公民权利与政治权利国际公约》尚未对加拿大生效，人权委员会才没有基于拉芙蕾丝的平等权遭受侵犯来裁定。但适用《公民权利与政治权利国际公约》第二十七条，本身就暗示了拉芙蕾丝的少数文化群体成员的身份，这种身份前提本身就是对《印第安人法》中关于男女不同的成员资格条件的一种否认，而这种否认实际上也否认了加拿大本身给《印第安人法》提供的不适当的"外部保护"，通过对这种不适当的"外部保护"的打破，达到维护拉芙蕾丝平等公民权的目的。

在一个国家内，公民身份是个人最基本的身份，它确定了公民与国家之间的关系，即公民认同国家的政治承诺，但同时，国家也应该保护公民。因此，在某种意义上，公民身份就是一种权利身份，公民基本权利就是这种权利身份的具体表征。少数人差别性权利本是为那些同时还是少数文化共同体成员的公民而设立，是公民权利的补充，是特殊人权。甚至对于那些尚不具备公民身份的少数人，如外籍劳工或只获得居住权的移民来说，少数人差别权利作为补充权利而非普遍性人权的性质也没有改变。不管差别性权利的具体行使主体是个人还是集体，差别性权利的目的都是让具有不同文化特征、文化背景的公民或个体不能因其文化在公共领域中得到反映的程度的不同而受到不公正待遇，获得一种连贯性、融通性的自由。如果差别性权利的行使

---

① Cf. Sandra Lovelace v. Canada, Communication No. R. 6/24（29 December 1977），U.N.Doc. Supp. No.40（A/36/40）at 166（1981）.

实际使作为公民的少数文化群体成员的基本权利受到限制，让他们实际上背负了那些不是少数文化群体成员不应背负的义务，最终却使自己作为公民的基本权利受到不合理的限制甚至剥夺，那么少数人差别性权利的意义又何在呢？

少数人差别权利与以公民为代表的个体基本权利的关系既然如此，那么公民或个体基本权利就应成为确定差别权利维度的一个标准，并由此提示我们，少数人差别性权利应该是对于公民或个体基本权利的补充，而不是背离；同时少数人差别性权利并不必然优先于个体基本权利。依照这个维度标准，差别性权利在实践中确实能起到更公正地实现个人基本权利的作用。如加拿大自 1971 年起开始推行多元文化政策，颁布了《多元文化法案》。在该法案下，移民享有包括表达自己族裔身份认同在内的诸多差别权利，但这些权利也有界限。首先，《多元文化法案》本身的位阶处于《加拿大权利与自由宪章》和加拿大《人权法案》之下并受到约束。其次，在移民少数群体的权利上，受到的具体约束体现为：移民群体须接受加拿大的官方语言政策，将英语和法语作为在加拿大的公共生活语言；移民群体须遵守自由民主的准则，尊重个人权利和性别平等权；鼓励移民群体的开放以及与不同文化群体的互动交流。①

坚持公民基本权利定位于少数人差别性权利的终极目的在于，公民基本权利作为少数人差别性权利维度的标准，可用具体的规则体现出来。这些规则包括：管辖中的无垄断性原则、尊重当事人的个人个人选择等。其中无垄断性原则基于个人的多样性身份如公民身份、文化群体成员身份等交错存在，认同不同的权威在个人管辖上潜在的竞争性，如国家权威与群体权威的竞争等。这种竞争可使在决定有关个人权利的争执上，防止任何一种绝对权威的存在，打破单一权威下的单一身份的认同，达到一种牵制性的平衡，从而使公民的各种从属关系都得到适当的考虑，以此来公正地解决纠纷。尊重当事人的个人选择则是指作为文化群体成员的当事人可在国家权威与群体权威之间进行选择。"外部保护"之所以可能陷入一种变相的"内部限制"，将国家对

---

① Cf. Will Kymlicka, *Finding Our Way: Rethinking Ethnocultural Relations in Canada*, Oxford University Press Canada 1998, p.68.

群体的尊重演变成为群体压制其成员的"依据",一个重要的原因就在于,它将本来是国家、群体、社会成员三者之间的关系简化为国家与群体二者之间的关系,个人在其中丧失了"发言权",仅仅作为某种权威的客体存在。

(三)差别权利对公民基本权利的限制

基于如何才能更有利于个体发展的考量,在通常情形下,公民基本权利应作为差别权利的维度,在涉及更有利于个人发展的基本权利时,差别权利不能突破公民基本权利的界限,公民基本权利作为差别权利的维度框定了差别权利的范围,防止那种利用差别权利对个体不合理的限制。但是,公民基本权利作为差别权利的维度仅仅反映了二者关系中的一方面;另一方面,差别权利也能构成对公民基本权利的合理限制。这体现在:公民基本权利的履行如果以牺牲少数人群体利益为代价,或者有可能危及甚至真正危及少数人群体的文化的生存和发展时,差别权利就构成了对公民权利的限制。当然这种限制不是说直接取消或否定公民基本权利,而是基于差别权利的要求,在探讨实现公民基本权利的路径时,必须对少数人特定的文化诉求予以考量,必要时对公民基本权利予以限制。套用《加拿大权利与自由宪章》第一条的规定,即某些时候公民基本权利不是绝对的,其"受到自由和民主社会里能够确然证明是正当的法律的合理限制",只要这种限制的法律目的是正当的,实施法律目的的措施是合理的,这种合理性体现在限制不仅将对公民相关权利的损害减到最小,而且由损害权利所带来的好处足以超过给被限制权利的人所带来的消极影响①,那么满足少数人的文化诉求的差别权利也可以成为限制公民基本权利的理由。以下以公民基本权利中的迁徙权为例,说明少数人差别权利如何形成对公民基本权利的合理限制。

迁徙权利是人身自由权的一种,依照迁徙权的规定,公民可在一国境内自由流动,自由选择定居点。如《加拿大权利与自由宪章》规定,公民可选择任何一个省定居,这其中自然就包括少数人的传统领地。出于维护自己独

---

① "法律目的的正当"和"实施法律目的的措施合理"是加拿大最高法院在1986年皇家诉奥克斯案和皇家诉爱德华兹图书与艺术有限公司案中所提出的关于限制公民基本权利的标准。

特社会和文化目的的考量，少数人自然不愿意另一文化群体的人大量迁徙而来，使他们在自己的传统社会里成为"少数人"。此时，面对文化生存和发展的要求，公民的迁徙权自然受到了抑制，受到少数人差别权利的限制，体现在公民向少数人传统聚居地移民和移居的权利受到限制。

这里的移民和移居指的是以定居或长时间的居住为目的，向少数人传统聚居地的迁移，既包括从一国之外的迁移，也包括在一国境内的迁移。限制公民的移民和移居主要是出自少数人维护自己独特文化生存和发展的愿望。尽管我们处在一个全球化的时代，但人寻找同类的天性并没有改变多少，在已知的世界迅速消失的时候，这种天性因对未知世界的不安和对差异的恐惧、焦虑表现得更加明显，"人们寻找习惯了的事情，寻找其中有着他们所熟悉的面孔、声音、气味、口味和地点的共同体。面对全球化的步伐，它们需要更多而不是更少的族性。"① 而在这种寻找共同体的过程中，人们更倾向于将以语言、价值观、信仰为特征的生活方式所反映出的文化看成是集合共同身份意识、定义特定共同体的一种模式。这种寻找同类的天性，使得人类的居住更趋向群体集合式的居住，即人们更愿意与具有相同文化身份的人们居住在一起。在存在多元文化群体的国家中，这种情形在少数人身上体现得更加明显，他们更愿意生活在一个他们能够构成多数的共同体中。此外，少数人之所以愿意生活在一个他们构成多数的共同体中，更重要的原因是考虑到文化实践的成本。通常来说，个体在实践自己的文化权利时，即便国家在资源的分配方面提供了最为公正的保障，但这种实践实际上也要受到成本的限制，即单独居住的个人可能由于高昂的成本而不得不放弃一些文化实践活动，或将文化实践活动局限于自己能够操作的那些方面。这其中的情形正如有人所描述的那样：

"由于规模的关系，少数民族群体可能不得不消耗更多的文化成本以达到与多数人一样的目的。在绝大多数情况下，不考虑国家的公正与慷慨，除非相当大的群体对于遵从一种特定的文化感兴趣，否则给予个体的费用将不

① ［英］罗宾·科恩：《族性的形成：为原生论适度辩护》，载爱德华·莫迪默、罗伯特·法恩主编：《人民·民族·国家——族性与民族主义的含义》，刘泓、黄海慧译，中央民族大学出版社 2009 年版，第 22 页。

足以保证文化服务的供给。这样，即使社会资源是公平分配的，少数民族群体实践其民族文化的能力仍然会更加受到限制。因此，少数民族将有文化的被剥夺感，并希望继续生活在一个他们能够构成多数的共同体中。这不是社会的过错。"①

正是为了避免这种不是由于社会的过错所造成的文化被剥夺感，维持文化的生存，也为了满足自身的识别，文化少数群体的成员不仅要求能够生活在一个他们能够构成多数的特定的领地之中，而且对于希望进入这个领地并将在此长期生活的人也提出了相应的要求；不仅如此，少数人还希望将自己的这种要求体现在移民的法律和政策中。

有关移民的法律和政策基本上是基于以下考虑：人口的平衡、语言的要求与经济的发展。其中，对于文化少数群体来讲，在通过吸收移民促进经济发展的同时，如何维护自己文化的生存及发展也是不得不考虑的事情。而对于文化生存与发展所需要条件的深度与广度理解最为精准的，莫过于文化少数群体自己，中央政府在这方面的过多干预往往容易引起少数群体的焦虑和不安，对于自己文化生存与发展的不安。并且这种不安极可能转化为一种对所谓"异族"或"陌生人"的极端行为。如历史上，加拿大中央政府曾单方面制定和实施有关移民的法律和政策，并吸收了大量的移民，由于移民中的大部分属于盎格鲁文化群体，因此，居住在加拿大魁北克的法裔文化群体认为中央政府的移民法律和政策是"故意的一种阴谋"，"一种通过英语文化群体的移民来压制法裔文化群体的阴谋"。这种看法引起了法裔文化群体的极端对立行为，使得加当局不得不采取诸如隔离等措施来防止移民与法裔文化群体成员的接触。② 其实，加拿大法裔文化群体的这种指责并不过分，历史再往前推至 19 世纪，加拿大政府就是采取大规模的移民方式来有计划地摧毁加拿大的"少数人"之一梅蒂斯人的社会和文化的，其中的情形正如加

---

① ［以］耶尔·塔米尔:《自由主义的民族主义》，陶东风译，上海世纪出版集团 2005 年版，第 48 页。

② 关于这段历史，Cf. Jerome H. Black and David Hagen, Quebec Immigration Politics and Policy: Historical and Contemporary Perspectives, 载 Alain-G.Gagnon edited, *Quebec State and Society* , Second Edition, Nelson Canada 1993, pp.280-299.

拿大前总理麦克唐纳爵士所言："这些原始的半开化人……必须用强有力的手段加以压制，直到他们被涌入的移民淹没"①。

可见，如果在移民和移居问题上少数人没有实质性的控制权，不能利用少数人差别权利形成对公民迁徙权这种基本权利的合理限制，大规模的移民和移居终将会危及少数人的社会和文化。依据加拿大学者威尔·金利卡的观点，少数人差别性权利的作用之一就是对少数民族文化群体进行外部保护，这种保护对"可以对更大社会的成员起到限制作用，会使他们移居少数群体领地的代价更高。如更长期的住居条件，较少地使用他们的语言提供政府服务"②。少数人利用差别权利对移民和移居政策的控制，恰恰体现了这种"外部保护"，以满足少数人维护自己独特社会和文化生存与发展的愿望。这种观点也得到了国际人权机构的肯定，为此，联合国消除种族歧视委员会"特别呼吁缔约国承认并保护土著人民拥有、开展、控制和使用自己部族的土地、领土和资源的权利"③。具体看来，少数人差别权利对公民迁徙权的限制体现在：

1. 通过对移民的控制权来限制公民向少数人聚居地的自由迁徙

对移民的控制包括对移民条件的设立和调整、对移民的选择、对移民数量的控制等，目的是防止移民对少数人文化形成的不恰当压力。实际上，对于少数人文化群体而言，他们不想过也不可能过一种与外界完全隔绝的生活，因为任何一种社会文化都不可能是密不透风的，文化之间的碰撞和交流本身也是文化的一种生存和发展方式，只是这种交流应该是在相互尊重对方文化价值、承认其生活方式具有同等合理性的基础上进行的。由于生活模式使然，不能否认的是，许多国家的工业文明是以牺牲环境为代价的，在工业文明高度发达的同时，环境的承受力也几乎达到极限，此时许多人将目光投向相对边远的地区——少数人传统居住地。少数人由于与多数人迥异的生活

---

① Stanley, F.G., *The Birth of Western Canada: A History of the Riel Rebellions*, University of Toronto, Toronto,p.95.

② ［加］威尔·金利卡：《多元文化的公民身份——一种自由主义的少数群体权利理论》，马莉、张昌耀译，中央民族大学出版社 2009 年版，第 157 页。

③ 联合国消除种族歧视委员会 1997 年第五十一届会议《关于土著人民权利的一般性建议》二十三。

方式，使得这些地区的环境承受的压力要小得多，如果那里碰巧还有丰富的资源，如森林、水力、矿藏，或者是新兴的城市，如加拿大魁北克的蒙特利尔，那么投向这些地区的目光就更炽烈了，向这些地区移民和移居也就成为一种趋势。此时，如果大量接纳来自不同文化群体的移民，这些移民基于迥异的生活方式所采取的具有一致性趋向的行为可导致环境恶化，进而对少数人的生活方式造成冲击甚至毁灭其生活方式。在这个意义上，通过制定移民、移居政策，对移民和移居人口数量进行控制，就是为少数人维护自己文化的独特价值、按照其意愿维持和发展其生活方式采取的一个措施，是对外界不恰当压力所设置的屏障。

有人可能会支持说，由少数人控制移民和移居人口数量，不利于国家在整体上对穷人的安置，向少数人传统居住地移居的压力"并不仅仅出于社会上层的计划，至少部分出自穷人的需要，想要减轻压力就必须关注穷人的需要"①。事实上，尽管这种目的是良好的，但目的的合理性不能反过来证明手段的合理性，而且出于这种目的的移民、移居实际上也不能获得持续的发展。理由是，基于长期的生活经历和文化价值观念，没有人比少数人更清楚自己环境的限度和可能性。如加拿大印第安人那种非人类中心主义的生态观念与加拿大多数人以利用为目的、保护是为利用服务的环保观念存在巨大的差异。以土地为例，在印第安人看来，其土地是一种"给予者"（giver），"我们把土地视为一位奉献的母亲，她把一切捧在手中奉献给我们，由此，我们的家庭才在每一个白天、每一个夜晚获得安宁和康健"②。因此，有人对向土著人传统居住地的移民和移居这样评论道："移居计划总是在这三个方面的一个或多个方面存在缺陷——也就是说，它们服务于富人而不是穷人；它们导致环境的毁灭而非可持续发展；它们打击的目标是那些实际上资源贫

---

① Myers, Norman, *The Anatomy of Environmental Action: The Case of Tropical Deforestation*, in Andrew Hurrell and Benedict Kingsbury（eds.）, International Politics of the Environment（Oxford University Press 1992, Oxford p.432, p.447.

② Venus Walker, Royaner, Wolf Clan, Oneida, *Presentation before the House of Commons Special Committee on Indian Self-Government*, 1 June 1983, Minutes of Proceedings and Evidence of the Special Committee, Issue No.21.

乏而非资源丰富的土著人。"①

2. 通过对归化政策的制定和实施权利来间接影响和限制公民的迁徙权

归化政策是指出于文化上的考虑，少数人可以制定特殊的规则、采取系列的措施，鼓励或迫使移民和移居者融入少数人的文化，或至少在行为上接受少数人的文化，这些措施很可能对移民和移居者的个人权利形成冲击。如要求移民或移居者将自己的子女送到使用少数人语言的学校，禁止移民或移居者开办使用自己语言的公立教育等，公共服务机构也要求使用当地语言等。魁北克法裔省政府曾规定了法语在魁北克的官方语言地位，这就是通过归化政策获得文化发展的宽松环境的一个典型，同时间接影响和限制了公民的迁徙权。

三、个体权利与集体权利之争

（一）少数人差别权利的集体权利定性

在关于集体权利的学说中，有一种观点很普遍，那就是认为集体权利是因持有人为集体而产生的，表现为给予集体或由集体行使的权利，这种权利与赋予组成集体的个人的权利在性质上是不同的。认为应当坚守、维护和实践自己文化主张的少数人差别权利之所以在一开始被定义为集体权利，主要是因其显著的群体特征，如权利的行使者多为群体，权利的直接目的是群体的利益等，因此一开始就被定位于社群主义者所提倡的集体权利。少数人差别权利的群体特征具体包括：个人只有通过他们在一个集体中的成员身份即少数群体成员身份，才能要求这一权利；个人只有在一个共同拥有某些特征的人组成的共同体内才能实现这一权利；个人在满足这一权利中所获得的利益不能证明把满足的成本转嫁给别人是正当的；如果一种权利的正当性依赖于它所促进的善，那么，实践一种文化的权利不能被看做是一种个体权利，

---

① ［加］威尔·金利卡：《少数的权利：民族主义、多元文化主义和公民》，邓红风译，上海世纪出版集团 2005 年版，第 139 页。

因为它保护对集体的善的寻求，并且相应地只能通过参照其集体的利益而得到判断。① 虽然这种观点后来受到不少自由主义者的反驳，但少数人差别权利还是不可避免地陷入个人权利与集体权利之争。权利的性质之争本来是一个智者见智、仁者见仁的问题，无可非议，但是少数人差别权利的集体权利与个人权利性质之争，却涉及差别权利本身是否应该存在这一根本性问题。表现为这种争论的焦点集中在：如果集体权利顾名思义就是集体或具有集体性质的联合体而不是个体作为权利的享有者，那么在人权领域，作为权利主体的集体的权利就同作为权利主体的个人的权利有了根本性的不同，这种不同导致其与个人权利的冲突，而这种冲突从基础上否认了，或至少部分否认了确立少数人差别权利的理由。

因少数人差别权利的集体权利性质而对其进行责难的第一个理由是，少数人差别权利本身作为人权在道德上的合理性。人权的哲学基础是自由主义，这决定了个人是其中的绝对主体，个人权利和自由优先。在自由主义看来，个体之所以成为人权当然的、绝对的主体，就在于个人的权利具有道德上的合理性。因为相对于社会来讲，个体是十分弱小的，这种绝对弱势地位决定了个体的道德优势，即个体持有权利来抗衡社会，保护自己的生活不被强势的社会所侵蚀，包括自己决定自己的幸福观，决定自己的价值信念、生活方式，或者选择从任何既定的或与生俱来的状态中解放出来等。一句话，因为个体相对于社会的极端弱小性，个体的这些权利在道德上具有合理性，同时也成为其法律合法性的基础。但群体这种集体则不同，虽然对于多数群体所构成的社会而言，特定少数群体是弱小的，它们之间的关系类似于社会与个人的关系。但是对于群体的成员而言，群体无疑具有绝对的优势，二者之间的关系与社会同个体的关系相当，其中群体扮演了社会的角色。在此种关系中，授权群体这种集体享有特定权利无疑是相当危险的，在道德上不具备合理性。因此，基于自由主义的人权哲学对群体这种集体的权利主体地位表示了否定。

---

① 参见［以］耶尔·塔米尔:《自由主义的民族主义》，陶东风译，上海世纪出版集团2005年版，第34页。

因少数人差别权利的集体权利性质而对其进行责难的第二个理由是，少数人差别权利的集体性质确定了个人所在的群体能凌驾于个人之上，这从根本上否认了个体的价值，与人权所倡导的个人的终极价值目标不符合。在涉及个人与其所在的群体或集体的关系时，自由主义认为，个人优于集体，集体依附于个体，这种观点也决定了人权对于个体终极价值目标的定位。集体之所以重要，"不过是因为它有利于其属员的幸福。一旦属员发现维持现有的文化习俗已经没有什么意义，集体就没有任何单独的利益要求去保持这些习俗，因此无权阻止个人改革或抛弃这些习俗"①。更为重要的是，建立在自由主义之上的人权哲学认为，即便是集体的利益需要特别地加以保护，也不必通过授予集体权利的方式来实现；相反，通过个体权利的重申与保护，集体的利益可以得到实现。其具体的操作方案就是：通过法律来认可所有的人都是无区别的，都是平等的，以此来对抗对包括少数群体在内的特定群体的歧视，从而实现群体之间的平等，群体的整体利益也得到维护。美国在通过个体权利来达到群体利益保护方面做了大量的尝试。美国宪法第十四条修正案规定："凡在美国出生或归化美国的人，均为合众国或他们居住州的公民。任何一州都不得制定或实施限制合众国公民的特权或豁免权的任何法律；不经正当法律程序，不得剥夺任何人的生命、自由和财产"。其中，任何人、任何公民都是通过对个体在法律上的平等性、无差别性的强调来达到当时立法保护黑人少数群体的目的，后来该修正案经过最高法院的实践，通过具体对任何人以及任何公民的范围的确定，使得受保护的少数群体从黑人扩展到中国人、日本人、墨西哥人、印度人等其他少数群体。美国 1964 年的民权法案和 1965 年的选举法案也是遵循了同样的思路，即通过对个体无差别权利的强调来达到群体保护、群体之间平等的目的。其中的情形正如有学者所言："如同宪法一样，立法机构有意识地在一个由肤色和族性决定个人在群体中的命运的社会中'色盲'（colorblind）。"②

---

① ［加］威尔·金里卡：《少数的权利：民族主义、多元文化主义和公民》，邓红风译，上海世纪出版集团 2005 年版，第 5 页。

② Nathan Glazer，*Individual Rights against Group Rights*，in Nathan Glazer，Ethnic Dilemma:1964-1982, Harward University Press,Cambridge, MA1983.

（二）个人权利与集体权利的妥协

1. 个人权利对集体权利的依赖

面对因少数人差别权利的集体性质而发生的责难，一些人相信，摆脱责难的办法在于将少数人差别权利纳入个人权利的范畴，确立少数人差别权利的应有地位。不能否认人权的终极价值目标是个人，但个人目标的实现是否就只有通过赋予个人权利这条唯一的路径？个人权利的实现与某种特定的集体权利实现之间是否存在依赖关系？这或许才是在承认少数人差别权利集体性质的基础上解答少数人差别权利存在理由的关键所在。通过对个体权利的保护，特别是对个体之间平等待遇或无差别对待的强调，确实能在很大程度上抑制群体之间不平等的问题。实际上，在许多情形下，少数群体成员的地位受到压制的原因确实是因为没有保护其作为公民的平等权所引起的，对个体权利的强调与实现确实能实现少数人被平等对待的部分诉求。但是，少数人是具有不同文化特征的"绝对少数人"，而非将平等待遇作为最高目标的"相对少数人"，此时，仅仅通过普遍性的公民权利的保护，就能完全解决他们作为文化少数群体与文化多数群体之间的不平等问题吗？或者就能满足文化少数群体成员的"额外"权利要求吗？虽然有不少自由主义学者试图从权利的性质来说明实践一种文化的权利是个人权利而非集体权利，从而摆脱因少数人差别权利的集体特征而产生的责难，但这种诠释也强行割裂了个人权利的实现与特定集体权利的关联。① 毫无疑问，个体是人权的首要主体，但是包括实践自身文化权利在内的许多个人权利却与特定集体的权利息息相关。个人与个人是不一样的，个人从来就是置身于一定社会关系和

---

① 如塔米尔在论证实践一种文化的权利为个人权利时认为："表达个人的民族身份的能力是与该民族的规模呈线性关系的——虽然存在一个关键性的规模，但超出这一点后，规模就不再必然地影响成员们经验充分的民族生活的能力。"她还用音乐演奏的形式来比喻个人也可以脱离集体来实践一种文化，即所谓"一个音乐家可以表演独奏，也可以在三重奏、四重奏中表演"，"没有人会主张由于某种原因不能在交响乐队中即兴演奏的音乐家最好干脆别演。与此相似，向那些不能以最理想方式表达其民族性与文化的人建议说他们不应该通过不十分理想的方式表达自己是没有意义的。"参见［以］耶尔·塔米尔：《自由主义的民族主义》，陶东风译，上海世纪出版集团 2005 年版，第 35 页。

一定社会角色的人，不是孤岛上的鲁滨逊，从来就不是孤立的，作为某种特定群体成员的个人，其生活方式、行为模式不可避免地受到群体的影响。在一定条件下，个人可能会选择遵循或抛弃群体的习俗、价值信念，但不可否认的是，个人本身也要受到这些习俗、价值信念的影响。这种影响不可忽视，激进的社群主义者更是由此将个人视为社会习俗的产物。个体是否是其所在群体的产物尚待探讨，但群体特有的生活方式、行为规范、价值信念对于个人观念的形成和行为的决定性影响却是有目共睹的事实。群体的存在是有价值的，其价值就在于对于作为其成员的个体的成长具有不可取代的重要性，包括提供价值框架、锤炼个体的自我判断和自我反省能力等。① 而这种价值就充分说明了个人与个人是不同的，置身于特定群体的成员与非成员同样作为个人，其需求是不相同的，甚至是相互冲突的，仅仅依据所谓个人平等待遇的原则赋予个人平等的权利，无力解决特定群体成员的额外需求问题，如保持其群体、族裔文化特征的权利需求等。

更为重要的是，实践一种文化需要一个有活力的公共领域、公共空间作为场所，而这种领域和场所却必须依赖于集体，表现为一定规模的个体组成的集体才有可能形成有活力的公共领域、公共场所，借助于这个公共领域或公共场所，个体的文化实践、文化坚守和维护才能有被具体实现的可能性。以语言为例，个人可以说自己的母语，但如果缺乏公共领域，这种使用自己母语的方式毫无意义，因为交流才是语言的本质所在。即便是将母语的使用扩展到其亲朋好友的范畴，但享有同一种语言的公共领域和公共空间的缺乏依然排除不了个体与使用他种语言的公共系统之间的疏离感，而这种疏离感会导致在特定地域，作为少数人成员的个人不能真实地实践自己的文化权利。最后的结果不外乎两个，要么迁移到特定的地域，寻找能实践自己文化权利的公共领域；要么改变自己的文化，融入另一文化群体。而后一种结果则可能预示着一种文化的衰落。如在加拿大，虽然《加拿大权利与自由宪章》明确规定，语言上的少数人有使用自己语言的权利，但对在魁北克省之

---

① 关于集体对于其成员的其他价值的论述，Cf. Michael Hartney, *Some Confusions Concerning Collective Rights*, Canadian Journal of Law and Jurisprudence, Vol.4\2（1991），pp.293-314.

外的法裔语言群体而言，其使用法语的权利却因为法语公共空间的缺失而无法实现。有数据显示，魁北克之外的法语群体规模在锐减，如阿尔伯塔省的法语群体规模就下降了 50%。①

可见，个人实践自己文化的这种差别权利在相当程度上依赖于个人所处的特定群体的权益。因此，应该换一个角度来思考少数人差别权利的集体性质问题，那就是在充分考虑由多数群体所构建的更大的社会对于少数群体以习俗、价值观念、信仰为特征的生活方式所形成的压力的前提下，具体考量少数群体成员的权利需求，包括其通过满足群体的权益来实现个体权利的需求，以真正满足个体的选择，让个体能最大限度地按照自己的意愿生活。责难少数人差别权利集体性质的人士，不是没有注意到少数群体与由多数群体所组成的更大的社会之间的关系，也承认少数群体的弱小，但是对如何解决这个问题却没有深入考量，反而是纠结于集体权利与个人权利的对立观点，并由此来责难少数人差别权利本身，这注定要引起争议，甚至引起少数人的反感和强烈反对，加拿大《印第安政策白皮书》的遭遇就是证明。② 这也是近些年来，为什么基于自由主义的人权哲学领域尽管对于"集体权利"、"集体人权"的定义还没有完全为人们所接受，但是"集体权利"或"集体人权"已经逐渐被大家所熟知的原因之一。

在现实中，人们如果并不注重维护个人所在的特定群体的权利，仅仅利

① Cf. Joseph Eliot Magnet, *Official Language of Canada,* Cowansville, QC: Les Editions Yvon Blais 1995, p.222.

② 加拿大在 20 世纪 60 年代晚期由持自由主义的前总理 Pierre Tredeau 主持的《印第安政策白皮书》(*White Paper on Indian Policy*) 谴责了对印第安的不公平政策，认为解决印第安人问题的唯一途径是将其全面、平等地融入加拿大社会，为此，应撤销《印第安人法》(*The Indian Act*)，否认印第安人的特殊地位，将印第安人和加拿大人同等对待，对管理印第安事务的部门予以裁减等。这些措施都是基于个体平等的自由主义主张，但这种主张首先遭到了少数群体的代表印第安人领导人的强烈反对，认为这是加政府变相地掠夺印第安人土地和其他固有权利的一种手段，其最终目的是对印第安人进行文化灭绝。值得深思的是，正是这种自由主义关于个体权利可达到群体间平等的主张，促进了印第安个人的文化觉醒，激发了他们对自身文化价值的自我评价和社会评价诉求。Cf. Anne-Marie Mawhiney, *Towards Aboriginal Self-Government: Relations Between Status Indian Peoples and the Government of Canada 1964-1989,* pp.40-43.

用对个体权利的保护来达到群体之间平等的目标，结果也不是那么理想，甚至可能与初衷背道而驰，因为个人权利的实现总是不依照个人意愿与集体权利相连接。发生在美国的事例可以为证。为保障文化少数群体的利益，促进群体平等，美国不仅在立法中采取了以公民身份来消除群体差别的做法，而且还在立法导向下采取了相关行政管理措施，充分体现了这种经由个体权利的保护达到消除群体之间歧视的目的，典型的如在大学入学和就业上的配额制度等。① 但这种制度本身却在诸多方面受到异议。如本着个体平等待遇的原则，国会本不应该具体指定哪些特定的群体应该被保护，但为了建立防止种族歧视的雇员报告系统，国会不得不指定在报告中哪些特定的群体应该被选定。由此，一些特定的群体获得了比别的群体更多的关注，立法本意是想将个人权利独立于群体之外，但实施立法的措施却使得个人权利不得不依附于集体权利，即属于被特别关注的少数群体成员的个人似乎比其他群体成员在资源的享有上处于更有利的地位。具体来讲，非洲裔（negro american）、墨西哥裔（mexican american）、波多黎各人（puerto ricans）、亚裔（asian american）等少数群体，实际上就比别的少数群体受到更多的关注，因为他们分别被国会指定作为雇员报告系统必须报告的少数群体，而其他的少数群体则被笼统地归类到一种被统称为其他群体（others）的分类中。结果是，这种本着人人平等原则建立的雇员报告制度，却将有可能受到歧视（如有过被歧视的历史）但实际没有受到歧视的群体列入其中，更有可能将无论是过去还是现在都在受到歧视的群体排除在外（如意大利人、波兰人），使得通过人人平等的保护措施来达到群体平等的愿望落空。可见，个体权利的实现在实践中总是自觉或不自觉地受到其所在群体的社会地位的影响。

2. 个体权利与集体权利的妥协

如果正视个体权利对集体权利依赖的事实，那么就应该意识到：继续在少数人差别权利究竟属于个人权利还是集体权利的问题上纠结已无甚意义。实际上，已经有不少学者认识到，将个体排除在外的"集体权利"或"集体

---

① 即通过要求雇主对雇员的种族、族性进行调查，确定在特定的雇佣层次上缺乏哪些群体，以便采取相应的纠正和防范措施。

人权"的定义，在人权哲学上的严谨性确实值得商榷。突出个体权利保护或者将个体权利保护放在绝对地位的人权哲学，忽略了特定群体的利益，并将"集体权利"或"集体人权"置于同个体权利相对立的地位，这样不仅可能堵塞个体权利实现的一个可能路径，而且极易对个体（包括群体内部的成员）形成另一种形式的压制，结果反而违背了以个体权利为终极价值的人权目标。因此，为达到个体权利的目的而将"集体权利"或"集体人权"置于同个体权利相对立的地位，实属矫枉过正的做法。对此，一些学者提出应改变那种在少数人权利中将个体与集体对立的观点，改用其他同时包含集体和个体在内的名称来定义少数人权利，如加拿大学者威尔·金里卡所论的"少数群体权利"或"群体差别权利"。依据其观点，这种"少数群体权利"可以分为三种形式，即自治权利、多族类权利、特别代表权利。目的是为限定一个更大的社会对该群体所施加的不恰当的压力，"以确保少数群体所依赖的资源和制度不会受到多数人决策的伤害"；权利由群体享有，特定情形下，一个群体占多数的联邦的省或州也可以成为少数群体权利的持有者。① 无独有偶，也有学者对"集体权利"或"集体人权"的定义作出修正，认为可用一种替换性的概念（alternative concept）来修正传统的"集体权利"或"集体人权"的概念。即一种权利之所以被称为"集体权利"，不是因为其由集体持有，而是它的目标、所维护的权益或它的行使具有集体的性质。换言之，"集体权利"作为一种权利类型，是根据除持有主体特征外的其他特征来确定的。② 其实，与传统的"集体权利"或"集体人权"的定义相比较，对"集体权利"或"集体人权"所采取的这种与个体权利非对立的定义方式更符合人权的宗旨和目标，因此在实践中也得到了部分国家的立法认可。如反映和促进多元文化政策的《加拿大权利与自由宪章》（*Canadian Charter of Rights and Freedoms*）的第二十七条就区分了两种权利类型，即个体权利

---

① 关于"少数群体权利"或"群体差别权利"的具体类型和论证可参见威尔·金里卡：《多元文化的公民身份——一种自由主义的少数群体权利理论》，马莉、张昌耀译，中央民族大学出版社 2009 年版，第 64—65 页。

② Cf. Hartney, *Some Confusions Concerning Collective Rights*, Canadian Journal of Law and Jurisprudence,Vol.4\2（1991），pp.293-314.

（individual rights）或群体权利（group rights），其中"群体权利"就是由特定群体的成员所持有的权利。一句话，两种权利的终极目标都是为了个人的自由，满足个人的选择，二者的区别在于个体权利具有普遍性，而群体权利则局限于特定的群体中。个体权利和群体权利既然分别属于两种权利类型，就应该被区别对待。如果说依据消极自由和积极自由的划分标准，"个体权利"中尚存一部分不要求国家干预的自由领域的话，"群体权利"则基本上属于积极自由的范围，这种权利要求国家采取积极措施，为防止群体受到外部不适当的压力提供一种保护，以保证群体成员拥有尽可能充分地遵从自己意愿的自由。这种个体权利与集体权利相妥协的观点在国际人权领域也逐渐被接受，如人权事务委员会在关于《公民权利与政治权利国际公约》第二十七条的一般性意见中提到："虽然依照第二十七条受到保护的权利是个人的权利，它们又取决于少数人群体维护其文化、语言和宗教的能力。因此可能也有必要由国家采取积极的措施以保护少数人群体的特性以及其成员享受和发展自己的文化和语言并同群体内的其他成员一起信奉宗教的权利。"①这个一般性意见显然同意那种观点，即在一定情形下将《公民权利与政治权利国际公约》第二十七条规定的少数人权利释义为一种"群体的条款"，直接关系到群体利益的维护。这种释义等于间接承认了少数人差别权利的集体权利性质。

在少数人差别权利的性质争论中，个体权利与集体权利的妥协不是意味着少数人差别权利的性质不甚明了，而是说明这种争论的意义不大。少数人差别权利具有集体权利的特性，但这种特性并不影响其作为公民基本权利的补充，终极目标也是定位于个人的权利和自由，只是这种权利和自由在某些特定的情形下需要通过满足个体所在的群体的利益来实现，国家也由此对个体所在的群体负有某种积极的义务。当然，作为一种特殊人权，少数人差别权利也同时具有个体权利的性质，许多类型的差别权利的实际享有者是个人，个人作为权利的唯一主体来具体地享有作为少数人成员的一种特殊的待遇。从这个意义上看，在有关少数人差别权利的性质之争中，个体权利与集体权

---

①　联合国人权事务委员会 1994 年第五十届会议第 23 号一般性意见。

利的妥协是一种理性的态度，可以以此来更深入地探究少数人差别权利的具体形态，以最大限度地实现个人依照自己意愿、在自己文化中生活的自由。

四、统一国家认同下的少数人差别权利

(一) 国家认同与文化身份（民族身份）认同的冲突

针对少数人差别权利，曾有人这样语重心长地告诫："承认少数群体权利，有各种显而易见的危险。少数群体权利的话语不仅曾被纳粹利用和滥用，而且也会被种族分离和隔离制的辩护者们所滥用。同样地，这种权利也被那些固执的和好战的民族主义者以及世界各地的原教旨主义者所利用，以此为他们统治不同群体的人民和镇压群体内持不同政见者辩护。"①这个告诫道出了确认文化少数群体及其成员的差别性权利最大的一个争论点，那就是这种"贴标签"的做法是否会损害更大共同体——国家的凝结，"社会胶水"是否会受到侵蚀，差别性权利是否"会像金属上的腐蚀剂，蚕食掉把我们连成一个国家的纽带"②，最终导致少数文化群体与主流社会之间的对立，甚至萌生自立门户的想法。这种告诫不是多余的，其基于一种担忧，那就是国家认同与文化身份（民族身份）认同之间的冲突。

少数人差别权利承认个人在多文化国家中的多重身份，即国家认同下的公民身份和文化识别下的文化群体成员身份。在个人与国家层面，依据国家认同，其拥有公民身份，强调对国家的归属关系；在个人与社会层面，依据文化识别，其拥有特定文化群体成员的文化身份，强调一种文化上的皈依。一种文化需要以民族、族裔、族群等为载体并作为它的传承者，而民族、族裔、族群等也是以文化为基础的聚合群体，其发展只能凭借文化识别下的文化认同，才能在与其他文化的交流中维护自己的主体地位，一旦失去了文化

---

① ［加］威尔·金利卡:《多元文化的公民身份——一种自由主义的少数群体理论》，马莉、张昌耀译，中央民族大学出版社 2009 年版，第 9 页。

② Cynthia V. Ward, *The Limits of "Liberal Republicanism"*: *Why Group-Based Remedies and Republican Citizenship Don't Mix*, Columbia Law Review, vol.91, pp.580-607.

认同，民族、族裔、族群等可能根本就不再作为一个与其他群体有区别的独特群体存在。因此，从这个意义上看，文化身份与民族身份的认同具有同质性。① 个人的文化归属所表明的是一种文化身份认同，这种认同与国家认同有可能发生冲突。体现在：

其一，两种认同表明了两种或多种共同体的存在。由于国家认同和文化身份认同制造了各种重叠、交叉的共同体，如国家和不同的民族群体等，使得个人在共同体的排序上可能踌躇，不知道应该将哪一个认同放在优先的地位。此外，由于文化身份认同的原生性和结构性，其强调共同的语言、信仰，强调共同的经历、历史和集体记忆，因此，人们可能更倾向于将表明其文化身份认同的共同体而不是更大的国家共同体放在优先的地位，或至少认为文化共同体是与自己有着最为密切联系的共同体。②

其二，文化身份认同强调独特的文化意识，这可能与以公民身份为标志的国家认同所要求的"全面且统一的认同意识"发生冲突。文化身份认同与国家认同比较而言，是一个单独的认同。在多民族的国家，不同的个人可能有着不同的文化身份，表现为持有不同的语言、信仰，践行不同的生活方式，奉行不同的理念等，即不同文化身份体现为不同的文化特征和文化传统。而国家认同强调可塑性，通常要求不同的民族、族裔群体等放弃各自独特的群体特性，代之以一种统一的、整体的全面认同意识。

其三，对文化身份认同的强调可能导致民族或族裔中心主义的产生，进而威胁到国家认同。从族群的角度看，在一个多民族、多族群的国家，因为自己的文化身份认同，各个族群由此产生自己独特的权利要求，包括法律承认、语言、文化的保护和发展方面等。这些权利的实现往往要求国家实行差异政治，在制度、政策和法律上实行倾斜。而一旦这些要求得不到满足，少

---

① 关于文化身份和民族身份同质性更深入的论证，可参见本书第一章第三节"文化识别与民族识别"。

② 加拿大学者威尔·金利卡对此也有同样的看法，只是其是从自治权角度来论证的。他认为自治权将人民划分为多个单独的人民，各自有自己的历史权利、领土和自治权力，因而各自有自己的政治共同体。"他们可能将自己的政治共同体看做是原生的，而将更大联邦的价值和权威看成是派生的。"参见［加］威尔·金利卡：《多元文化的公民身份——一种自由主义的少数群体理论》，马莉、张昌耀译，中央民族大学出版社 2009 年版，第 258 页。

数族群等群体往往产生背弃感和歧视感，激进者由此可能对国家的权威提出质疑，形成一种族群中心主义，进而威胁到国家认同。

当然，与此同时，不少学者也从各种角度来论证国家认同和文化身份认同并不一定就会产生冲突，包括从实证的角度。如有人通过对马来西亚个案的研究得出结论："民族、族裔等群体的形成涉及一系列的过程，这些过程使人们在一个国家内意识到一个共同想象的社群。创制民族、族裔和国家认同的过程，实际上构成了同一历史过程的重要部分。"① 尽管如此，国家认同和文化身份认同二者之间的冲突仍然是可能的，并且任何可能的冲突可导致的结果都是灾难性的，其严重性可危及国家的稳定。少数人差别权利就是在承认文化身份的前提下，由个人或群体享有的一种特殊人权，因此，也可能与国家认同发生冲突。那么接下来的诘问就是：如何才能防止少数人差别权利可能给国家认同造成的冲击呢？

（二）少数人差别权利对国家认同的促进

基于对少数人差别权利可能带来的负效应的防范，必须为少数人权利确定最低界线，以国家共同体为基础的统一国家认同作为少数人差别权利的基础，即少数人的权利为维持、发展其文化共同体而设立，而这种文化共同体必须置于国家共同体之下，因文化认同而形成的共同体不是超越国家共同体的一种单位，而是在国家共同体下的一种亚共同体。如此，少数人差别权利不仅能最大限度地减少对国家认同的冲击，还能在相当程度上促进国家认同。体现在：

其一，少数人差别权利定位于文化诉求，而非政治诉求。首先，既然少数人的实质是在文化识别下，依据群体文化在国家的公共领域内被反映的程度而界定的，那么少数人就是文化上的少数人，而不是政治领域中的少数人。其次，少数人差别权利的内容突出了一种文化的而非政治的诉求，是一种维护少数群体作为一种独特的文化群体存在的权利，表达了对文化独特性

---

① Tan Chee-Beng, *Ethnic Identities and National Identities: Some Examples From Malaysia,* in Identities, Vol 6, No. 4, 2000, p.44.

的关切。此外，少数人差别权利虽然坚持对文化认同、文化身份的承认，但并不否认统一政治共同体的权威，体现为：其是在坚持公民身份认同的前提下要求对文化身份的承认，只是认为文化归属对于个人作为公民追求自由有着不可替代的价值。少数人差别权利这种文化诉求定位的典型体现是，否认作为政治诉求的自决权，相反要求将自决权置于赋予不同文化群体的一般权利之中，并且以差别性自治权的形式来达到作为文化诉求的自决权的目的，即建立维护独特文化所要求的公共领域。当然，少数人差别权利的其他类型和实现路径也体现了文化诉求的本质性，包括群体代表权利等。正如有人所洞察的那样，当弱势群体要求特别代表权时，这就意味着他们认可更大的政治共同体的权威性。① 这就充分说明了少数人差别权利在"政治诉求"上的无为。此外，少数人差别权利文化诉求定位的另一个体现就是，其是作为公民平等待遇的补充权利，而非政治上的特惠或优势权利。少数人差别权利与少数群体文化上的独特性相联系，最终目的是为了个人在坚守自己文化身份的同时，能够遵从自己意愿地生活，因此即便某些类型的权利体现出群体性质，也不是群体获得政治上特惠的一种显现，其终极价值目标是通过群体间的文化平等达到个人的平等和自由。

其二，少数人差别权利排除和限制了政治因素，"去政治化"的特征非常显著。不少人担心少数人差别权利的政治化这也是其获得普遍认同的障碍之一。这种政治化不仅仅指直接将少数人差别权利作为谋取政治利益的手段，也同时指权利本身的政治效应，即使没有明确证据表明这种效应是少数人差别权利所追求的目的。少数人差别权利所产生的政治效应可表现为对于非少数人群体成员所造成的那种竞争优势，这种竞争优势可转化为政治上的一种不信任乃至敌视态势，在资源的享有上表现得尤为明显，此时可能出现有学者所忧虑的那种情形："任何提高种族在公共生活中的显要性的措施都是离间性的。随着时间的流逝，在各族裔群体之间制造日益加剧的竞争、不信任和对抗。凸显族裔认同特征的政策被认为像是金属的腐蚀剂，蚕食掉把

---

① 参见［加］威尔·金利卡：《多元文化的公民身份——一种自由主义的少数群体权利理论》，马莉、张昌耀译，中央民族大学 2009 年版，第 257 页。

我们连成一个国家的纽带。"①

　　少数人差别权利在总体上是一种文化诉求，目的是通过满足特定文化群体的文化权益，使个人能够在坚持自己文化归属的前提下进行自由选择，最大限度地按照自己的意愿生活。虽然某些少数人差别权利的类型从表面上看似乎与政治不可避免地脱不了干系，有政治化的表象或可能潜在地存在政治化的倾向，但仔细探究则不难发现，其已经最大限度地排除和限制了政治因素，具备了"去政治化"的显著特征。以加拿大魁北克省的移民自治权为例，魁北克是加拿大法裔文化群体的聚居地，依照建立"有差别"的社会的目标，魁北克省享有很大的移民自治权，表现之一就是其以法语作为挑选移民的条件之一。语言是文化的载体，也是各种政治观念的载体，但是语言并不等同于政治观念本身，即魁北克省要求移民学习法语并不是说要求移民接受其政治观念，虽然学习法语可能会对移民的政治观念产生影响，但不足以成为取代其原有政治观念的充分条件。更何况，这种特定语言的要求仅限于公共生活，对于隐私的保护使得私人场合的语言并不受这一要求的限制。其中的情形正如有学者所言，接受法语并不意味着接受"所有关于存续（la survivance）之必要性的道德主张"②。这就意味着魁北克没有用政治的标准来挑选移民，其在移民方面的政策已经体现出对政治因素的排斥和限制，"有差别"的社会仍然定位于文化上的差别。同样的事例还反映在难民政策上。虽然魁北克政府已经在挑选移民方面得到很大的实权，但是并没有从联邦政府那里要求和获得难民的管辖权，即没有要求自己决定是否接受前来寻求庇护的难民，虽然这些难民占移民总数的15%。并且，从理论上看，难民决定权有助于魁北克建立一个"独特社会"。这其中的原因是魁北克人认为，难民的权利要求比移民更具有"政治性"，相信加拿大联邦政府也持同样的看法。

　　其三，少数人差别权利能形成不同文化群体之间实质性的平等交流，从

---

　　①　Word Cynhia, *The Limits of "Liberal Republicnism"*: *Why Group-Based Remidies and Republication Citizenship Don't Mix,* Columbia Law Review 91\3:581-607.

　　②　Joseph Carens（ed.）*Is Quebec Nationalism Just? Perspective from Anglophone Canada.*（McGill-Queen's University Press, Montreal, 1995.）

而有效防止极端民族主义，促进国家认同。极端民族主义的一个典型特征就是将民族利益放在首位，民族这个群体的利益在原则上高于组成群体的个体利益，具有无可比拟的优越性。且在极端民族主义者看来，最根本的民族利益莫过于建立或维持一个在特定民族基础上的国家，即认为国家应该同民族分离，任何民族都有权建立自己独立的国家。极端民族主义的这种观点显然会给社会带来动荡甚至流血冲突，与主权国家，包括多民族的主权国家维护国家统一的权利直接冲突。但如何防止这种极端民族主义对国家统一的威胁呢？其中有效途径之一就是依赖少数人差别权利，形成不同文化群体之间实质性的平等交流。

虽说"一个文化群体的成员，通过想象性的洞察力，能够理解（Vico称之为 entrare）另一文化或社会的价值、理想及生活方式，即使是那些在时间和空间上非常遥远的文化和社会"①。但对于那种在"时间和空间上非常遥远的文化"的臆想，由于参杂了太多自身文化的价值观，许多时候对其他文化的理解都是扭曲的，虽然这种扭曲的理解也能在某种程度上使得"臆想者"反思自己的文化，但程度极为有限。相比较而言，依靠少数人差别权利的确立，不同文化群体之间的互动不再通过臆想来完成，而可通过真正平等的交流、对话来实现。这种在承认和尊重基础上的交流和对话，不仅能使不同的文化群体成员依据自身文化所提供的价值系统来警示自己的文化，而且能通过借鉴其他文化的价值系统来正视自己文化的不足，由此，可有效地避免那种将自己文化视为"至上文化"的狭隘文化观，或错误地将自身的文化价值观念视为具有普遍性的价值、应在不同文化群体中强制推行的观念，同时也防止特定文化群体成员过分依赖本文化群体的文化发展和群体利益，或者将文化群体的文化利益视为最终目标。所有的这些，均可在相当程度上预防极端的民族主义，从而促进国家认同。在这方面，加拿大就提供了一个很好的例证。作为多民族的国家，民族主义尤其是极端民族主义在加拿大并不缺乏市场，实际上在一定时期内，极端民族主义已经成为使加拿大的联邦受

---

① Isaiah Berlin, *The Crooked Timber of Humanity*, London: John Murray（ Publishers）Ltd., 1990, p.10.

到侵蚀的主要因素。1982 年宪法和《加拿大权利与自由宪章》所规定的少数人差别权利，就被视为是对盛行的民族主义的一种反馈，是一种反极端民族主义的措施，虽然有人对此提出异议。① 但事实证明，确立少数人差别权利，形成不同文化群体之间平等的交流，确实在阻止极端民族主义对联邦统一的侵蚀方面有相当的作用。

（三）国家认同对少数人差别权利的保障

首先，共同的国家认同才可能使不同文化群体之间的相互承认、相互尊重具备一种现实的可行性。

虽说文化与文化之间可以通过各种文化因素如语言、习俗、价值观念等来划分界限，但并不能得出结论说任何特定的文化或文化群体都是一个密不透风的密舱，与其他文化或文化群体之间没有交流、互动。相反，真正的文化都是在与其他文化的交流、对话中发展起来的，而这种交流、对话的前提就是对于不同文化的承认和尊重。共同的国家认同才可能使不同文化群体之间的相互承认、相互尊重具备一种现实的可能性。人们不可能现实地期望特定文化群体尤其是强势文化群体的每一成员或绝大多数成员，都从理性的角度来充分认识不同文化的独特价值或相互不可替代的价值，但从情感的角度是完全可以做到这一点的。如果具备国家的统一的无差别成员身份如公民或国民，那么对国家的共同认同感和归属感不仅成为社会的情感联结纽带，使不同的文化群体从情感、心理上真诚地将其他文化群体视为平等的文化群体来进行对话、交流，而且这种超越文化群体认同的国家认同可在不同的文化群体成员之间建立一种道德上的联系，相互之间具有一种"共性"，从而使不同的文化、文化群体之间的交流、对话成为一种现实的可能，包括少数文

---

① 有一种观点对加拿大 1982 年宪法法案中的"反民族主义"持否认态度，理由是"宪法只需为政治争论提供基本的规则，而不应保护任何特定的政治制度或意识形态"。民族主义和反民族主义都是一种意识形态，不应该写入作为"程序法的宪法"。参见珍妮特·艾森斯塔特《程序自由主义的衰落：滑向分离的斜面》。Joseph Carens（ed.）*Is Quebec Nationalism Just? Perspective from Anglophone Canada*（McGill-Queen's University Press, Montreal, 1995）.

化群体与多数文化群体之间的交流。如加拿大的法裔文化群体之所以能被多数文化群体——英裔文化群体所接受，甚至将法语作为加拿大的官方语言，前提就在于法裔文化群体承认统一加拿大的国家认同，这种统一的国家认同使得他们有了超越各自文化共同体的共同的经历、共同的追求，而这种"共性"又使得保持各自的文化差异身份成为一种可能。其中的原理正如有人总结的那样："共同的国家认同是实现差异的文化身份的基础，如果想要在鼓励群体差异的同时也认同实现社会正义的民主政治，那么我们不仅不应该弱化国家认同，相反我们应该鼓励去加强它。如果公民缺乏一种超越其他群体认同独特性的共同的认同感，那么，保存文化差异、实现社会正义的目标将会变得非常遥远。"①

其次，统一的国家认同能为不同文化的发展排除不适当的外部干扰。

对于特定文化来讲，外部不适当的压力不仅不利于文化之间的交流和对话，而且导致一种歧视、压制和排斥，玛丽恩·杨称之为"文化帝国主义"，这是一种文化上的不平等。这种文化上的不平等表现在，强势文化群体将基于自己文化背景下的价值理念等作为标准来衡量其他文化，在社会中强行输出、推行和散播自己的文化产品，在这种标准下，少数文化及其群体就被强势文化及其群体视为"非我族类"而加以歧视、压制和排斥，其文化产品也因为不符合"标准"而被否定，或在所谓的"标准"或"框架"下被迫进行大规模的"改造"或"重组"。② 而面对诸多外来的不适当压力，最有效的应对手段就是国家的界限，尤其是在经济趋向全球化的时代或几乎全球化的时代。

在经济全球化的时代，不少国家在输出自己的产品的同时，也在输出自己的价值理念、生活方式。这种输出对于其他文化的生存和发展形成了不适当的压力，而有效减轻甚至排除这种压力的途径就是依靠国家的界限。基于国家的界限，强势文化在输出自己的文化时，不得不顾及国家认同下其他文化实际的或可能的反应，从而降低强势文化形成的不恰当压力。一句话，在

① Arthur M. Schlesinger Jr., *The Disuniting of Ameica: Reflections on a Multicultural Society*, Whittle Books 1991, pp.80-81.

② Cf. Iris Marion Young, *Justice and the Politics of Difference*, Princeton: Princeton University Press 1990, pp.58-61.

国家的界限内，一种强势文化在输出、推行以及散播自己的文化时会变得小心一些，不可能那么肆无忌惮。可见，国家共同体的认同能够减轻甚至排除其界内的不同文化共同体面临的生存和发展的不适当的压力，缓解外来文化的压力，赢得一个相对宽松的环境来维持各个文化共同体的独特性，从而满足不同文化群体成员的文化利益要求。

五、少数人差别权利与回归过去

少数人差别权利不是回归过去的尝试。人或多或少都有一种怀旧情结，讨厌自己所生活的时代以及环境，对过去的某个时代或某种环境充满了无限的遐想；不仅如此，长时间的遐想还促使他们将理想化的过去的某些习惯和做法引入现在的生活之中，想方设法地回到过去成为一种生活方式。那么，少数人的差别权利是不是一种回到过去的尝试呢？

就少数人差别权利而言，从表象上看，一种对过去的回归的意图似乎十分明显。这种看法不仅仅在非少数群体中具有广泛性，而且在少数人看来，这似乎也是天经地义、不容置疑的，尤其是在那些更大的民族国家建立以前已经形成自由有效的社会运作的少数人之间，这种回归过去的情结就更为突出，典型的是少数民族、少数族裔文化群体等。以加拿大和美国的土著人为例，在欧洲人于 17 世纪抵达北美大陆之前，北美的土地上就已经有 500 多个由土著人组成的主权国家，"这些土著人根据自己民族的制度与正统的释宪传统统治自己的国度约有两千年之久。"① 欧洲人到达北美之后，出于各种利益考虑如贸易利益等，对于与这些土著人国家的关系的理解基本上基于一种国家承认基础上的关系宣告，认为土著人民族是一个个根据自己的法律进行自我治理的国度。这种关系通过一系列欧洲国家与土著人的条约得到确认，尤其是体现在 1630 年至 1832 年期间，英国王室通过与土著人的上百次

---

① 　James Tully, *Strange Multiplicity: Constitutionalism in an Age of Diversity,* Cambridge University Press 1995, pp.117-118.

的条约谈判所达成的协议、发表的声明上。① 这些协议和声明都承认土著人拥有主权。美国大法官马歇尔（Mashall）在 1832 年的 Worceter V. the State of Georgia 一案中，将这种承认表达得淋漓尽致。正如马歇尔所阐述的那样："划分为不同民族的土著人不仅彼此独立，而且也独立于全世界。他们有自己的制度，依据自己的法律进行统治。很难理解那种说法，认为地球两端的居民中的任何一方对另一方的居民，或对于强占的土地，竟可宣称具有正当的、与生俱来的统治权；或者是认为由于某方发现另一方，发现者自然就应在被发现者的国家中享有各种权利，并将这个国家原有主人早已具备的权利宣布无效。"② 但是，自洛克对于北美作出"自然状态"和未进入"政治社会"的定位以来，以及各种利益上的争夺，欧洲国家对待北美土著人的态度出现了一个根本性转折，后者被作为低劣文化的代表而受到长期的极为不公正的待遇。如何才能改变这种不公正待遇及其所带来的不可估量的严重后果，成为土著人等少数人的心结，而回到过去就成为解开这个心结的一种希望所在。少数人希望回到过去的这种情感和愿望，伯林称之为"受伤的自尊——一种自然的体现方式"。面对强大的异文化的冲击，回到过去，"回到大概的某个模糊得几乎不能分辨的过去"③，似乎成为少数人的唯一选择。但是这现实吗？过去的岁月能依靠少数人差别权利复活吗？

　　回到过去之所以在成为人们遐想的同时还成为人们尝试的对象，其根本原因在于人们认为回到过去在理论上是可能的，如果付诸努力，特别是借助于所谓科学的预测下的科学方法和途径，在实践中也不是不可行的。人们一直在探讨自己所生存的世界，自然科学的发现和发展使得人们对于这种探索充满了前所未有的信心，17—18 世纪的理性主义就是这种信心的产物，而

---

　　①　这些协议和声明包括：1664 年后所签订的各种条约，1665 年后印第安事务皇家委员会（Royal Commissions on Indian Affairs）的各种记录，1670 年起对殖民地行政官员颁布的皇家命令，1696 年贸易理事会（the Board of Trade）的声明以及 1763 年的王室公告（the Royal Proclamation of 7 October 1763）等。Cf. James Tully, *Strange Multiplicity: Constitutionalism in an Age of Diversity*, Cambridge University Press 1995, p.118.

　　②　James Tully, *Strange Multiplicity : Constitutionalism in an Age of Diversity*, Cambridge University Press 1995, p.117.

　　③　［英］以赛亚·伯林：《现实感》，潘荣荣、林茂译，译林出版社 2004 年版，第 298 页。

该产物的影响至今未衰，其后的各种流派和主义虽然在观点的具体细节上有很大的出入，但在核心问题上的观点仍然是一致的，即既然自然界都存在着一种人们不可违逆的自然秩序，存在着一把理解它的钥匙，那么属于自然界的人及其生活又怎么可能是这种可探寻的秩序、规律的例外呢？只是在不同的主义和不同的流派看来，这种钥匙需要通过不同的途径取得。总之，"所有各派都相信，人类社会是沿着可发现的方向发展的，是由规律控制的；科学与空想之间、生活的各个领域中的效力与无效之间的区别，是能够通过理智和观察发现，并或多或少能够被精确地划分出来的……"① 如果人类的发展真是有章可循，是有科学规律的，那么这种所谓科学的观点自然就能得出一个结论，那就是"只要具备关于普遍人性和社会行为规律的足够知识，再加上特定时间里人的状态的足够知识，就能够科学地推断出这些人，或者不管多大一群人——整个社会、整个阶层在另一组特定条件下的行为"②。即回到过去的尝试是可行的。这可能吗？我们来逐步分析。

首先，人性在具有普遍性的同时又何尝没有特殊性？这是不容置疑的。对于具有不同生活方式、不同生活经历，在不同文化下繁衍、生活的文化少数人及其群体而言，特殊性更能体现其深层次的特征。即便是所谓的人性的普遍性，也需要借助于特殊性才能解释。如可以认为人都具有一种安全的需要，但何谓安全？不同文化状态下的人对这一问题有各自迥异的理解。也许在少数人看来，归属于自己的文化，尽可能在自己的文化中生活以获得一种归属感或至少没有那种文化被剥夺的感觉，这也是一种安全的需要。其次，什么才是"特定时间里人的状态的足够知识"？对于少数人过去的状态而言，谁又敢声称他们已经获得了足够的知识，并对少数人过去的状态有了足够的理解？即便对于今天的少数人而言，他们看待其祖先过去的状态也是站在今天的视角，这种视角很难避免片面性。这里不是说视角存在着一种对与错问题，而是强调视角角度的不同问题。所谓"横看成岭侧成峰"，用今天的视角去看待过去时间内特定人的状态，其显示的结果很可能就不是一

---

① ［英］以赛亚·伯林：《现实感》，潘荣荣、林茂译，译林出版社 2004 年版，第 10 页。
② 同上书，第 46 页。

种本质的状态。更何况，对于特定时间内的特定社会而言，至少有两个层次，"一个是在上面的、公开的、得到说明的、容易被注意的、能够清楚描述的表层，可以从中卓有成效地抽象出共同点并浓缩为规律；在此之下的一条道路则是通向越来越不明显却更为本质和普遍深入的，与情感和行动水乳交融、彼此难以区分的种种特性"①。对于任何社会的第二层次，我们知之甚少。这不仅是因为这其中包括"难以清晰表述的习惯、未经分析的假说和思维方式、半本能的反应、被极深地内化所以根本就没有被意识到的生活方式"，而且因为我们"没有足够的时间、缺乏足够的敏锐和洞察力"②。可见，人的普遍性许多时候就不那么可靠，在少数人身上体现得尤为明显；人也不可能获得特定时间内人的状态的足够知识。如此，依靠推断少数人过去的状态，借助于少数人差别权利的确立使得少数人的生活回归过去，就成为一种浪漫，或为一种不切实际的浪漫。实际上，任何人也回不到过去。在加拿大，即便是宪法确立了少数人的差别权利，各个地方政府如省政府都在对辖区内少数人的差别权利进行细化，但是这并不意味着印第安人、因纽特人等能回到过去，回到17世纪他们与白人政府所签订的条约所确定的状态中去。少数人差别权利的确立虽然在一定程度上可以理解为对过去错误的一种矫正，是对"欧洲文化中心主义"的抛弃，但这种"矫正"或"抛弃"并不能成为回到过去的路径。回到过去终究是不可能的。那种认为少数人差别权利就是对过去生活尤其是少数人没有被外界干预时期（如白人没有到达北美之前或到达后与土著人和平相处时期）生活的复活的观点，终究是一种理想，一种不现实的理想。

　　将少数人差别权利定位为回归过去的尝试，这不仅在理论上难以成立，而且在实践中也与国家的主权原则和法治原则形成直接冲突。即便在少数人差别权利实行得较为全面的加拿大，也强调差别权利须遵循国家的主权原则和法治原则，这不仅仅体现在其对少数人外部自决权的否认③，而且还明确否认了"条约联邦主义"的观点，理由依然是基于国家主权原则和法治原则

① ［英］以赛亚·伯林：《现实感》，潘荣荣、林茂译，译林出版社 2004 年版，第 22 页。

② 同上书，第 22 页。

③ 具体论证参见本书第六章第一节关于加拿大最高法院就魁北克分离事件的宪法裁决内容。

优先的考量。①

如果说少数人差别权利不是一种回归过去的尝试，那么其是否可能演变为一种隔断文化交流的屏障呢？即便不能回到过去，那么借助少数人差别权利，在维持现状的基础上阻碍另一种文化尤其是强势文化的侵蚀（至少在少数人看来是如此）是否可行呢？客观地分析，这种愿望（不论其出于何种动机）也不可能实现，确切地说不能借助于少数人差别权利来实现，或者说少数人差别权利没有这种功能。理由很简单，文化之间的交流是不能够被阻断的，文化群体成员对他文化的臆想、向往或思慕以及因此对自身文化的反思也屡屡常见，这种情形尤其发生在文化的接触以后，毕竟任何文化，包括有侵略少数人文化嫌疑的强势文化都有自己的独到之处，任何接触、感受到独到之处的个人和群体，都有可能对此留下深深的印记，即便是出于强烈的自尊，试图将这种印记从自己的文化中完全清除，这也意味着要付出高昂的、极具破坏性的代价，如会使自己的文化变得狭隘，甚至咄咄逼人地对他文化和文化群体形成攻击等。因此，从这个意义上讲，少数人差别权利是一条中间道路的选择，既不是回归过去的一种尝试，也不是将异文化视为洪水猛兽并防范自身文化受到侵害的一种隔离措施，其只是尽可能地造就文化发展的宽松环境，是一条中间道路的选择。

---

① 条约联邦主义（treaty federalism）又称二元联邦（dual federations），是加拿大一些学者在关于土著人自治模式的争论中提出的，是一种确立加拿大土著人与加拿大联邦关系的主张，具体是指在确立加拿大土著人与加拿大联邦关系时，应该以历史上签订的条约为依据，主要包括1763年的英国王室声明。而依照这些条约，土著人与加拿大联邦的关系应该是有主权的民族之间的关系，即在土著人和联邦之间存在着一种"条约关系"，这意味着作为有主权的民族，土著人和加拿大之间的政治、社会和经济关系建立在外交协定的基础上，不存在中央政府，仅仅存在谈判后达成的协定。"条约联邦主义"有两个显著的特点：一是认为土著人与联邦的关系不是因"加入"而成为联邦的成员或下属机构；相反，他们与联邦的关系是依据条约而确定的，这种条约本身就意味着对其作为主权民族地位的承认；二是在权力的来源上，条约联邦主义认为土著人权力来源于加拿大联邦之外，是先于联邦的存在而存在的，1763年的王室声明就是在一个领土范围内两种政治机构相互承认权力的清晰表述。Abele, Frances, and Prince J., *Four Pathways to Aboriginal Self-government in Canada* ,American Review of Canadian Studies, 2006 December 12.

第四章　少数人差别权利的哲学基础

　　少数人差别权利的哲学基础，首先在于平等承认、包容差异的平等观和维护文化多样性的需要。由于处于社会中的个体对自身的认识，在很大程度上被其他个体、群体乃至国家的承认所左右，因此，国家对个体的承认应是平等承认，这其中就包含承认少数人的文化与多数人的文化一样，都具有不可取代的平等价值，承认少数人有如其所愿地选择自己生活的自由，包括在自己的文化中生活的自由。平等承认的标准和内容成为支撑少数人差别权利的哲学基础之一。包容差异的平等观则指对特殊的文化群体应采取差别待遇，以包容文化差异，尊重文化的多样性，与同等待遇的平等观相对。在如何改变印第安人困境的问题上，印第安人发布的、主张包容差异平等观的《不仅仅是公民》一文，与加拿大政府发布的、主张同等待遇平等观的《白皮书》争锋相对。两者之间的分歧表明，在面对具有文化差异的少数人时，包容差异的平等观比同等待遇的平等观更有可能实现平等。此外，少数人差别权利能维护和造就文化的多样性，展现人类生活的真实图景。因此，维护文化多样性亦成为少数人差别权利的哲学基础。

　　少数人差别权利的另一哲学基础，是弥补西方现代宪政主义的"硬伤"。否认个体的文化身份和排斥文化多样性，是西方现代宪政主义的"硬伤"，弥补的路径之一就在于承认个体是公民身份和文化身份的同一，承认少数人的差别性公民身份，通过公民基本权利之外的差别待遇来满足少数人的额外文化诉求，即确立少数人差别权利。

一、平等承认·包容差异的平等观·文化的多样性

(一) 平等承认与少数人差别权利

文化识别揭示了一个原理，那就是任何人都不能脱离文化而生活，如果这个命题成立，那么个人可以脱离自己的文化和文化群体而融入另一文化和文化群体吗？严格地讲，虽说文化群体不是一个自愿的协作团体，而是自然形成的，个体通常依靠出生和成长于特定的文化群体而自然地获得群体成员身份，但即便如此，文化群体成员的身份也可以通过加入或离开来改变，个人可以脱离特定的文化群体而融入另一个文化群体。语言能改变，对食物的喜好能改变，宗教信仰能改变，对习俗的遵从也能改变，这些都说明文化是可以改变的，当然其改变绝非像人换一件衣服那么简单，特定文化的族裔特征也会限制着这种改变的程度。但不管怎么说，个体文化的改变，从一个文化群体融入另一个文化群体，这在理论上还是可能的，只是代价巨大。且不说语言，单是对在一个特定文化环境里形成的行为模式、生活方式加以改变，需要社会和个人付出多少成本？何况还有选择放弃自己文化试图融入其他文化初期的那种彷徨、孤独、苦闷，这足以让人窒息，这也是为什么许多移民最终打道回府的重要原因之一。但现在的关键不是融入他人的文化和文化群体是否可能或付出多少代价的问题，而是一个人按照自己的意愿选择生活在自己文化中的权利或者按照自己的文化来生活的诉求怎样才能得到保障的问题。对这个问题的回答不能不涉及"平等承认"。

虽然"识别"作为个体对自身的一种认识，是个体对于自身形成的一种稳定性看法，其实质是个别性的而不是社会性的，但是处于社会之中的个体的这种认识在很大程度上被其他个体、群体、更大的共同体如国家等对其的"承认"所左右，个体所形成的对自身特定的"识别"是"承认"的一种基本反映。"承认"的标准较多，领域也广。通常而言，种族、肤色、性别、语言、服饰、信仰、观念以及身份、社会地位等都是个体、群体以及共同体对具体个人诸多"承认"的标准；"承认"的途径也多种多样，法律的

规定、官方的政策、公共服务机构的特定服务、他人的看法和认可等都可以成为"承认"的方式和路径。依据这些标准、通过一定的途径，个体被多层次、多角度地定位，如被划分成不同的群体。而特定个体通过反射他人对自己的这种"承认"，形成对自身特定的"识别"，在社会、国家这种复杂的、分层的、相对稳定的结构中找到自己的位置。很难设想，一个不被他人、群体以及国家共同体"承认"为具有某种特定基本特征的人，其还能形成对自己稳定的识别？缺乏他人和社会及国家承认的个体识别，要么不存在，要么这种"识别"在他人看来不正常。由此可见，他人的"承认"在相当程度上左右了个体的"识别"，包括"识别"的内容与"识别"的稳定性。如果"承认"面临不足，个体对自己在社会中的角色定位（如某群体的成员）的"识别"也常常随之动摇；如果"承认"出现错误，个体的"识别"也极可能发生"错误"，或至少"识别"扭曲。不仅如此，他人的"承认"对特定个体对于自身"识别"的影响是长久的，以至于那种因"承认"而改变"识别"的情形屡见不鲜。在一个多数人文化占据主导地位的社会，如果对少数人的文化及其群体抱有偏见，认为少数人的文化是"未进化"、"落后"或"低等"的代名词，那么少数文化群体的成员也会将其文化视为在社会中遭遇尴尬的源泉。如有资料显示，在加拿大，长期的同化压力已经给土著人造成心理上的迷茫、无所适从以及精神上的挫败感，"（土著人）对文化和自身生活方式的丧失和失控已经在有关个体识别和认同、共同体完整以及社会凝聚力方面引发了长期的问题"[1]。可见，他人、社会和国家对少数人文化低等地位的承认能实际上左右特定少数人对自身的"识别"，形成对自身能力、潜力以及自己与周围人关系的扭曲、错误或至少不妥当的认识。即便周围这种错误的"承认"消失，特定少数人对自己错误的或不合理的"识别"仍很难随之彻底改变。一句话，"错误承认"或"不承认"能改变个体对自身的"识别"，而这种改变极有可能造成人性的扭曲。因为就少数人而言，其被忽视的差异要想得到承认，面对人数众多、组织严密并在公共领域占据优势的多数人，不顾可能产生灾难性后果的反抗似乎就成了唯一的选择。有人

---

①　*Aboriginal Policy*, p.5.

针对"承认"不足或"承认"出现错误对个体所造成的严重后果曾这样评论道："（它）能带来伤害，形成一种压力，使个人被禁锢在一种错误的、扭曲的人性之中"。① 而"从扭曲的人性之材中，造不出直的东西"（康德语）。

鉴于"承认"对于"识别"这种不可忽视的影响，人们一直想寻求一种"平等承认"，包括平等"承认"的标准和平等"承认"的内容，并且这种"平等承认"应该立足于公共领域。② 抛开公共领域的"承认"不谈，单纯私人领域或"内部范围"的"承认"即便是扭曲也很难责怪于社会。但做到这一点又是何等之难！在人类历史上，作为区分人的"承认"标准和"承认"内容的演化就是很好的证明。早期人们将人划分为自由人与奴隶，其中奴隶就不是人，而是作为会说话的工具以一种财产的方式被人们"承认"，这种"承认"的标准是武力的强弱、战争的胜负以及出身等，奴隶和自由民就是因这些标准获得了截然不同的被"承认"的内容。这些标准和内容尽管在今天看来非常荒谬，但在当时，人们对这样的"承认"标准毫无异议，对适用标准所产生的"承认"内容也毫不怀疑。在社会对"承认"的标准有着一致看法时，根据这些标准而获得的"承认"以及个人由此产生的"识别"都会被视为理所当然的，奴隶就是奴隶，自由人就是自由人，二者各得其所，即便是大学者亚里士多德也不能脱离这样的"承认"标准和由此合理推导出的内容，因此才会得出奴隶的存在符合自然法的结论。奴隶与自由民的划分，平民与贵族的划分均显示了"平等承认"的艰难性。可以说，在启蒙思想运动以前，对个体的"承认"均不能体现"平等承认"的旨意，即便是在同质文化群体内，情况亦是如此。启蒙运动后，人们逐渐认识到：人人都具有道德意识，对于"何谓善"、"何谓恶"等基础性问题有着自己敏锐的感觉、直觉、经验和判断，自己内心的确信是个体这种道德意识的根源。其中的情

---

① Charles Taylor, *Multiculturalism: Examination the Politics of Recognition,* Princeton, Princeton University Press 1994, p.25.

② 查尔斯·泰勒认为，"承认"有两个层次：一个是"内部范围"，与我们自身有意义的相关人通过与我们的交流形成对我们的看法（当然，在某种程度上，我们也可能反抗他们对我们的看法来改变已有的看法），即属于"内部范围"的承认；另一个是"公共范围"。Charles Taylor, *The Politics of Recognition*, Princeton: Princeton University Press 1992, p.37.

形正如赫尔德所言，在成为"人"方面，"每个人都有自己的'尺寸'"①。其后，自由主义确认了以肯定个体的道德能力为中心的思想体系，借助这个思想体系，他人、社会对个体的"承认"开始接近和达到"平等承认"。之所以下这种结论，是因为依据自由主义的观点，"承认"个体的道德能力就意味着"承认"在有关自然、人类、实践的认识和评价中，不存在唯一的一种解释，不管这种解释是以神的名义还是别的什么杰出人物的名义作出的，更不存在无论对于过去还是未来、无论对于自己还是他人都永不出错的一种指引；相反，由于人与人的目的不同、理想不同、生活经历不同，因此个人对于什么该做、什么不该做，什么才是真正幸福的生活等诸多令人类困惑的基本难题的解答也各不相同。同时，由于不同的个人都具有平等的道德能力和判断能力，那么对于个人所形成的不同的内心确信以及根据确信所进行的不同实践都应该予以"承认"，尽管许多时候，各种确信和实践是相互冲突的。但是正因为如此，"承认"个人具有根据自己内心的确信所进行选择的自由，才是一种值得追求的价值。

可见，"平等承认"是在"承认"个体具有平等道德能力（即"承认"他们在形成自己善的观念方面的能力没有区别）的基础上，"承认"个体有如其所愿地选择自己生活的自由，这种"承认"标准至今仍然被认为是"平等承认"的首要标准，因为它将个体一视同仁，或者给个体戴上了一个统一的面具，不考虑个体的其他个别性因素，企图在"平等承认"的基础上使得不同的个体获得对自身的平等"识别"。公民身份就是"平等承认"的典型产物。一个人无论其出身、性别、财产、教育状况、年龄等，都一律被法律"承认"为公民，享有平等的被"承认"的内容即公民的权利。虽然有不少人对于公民权利的实际实现程度表示怀疑，认为其不可避免地受到公民的经济地位、教育状况等因素的影响，但现在对公民身份的"承认"还是作为对个体的一种"平等承认"被绝大多数的国家所接受，"平等承认"已经转化

①　Jeder Mensch hat ein eigenes Maass, gleichsam eine eigne Stimmung aller seiner sinnlichen Gefuhle zu einander. Johann Gottlob Herder, Ideen, chp.7,sec.1,in Herders Samtliche Werke, ed,Bernard Suphan（Berlin: Weidmann, 1877-1913），13:291, Cf. Charles Taylor, *Multiculturalism: Examining the Politics of Recognition,* Princeton, Princeton University Press 1994, p.30.

为法律上的平等待遇，一种只考察个人公民身份、不考量其他个人因素的平等待遇。

　　既然"平等承认"的首要标准是"承认"个体有如其所愿地选择自己生活的自由，对于个体而言，其内心的确信才是其行为的根源，根据一种确信所作出的选择之所以被认为是自由而加以珍惜、加以维护，就在于维护这种选择就维护了个体基于平等的道德能力所作出的选择，达到了对个体的"平等承认"。那么这种"平等承认"的标准是否包括少数人的文化呢？少数人的文化可否作为个体的选择被纳入"平等承认"的内容？

　　通常来说，个体是由于某种"机缘"，比如自己的出身、父母的决定、家庭的变迁等，通过其生于斯、长于斯的文化，在获得特定文化群体成员身份的同时，形成自己的既定文化。对于形成个体既定文化的种种"机缘"，个体是无从选择的。个人不能选择自己的出身，不能选择形成自己道德能力和各种价值观念的社会基础，不能选择自己的文化背景。即便是个体用于评价自己文化的价值系统，也不是信手拈来的，而是首先依据形成其文化身份的价值系统，"只要他们坚持这一价值系统，那么他们的某些选择就是不可避免的。"①既然个体的文化身份是由"机缘"而定的，如果就有那么一些个体，其因为某种"机缘"获得了某种文化群体的成员身份，他们的选择与其所在的文化有密切的联系，或者离开自己的文化其根本就无从选择，而这种文化又是不同于其他大众所属的另一种文化，或与多数人的文化存在着不小的乃至巨大的差异，那么这些成员还能否拥有按照自己的意愿选择自己的生活，更确切地说是选择一种在自己独特文化内生活的权利？保障个体选择的自由首先意味着选择应是多样的，如此，个体的选择才有可能够得上自由的尺度。如果选择仅有一个，即便这种选择最后由个体作出，也很难说这是个体自由的选择，很可能是不得已而为之。既然如此，那么少数人所要求的文化能否被视为一种可提供的选择？这些问题可视为是对"平等承认"的一种挑战，因为"平等承认"的基础是排斥其他因素，不给特定的群体贴上

――――――――――――

　　① ［以］耶尔·塔米尔:《自由主义的民族主义》，陶东风译，上海世纪出版集团2005年版，第11页。

享有特殊利益的标签，以期通过普遍的平等的权利来尊重有着特殊背景如不同的文化背景的个体的选择，而将少数人的特殊文化需求纳入考量的范畴，这似乎与"平等承认"的基础直接相冲突。与此同时，这些问题也可视为是对个体"平等承认"的另一角度、另一层次的理解。如果有着特殊背景的个体按照自己的确信，希望在自己的选择中考量自己的文化背景因素，而这种考量又不是个体自己就能完成的，那么在道德上，个体就有权要求维护自己的文化背景，以实践自己的这种确信；或至少如德沃金所言，可以将少数人的文化背景作为一种可供选择的机会，以真正保证个体的选择自由。①

由于文化识别认可个体在其中的主动性和能动性，特定文化群体成员身份的获得可以通过个体的选择来形成，离开或加入某种特定的文化群体本身就表明了个体的一种选择。如自愿的移民，从一个文化群体来到另一个文化群体本身也意味着对一种文化的抛弃和对另一种文化的接受，或至少表明了心仪或倾心并想方设法地接近的心态。此外，在多种文化共存时，个人是可以进行选择的，文化识别也认同个体的这种选择。如有人认为加拿大的土著人就可以通过被同化来选择盎格鲁文化或法兰克文化，选择多数人的文化，并且这种选择对个人而言并不一定就意味着一种伤害，至少融入多数文化群体的选择客观上使得个人有了更多的、更好的生存机会。既然文化识别包含个体的主动性和能动性，那么，一种结论似乎呼之欲出，那就是：文化少数人要求确立差别权利以保障自己在文化识别下的独特文化就缺乏支撑的基础，② 或者是"削弱了保护文化识别下的少数人的一个论据。……建立在人类特有需求之上的赫尔德论点的瓦解，大大削弱了文化少数人可能产生的有关特殊支持和帮助的要求，或者是对特别保障和宽容的要求。至多，少数人

① 德沃金在 *A Matter of Principle* 一书中论证一个自由民主的国家有义务保护文化时说，"我们继承了一种文化结构，哪怕是出于公平，我们也有义务在把这一文化结构留给后人时，使它至少与我们发现它时一样丰富。" Cf. Dworkin Ronald, *A Matter of Principle*, Cambridge, Massachusetts, and London, England, Harvard University Press 1985, p.233.

② 相类似的观点，Cf. John R. Danley, *Liberalism, Aboriginal Rights, and Cultural Minorities*, *Philosophy and Public Affairs* 20（2）1991：176.

的文化权利只能停留在与宗教权利大致相同的立足点上"①。从表面上看，这种观点似乎有相当的说服力。但是，其忽略了几个基本的问题。首先，文化识别中个体的主动性和能动性并不总是能产生个体所期望的结果，表现在即便是个体有目的、有意识地离开或加入某种文化或文化群体，其也不一定能真正离开或加入。以移民为例，对于决定移民的成年人来讲，其成长的文化环境已经无从改变，即便其实际地从一个文化群体来到另一个文化群体，对其孩子而言，新的文化环境将成为其成长的背景，这个背景他们也无法改变。因此，就那些历史性地与人的成长有机地结合在一起的文化环境而言，人是无从选择、无从抛弃的，实际上也无法做到一种真正的选择和放弃。其次，对于处在多样文化环境中的文化少数人而言，其选择多数人的文化，这往往并非是其真实的选择，只是生存压力下的迫不得已罢了。如果少数文化群体成员能用自己的母语获得同样的工作机会，选择应该是不一样的。退而求其次，即便少数人没有生计方面的压力，其对多数人文化也不陌生，恐怕也不能就此断定少数人一定会选择多数人的文化。既然文化识别中的文化都具有平等的价值，都应该受到尊重，少数人的文化为什么就不能作为选择的一种呢？为什么非得是多数人文化才能作为选择呢？如果就有那么一些人，一些群体，其基于各种考量，愿意生活在自己的文化之中，且他们的文化是不同于多数人文化的差异文化，那么该如何面对这些人、这些群体的选择呢？说服他们放弃自己的文化？抑或游说他们改变自己的选择？很显然，这两种方式都是对少数人平等道德能力和自由选择的否认，与"平等承认"背道而驰。更何况，生活在现实中的个人不是孤立的个体，其总是存在于由文化共同体中的特定社会角色所确定的特定社会关系之中，他们所继承的生活方式决定了什么才是他们的利益。可见，少数人若选择在自己的文化中生活，这种选择自然有其合理性，无可厚非。不仅如此，倘若少数人作出了生活在自己文化中的选择（包括以行为表明），依据"平等承认"的观念、内容和标准，这种选择同样应该得到"承认"，受到尊重。

① Waldron Jeremy, *Minority Cultures and the Cosmopolitan Alternative*, University of Michigan Journal of Law Reform,25/3:762.

少数人作出生活在自己文化之中的选择，对这种选择的"承认"和尊重还体现在对公共资源的平等利用上。如果个体在文化识别下的所有文化特征如语言、信仰、习俗、基本价值观念等都维持在私人领域，那么不同文化识别下的个体应该是平等的，不存在"差别性身份"的问题，彼此之间的"差别"不能成为特定个体要求"差别性身份"和主张"差别性权利"的基本理由。但是一旦这种文化识别下的文化特征进入了公共领域，情形就发生了根本性的改变。在公共领域中，如果具有相同文化特征的个体联合体或群体的文化特征被纳入充分信任、充分反映、充分采纳和充分尊重的状态，将其作为公共的文化特征来追求，那么这就暗示了公共资源已经被动用，被用来承认、维护和追求本属于个体私人领域的文化身份。具体表现为，特定的语言可能作为公共语言被使用，特定的信仰可能作为国家信仰被信奉，特定的习俗可能以法律的名义要求全社会不同文化身份的人统一遵循，在这一切的背后，都离不开公共资源的支撑。换言之，为承认、维护这种特定的文化身份，追求特定的文化目标，全社会的人——无论其本身是否具有或是否选择相同的文化身份，其都可能被要求采取统一行动，讲同一种语言，信奉同一信仰，遵循同一习俗，即特定文化群体的文化识别和由此产生的文化特征被作为公共文化识别和公共文化特征来对待，以一种同一文化替代不同的文化。如果某一种或几种特定文化被选择进入公共领域，消耗了公共资源，那么文化少数人的问题就凸显了。依据"平等承认"的观点，在公共领域中，文化没有得到反映或反映的程度明显处于劣势的文化群体，有权利运用公共资源来"承认"自己的文化识别，维护自己的文化特征。正如有人所主张的那样："如果国家决定分配文化商品，那么就应该在所有国民中平等地分配它们，国家资助的语言教学、图书出版、社会与历史研究、全国统一课程的规划制定——所有这些都应该平等地保证为所有的国民所获得"①，以体现对个体的"平等承认"。

综上所述，"平等承认"成为支撑少数人差别权利的人权哲学基础

----

① ［以］耶尔·塔米尔:《自由主义的民族主义》，陶东风译，上海世纪出版集团 2005 年版，第 46 页。

之一。

（二）包容差异的平等观与少数人差别权利

有人声称："种族矛盾不再是这样或那样的基本文化的信奉问题，而是体现出的种族不平等或在经济、教育、政治、行政和社会资源利用上的不平等。"①但"不平等"的根源又在哪里呢？难道真的与基本文化的信奉毫无关系？也许，该是反思那种"同等待遇平等观"的时候了。

平等权最初由古典自由主义提出，其理论基础在于两个基本假设，即人的情感是平等的（equal passions），人的理性也是平等的（equal rarionality）。基于这两种平等假设，发展出了平等权。②人的情感是平等的，理性是平等的，并不是说人们在各自的经历中发展出了同样的情感，追求同样的目标，而是指抛开具体的多样的经历和多样的目标，在相当的层次上，人与人是相似的。这种情感上的平等性是基于人的自然属性，自然属性相当，所以对相同、相当或类似状态会产生相似的情感，作出相同或相近的判断。如我们都追求安全，对不确定的生活状态都感到不安甚至厌恶，只是程度有所区别；我们也追求公平，对于强加于自身的不公正的待遇都会排斥、抗争，只是有时候在某些特定的条件下，人们对于不公平所产生的相似的情感被掩饰而已。人权哲学中的平等理论也继承了这种理论上的假设。如罗尔斯认为，人们拥有善的、公平的观念和能力，在最初的状态下，人们都是平等的道德人，这其中也包含了对人的情感平等和理性平等的认可。

基于平等的假设前提，人们通常认为，平等就意味着所有的个体应该被同样地对待，不论个体具有什么样的不同特质，包括其所处的族裔文化群体、所处的阶层以及个体的其他特质如性别、年龄等均不应被纳入考察的范围，即不允许立法上有基于任何因素而采取任何形式的偏向，惟其如此，平等的目标才能够实现。这种平等观被称为同等待遇的平等观。其特点非常明

---

① Joseph Rothschild, *Ethnopolitics-A Conceptual Framework*, New York, Columbia University Press 1981, p.39.

② 霍布斯、边沁、密尔、洛克等都有此种叙述。关于古典自由主义对平等假设的论证，Cf: Amy Grtmann edited, *Liberal Eeality*, New York: Cambridge University Press 1980, p.18.

显，首先是通过立法给每一个人戴上一个统一的"面具"如公民身份等，用"统一面具"特意掩饰"面具"下每个人的不同或相同的特质，以此作为同样对待的基础，在此种意义上，平等即意味着机会的平等；其次，同等待遇的平等观强调平等是在个人之间的平等，即平等待遇具体由个人来享有，个人之外的其他主体如集体等通常不在考虑的范围之内。

毋庸置疑，同等待遇的平等观在推动人类平等的历程上确实起到了积极作用，因为许多不平等状况的基础根源就是缺乏同等待遇。如果一国内所有的人都能获得同等待遇，那么可以设想不平等的情形会大为减少。具体到少数文化群体的成员，少数人由于其具有某些不同于其他多数人的稳固性特征，（这种特征的一种情形是，基于出生所获得，常态下会伴随其终身，如种族；另一种情形是，虽然理论上可以改变，但实践中在相当长的时间内也同具体的个体相联系，如特定文化背景下所形成的基础价值观念和由此表现出的生活方式等等），在由其他具有不同特征的多数人组成的社会中显得很另类，这种另类不仅仅体现在少数人的外观形态上，更体现在其与来源于非少数人文化、却被要求普遍遵循的规则冲突上。正是由于这种另类，使得其他人有意或无意地忽略了少数人的需求，将少数人作为"非我族类"的人对待，对其有意或无意地歧视。当这种歧视状况在社会中成为一种普遍的现象时，少数人的人权就受到了大规模的侵犯，而这种侵犯往往是由于没有贯彻同等待遇的平等观，没有对少数人一视同仁并使其享受不到同等待遇造成的。其中一种情形就是，法律直接授权给权利主体，允许其在行使权利时针对不同的人采取区别待遇。如1962年的加拿大移民法案允许联邦政府基于申请人的种族和国籍来选择移民，于是许多特定文化群体的人如亚洲人被拒之门外，不能通过移民这种途径来获得合法的身份，即便他们已经在加拿大生活，甚至为加拿大作出了巨大贡献，如曾参与修建西部铁路的华人。另一种情形就是，法律对事实上已经存在的对少数人不同待遇的情形"视而不见"，采取了置之不理的态度，不去纠正不公的不同待遇，使得歧视状态得以延续。同时，法律的这种态度也使得少数人本身大大降低了自身对于他人、对于社会的要求，将某种本来不正常的状态如歧视等视为正常的状态予以接受。鉴于此，在有关少数人平等权利的维护上，不少人主张，维护少数人平等权利的关键就是落实同等待遇的平等观，赋予其与其他公民一样的、别无二致的同等待遇，使他们能与多数文化群体的成员一样，获得同样情形同样对待的待遇。如此，少数人平等的目标不就实现了吗？事实果真如此吗？也许加拿大政府的《白皮书》（*White Paper*）与印第安人的《不仅仅是公民》（*Citizens Plus Status*）之间的碰撞能让我们对这一观点进行反思。

历史上，加拿大政府对印第安人的政策一直沿袭了"欧洲中心"的文化主义，基于印第安人的文化包括其哲学、语言、社会规范、生活习俗等属于低等的伪前提，加拿大政府在很早时候就开始对印第安人进行有计划的"改造"和"同化"，只是在具体的时期具体的同化政策各有偏重。① 在这持续性的同化过程中，印第安人不同于其他加拿大人的"特殊"的法律地位被一直保留下来。第二次世界大战后，在反对希特勒的种族灭绝行径的斗争中，为了与纳粹残忍的种族主义划清界限，西方国家开始重新反省自己关于少数族裔文化群体的政策，社会平等开始成为追求目标。在这一大背景下，加拿大联邦政府在 1969 年出台了《加拿大政府关于印第安人政策的声明》（*The Statement of the Government of Canada on Indian Policy*），

---

① 具体表现为在 1763 年，部分地出于联盟的需要，加拿大政府同印第安人签订了《1763 年王室声明》（*Royal Proclamation of 1763*），建立了相对友好的关系。因此，从 1763 年到 1860 年，印第安人"对自己的人口、土地和财政有排他性的控制权"。在这期间，加拿大主要通过教会同印第安人发生联系，试图以"先进"的知识、技术和价值观念来影响印第安人，目标是将其改造成为"有价值的公民"。从 1830 年开始，联盟的需要退居其次，加拿大政府开始对印第安人实行一系列"家长式"的管制，插手其教育、公共服务等。1857 年，加拿大政府开始进行"印第安人保留地"的同化试验，由于这违背了印第安人"维持部落完整"的意愿而被印第安人视为灭绝措施，遭到其强烈反对。1869 年，加拿大政府通过《逐渐授予印第安人公民权法案》（*The Act for the Gradual Enfranchisement of Indians*），结束了印第安人的自治；与此同时，将"印第安人"这一基于文化群体的定义变为了由政府定义的"特殊法律地位"，并且这种特殊性暗示了印第安人与其他加拿大人的"不同"及地位的"低下"。Cf. Milloy, John S., *The Early Indian Acts: Developmental Strategy and Constitutional Change in, As Long as the Sun Shines and Water Flows, A Reader in Canadian Native Studies.* Edited by I.A.L. Getty and A.S. Lussier. Vancouver: University of British Columbia Press, pp.56-64.

俗称《白皮书》。① 该份声明首先阐明了一种观点，那就是导致印第安人悲惨境遇的原因就在于其受歧视的孤立的法律地位，认为由于历史的原因，印第安人至今仍然是法律歧视的客体，他们的艰难处境就是基于"特殊的立法、特殊的土地制度和特殊的行政管理"，这种"特殊的待遇使得印第安人丧失许多平等的机会"②。因此，立足于同等待遇的平等观，应该改变那种使印第安人与其他加拿大人分离的特殊而孤立的法律地位，这种地位意味着"无论是在其居住的省份还是社区，印第安人都没有被作为完全的公民享受到平等的待遇和由此带来的福利"③。一言以蔽之，改善印第安人悲惨遭遇的关键就是赋予印第安人与加拿大其他公民一样的平等待遇、平等机会，使印第安人不至于被排除在加拿大的社会生活之外。不仅如此，加拿大联邦政府还进一步阐述了"平等待遇"和"平等机会"的含义，认为平等意味着"分离但平等的服务并不能真正提供平等的待遇"，印第安人的地位和所得到的公共服务与其他加拿大人是分离的，导致"印第安人接受的待遇并不平等"，"除非是满足临时性不同的需要，所有的公共服务都应该在平等的基础上得到，公共服务不应该由为特殊群体建立的特殊机构来提供，即便这些群体具有不同的种族认同"④。可见，在加拿大联邦政府看来，平等待遇"是一条能使印第安人日益摆脱孤立的、与他人不同的法律地位，真正成为公民，从而走上全方位地参与加拿大的社会、经济和政治生活的光明之路"⑤。为落实这种平等待遇，加拿大联邦政府还在《白皮书》中提出了一系列的平等待遇措施，包括在宪法的基础上消除歧视、对于印第安人文化为加拿大社会生活

---

① 1966年，加拿大出台了 The Hawthorn Report，该份报告对于当时加拿大印第安人的社会和经济状况进行了调查，显示出当时印第安人的实际悲惨境况与联邦政府预想的社会平等之间的巨大差异，也意味着必须采取一系列的措施来回应印第安人的实际遭遇对于社会平等的挑战。《白皮书》就被视为加拿大联邦政府应对这种挑战的回应之一。关于《白皮书》产生前后更具体的背景，Cf. Anne-Marie Mawhiney, *Towards Aboriginal Self-Government: Relations Between Status Indian Peoples and the Government of Canada* 1964-1989, pp.40-43.

② *White Paper*, p.7-8.

③ Ibid, p.5.

④ Ibid, p.9.

⑤ Ibid, p.6.

作出的独特贡献进行积极的认同、通过同一渠道和同一政府机构为包括印第安人在内的所有加拿大人提供服务、承认法律机构、将被控制的印第安人土地转给印第安人等。①

《白皮书》的基本理论依据是同等待遇的平等观，认为印第安人之所以有如今的遭遇，是因为他们处在一种与其他加拿大人不同的法律地位，这种特殊地位所带来的特殊待遇（如获得由不同机构提供的服务等）使得印第安人被剥夺了平等的机会，同样情形受到了不同样的对待，由此不能融入主流社会。依照这种观点，加拿大联邦政府提出的改善印第安人境况的立足点和措施应该是合情合理的。但不曾想，《白皮书》出台后，印第安人不仅不"领情"，反而发出了强烈的反对情绪。在记录在案的反对之声中，以阿尔伯塔（Alberta）的印第安领导人 1970 年撰写的《不仅仅是公民》最具代表性。

首先，《不仅仅是公民》否认了《白皮书》中关于"印第安人独特的法律地位阻碍了其对主流社会的参与，是造成印第安人痛苦境遇的主要原因"的观点，反而认为"独特的法律地位"对他们来说至关重要，因为"就公正而言，对印第安人特殊地位的认定十分重要。要想使印第安人受到公正待遇，就有必要保留他们作为印第安人的法律地位。我们相信，要想成为一个好的、有用的加拿大公民，我们首先得必须是善良的、幸福的、富有成效的印第安人"。②换言之，印第安人强调自己首先具有文化识别下的印第安文化群体的成员身份，其次才是加拿大国家的公民身份。从这一论点出发，印第安人认为，若想改变他们在社会、经济中的不利处境，那么国家应该在肯定他们特殊法律地位的前提下，保证他们的差别待遇，使得他们能够基于自己的哲学、生活方式和理念以及现实来发展自己的事务。基于"差别待遇"的平等观，《不仅仅是公民》还针对《白皮书》所提出的落实"同等待遇"的措施，针对性地提出了"差别待遇"的具体措施，包括建议联邦政府设立全职的专门处理印第安人事务的部长、重新确认那些确立印第安人特殊法律

---

① Cf: *White Paper*, p.6.

② *Citizens Plus Status*, p.5.

地位的条约的效力等。

很显然，加拿大联邦政府的《白皮书》中所持的同等待遇的平等观，与印第安人的《不仅仅是公民》中主张的差别性待遇平等观是针锋相对的，争论的焦点集中在两方面：一是针对个人而言，是否只拥有公民身份就足矣？文化群体成员身份是否应该被纳入法律的考量的范围？个人可否同时是多重身份的同一体？二是针对少数人而言，在同等待遇还是差别性待遇之间，谁更有可能最大限度地达到或接近平等？

对上述问题的回答，需重新回到同等待遇平等观的两个假设前提。如果将人的情感平等、理性平等两个假设前提置入文化识别内，考量其中的文化因素，情形又如何呢？在相同或类似的情形下，人们还会产生相同或相似的情感、形成相同或相近的判断吗？加拿大印第安人发布的《不仅仅是公民》的报告，已经对这个问题提供了否定性的答案，挑战了同等待遇平等观的两个假设性前提，那就是在文化识别下，即便人的情感平等、理性平等，但如果加入文化的因素，那么这种平等至少并不总是意味着在相同或类似的情形下，人们会产生相同或类似的情感、作出相同或相近的判断。同样是针对印第安人的困境，在加拿大联邦政府看来，赋予印第安人同等待遇是解决问题的关键；印第安人则认为，基于特殊法律地位的差别待遇方是摆脱困境之道。其实深究起来，这里面的缘由应该不难理解，文化的差异使然。首先，基于文化识别，每个人都遵循各自的生活方式，寻找各自认为是幸福的道路，于是人与人不一样，人与人组成的文化群体也各自相互区别。这种区别不仅体现在肤色、发色、眼色、体型、服饰族裔特征或其他类型学的特征上，更体现在以语言、信仰、生活方式、习俗等为特征的文化上。其次，这种深层次的文化差异，使得不同的群体对于何谓善、何谓幸福体面的生活，以及如何才能达到所谓幸福体面的生活，在看法上存在分歧，甚至完全迥异，并且这种迥异在许多时候都表现为不可公度、无法衡量，加拿大政府和印第安人之间的关于如何才能达到平等的观念分歧即为如此。

既然文化识别下的文化差异使得同等待遇平等观的两个假设性前提受到质疑，那么同等待遇的平等观就不应该被视为达到平等的唯一路径。与同等待遇的平等观相比，在面对不同的文化群体时，包容差异的平等观更能有效地或最大限度地接近平等，甚至实现平等。体现在：

首先，包容差异的平等观认可个体在文化识别下的特定文化群体成员身份，将个体视为多重身份的同一体。在包容差异的平等观看来，少数文化群体的成员不仅具有一种共同的身份，作为国家的公民或居民存在，还应该作为特定文化群体的成员存在。就个人而言，其应该是多重身份的同一。罗尔斯早就注意到了这种"不同认同"的存在。公民身份表明了个人与国家之间的一种稳定关系，这种稳定关系体现在公民对于国家基本制度的认同和彼此之间相互承担的义务，罗尔斯称为"公共认同或制度认同"，这是一种"政治认同"，表达了个体和国家之间的一种政治承诺。除此以外，个体还有一种"非政治认同"，这种认同体现在个体对于其所属的非国家形式共同体的情感、依恋和忠诚，对于其所属的文化和文化群体的信仰、哲学、道德理念方面的确信等。为此，罗尔斯写道：

"这两种承诺和依恋情感——政治的和非政治的——具体规定了道德认同，并塑造了一个人的生活方式，即塑造一个人看待他自身在社会世界做什么和努力实现什么的方式。如果我们突然丧失了这些承诺和依恋情感，我们就可能迷失方向，无法继续生活。事实上，我们可以认为，可能根本就没有什么继续生活的目的。"①

可见，除却公民等身份外，文化共同体成员身份的认同对于个人之所以成为特定的个人，或者对于个人努力成为自己想成为的那个人是多么重要。一句话，文化共同体成员身份的认同对于少数人中的个人来讲，能最大限度地帮助其成为自由的人，即尽可能地实现按照自己的意愿去生活的愿望，因为这种成员身份不仅保障了其道德能力形成的必备因素，而且还能在资源的公平利用方面给予一定的保障。对于多数群体的成员来讲，其并不是没有文化群体的身份，只是这种身份比较"隐蔽"罢了。多数人的文化在社会中得到了充分反映，他们的语言直接或间接地成为公共语言，他们的历史成为国家历史的核心，他们的习俗与传统规则以法律的名义让全社会的成员遵循，国家的各种制度中所蕴涵的核心价值观念也是他们所持有和追求的。正是生

———————

① ［美］约翰·罗尔斯：《政治自由主义》，万俊人译，译林出版社 2000 年版，第 32 页。

活在这样一个处处体现自己文化特质的社会中，多数群体的成员习惯了这种存在的合理性，却常常"健忘"了这样的一个事实：他们在拥有公民身份的同时实际上也拥有文化群体成员的身份，只是这两种身份在充分体现他们文化特质的国家中合二为一了。

既然个人是多重身份的同一，那么对于少数人而言，其在认同作为国家公民身份的同时，还希望保留自己作为特定少数文化群体成员的身份，因为这种身份意味着他们与特定群体的关系，包括他们在群体中的利益或通过群体来维护的利益以及他们对群体的义务、责任等。因此，这就不难理解为什么少数文化群体的成员要求国家对于他们作为文化少数群体成员身份的"承认"与确立，这也是《不仅仅是公民》所要表达的立场。

其次，包容差异的平等观不仅强调个体的文化识别，强调国家对少数人特定文化群体成员身份的认可，更强调少数人基于这种文化身份所应享有的一种不同于其他公民、居民的差别性待遇，这种差别性待遇立足于少数人的文化身份，能使他人、社会乃至国家在少数人特有的文化背景下倾听其诉求，满足其在自己的文化中过自己选择的生活的愿望，达到和而不同的局面，以最大限度地接近和实现平等。与多数文化群体相比，少数群体的文化在公共领域中被反映的程度处于劣势，由此，不仅直接影响了少数群体的文化生存能力，还影响了其成员对于公共事务的参与，包括参与的范围和程度，这使得少数人的利益"可能会因大多数人群体作出的经济与政治决定而削弱。在对他们的社会文化生存十分关键的资源与政策上，他们有可能付出高昂的代价，或被多数票压倒。多数群体文化的成员不会面临这样的问题。鉴于文化归属的重要性，这是一种很大的不平等，如果不解决就会变成严重的不公"①。可见，用"包容差异"的平等观来对所谓"同等待遇"的平等观进行补充和矫正，"承认"文化少数群体成员不仅同其他个体一样享有个体权利，认同其公民身份或居民身份，还"承认"其在一定程度上享有作为特定群体成员的权利，认可其公民身份或居民身份与特定文化群体成员身份的

---

① ［加］威尔·金利卡：《多元文化的公民身份——一种自由主义的少数群体权利理论》，马莉、张昌耀译，中央民族大学出版社2009年版，第156页。

同一。加拿大印第安人关于自己"不仅仅是公民"的界定，实际上就主张了一种包容差别的平等观，要求首先"承认"文化的差异，"承认"个体不仅作为国家的公民存在，也作为其所属的文化群体的成员而存在。不仅如此，面对少数人的文化在国家公共领域被反映的程度客观上处于劣势的现实状况，在包容差异的平等观看来，为防止这种劣势对少数人的文化形成不适当的压力或危及其文化的自由发展乃至生存，不能仅仅局限于谋求同等待遇，更应采取特别的措施，以尊重少数人对其文化的选择。其中的原理正如加拿大政府所言：

"根据加拿大的经验，仅仅保护普遍的个人权利还是不够的。由于个人都是一定的共同体的成员，加拿大宪法和普通法律也保护其他权利。这种包容两类权利的做法，使我们的宪法独一无二，反映了加拿大包容差别的平等观。共同体权利与个人权利并存的事实，是加拿大之所以是加拿大的核心所在。"①

再有，如果"差异"在不同的文化群体之间客观存在，那么在一个忽视或刻意忘却文化差异，或没有耐心去调适、包容文化差异的社会，"同等情形下的同等待遇"中的"同等情形"又如何体现？对于多数人而言，其文化在公共领域能得到充分的反映，受到充分的尊重，对于少数人而言情形又如何呢？生活在一个自己的文化没有被充分反映的社会中，他们的情形如何与多数人的情形"同等"？在此种"差异情形"下，再妄借体现"机会均等"的"同等待遇"等来达到所谓的平等，只能是痴人说梦。换言之，那种认为对所有的群体、所有的成员，都应该无视其差异、越过其差异，一视同仁（如强调一致的公民身份等）就能达到普遍的正义和公正的同等待遇平等观，表面上似乎很有逻辑，但在实际面对不同的文化群体时，很多时候，这种同等待遇的观念不仅可能阻碍平等，还可能走向平等的反面。因为在一个不"承认"或忽视文化群体差异的社会中，强势文化群体几乎意识不到自己的主张、自己的价值观本身也属于特定文化群体的主张、属于特定文化群

---

① Government of Canada, *Shaping Canada's Future Together*: *Proposals*（Supply and Services），Ottawa.，1991.

体的价值观，与其特定的经历、历史相联系。相反，在他们看来，自己所谓占据主流的主张、价值观具有普遍的意义，代表了社会演变、进步的潮流，是普遍正义的体现。反之，那些具有不同经历、主张和价值观的少数人之所以被边缘化，根本的原因就是他们试图在进步的洪流中拼命地维护他们那可怜的、落后的、不具有普遍正义性质的观念、习俗和以此代表的生活方式。因此，在普遍正义的主导下，有必要制定系统的规则和标准，将这些少数文化群体带入主流。即忽视差异的同等待遇观实际上往往成为强势文化群体同化少数文化群体的借口。而同化的结果是使"'文化帝国主义'（cultural imperialism）成为可能"，就像当年欧洲人以欧洲文化同化非欧洲文化一样，"强势群体所表达的经验和规范，成为一种不具有立场、中立于文化群体的观点"①。不仅如此，若强势文化群体的主张、价值观成为一种被冠以"普遍性"或"中立性"的主张和价值观，那么少数文化群体会对自己文化的识别产生疑问，甚至将自己的文化认同视为让自己步入尴尬境地的根本所在。如此，少数文化群体及其成员的自由都受到压制，平等又如何体现？

　　包容差异的平等观不是不"承认"同等待遇是达到平等的一种有效途径，只是强调在面临文化差异的事实时，针对文化上的少数人而言，包容差异平等观所力主的差别待遇更有可能达到平等，而种种差别待遇措施就构成了少数人差别权利的基本内容。

（三）文化的多样性与少数人差别权利

　　少数人差别权利的另一人权哲学基础是，其能维护和造就文化的多样性，进而维护探索幸福生活的诸多路径，同时也保持不同文化群体之间的和睦生活。

　　文化多样性符合人的本性，是人类生活的真实图景。依据文化识别中文化的含义，文化不是单纯依靠种族的划分就能形成和确定的，其更多地与地

---

　　①　Iris Marion Young, *Justice and the Politics of Difference*, Princeton: Princeton University Press 1990, p.165.

理、气候、历史等因素共同铸就的生活经验和沉淀的价值观念相关，不同的地理、气候、历史、生活经验等在造就不同文化的同时，也形成了文化的多样性。换言之，文化的多样性是客观存在的。例如，如果将语言、信仰、习俗等识别标准作为构成文化的主要因素，那么在世界范围内，目前就有 600 多个语言群体，5000 多个族裔群体，而独立国家的数目才 180 多个。可见，文化群体的数量远远不是国家数量的同义语，这实际上表明，文化的多样性是人类生活的真实图景。基于文化的平等观念，没有任何一种文化所体现的生活方式比其他的文化更具有绝对的优越性，同理，也没有任何一种文化与别的文化相比处于绝对的劣势地位，不同文化之间若要坚持比较的话，只能说他们之间存在差异，且这种差异不应该是从多数文化群体对于少数文化群体不同于自己生活方式的那些文化单方面标注的一种"标签"，而是他们各自独特性的一种呈现。换句话说，从超越文化及文化群体的角度看待文化之间的这种差异，不难发现差异是不同文化之间、不同文化群体之间关系的一种诠释，这种诠释同样充分体现了文化的多样性。

少数人本身是文化识别下的产物，少数人差别权利是在确认不同个体在文化识别下具有不同文化身份的基础上形成的，其宗旨就是通过维护和发展文化差异，追求和而不同的多文化局面，使得具有不同文化背景的个体能最大限度地依照自己的意愿生活。此外，在不同类型的少数人之间，权利的内容和实现方式也具有差异性。可见，少数人差别权利与文化的多样性紧密联系，差别权利本身的确立和实现客观上能起到维护和造就文化多样性的作用。更为重要的是，少数人差别权利对文化的多样性的这种维护和造就，保障了一条条可能通向幸福的道路不被阻塞。体现在：

首先，在选择如何通向幸福的道路上，不存在绝对的真理，有的只是通向真理的一条条道路。在这当中，谁又能臆断少数人的生活方式，包括其习俗规则、信仰、社会体制等不可能蕴涵着这样的路径呢？这其中的情形早已有学者明鉴如下：

"没有充分的多样性，许多在目前完全不可能预见的人类的幸福（或满足实现更高层次的生活等；无论它们的层次如何决定与比较）的形式，将变得不可知晓、无法实验与无法实现；其中还包括迄今为止没有人经历过的更幸福的生活。"①

"少数人"的生活方式所展现的文化，体现了他们对幸福以及如何接近幸福的理解，尽管这些理解在许多人看来是不可思议的，在一定意义上或许就意味着野蛮、落后、幼稚、天真，与现代文明（更确切地说是西方文明）差距甚远，甚至就是错误的代名词。但是，如果维持这样的生活方式或至少不刻意用非正常的外部压力如同化措施等改变这种生活方式（当然这并不妨碍少数人对其生活习俗、传统惯例自愿地改造、抛弃），那么也许我们就维持了可通向真理的一条甚至多条路径。更为重要的是，在有关幸福生活的话题上，不存在终极性的目标，"我们永远说不清（就我们一直在尝试而言）更大的真理或幸福（或其他形式的经验在哪里）。因此终极性在逻辑上是不可能的；所有的解答都必然是尝试性和暂时的"②。可见，用终极性的目标来衡量少数人的生活方式，只能制约我们通向幸福的路径。

其次，维护文化的多样性还能造就一个人们接近真理的外部环境——宽容。不少人也许都同意一种说法，那就是历史并不仅仅成就那些值得成就的人或事，如果真的是真理，其终究能战胜谬误，这是历史的必然。如果少数人的生活方式符合文明的进程，那么不需要特别的保护和关注其也能生存下来，并发扬光大。反之，只能说明其落后、愚昧，或至少不合时宜，遭到抛弃就在所难免。这种观点在少数人置身于更大的共同体、与共同体内其他强势文化群体及其成员的社会文化发生冲突时最为常见。其实，真理一定就能战胜谬误吗？或反之，由于被抛弃、被遗弃等原因没有被人们所接受的就一定是谬误吗？答案是否定的，因为人不可能不犯错误，过去犯，现在犯，将来也不能保证不犯。正是由于人的认识、人的选择存在着很大的局限性，因此，才有人总结道："真理永远战胜迫害，这其实是一个乐观的伪误。人们相继加以复述，直至成为滥调，实则一切经验都反证其不然。历史上富有迫害行为压灭真理的事例。即使不是永远压灭，也使真理倒退若干世纪。"③在关于何谓幸福生活、如何达到幸福生活的问题上，囿于人们认识和选择的

---

① ［英］以塞亚·伯林：《自由论》，胡传胜译，译林出版社 2003 年版，第 256 页。

② 同上书，第 257 页。

③ ［英］约翰·密尔：《论自由》，许宝骙译，商务印书馆 1959 年版，第 35 页。

局限性，真理不可能自动呈现，其得以展现需要的外部条件和环境——宽容，是一种深刻的、持久的宽容，能容忍那些与我们的生活见解根本不同的见解。也就只有在这样的宽容中，在对何谓幸福、如何达到幸福生活的问题的解答中，或许有助于我们发现接近真理的路径。文化的多样性能保障这种宽容。因为只有在"承认"多样性的前提下，一种文化才能平等地对待另一种文化，这不仅使得文化之间的交流、沟通、对话以及由此带来的相互受益成为可能，而且为人类进行自我认识、自我超越提供了必备的条件。不同的文化代表了不同的意义、体系和不同的生活，甚至幸福生活（至少从认同其文化的群体成员的视角来看是如此），"对一种文化的精通决定了可想象世界的边界"①，任何文化都有自身的边界和局限性，即自身的缺陷和不足，但对这种缺陷和不足的充分认识和改进，有依赖于与其他文化的对比所产生的反思，即一种文化只有自身保持相当程度的自谦和对于其他文化保持相当程度的关注，才能保持文化的多样性。从这个意义上讲，文化的多样性可以使特定文化群体的成员正确地认识自己的文化，或在与不同文化的交流与对话中，或在实现自身文化的理性发展的同时，造就一个可接近幸福生活的宽容环境。

有学者认为，以文化的多样性来证明文化少数人的差别权利是错误的，理由是对于文化多数群体的成员而言，文化的多样性并不能"扩大多数群体成员的选择范围"，即便是能给多数群体成员带来益处，其作用也类似于"撒胡椒面"，即带来的益处有限；更何况，为获得这种益处，"对于多数群体的一些具体成员而言代价有时则太高"②。这种说法令人质疑。通过确认文化少数群体的差别权利来维护文化的多样性所带来的益处，并不是锁定在任何一个特定的群体中，而是在认识何谓幸福生活、如何接近幸福方面给世界呈现多样的途径。在多样文化状态下，各种文化竞相展现，若一种文化遭遇危机（其中就可能包括多数群体倚重的文化），其他的文化（包括少数人的文化）就有可能提供一种可选择的模式或者至少是灵感，此时，谁又能断定

---

① A. Margalit, J. Raz, *National Self-Determination,* in Journal of Philosophy, 87/9, 1990, p.449.

② ［加］威尔·金利卡：《多元文化的公民身份——一种自由主义的少数群体权利理论》，马莉、张昌耀译，中央民族大学出版社 2009 年版，第 173—174 页。

只有少数文化群体的成员从中受益呢？"公共政策对于少数文化的支持并不只是基于其对少数文化群体成员的影响，而是基于对于整个社会的影响。"①文化多样性给人类带来的益处绝不像"撒胡椒面"那样稀松，如果非要用一个比喻来形容，生物的多样性倒不失为一个比较恰当的比喻。各种不同的生物都可为人类提供有益的基因材料和其他物质，保障了人类通向幸福的道路的多样性（至少是选择的多样性），成为人类得以繁荣的潜在源泉。因此，保护生物的多样性才成为必须。有人认为，文化的多样性类同于生物的多样性，甚至认为文化的多样性就是另一种形式的生物多样性。许多生物种类的灭失已经对人作为一个生物类群的生存产生了严重的负面影响，对整个生态系统的平衡产生了不可估量的负面效应。由于在人类生活中，文化的多样性与生物的多样性是相互支持的，甚至可能共同进化。②因此，从文化的角度看，生物种类的灭失给人类的教训是文化的种类应该设法保护，每一种文化都是世界文化不可缺少的一个生动的组成部分，体现为不同的原生语言、本土语言、不同的价值观念和与之相联系的经验沉淀，正是这些包括少数人文化在内的种种不同文化，才构成了人类文化的全景，文化的多样性才得以呈现，人类才不至于在认识何谓幸福、如何接近幸福的路径上越走越窄，甚至只剩下一条死胡同。

　　就少数人差别权利而言，不少国家在承认与尊重不同生活方式上所采取的措施已经充分地证明，通过差别权利满足文化多样性的要求与不同群体和睦相处地生活之间有着密不可分的关系。如加拿大在 1971 年率先针对移民少数群体实施多元文化政策，几十年的实践充分证明，满足文化多样性的要求有助于促进少数群体融入主流社会，使得社会在相互尊重的基础上达到和谐。有数据表明，自 1971 年以来，加拿大的移民入籍人数大幅度提高。③

---

①　A. Margalit, J. Raz, *National Self-Determination*, in Journal of Philosophy, 87/9,1990, p.196.

②　关于文化生态学的概念及产生背景，Cf. Luisa Maffi, *Linguistic and Biological Diversity: The Inextricable Link, Roberts Phillipson edited, Rights to Language: Equity, Power, and Education*, Mahwah, New Jersey, Lawrence Erlbaum Associates, Inc. 2000, p.18.

③　Cf. Citizenship and Immigration Canada, *Citizenship and Immigration Statistics*（Ottawa: Public Works,1997）,Table G2 and Table1.

实际上，加拿大的永久性居民与公民在福利待遇上没有任何实质性的差别，不同的就是后者享有投票权，能实际参与政治生活。获得永久性居民资格的移民纷纷选择加入加拿大国籍，这其中最为根本的原因就是多年以来多元化政策的实施，"使得移民想认可他们在加拿大社会的资格，充分参与加拿大的政治生活"①。

二、西方现代宪政主义的硬伤：排斥个体的文化身份

（一）自由主义与帝国理论的奇怪结合：从洛克说起

文化识别表明了人与其所在文化之间的紧密联系，表明不同文化具有不可相互取代的同等价值，文化之间是平等的，不能以一种文化的标准来衡量另一文化群体及其成员的行为；同时也表明人作为个体不能被强制地或不适当地要求脱离与其所属文化及文化群体的关系，否则不仅人权难以实现，甚至这种强行的脱离本身也会演变成为大规模人权侵犯的借口，18—19世纪的人类历史就是一个充分的证据。在人类历史上，18、19世纪是一个值得大书特书的时代，因为这是欧洲启蒙思想开启并风行的年代，经过启蒙思想家的努力，人们真诚地主张：在市民社会，人人都应该以平等的公民身份享有平等的权利；国家、政府应当保持中立，以维护人们不受权力干预的消极自由。一句话，人权开始在欧洲政治、法律领域崭露头角，欧洲许多国家的人权状况受到从未有过的关注。但是与此同时，18、19世纪又是名副其实的殖民时代。当时，以西班牙、英国和法国为首的欧洲势力对北美洲展开的争夺战上升为事关民族荣耀的大事，因此如何在殖民地争夺的背后寻找一个共同的也更为崇高的目的，为殖民行为作出注解，成为当时大多数欧洲知识分子关注的焦点之一，"帝国理论"在这种背景下应运而生。②掺杂着各种

---

① Will Kymlicka, *Finding Our Way: Rethinking Ethnocultural Relations in Canada*, Oxford University Press Canada 1998, p.18.

② Cf. Anthony Pagden, *Lords of all the Word: Ideologies of Empire in Spain, Britain and France.C.1500-C.1800, New Haven and London,* Yale University Press 1995, pp.3-4.

利益争夺的"帝国理论"的出现并不奇怪，但是令人费解的是作为"帝国理论"支撑之一的却是欧洲的启蒙思想，"自由"、"平等"、"进步"等被启蒙思想所推崇的理念成为帝国殖民理论的基础，"帝国"也由此被美化成"人人各得其所的艺术"①，即非欧洲地区的人们接受欧洲的监护以分享欧洲文化的荣耀才是他们合理的归宿，甚至许多声名显赫的启蒙思想家本身也为殖民行为着实作出了理论上的"贡献"。洛克和密尔就是其中的代表人物。

洛克以对财产权的论述而知名，"自然状态"（state of nature）、"政治社会"（political community）是其推论财产权的逻辑起点，但这个逻辑起点本身就包含了"欧洲中心主义"或"欧洲文化至上主义"的文化观以及对非欧洲文化的不承认、贬抑和排斥。洛克认为，"自然状态"是人类发展初期的一种状态，其典型特征是财产关系受自然法的支配，所有的生物都属于公共的，人人都能基于出生享有自然法所赋予的一切权利和优惠，在这方面，人人都是平等的。而将公共的东西变成自己的财产的途径就是劳动，"劳动使它们与公共的东西相区别，劳动在万物之母的自然所完成的作业上面加一些东西，这样它们就称为他的私有的权利了"②。即人人都可以通过劳动，将本属于公共的财物转换为自己的财产。在这种"自然状态"下，人与人是平等的，没有任何人可以对他人通过劳动获取的具体财物的财产权提出异议，否则就违背了自然法则。

洛克的这种财产权理论似乎非常合乎逻辑，但是，当这套财产权理论具体运用在当时的北美时，浸透在其中的"欧洲中心主义"的文化观成为奉行"劳动创造财产权"的欧洲人在北美建立殖民地的依据。首先，依据洛克的观点，"自然状态"是人类发展的一种初级的原始的状态，当时的北美在洛克看来，就处在典型的"自然状态"之中，"全世界的初期都像美洲，而且是以前的美洲"③的断言无疑就是这种观点的披露。依照洛克的看法，北美的土著印第安人就是一群生活在原始状态、受自然法则约束的群体。当

---

①　Talleyrand 在 1797 年所言，原话是"Empire is an art of putting men in their place".

②　［英］洛克:《政府论》（下），叶启芳、瞿菊农译，商务印书馆 1997 年版，第 19 页。

③　同上书，第 32 页。

然这个群体的成员也能通过"劳动"取得财产，于是印第安人所拾得的橡实、在树林中所摘的苹果、在河流中捕捞的鱼、在林地里所猎的鹿等，"尽管原来是人人所共同享有权利的东西，在印第安人为此施加了劳动后，就成了他的财产"①。同理，在北美的所谓欧洲"开拓者"们也可以通过劳动来取得财产权，印第安人倘若基于先占对于欧洲人在美洲的掠取提出异议，就违背了所有自然法则下"人人基于出生，享有完全的自由，与他人一样不受任何约束地享有自然法则下的所有权利和优惠"的规则。② 如果异议发展成欧洲人和印第安人之间的战争，那么这种战争也是"自然状态"下的战争，这意味着前者对后者"可就他所认为的罪有应得的违法行为加以裁判或处罚，甚至在他认为罪行严重而有所需要时，处以死刑"③。通过这种"自然状态"理论，洛克将北美印第安人社会演变为一种文化、一种文明尚处在发展的"初级状态"的社会，这使得欧洲人可以心安理得地对印第安人已经在美洲长期生活的事实"视而不见"，并理直气壮地将印第安人的土地视为"公共土地"（land lay in common）。而"自然状态"和"劳动创造财产权"理论的结合，更为欧洲人在北美圈地提供了"完整的"理论依据。相反，对于印第安人世世代代在上面拾橡实、摘苹果、捕鱼、猎鹿的"土地"，洛克却不主张他们拥有所有权，理由有二：首先，不妥当地使用财物可能导致财产权灭失，如拾得的苹果在使用前腐烂，猎取的野味在食用前腐臭，那么所有人就违背了自然法则，财产权的灭失成为受惩罚的结果。同样的道理，"个人对于其所圈占的土地虽本来享有财产权，但是如果土地没有被经营管理好，如土地的草场损坏，或者他所种植的果实未被采摘和储存而败坏等，那么这块土地，尽管经他圈用，还是被看做是荒废的，可以为任何其他人所占有"④。在欧洲人眼里，印第安人的耕作方式低下，对土地的管理水平不能与欧洲人相提并论。洛克提出的这种财产权灭失的理由，自然为欧洲人圈占本来已经属于印第安人的土地提供了依据。更为重要的是，相

① ［英］洛克：《政府论》（下），叶启芳、瞿菊农译，商务印书馆 1997 年版，第 31 页。

② 同上书，第 53 页。

③ 同上书，第 53 页。

④ 同上书，第 26 页。

对于"自然状态"，洛克提出了"政治社会"的观点来为其拥有财产权进行辩护，以此否认印第安人对于北美土地的所有权。在洛克看来，"政治社会"是指社会成员都交出自己的自然权利，建立法律、规则，以由此产生的社会权威替代自然法的权威。唯有在"政治社会"，人们才能真正有效地惩罚侵犯财产权的行为，维护自己的财产。即洛克认为，只有从"自然状态"中解除出来，人们才能脱离自然法的控制，达到用法律来维护财产权的状态。此时，财产权的享有才能真正得到保障。虽然美洲的印第安人的部落与外界有契约，包括与欧洲人订有契约，"如瑞士人与印第安人在美洲的森林里达成的协议"，但"并不是每一个契约都能起终止人们之间自然状态的作用，而只有彼此相约加入同一政治社会，从而构成一个国家的契约才意味着自然状态的终止"。① 更何况，"如同欧洲发展的初级阶段一样，印第安人的首领尽管在和平时期拥有一些统治权，但其仍然只是'军事首领'（generals of armies），不是拥有主权的君主或统治者"②。一句话，正是由于印第安人社会处于"自然状态"，使得其无法与欧洲先进的"政治社会"相提并论，才使得印第安人对于美洲土地的财产权落空。可见，依据"政治社会"的提法，洛克用一种本质上属于"欧洲文化至上主义"的理论，轻易就抹掉了欧洲人同印第安人签订的契约，尽管这些契约很多都涉及对于印第安人部族国家的承认。③

总结下来，洛克的逻辑是，北美属于"自然状态"，其中不管是早已居住在那里的印第安人等土著人还是后来的欧洲征服者，他们都可以依照自然

---

① ［英］洛克:《政府论》（下），叶启芳、瞿菊农译，商务印书馆1997年版，第11页。

② 同上书，第67页。

③ 1763年，英国政府发布宣言，申明:"因其公正合理且对我们殖民地之利益及安全必要缘故，我们与之联络且处于我们保护下的那些印第安国家或部族在我们统治范围内，其土地在被割让或由我们购买之前为其保留，作为其狩猎场地。"Cf. Royal Proclamation of October 1763, R. S. C. 加拿大最高法院在1990年的一个判决中也肯定早期英国政府和土著民之间的关系是国与国之间的关系:"不列颠和法国都尽其所能和每个印第安民族结盟并鼓励与敌结盟者改变立场，当这些努力取得成功后，他们就签订结盟条约或中立……不列颠承认和北美印第安民族的关系必须当做国与国之间的关系处理。"Cf. Royal v. Sioui,［1990］1, S. C. R. 1025.

法则、通过劳动来取得财产权，这其中包括圈地。依照洛克的观点，只要你圈起一块地，在上面开垦、耕作，付出了劳动，那么这块地就属于你。同时，由于欧洲的文化是最为先进的文化，不仅表现在管理土地方面，更重要的是其已进入"政治社会"，能通过法律来保护自己的土地所有权。而尚处在"自然状态"的印第安人只能对此束手无策，谁让你的文化落后呢？洛克的这种劳动创造财富、劳动实现财产权的理论，对当时欧洲移民在北美大量占据土著人的土地起到理论上的佐证作用，欧洲人在北美占据印第安人等土著人土地的过程，就是实践洛克的"劳动创造财产权"、"政治社会"优于"自然状态"、"欧洲文化至上"等主张的过程。对此，后人有评价说，欧洲人剥夺北美土著人的土地和统治权，就是因为非常方便地运用了洛克的理论。① 并且，洛克的这种浸透了欧洲文化优越感的观点，至今在北美还有很大的市场。如在谈论到北美土著人的诉求问题时，不少人认为，社会的成员必须懂得他们想成为什么样的人以及如何成为这样的人，才能在象征性的活动中创建出成员之间的联结。具体到土著人，由于缺乏证明当时土著人社会是如何运作、土著人之间是如何联结在一起的历史证据，因此很难满足土著人认为受到不公正待遇的诉求。② 这是活脱脱一个套用洛克"政治社会"理论的翻版。

以主张个体自由而在西方自由主义史上占据绝对尊贵地位的密尔也不例外。密尔将特定文化中个人发展的价值与文明联系捆绑在一起，试图在验证帝国对落后地区人民的监护是必要的之同时，证明个体自由之普遍价值。如密尔认为："低等种族或落后种族被（高等种族）吸收是大为有益的。"③ 在谈到法兰西对布列塔尼人（Breton）和巴斯克人（Basque）的统治时，他认为这种被监护的统治比"他们守着自己的石头堆和半野蛮的历史遗物生气，只

---

① Cf. James Tully, *The Two Treaties and Aboriginal Rights, in Locke in contexts: an approach to political philosophy*, Cambridge, Cambridge University Press 1993, pp.137-176.

② Cf. Tom Flanagan, *First Nations? Second Thoughts*, Montreal，McGill-Queen's University Press 2008, p.2.

③ John. Stuart. Mill, *Considerations on Representative Government*, The Libery of Liberal Arts Press,1958, pp.233-234.

知关注自己可怜的精神世界，不知道参与世界的进步"要好，并且认为英国对威尔士人、苏格兰高地人的同化也是如此。① 结合了启蒙思想的"帝国理论"在欧洲大行其道，欧洲那些高举"自由"、"人权"旗帜的国家于是以拓展基督教世界和向非欧洲的野蛮地区推行发达的欧洲文明为目的，在海外大行殖民主义之道，兴建帝国，使许多人尤其是不属于欧洲文化的群体由此进入了一个悲惨的境地。如被奉为自由主义发祥地的英国，成为一个拥有众多海外殖民的"大英帝国"，"自由英国"的自由仅仅体现在其欧洲定居者与别的国家如法国的定居者不同，其从一开始就享有半独立的政治、文化地位，即"自由英国"的自由仅仅体现在英国文化圈内的个体身上，非此文化圈的群体并不作为启蒙思想所一再强调的个体而享有自由，因为基于其文化其不可能达到自由的状态。相反，基于欧洲文化优于非欧洲文化的前提，密尔甚至认为，是非欧洲文化本身导致了"帝国主义"在亚洲和非洲的出现。②

主张个体自由、崇尚人权的自由主义与"帝国理论"经历了长时期历史性的奇怪结合，被人称为"精神分裂症"式的纠缠③，其根本原因在于对非欧洲文化的一种贬低甚至否认，对属于非欧洲文化群体价值观念和生活方式的不认同。而产生这种不认同的原因，又是自由主义错误的、至少是经不住深度推敲的假设性前提和对文化的扭曲理解。

以英国为代表的自由主义的一个假设前提，就是同质文化的存在乃是自由的基础，自由主义本身也被认为是同质文化的产物，"是长期生活在同一块土地上、彼此之间和平相处的人们的一种信念，一种品性，是英国的发明"④。同族的认同、同质的文化被认为是产生"自由"信念的一个前提，理由是，"（如果）没有一种共同语言和民族认同，为自由主义制度的运作所需

---

① Cf. John. Stuart. Mill, *Considerations on Representative Government*, The Libery of Liberal Arts Press 1958, pp.233-234.

② Cf. B. Parekh, *Rethinking Multiculturalism——Cultural Diversity and Political Theory*, Harvard University Press 2000, p.45.

③ Cf. Edward Said, *Culture and Imperialism*, New York,Vintage Books 1994, p.81.

④ "Isaiah Berlin in conversation with Steven Lukes", *Salmagundi*,120（1998）, p.121.

要的统一的公共舆论是不可能产生的"①。事实上，英国长期以来一直生活在一种同质文化中，没有异文化的介入。除却宗教和政治态度的分歧外（英国的宗教派别分歧是同属于基督教的派别之争），其国内基本上不存在不同质文化之间的冲突。由此，产生于17世纪的自由主义一开始就将关注点落到个体自由上，将个人良心、个人决定和行动自由作为自由主义的核心价值，而这种自由的背景就是同质的文化。不仅如此，自由主义还将这种同质文化定义为欧洲文化或西方文化（欧洲和西方在这里不仅仅是地理上的定位，更是指文化上的定位，是指承继古希腊、古罗马以及基督教文化的国家）②，将其作为自由主义的前提融入自由主义之中，如同伯林所言："自由主义实质是欧洲的自由主义，是西方的自由主义"③。基于这种假设性前提，欧洲人在走出欧洲、面临与欧洲迥异的文化及文化群体时，他们选择的不是包容，而是排斥、改造。这也正是当根据"帝国理论"从事的殖民主义实践已经造成大规模的人权灾难时，自由主义还作为共谋为"帝国理论"辩解的原因之一。

　　贬低和否认非欧洲文化的文化的另一个原因，就是当时自由主义对文化的扭曲理解，体现在将进化论不适当地引入文化的定义，在文化中采取了社会达尔文主义的观点，不仅认为人类文化的发展是一种直线式的模式，存在着阶段的高低之分，而且欧洲文化代表了人类文化发展的最高水准，代表了人类文化发展的方向，也是人类过上幸福生活的唯一路径。这种观点在当时非常普遍，可以说是当时不带任何偏见的人的普遍看法，当时的情形正如有人所评论的那样："在我们这个时代，有一种普遍的、哲学的、仁慈的观点，即试图将'我们自己的观念'和幸福推及遥远的民族，甚至推及历史上遥远的过去。……那些试图如此的人因此承担了解释世纪进步的任务，并满怀希望地认为这一定会通向永恒的幸福。为支持这种观点，他们想象或发明事

　　① John. Stuart. Mill, *Considerations on Representative Government*, The Libery of Liberal Arts Press 1958, p.230.

　　② 美国法学家伯尔曼在解释西方法律传统时，也对这种"西方"的定位采取了文化上而非仅仅地理上的定位。参见［美］哈罗德·J. 伯尔曼：《法律与革命——西方法律传统的形成》，贺卫方、高鸿钧、张志铭、夏勇译，中国大百科全书出版社1995年版，第2页。

　　③ "Isaiah Berlin in conversation with Steven Lukes", *Salmagundi*,120（1998），p.121.

实、故意减低或压制与这种信念相左的事实……由此创造了'世界在普遍地进步性地上扬'的假象。"①

可见，自由主义之所以为"帝国理论"作"注释"，根本原因就在于其否认各种文化具有平等价值，是"欧洲文化中心主义"在作祟。"欧洲文化中心主义"将在单一的欧洲同质文化中产生的包括自由在内的以各种观念、信仰为特征的文化作为客观的、中性的、普遍的、正常的文化，而将非欧洲文化群体的文化作为劣等的、非正常的文化，这样即便承认非欧洲文化群体的成员具有追求自身自由的资格，但由于其文化的劣质特征，不可能上升到完全理性的自我，因此也不可能实现真正的自由，于是，臣服于欧洲文化就成为其他文化群体实现自由的不二选择。其中荒谬的逻辑如伯林所总结的那样："只有当我是真正理性的时候才是真正自由和自我控制的；而既然我自己可能并不是充分理性的，那么，我就必须服从那些的确是理性的、不仅知道对他们自己什么是最好的而且知道对我什么是最好的人的指导，他们将指导我遵循最终将唤醒我真正的理性自我的路线，将这种自我置于自己的看管之下——这是自我的真正归宿。"②正是在这种逻辑下，宣扬和崇尚个体自由的自由主义在实践中为大规模的、公开的人权侵犯的"帝国理论"做注解（伯林称之为积极自由的滥用），这不禁让人悲叹。实质上，对自由主义的理解也应该从文化的角度着手，其所宣扬的个体自由的价值观念本身也是一种基于特定文化所产生的观念，并不具有普遍性，更不能成为评判其他文化的标准。

在中国近代历史上，对中国人思想观念产生重大影响的严复曾经对英国的自由主义崇拜之至，对自由主义中的社会达尔文主义也深信不疑，表现在其"更倾向于从进化论理解自由的本义"③。为此，他专门编著了影响中国近代历史的《天演论》，一心想告诉国人，在社会的进化中，"物竞天择，优胜劣汰"是自然法则，与先进的西方文化相比，中国的文化应该翻然醒悟、

① 赫尔德语。Isaiah Berlin, *Vico and Herder: Two Studies in the History of Ideas*, London: The Hogarth Press 1976, p.191.
② ［英］以塞亚·伯林：《自由论》，胡传胜译，译林出版社 2003 年版，第 326 页。
③ 王人博：《宪政文化与近代中国》，法律出版社 1997 年版，第 202 页。

奋起直追，以便寻找到"国强民富"的唯一途径。但是到了晚年，当严复的中西文化比较观更为成熟时，他一改前期推崇西方文化、痛斥中国文化的观点，转而"尊孔读经"，推崇中国的文化。① 这其中的原因恐怕更多的是其领悟到了文化的真谛，担心国人在贬低自己文化的同时迷失在对他文化的崇拜之中，从而失掉"国种特性"。其实，文化就是文化，应该无所谓等级秩序之分，更无所谓优劣高低之分。欧洲文化是一种文化形态，非欧洲群体的文化又何尝不是文化的另一种注解呢？在一个国家共同体内，多数人所属的文化被奉为文化毫无疑问，但少数人的文化又为什么不能作为文化对待呢？如果作为平等的文化来对待，那么文化作为文化成员选择的背景就不能不被重视。

自由主义与"帝国理论"的奇怪结合已经成为历史上过去的一页，在当今这个后殖民时代，似乎根本就不用担心这类悲剧的再现，但细究起来却不容乐观。"帝国理论"下的殖民主义造成人权的大规模侵犯，而自由主义与殖民主义的共谋却为人们完全清除殖民主义设置了障碍，而共谋的原因就在于对于非欧洲文化的不认同、贬低乃至否认，原因不排除，障碍也难以消失。至今，仍有不少人质疑确立和维护少数人的差别性权利的必要性，质疑个体与其所属的背景文化，尤其是个体与作为个体选择的背景文化之间的关系，认为依照自由主义所确认的公民身份，足可以维护个体的权利；另一种观点虽然不直接否认个体与文化的关系，但是认为少数人如土著人的文化根本就不能称为一种文化，尤其是在被殖民的当时，从而为殖民行为辩护。如有人认为："无论是在技术上还是在体制上，欧洲的文明、文化都比土著人领先了几千年，如果我们接受洛克和爱莫德·威特尔（Emerde Vattel）的哲学分析，那么欧洲在北美的殖民就是不可避免的，是正当的。"② 如果说这些观点仅仅是部分人的观点，还不足以让人担心历史悲

① 关于严复在中国近代史上的思想历程，可参见梁柱:《先驱者的历史功绩与历史评价》,《中国近代启蒙思想家》,方志出版社2003年版。

② Tom Flanagan, *First Nations? Second Thoughts*, Montreal, McGill-Queen's University Press 2008, pp.2-3. 该书在加拿大重印多次，这在某种程度上说明这种观点有一定的市场。

剧重演，那么在审视始终贯穿于西方现代宪政主义的某些观点后，我们还能如此坦然吗？因为这些观点不是别的，恰恰是对个体文化身份的排斥和对文化多样性的漠视，更何况其自始至终就被作为诠释现代宪政主义的正统思想。

（二）西方现代宪政主义的硬伤：排斥个体的文化身份

翻开各个国家现在的宪法文本，不难发现一个颇值得玩味的现象，那就是不同国家的宪法文本尽管各自产生的背景都不相同，文化背景亦有差异，但是无论是在内容上还是在格式上，其宪法文本都存在着惊人的相似性甚至一致性，体现在各个国家的宪法文本不外乎包括以下内容：权力分立原则下的代议制及各种国家的机构设置，法治原则下个人作为国家的公民所享有的各项基本权利、国家的象征、常备军队等。这个事例说明，个体的文化身份以及文化多样性在西方宪政主义中被简化成了统一性。

1. 排斥个体的文化身份——现代宪政主义的硬伤

西方现代宪政主义，在近四个世纪的发展中，已经形成了自己系统的理念和价值追求，其中关于权利和权利主体的核心概念，就从主体方面说明和概括了其在描述、反省、批判、修改各种宪法以及相关的宪政秩序时，所坚持的理念以及认可、维护和追求的价值。具体而言，这组核心概念是指"人民"和"公民"及其与平等、权利、法治等其他概念的组合以及运用，构成现代宪政主义的基本轮廓。尽管"人民"和"公民"是从几个世纪的历史中提炼、抽象出来的，其含义的诠释和运用在不同的时期有不同的内容，如1789年法国《人权和公民权利宣言》中的"公民"仅指"拥有权利之自由平等的男性公民"，与现代宪政主义后期的"公民"概念有所区别。但是考量不同时期现代宪政主义关于"人民"和"公民"作为权利以及权利主体的正统含义、诠释和运用，不难发现它们都交织于一个共同点，那就是排斥个体的文化身份，漠视文化的多样性。

首先来分析构成"人民"的概念。17世纪的维柯曾言，许多错误都源于错误的政治概念——人民。① 一语成谶，现代宪政主义也不幸被言中。"人民"这个概念作为现代宪政主义的核心概念，暗示了国家共同体内不同个体在文化上的同质性（尽管实际情况往往并非如此）。虽然现代宪政主义不同的流派对于"人民"的具体形态有不同的描述，如在自由主义者眼里，"人民"就是同质文化下自由个体的结合；在民族主义者看来，"人民"则体现为一个归属于同一文化群体的民族。无论如何，具有高度抽象性和概括性的"人民"概念在抽象和概括时，对个体差异文化身份的背景视而不见，认为其是一个不相干的因素，因此具有不同文化的个体、群体可以被超越、被统一。具体剖析现代宪政主义的重要奠基者、美国联邦党人所定义的"人民"概念，可以生动地展示现代宪政主义是如何刻意过滤掉"人民"的文化背景，制造出一个虚幻的、具有同质文化的"人民"主体。在《联邦党人文集》中，"人民"是这样被定义的：

"上帝乐于把这个连成一片的国家赐予一个团结的人民——这个人民是同一祖先的后裔，语言相同、宗教信仰相同，隶属于政府的同样原则，风俗习惯非常相似；他们用自己共同的计划、军队和努力，在一次长期的流血战争中并肩作战，光荣地建立了他们全体的自由和独立。"

而实际情况是怎样的呢？"在欧洲人于 17 世纪抵达之前，北美洲大陆上有 500 多个由土著人组成的主权国家，这些土著人依据自己民族的制度与正统的释宪传统统治自己的国度约有两千年之久。"② 也就是说，当时美国境内的土著人根本就不可能与欧洲移民有共同的语言、共同的信仰、相似的风俗。即土著人的文化与欧洲移民的文化根本上就是两种不同的文化。实际上，联邦党人也深知这一点，否则也不会在 1787 年的宪法中将土著人排斥在"人民"之外。③ 此外，美国还有数量不小的黑人。据统计，在当时的390 多万人口中，有 69.7 万名的黑人奴隶，他们与欧洲移民也不属于同一文化群体，同质文化基础上的"人民"概念包括他们吗？结果是这些与白人

---

① 参见［意］维柯：《新科学》，朱光潜译，人民文学出版社 1986 年版，第 485 页。

② ［加］詹姆斯·塔利：《陌生的多样性——歧异时代的宪政主义》，黄俊龙译，上海世纪出版集团 2005 年版，第 122 页。

③ 参见 1787 年《美国联邦宪法》第一条第二款第三段。

移民显然分属于不同文化群体的黑人奴隶以"五分之三"的比率被计入"人民"的人口数目之中，形成美国宪法史上可耻的"联邦比率"。① 除此之外，即便同是来自欧洲的白人移民，他们的文化就是同质的吗？很难得出这样的结论。欧洲本身具有多元文化的传统，同是白人移民，他们并不一定就讲同一种语言、信奉同一种宗教、遵循同一种习俗。以语言为例，除英语外，法语、西班牙语、葡萄牙语等文化群体的人员在美国人口中占据不小的数量。于是，为刻意"制造"同一种语言（英语）、同一种信仰（基督教）、同一种风俗（盎格鲁文化风俗）等同质文化上的"人民"，美国采取了一系列的良苦用心来确保盎格鲁文化的主导地位，如"历史上州政府边界的划定和它们加入联邦的时间都经过了精心安排，以确保以英语为母语的人可以在美国联邦的50个州中都占多数"②。更重要的是，长期始终如一的学校教育、移民政策均以英语为主导语言，更加巩固了英语的实质"官方语言"地位，在直接强化盎格鲁文化作为多数文化主导地位的同时，打造出一种同质文化的假象。

此外，联邦党人在"人民"定义中刻意强调"一次长期的流血战争中并肩作战以及共同的计划、军队和努力"等，或许是想说明这些本身具有不同文化背景的个体具有相同的经历可以分享一段共同的历史，如此也造就出一种共同的文化，同质"人民"得以形成。但这种想法也未免太过天真，或者说过于理想化。试想，共同浴血奋战就能产生共同的语言、形成共同的信仰、遵循共同的习俗吗？答案显然不是肯定的。其中的理由很简单，虽然共同的经历可能成为影响和决定个体文化背景的具体因素之一，但还不足以成为造就同质文化的充分条件，更何况那些所谓共同经历"独立战争"的人们本身就有着迥异的文化背景，"独立战争"之后，美国国内的文化冲突演

---

①　1787年《美国联邦宪法》规定：众议院人数及直接税税额，应按联邦将要包括的若干州的人口数目比例分配，此项人口数目的计算法，应在全体自由人——包括那些受契约约束的仆役若干年限的人，但不包括未被课税的印第安人——数目之外，再加上所有其他人数目的3/5。这里的所有其他人就是指非洲黑人奴隶。

②　［加］威尔·金利卡：《少数的权利——民族主义、多元文化主义和公民》，邓红凤译，上海世纪出版集团2005年版，第12页。

变为极端的种族冲突就是充分的说明。

　　无独有偶，联邦党人所使用的、否认个人文化身份、排斥文化多样性的"人民"概念，并不是其独创的，他们只不过是沿用了前期现代宪政主义构建者的老套路罢了。如奉行人生而自由的卢梭，早在《社会契约论》中就通过"人民"的概念否认了个体的文化身份。在卢梭看来，"人民"就是全体公民的总称，国家只能是自由的"人民"自由协议的产物，而表达自由协议的途径就是获取人民的"公意"。由于"公意是国家全体成员的经常意志"①，是一种并非个人意志之和的抽象概念，此处的"人民"也就被剥离了文化背景，成为卢梭眼里的"自由的公民"的代称。不仅如此，对那些文化身份显著，或者文化背景不是那么容易被刻意忽视的个人及其群体，卢梭保留了"谨慎"的态度，认为他们是野蛮的，还不能创作出体现公意的法律。为此，他写道："是什么样的人民才适宜立法呢？……就是那种没有根深蒂固的传统和迷信的人民。……"② 个体的文化背景已经被列为"迷信"而加以抛弃。时至今日，卢梭以及联邦党人的这种"人民"定义早就被现代宪政主义奉为正统，即"人民"这个概念已经完全与个体的文化身份和多样的文化背景"绝缘"。如《布莱克法律大辞典》所解释的那样：在宪法中，人民作为普遍的定义就是指一个国家的公民的全体，他们因政治目的被授予了政治权利。③ 可见，现代宪政主义在构建"人民"概念时，根本就没有耐心去调适个体差异的文化身份、包容不同的文化，反而在漠视和压制个体文化身份和文化的多样性方面颇为用心，为证明"人民"是在同质文化基础上的一种联合，甚至不惜对个体差异文化身份和文化多样性的事实进行削足适履式的改造。

　　其次，现代宪政主义在构建"公民"概念时，将个体假设为同质文化下的个体。不容置疑，现代宪法最为重要的主体之一就是个体，维护个体的自由权利成为现代宪法的一个核心。但是，需要加以明确的是，此时的个体不是文化识别下的、具有各自不同文化背景、奉行不同价值理念、遵循不同生

---

　　① ［法］卢梭：《社会契约论》，何兆武译，商务印书馆1980年版，第140页。

　　② 同上书，第68页。

　　③ Cf. *Black's Law Dictionary*, Sixth Edition, West Group 1990, p.1135.

活模式的具体个体，而是被假设为欧洲同质文化下的个体。换言之，只有在欧洲同质文化下的个体才有资格成为宪法的主体——"公民"，才能享有各种权利和自由。而这种同质文化的表现，就是实行或承认某些欧洲基本的制度、遵行欧洲高贵的生活方式等。现代宪法对个体的这种假设，早在现代宪政主义的奠基者们那里就得到了充分的阐释，因为在他们看来，唯有同质文化才是自由政体运作的基础。如密尔认为："在一个没有同类感情的人们中间，特别是如果他们读的和讲的是不同的语言，那种为代议制度运行所需要的统一的公共舆论，就不可能存在。……政府的边界应该与民族的边界大体一致，这通常是自由政体的必要条件。"①而洛克以未进入"政治社会"为由，否认了美洲土著人作为公民享有自由权利的资格，其中的"政治社会"的判断标准就是是否具备欧洲特有的一些制度，包括统一的法律和执行法律的机构如法院等。不仅如此，现代宪政主义对个体的这种假设还进一步写入了宪法文本，如 1789 年法国《人权和公民权利宣言》第二条宣称："社会纯粹是由拥有权利之自由平等的男性公民组成。公民之间唯一值得一提的政治差异是他们对公共福祉的贡献。"②且不说因时代差异其中的性别歧视内容，即便同是男性个体也被抹杀了文化背景。

　　假设毕竟是假设，个体是具有多样文化背景的、不同的、具体的个体才是一个事实。于是，针对事实和理想的差距，现代宪政主义开始了漫长的改造个体，尤其是作为少数人的个体以消除文化歧异性的过程。在加拿大，这种改造被称为"盎格鲁适应模式"。以土著人为例，1857 年，加拿大通过了《加拿大地区印第安部落逐步教化法案》，以反复灌输语言、劳动、私有财产制与宗教信仰的方式，对土著人尤其是其子女进行洗脑，以消灭土著人的"低劣"文化，摧毁其生活方式，同化于欧洲"进步的"生活方式。当遭遇文化固有的对抗后，加拿大政府又于 1876 年通过《印第安人法》，强行建

---

　　① John. Stuart. Mill, *Considerations on Representative Government,* The Library of Liberal Arts Press 1958, p.233.

　　② 原文是：Men are born and remain free and equal in rights. Social distinctions may be founded only upon the general good. 许多人将 Men 译成"人"或"人们"，这不符合历史，当时强调的就是男性，男性才是公民。

立一个强加于土著人社会之上的政体。

现代宪法对个体的这种假设以及依据假设对非欧洲文化的个体所进行的长期改造，意味着个体在宪法上只获得了单一的承认——作为某种被剥离了所有文化背景的抽象性或假设性社会的"公民"存在，且这种"公民"不受任何其他文化歧异性的影响，只能臣服于欧洲文化，从而在根本上排除了个体能够依据自己独特的文化方式同政府往来、自由地参与各种制度的可能性。

那么作为基本法律概念的"人民"和"公民"，它们将个体的文化背景排斥在外的理由又是什么呢？也许是出于对一种一劳永逸的解决方案的追求（在这方面，"人民"和"公民"确实能够做到独立于时间、地点、个体的一劳永逸），也许是出于对以往具有羞辱性质的等级划分所带来的不平等待遇的一种极端的反应。但无论如何，这种对个体整齐划一的"一刀切"做法产生了另外一个问题，即忽略了个体的文化背景，且后果严重。因为人不仅仅是政治动物（亚里士多德语），需要依据公民身份确定自己与国家（即亚里士多德眼里的"城邦"）的关系，寻求国家的庇护，获得国家的认同；人更是一种文化动物，与特定的文化有着不可割舍的关系，获得其所在的文化共同体的认同同样是必不可少的。人只有在自然地、毫无察觉地与一种文化融为一体，讲自己的语言、遵循自己熟悉及理解和接受的习俗时，才有可能真正融入现实社会之中，过一种自由的生活。其中的理由很简单：个体所处的文化，以及所属的文化群体能满足"完整自我"的认同需要。而单纯依靠统一的"人民"或"公民"身份，显然满足不了所有个体的这种需要。进一步分析，对于那些其所拥有的文化与国家所支持、赞成的文化不一样的个体而言，他们归属于这样一种文化的要求和愿望，在单一的"人民"或"公民"身份条件下势必会受阻，从而引起个体的种种苦恼和痛苦，而减轻或消除痛苦的办法不外乎两种：要么接受同化，以统一替代差异，尽最大努力融入优势文化群体，追求所谓的一致性（不管实际上成功的概率有多小），远离自己熟悉但同时给自己带来各种卑微之感的既定文化；要么寻求一种文化上平等地位的认可。对于第一种办法，由于被迫抛弃自己的既定文化会导致情感和精神上的一种失落，人性极易扭曲，而扭曲的人性之材造不出直的东西（康德语）。对于第二种办法，寻求文化上平等地位的承认本无可非议，但其中的"度"不好把握，也很容易导致这种本来追求文化上的平等地位的愿望和行动走向另一种极端，成为一个反抗中心。这其中的情形正如有人所总结的那样："因为文化上的承认乃是一种深刻而永恒的人性追求。借由文化一致性与统一之名迫害文化差异的行径，正是在今日引发社会动荡、分裂和解体的首要因素之一。"①

2.限制宪法对习俗、风俗、习惯的"承认"

现代宪政主义将制定包含了其基本主张的宪法作为衡量社会进步与文明的基准，从而限制了宪法对不同文化的习俗、风俗和习惯的"承认"，漠视文化的多样性。

孟德斯鸠曾游历欧洲数十年，他在考察欧洲各国的习俗后认为，习俗都是由于某些独特的生活方式造成的，或是取决于一些如此不可理解、如此遥远的因素，人们几乎不可能事先预见它们，因此，他得出了一个经得住考验的结论：最能适应人们"习性和倾向"的政府，是最好的政府②，"当一个民族有良好风俗的时候，法律就是简单的"③，并且由于"法律是立法者创立的特殊的和精密的制度，风俗和习惯是一个国家一般的制度。因此，要改变这些风俗和习惯，就不应当用法律去改变"。④可惜，孟德斯鸠关于一个社会中习俗更具有权威性的观点，在西方现代宪政主义中被抛弃了，即便是在孟氏的故国法国，这种观点在《人权和公民权利宣言》发布后也销声匿迹了。《人权和公民权利宣言》第十六条宣称，一个国家制定的成文宪法，必须是

---

① ［加］詹姆斯·塔利：《陌生的多样性——歧异时代的宪政主义》，黄俊龙译，上海世纪出版集团2005年版，第206页。在这方面，英国政治思想家伯林也有着同样冷静的见解。伯林曾用德国第一批真正的民族主义者为例，说明民族主义源于"受伤害的文化自豪感与一种哲学和历史的幻象结合在一起，试图消弭伤痛并创造一个反抗的内在中心"。参见［英］伯林：《反潮流：观念史文集》，冯克利译，译林出版社2002年版，第417页。

② 参见［法］孟德斯鸠：《波斯人信札》，梁守锵译，商务印书馆2006年版，第80页。

③ ［法］孟德斯鸠：《论法的精神》（上册），张雁深译，商务印书馆1961年版，第317页。

　　［加］詹姆斯·塔利：《陌生的多样性——歧异时代的宪政主义》，黄俊龙译，上海世纪出版集团2005年版，第88页。

④ ［法］孟德斯鸠：《论法的精神》（上册），张雁深译，商务印书馆1961年版，第310页。

包含有现代宪政主义思想的宪法，否则就不能称其为宪法。① 于是作为特定文化的一部分，具有远古性、合理性、从未间断的、在生活中对人们的行为构成实际约束的习俗、风俗和习惯，理所当然地被限制、排斥。其中的情形正如同加拿大学者詹姆斯·塔利所分析的那样：那种认为"法国仍然是由各种法令规章与社会习俗所构成的地方联盟"，任何成文宪法都必须承认由习俗所体现的古老的文化歧异性，"并由此迁就宪法的歧异性"的观点，在《人权和公民权利宣言》产生之际以及其后遭到了摒弃。② 相反，那种认为"宪法是依据抽象原则，由文化同质之人民的意志所创造出来的明示协议"的观点得到张扬，成为正统的宪政理念。③ 同年，美国将现代宪政主义的一整套理论和实践照搬过来（包括 17 世纪在英格兰形成的制衡学说和 1688 年光荣革命后建立的制度），产生了人类历史上第一部宪法，从而开始将现代宪政主义用进步理论限制已有的习俗、习惯和风俗的所谓正统宪政观念在全世界加以推行。

那么，宪法是否应承认已有的习俗？詹姆斯·塔利为此追溯了古希腊和古罗马关于宪法的概念，他考察后得出的结论是："古希腊文中所谓的基本法，'nomos'一词意指人们同意的规范以及已成习俗的律则。西塞罗将古希腊文中的'politeia'（政制、宪法）译成'constitution'，他以这个词指涉传说中的立法者所建立的基本法规以及依循人民过去之惯常生活方式而订立的适当协议。"④ 这与现代宪政主义所强调的宪法是人民同意的协议似乎没有实质性的冲突之处，为什么习俗等就不能视为人民同意的协议而被

---

① 《人权和公民权利宣言》第十六条规定：凡权利无保障和分权未确立的社会，就没有宪法。

② 《人权和公民权利宣言》是法国国民议会辩论的结果，当时西哀士的提案获得成功，该提案否认现有的传统和生活方式应得到宪法承认的观点，主张用现代的意志、理性和协议，将一套新的社会形式加诸己身，强调宪法是人民经过协商而达成的成文规范。参见［加］詹姆斯·塔利：《陌生的多样性——歧异时代的宪政主义》，黄俊龙译，上海世纪出版集团 2005 年版，第 88 页。

③ 参见［加］詹姆斯·塔利：《陌生的多样性——歧异时代的宪政主义》，黄俊龙译，上海世纪出版集团 2005 年版，第 89 页。

④ 同上书，第 61 页。

宪法承认呢？事实上，在生活中相沿成习、自然形成的习俗若被反复适用，这实际上证明其已经经受住了人们的理性考量，习俗不是因为存在而合理，而是因为合理而存在，存在本身就说明其得到人们的同意，具有法的权威性。因此，法律不仅不应该排除习俗，还应该承认习俗。更何况，源于特定生活方式的习俗本身代表了社会的一种保守价值，其存在的理由不仅是因为约定俗成，更是因为"习俗通过保持社会场合下的行为方式而有助于社会保守。没有一个社会能够敢于忽视社会保守。当变化在进行时，只有至少大体维持部分的生活方式以其既有形式不变，一个社会才能吸收变化。"① 可见，那种以进步为目的排斥习俗的做法，根本就是与进步相悖的南辕北辙的行为，不仅将一个社会同自己的文化传统生生地割裂开来，而且动摇了一个社会"吸收"变化的基础，让其无所适从。西方现代宪政主义不顾已有的习俗规则、强行在不同文化中推行其正统宪政理念的观点，带来的更多的是不解、困惑、迷茫，包括利用人权公约的方式。② 因此，作为基本法的宪法至少应该给予习俗最起码的"承认"，尤其是对国内不同文化的习俗。在这方面，阿奎那的话更直接（其非常赞成西塞罗的观点）："法律最初是从自然产生的；接着，被断定为有用的标准就相因成习地确定下来；最后，尊敬的神圣又对这一从自然产生的并为习惯所确定的东西加以认可。"③ 宪法应该充当认可习俗的"尊敬的神圣"，遗憾的是，在自己所创立的抽象人民的所谓理性、意志和明示协议面前，因为执著于进步的理念，习俗被认为是一种束缚，被现代宪政主义强硬地排挤出了宪法。一路高歌猛进的现代宪政主义似乎忘了一点，孟德斯鸠之所以在《论法的精神》中不厌其烦地细陈不同社会之间风俗道德的差异，就是想告诫人们一个事实："建立一套自然法（即事物本质的必然关系——笔者注），只要检视人类生

---

① ［英］A. J. M. 米尔恩:《人的权利和人的多样性——人权哲学》，夏勇、张志铭译，中国大百科全书出版社 1995 年版，第 138—139 页。

② 正如 A. J. M. 米尔恩对此的评论:"人权公约提供了一种理想标准"，这对不同文化的群体而言"无疑乌托邦"。参见［英］A. J. M. 米尔恩:《人的权利和人的多样性——人权哲学》，夏勇、张志铭译，中国大百科全书出版社 1995 年版，第 3 页。

③ ［意］阿奎那:《阿奎那政治著作选》，潘勤、谢鹏程译，商务印书馆 1963 年版，第107 页。

活中那些规律发生的模式即可，不必说其中有一个神在立法，更不必说这些是哪个人所立的法；相反，人间立法者如果违反这些自然法则，徒然害人害己。"①

3. 现代宪政主义排斥个体文化身份和文化多样性的哲学基础

（1）一元论思维与欧洲中心主义的结合。欧洲思想传统中一直有一种一元论的思维，伯林称之为"柏拉图式理念"，这种思维认为：如同在自然科学中一样，所有关于社会的真命题只能有一个正确答案，只存在一个可靠的途径来接近这个唯一的正确答案或真理；虽然可能由于某种障碍如人类的智力或自然因素的影响，人类可能暂时不能发觉这唯一的正确答案，但并不妨碍正确答案的客观存在。不仅如此，所有关于社会真命题的若干正确答案之间彼此一定协调、包容，社会也由此构成一个和谐的完美整体。将这种一元论思维运用于文化、文明的考察中，必然得出一个结论，那就是社会必然存在着某种完美的、可称之为文明的生活方式，且这种生活方式是能够消除人类各种矛盾、将人类引向幸福生活的唯一路径。如此，人类所面临的各种难题就简化为如何寻找这一唯一途径的单一问题。

于是，抱着寻求唯一正确的、能适用于任何人和任何地点的科学答案的目的，现代宪政主义缔造者洛克用"政治社会"的标准来筛选人类的各种生活方式，从中确立了唯一正确的、完美的生活方式，那就是基于欧洲文化产生的、被称之为欧洲文明的欧洲生活方式。可为什么偏偏就是欧洲生活方式呢？这其中不得不提及欧洲文化至上主义的至深影响，只有把一元论思维与欧洲文化至上主义结合起来，方能解答其中的"玄妙"。

欧洲文化至上主义是西方文化一个不自觉的前提。文化大抵都是以自我为中心的，在不同文化开始接触的初期，每一种文化都认为自己是更优越的，只是在持久的文化冲突中，得势一方的这种观念才能保持下来，欧洲文化即是如此。从17世纪开始，在欧洲文化与其他文化包括北美土著人文化、非洲文化以及亚洲文化等全方位的接触和冲突中，欧洲文化成为"得势"的

---

① ［美］约翰·麦克里兰：《西方政治思想史》，彭淮栋译，海南出版社2003年版，第363页。

一方。这其中，除却武力征服外，在理论上，现代宪政主义的缔造者洛克功不可没，其提供的"政治社会"模式成为一个检验社会文明程度高低、文化构成优劣的基准，从而将非欧洲文化淘汰"出局"，在构建现代宪政主义的同时，成就了欧洲文化至上的地位，同时也塑造了现代宪政主义排斥个体文化身份和压抑文化多样性的帝国性格。

在洛克看来，人类最初都如同北美的印第安人一样，生活在一个"自然状态"之中，"世界最初就是北美式的"，[①] 寓意即在此。"自然状态"虽然美好，但其有显而易见的三个缺陷，包括："缺乏一种确定的、规定了的、众所周知的法律，为共同的同意接受和承认为是非的标准和裁判他们之间一切纠纷的共同尺度"；"缺少一个有权依照既定的法律来裁判一切争执的知名的和公正的裁判者"；"缺乏权力来支持正确的判决，使它得到应有的执行"。[②]洛克由此推断出，出于财产与安全的考虑，人们很快会被迫加入社会，放弃自己的自然权利，交给他们之中被指定的人来行使，"政治社会"得以产生。因此，"政治社会"是比"自然状态"更为高级和进步的一种社会形态，其间的生活方式自然更文明，采用这样生活方式的社会才能称之为文明社会。而判断"政治社会"的标准有两个：一是是否有一个政府"能进行任何认为能恰当地保全自己即全人类的行动的权力及惩罚违反自然法的人的权力"；二是是否存在"普遍的法律和法院"[③]，依照这样的标准，唯有当时的欧洲社会基本能进入文明社会的行列。洛克本人有长期在北美担任殖民地官员的经历，对有着不同于欧洲文化的北美土著人——印第安人的生活方式非常了解，但是基于"政治社会"的标准，洛克非常"客观"地将不同于欧洲文明的土著社会排斥在"文明社会"之外。可见，洛克构建的"政治社会"理论中不承认文化的多样性，排斥其他非欧洲文化，不知不觉地贯穿了一种欧洲文化至上主义的理念。实际上，不只是洛克，在现代宪政主义的形成过程中，其他许多诠释自由主义的思想家在面对与欧洲文化迥异的异文化时，也在潜意识里张扬了欧洲文化至上主义理念，其中包括自由主义大家密尔等，

---

① ［英］洛克：《政府论》（下卷），叶启芳、瞿菊农译，商务印书馆1964年版，第31页。
② 同上书，第77—78页。
③ 同上书，第80页。

即便是康德也不例外。

有人可能辩解称，现代宪政主义不是刻意地不承认非欧洲文化的异文化地位，而是根本就将"文化"排除在外，是一种"文化中立"。如洛克的"政治社会"并没有特别指明欧洲社会才是"政治社会"，理论上，任何符合"政治社会"标准的社会都可以称之为"文明社会"；康德关于"人是目的而不是手段"的论断，使现代宪政主义确立了推崇个体价值的原则，这里的"人"应该就是带有普遍意义的、不具有任何文化背景的人。从表面上看，似乎就是如此，进一步考察则不然。洛克的"政治社会"标准不仅仅是在欧洲尤其是在英国能找到对应的模式，而且洛克还在进一步描绘其理想的文明社会时断定"文明社会的管理者应该是基督徒"①，因为只有基督徒才能领会上帝的神圣法则。虽然康德认为："人，总之一切理性生物，是作为目的的本身而存在的，并不是作为手段给某个意志任意使用的。"②但此时的"人"却被仅仅规定为接受欧洲文明的人，其他有着迥异于欧洲生活方式的人则被排斥在外。康德在《优美感和高贵感》（ Observation on the Feeling of the Beautiful and Sublime ）一文中，曾用味同嚼蜡般的"诗意"去描绘法国人是怎样的，英国人具备什么样的气质，意大利人又如何等。而在康德的眼里，德国人无疑最具有美好与崇高的情感，"虽然在优美上德国人不及法国人，在高贵上不及英国人，但从优美感和高贵感的结合来看，因德国人不至于陷入两种情感的极端，因此德国人无疑是二者的最佳结合"③。从不同的角度来看，康德的观察或许有道理，或许基本上属于无稽之谈，但由于康德在总体上对欧洲人采取了一种褒奖的态度，如赞美法国人的优雅、礼貌，英国人的高贵，意大利人在音乐、绘画、雕塑和建筑方面的天分等，因此对欧洲人而言，即便属于无稽之谈也无伤大雅。但是，当康德的描述对象转为非欧洲人，尤其是非洲黑人时，情形就迥然不同了。

①　*Letter of toleration* 36.

②　北京大学哲学系外国哲学史教研室编译：《西方哲学原著选读》（下卷），商务印书馆1982年版，第317页。

③　Immanuel Kant, *Observations on the Feeling of the Beautiful and sublime*, translated by John T. Goldthwait, Berkeley, Los Angeles, London: University of California Press 1960, p.98\10.

康德赞成休谟的观点①，认为不管是奴隶身份还是自由身份，没有一个黑人显示出科学、艺术或其他值得称赞的才能，而与此同时，即便是欧洲的下层民众都能通过努力赢得世界的尊重，造成这种差别最根本的原因在于：

"（欧洲人与非洲人）两个种族的不同，肤色的区别决定了智力的差别。流行于非洲人之间的关于一系列微不足道的事物的盲目崇拜也许就是他们天性的一种表露。鸟羽、牛角、海螺以及其他诸如此类的平常玩意儿，只要被敬奉就立刻变得神圣，并用咒语来召唤。黑人是自负的，因此，多说一句，黑人应该用鞭打来迫使他们彼此分散。"②

康德的这番论述在字里行间无不透露出对异文化和异文化群体的一种不信任、不认可、贬抑甚至蔑视，欧洲文化至上主义已经不是潜意识的问题了，而是演变为文化优越论、种族优越论，将接受和浸润欧洲文化作为平等的自由人的前提。尽管支撑现代宪政主义的自由主义认为，"一个人只要保

――――――――

① 休谟认为："我怀疑黑人天生就比白人劣等。那种肤色的人几乎没有一个是文明的民族，个人也是如此，不管是在行为上还是在思想方面。黑人没有制造业、艺术和科学。相反，即便最粗鲁、最野蛮的白人，如古代的德国人、现在的彪悍人（Tartars），仍然有其突出之处，如他们的英勇、他们的政府形式以及其他方面。黑人和白人之间差异的普遍性和持久性，只能说明这种差异是天生的，黑人天生就是劣等的。不用提及我们的殖民地，在欧洲到处都是黑人奴隶，他们中间没有一个人显示出灵巧的迹象。即便是没有受过教育的下等（白）人，也会在我们之中崛起，在各行业凸显自己。"随后休谟还列举了一个牙买加奴隶的例子，认为其展示的语言才能不过是"鹦鹉学舌"罢了。

需要说明的是，休谟本人是反对奴隶制的，其文章的本意是探讨气候等物理因素和政府结构等道德因素对于民族性格的影响。他已经充分地注意到文化与民族特性的关系，为此还特别细致地对比了帝国文化之下的中国人、小政府之下的雅典人、处于分散状态的犹太人以及同质文化下的英国人的个性的不同。对于本质上同属于欧洲文化的理解，如雅典文化等，休谟的解释值得信赖。但遗憾的是，在理解和解释非欧洲文化时，休谟仍然没有摆脱当时的观念，将一种特殊的文化群体的价值观即欧洲文化的价值观作为普遍的标准，用来衡量其他文化群体（非欧洲文化群体）的价值观，得出的结论自然不仅经不住推敲，而且与其反对奴隶制的观点似乎也相左。实际上，只有在进入一种有意识地"迷失自我"的状态时，一个人或群体才能对另一文化进行比较客观的理解和解释。休谟在理解和解释非洲文化时，显然没有达到这种境界，相反在其欧洲文化背景下的"自我意识"还表现得特别强烈。Cf. Hume, *Dvide, Essays, Moral, Political and Literary*, edited and with a foreward, notes and glossary by Eugene F. Miller, Indianapolis: LibertyClassics 1985, p. 208，note 10.

② Immanuel Kant, *Observations on the Feeling of the Beautiful and Sublime*, translated by John T. Goldthwait, Berkeley, Los Angeles, London: University of California Press 1960, pp.110-111.

持说得过去的数量的生活的常识和经验，他们自己规划其存在的方式总是最好的，不是因为这种方式是最好的，而是因为它是自己的方式"①，但这种规划和选择的前提却是接受欧洲文化的洗礼，其他非欧洲文化被视为劣等文化，浸润在其中的个体被认为尚未达到完全的理性，自然也缺乏这种规划和选择能力。因此，他们不能被作为平等的自由人来对待，即便是确立他们在法律上拥有与其他将欧洲文化作为既定文化的个体一样的权利，在他们的劣等文化所造就的非理性或不完全理性的状态中，他们实际上也不可能真正去行使这样的权利、体会和理解其中的意义。这种观点中荒谬的逻辑如同伯林所总结的那样："只有当我是真正理性的时候才是真正自由和自我控制的；而既然我自己可能并不是充分理性的，那么，我就必须服从那些的确是理性的、不仅知道对他们自己什么是最好的而且知道对我什么是最好的人的指导，他们将指导我遵循最终将唤醒我真正的理性自我的路线，将这种自我置于自己的看管之下——这是自我的真正归宿。"② 在这种逻辑下的结果是，基于文化的区别，印第安人作为野蛮人不被包括在具有理性的自由人之中，奴隶作为不同于前者的"其他人"被作为"五分之三"个人对待。③

（2）普遍的"科学"标准。客观地观察，虽然在西方现代宪政主义构建过程中，一些宪政思想家的欧洲文化至上主义以最为极端的种族优越论来体现，但总体看来，现代宪政主义并没有采取这种粗劣的方式，相反其以一种最温和的、最不易让人察觉的所谓"科学"的观念自居，将现代宪政主义在特殊的历史环境下发展形成的特殊社会现象、制度装置、价值观念、生活取向，作为具有普遍意义的行为准则在其他文化领域内强制推行。

现代宪政主义形成之际，也正值自然科学的辉煌时期。于是，那种认为通过坚持科学的运算和推理，人们就能获取唯一正确答案的观点得到张扬，

---

① ［英］约翰·密尔：《论自由》，许宝骙译，商务印书馆 1959 年版，第 80 页。
② ［英］以赛亚·伯林：《自由论》，胡传胜译，译林出版社 2003 年版，第 326 页。
③ 1787 年《美国联邦宪法》第一条第二款第三段规定了众议院代表名额分配的依据：众议院人数及直接税税额，应按联邦将包括的若干州的人口数目比例分配，此项人口数目的计算法，应在全体自由人 —— 包括那些受契约约束的仆役若干年限的人，但不包括未被课税的印第安人 —— 数目之外，再加上所有其他人数目的 3/5。

形成了理性主义思潮。现代宪政主义在某种意义上也是这种理性思潮的表现。在理性主义看来，既然科学能将看似混沌的自然之物组成一个单一的、连贯的、井然有序的系统，生物学、物理学、天文学莫不揭示了科学在这方面的成效，人和人类事务作为自然的一部分，有什么理由排斥这种科学的方法呢？其中的逻辑就像伯林所分析的那样："首先是用科学的手段去找出人是由什么东西构成的，他的成长需要什么东西，有什么东西让他感到满足。发现人是什么以及人需要什么之后，接下来就该问，在哪里能够找到这些东西；然后，运用一些适当的发明和发现，以满足人们的需要，借此就可以获得（假如不算十分完美的话）至少是获得比目前所取得的更加幸福和更加理性的状态。"①

不仅如此，将科学置于神坛上的理性主义还认为，科学之所以成为科学，就在于它具有普遍的、永恒的和一成不变的正确性，一句话，无论在何时、何地、针对任何文化背景的人，其都是适用的，能一劳永逸地彻底解决真正的问题。由此，根植于欧洲文化的现代宪政主义就被奉为这样一种能让人进入完美社会的"科学的发现"，理所当然地将欧洲某个特定的社会作为人类社会的理想模式，认为代议制政府、多数者统治的形式、权力分立下的中央集权式的组织架构以及强制的律令等，既是一部宪法必备的基本特性，也是克服贪婪、怯懦、恐惧、无知、迷信、偏执等阻挡人类进入一个完美社会的唯一"灵丹妙药"，现代宪政主义在美国的成功更是强化了这种认识，宪政学家们都前赴后继地成为散布这些"灵丹妙药"的信徒。如康德虽然谴责欧洲帝国对土著人赤裸裸的武装征服，但不否认战争和欧洲的贸易对土著人带来的农业和商业文明，甚至认为因为欧洲的贸易有助于传播欧洲的宪政观念，因此在土著人不友善时，欧洲国家也有保护其商人的权力。通过其所推崇的和平贸易方式，康德认为现代宪政主义的宪政观念可成为构建文明与进步社会的普世标准，即"依照这种方式，世界上彼此相隔遥远的地区彼此间能够建立和平之关系，这种关系终将变成公法上的事务，而全人类也可因

①　［英］以赛亚·伯林:《扭曲的人性之材》，岳秀坤译，凤凰传媒集团、译林出版社2009年版，第37页。

此接近普世宪法的理想"①。

　　将源于欧洲文化的生活方式当成诠释人类生活之终极目的的基准，这一行为在客观上就使得其他文化群体处于一种尴尬的地位，这不仅是因为现代宪政主义将本身具有特殊价值取向的观念和制度模式作为科学的标准用来衡量其他文化，就连"现代"等时间划分本身也是欧洲文化的产物，即"所谓'前现代'、'现代'、'后现代'的区分，不仅在人类历史的长河中是极短暂而相对的，而且具有强烈的西方文化背景，带有强烈的主观和便宜行事色彩"②。采取这样的"科学"标准，使得处于其他文化的人们只有两种选择，要么不接受现代宪政主义对自己文化属于"劣势"或"前现代"的定位，继续承受被边缘化的结果；要么接受欧洲文化，将自己文化同欧洲文化的"差异"当成一种"缺失"，而只有承认"缺失"才有可能进入文明与进步的社会。于是，执著于构建文明与进步社会的美好愿望，原本是西方文化产物的现代宪政主义被当成一种普遍的、共同的、永恒的、科学的标准，认为唯有依照这个标准并遵从其所确立的一种别无二致的途径即制定宪法，人类才能从无知到有知，才能走出迷茫和天真，把握真正的目标和价值，达到幸福生活的彼岸。其中的情形有人总结如下："洛克、康德、贡斯当以及他们的信徒们，将欧洲社会的规模与宪政制度的构成的程序作为标准，并且坚持认为，代议政府、多数者统治的形式、中央集权的组织结构，以及强迫服从的律令等，都是一部现代宪法所必须具备的基本特性。"③现代宪政主义的帝国性格得以成就。

4. 创制的误区——现代宪政主义否认个体文化身份的路径

　　在希腊文中，宪法（nomos）的本意是指已经成为习俗的规则，西塞罗在对"constitution"一词的释义中认为，其包含传说中立法者所建立的基本

---

　　①　Immanuel Kant, *Idea for a Universal History with a Cosmopolitan Intent and Perpetual Peace: A Philosophical Sketch, in Perpetual Peace and Other Essays*, tr. Ted Humphrey, Indianapolis: Hackett Publishing Company 1983, pp.118-119.

　　②　夏勇：《法治之源》，中国社会科学文献出版社 2003 年版，第 247 页。

　　③　［加］詹姆斯·塔利：《陌生的多样性——歧异时代的宪政主义》，黄俊龙译，上海世纪出版集团 2005 年版，第 201 页。

法规以及依照人们过去的惯常的生活方式所订立的适当的协议。可见，追溯宪法的词源，"承认"尤其是"承认本已成为人们习俗的规则"，虽然不能作为宪法的唯一形成路径，但也绝不能被武断地排斥在形成路径之外。不幸的是，在关乎宪法的形成路径方面，在"创制"和"承认"两者之间，现代宪政主义更青睐前者，甚至将"创制"与"承认"相对立，将习俗、风俗、习惯与经过理性思考后人为制定的规则相对立，认为只有不受那些习俗的束缚，完全享有通过"创制"的宪法所赋予的权利，人们才能真正握有自由。即在现代宪政主义看来，"承认"那些已经存在的习俗会妨碍那种人们依据理性、经过精确计算所建构的理想社会蓝图的实现。如勾画现代宪政主义轮廓的潘恩曾宣称："时代期待我们通过制定一部最为高尚、纯洁的宪法去再次开辟整个世界。"① 托马斯·杰佛逊同样相信这种让美国人摆脱历史的"创制"路径，认为："我们得到了一处祭坛，在这里我们将写上我们意欲的东西"，因此，没有必要，"没有机会查阅那些发霉的历史记录，也没有机会使用半野蛮的祖先的那些法律和制度"。② 于是，在排斥"承认"的"创制"下，现代宪政主义的"代表作"——美国宪法被视为以往二三百年来最伟大的"发明"，在针对"分权"、"联邦"等麻烦问题的解决上，其功用与一种新的药物、一种新的治疗方法无异。并且基于其中所蕴涵的科学性，这种伟大的"发明"理所当然地应被世界各地复制、仿效、运用。

在宪法的形成路径上，"创制"只是其中的一种，但不是唯一的一种，更不可能是"承认"的对立。实际上，"承认"所认可的习俗等规则在权威上也许高于至少不亚于"创制"规则的权威。理由很明了，各种文化因素，包括习俗、习惯等规则以及某种特定生活方式的存在与流传本身，不仅揭示了其中的合理性，更是表明其已经经过人们理性的谨慎判断，得到人们的同意，因此，这些规则和生活方式本身就具有相当的权威性。这其中的情形正如阿奎那所表述的那样，人民的生活习惯事实上具有法的权威，因为这些习惯表现了自由人的同意，若缺乏人民明白表示的协议，统治者便不能更改这

① ［美］肯尼思·W. 汤普森编：《宪法的政治理论》，张志铭译，生活·读书·新知三联书店1997年版，第23页。
② 同上书，第24页。

些习惯。① 可见，"创制"更确切的含义应该是一种改革，这种改革不是同过去一刀两断的决裂，而是一种谨慎的探索，其中的谨慎性就体现在对于不同文化、不同特点的包容上，体现在对包含不同习俗、习惯等在内的不同生活方式的认可上。

实际上，1787 年的美国宪法也并非无根无基，完全与过去不相关。相反，据考察，美国宪法是以 1760 年和 1787 年间的英国宪法作为样板，同时也从各种理论、学说中受益，洛克、孟德斯鸠的分权和制衡理论、休谟关于人性是一个利己恶人的假设、伯克关于"英国人特许权利"的论证、布莱克斯通在《英国法释义》中关于普通法和衡平法的先例等，无不在美国宪法中留下可以寻找到的印迹。② 美国宪法可以被视为若干世纪的英国经验的健壮根系中的一个"分支"，只是这个"分支"在排除"承认"的宪法形成路径上，比其"母系"更为彻底，英国至少还在《自由大宪章》中采取承认方式，认可了久已存在的、具有合理性和强制力的限制王权的习惯③，并且随着美国宪法的成功实施，这种排除"承认"的宪法形成模式被现代宪政主义

---

① Cf. Thomas Aquinas, *Summa Theologiae*, Ⅰ-Ⅱ, Q.97,aa.3, in S. *Thomas Aquinas, on Law, Morality and Politics*, ed.William P. Baumgarth and Richard J. Regan, Indianapolis: Hackett Publishing Company 1988, pp.79-80.

② 麦迪逊关于制宪会议的讨论摘记和《联邦党人文集》，被认为是研究美国宪法所蕴涵的各种理论和学说的主要依据。其中洛克、孟德斯鸠、休谟等人的理论在辩论中被引用。虽然上述两份文献没有提及伯克，但 1787 年美国宪法与伯克关于什么才是一部好的宪法的观念惊人地一致，不直接公开引用伯克的理论是出于一种谨慎，其中包括伯克不赞成《独立宣言》。至于布莱克斯通，由于制宪会议上的代表中的半数是律师和法官，他们更注意解读布莱克斯通。具体论证参见［美］拉塞尔·阿莫斯·柯克:《保守主义传统》，载于［美］肯尼思·W.汤普森编:《宪法的政治理论》，张志铭译，生活·读书·新知三联书店 1997 年版，第 42—53 页。

③ 许多学者将英国 1215 年的《自由大宪章》奉为第一宪法性文件，认为这一贵族与王权斗争的产物具有限制权力的性质，是西方现代宪政主义的源头。其实，《自由大宪章》中所包含的限制王权的内容，只不过是对英国习惯的一种承认，并非许多学者所想象的是依据现代宪政主义的限权理论所创制的。之所以出现这种偏差，有人认为是出于一种所谓的"宪政主义学术倾向"，即采取一种逆推或回溯方式，用近代政治图景为样本去裁量中古世纪的社会现象，结果是"常常放大残留在中古社会中的日尔曼原始民主制度的观念和习俗"。具体论证参见孟广林:《英国封建王权论稿——从诺曼征服到大宪章》，人民出版社 2002 年版，第 5 页。

奉为正统。

其实，作为西方现代宪政主义重要奠基者的美国制宪者们没有注意到，他们在关于美国宪法的辩论中最为仰仗的思想家孟德斯鸠①早就以非常谨慎的态度观察到基于文化与制度不可分离的关系，认为"承认"业已存在的习俗、习惯应为制度形成的主要路径。也许是因为将精力过于集中在如何瓜分新生的国家权力这块蛋糕上，也许是出于一种美好愿望，即通过运用意志、理性、协议，就可以将一套新的社会形式强加于己身，从而开辟一个新的世界，制宪者们及其门徒从孟德斯鸠那里只看到分权与制衡，看到其对集权的担忧，没有看到孟德斯鸠关于最完美政府的著名定义："用最适合人们的风俗和倾向的方式来统治他们的政府是最好的政府"②；没有看到孟德斯鸠在其《论法的精神》中一再强调的那种"法的精神"，法律"应该适应它们为之而被制定的人们，假如一国之法适用于另一国，那主要是一种巧合……它们应该适应一国的自然条件，适应它的气候，不管它是寒冷、炎热还是温暖；要适应它的土壤的性质，适应它的状况和幅员，适应其人民的生活方式，不管他们从事的是农业、畜牧还是狩猎。它们应当适应适度所能承受的自由程度，适应其居民的宗教、他们的嗜好、他们的财富、他们的数量、他们的商业以及他们的风俗习惯"③；也没有看到孟德斯鸠所告诫的不同的文明有着各自独一无二的特点，"道德态度和习惯，以及各种生活方式，属于每个特定的社会，单靠批准法律或颁布法规，并不能打破这些道德和社会模式，而只会阻碍它们"④。由此，制宪者及其门徒在美国宪法的产生过程中，更多地运用了自法国大革命以来所风行的一种与"承认"和包容各种文化相对立

---

①　从麦迪逊关于制宪会议的讨论摘记和《联邦党人文集》上看，作为被求助的对象，孟德斯鸠被提及的次数最多。参见［美］拉塞尔·阿莫斯·柯克：《保守主义传统》，载于［美］肯尼思·W. 汤普森编：《宪法的政治理论》，张志铭译，生活·读书·新知三联书店1997年版，第42—53页。

②　［法］孟德斯鸠：《波斯人信札》，梁守锵译，商务印书馆2006年版，第242—244页。

③　［法］孟德斯鸠：《论法的精神》（上册），张雁深译，商务印书馆1963年版，第1—7页。

④　［英］以赛亚·伯林：《反潮流：观念史论文集》，冯可利译，译林出版社2002年版，第185页。

的"创制"模式，或称为革命模式，并将这种模式视为宪法的正统，冠之以"现代化"的称谓，由此开始了在世界各地建立高度一致的宪政体制的实验。这种实验经过欧洲殖民化过程中同类型体制的树立以及摆脱殖民统治后的新兴国家的仿效，不仅使得以美国宪法为样本的各种"宪法仿造品"相继问世，而且，不承认包容文化多样性的"创制"模式成为正统，全然不顾文化多样性下一个显而易见的事实：不同的社会显然追求不同的目标，这是因为它们各自"内在"的原理——文化对环境作出了不同的反应；人们在文化上彼此有多大的相似性，他们就在多大程度上有着相似的目标；他们之间的文化存在着多大的差别，他们的目标就相应地有多大差别。

再进一步考察不难发现，"承认"不同文化的习俗、习惯和惯例，这不仅是宪法应该采取的创制模式，实际上也是法律制度的来源。如同德国社会学家马科斯·韦伯早已指出的那样，正是中世纪法律创造了所有适合资本主义的法律形式，而这些法律则是在多样文化中产生的。①

三、少数人差别性公民身份和差别权利的宪法承认

——弥补西方现代宪政主义的"硬伤"

经验告诉我们，没有人能够比自己更清楚自己的利益所在。而对利益的认识也是一种文化性的，与个体的文化身份相联系，人总是在特殊的社会关系和特殊的角色之中定位自己，他们所继承的生活方式决定了什么是他们的利益。因此，西方现代宪政主义排斥个体文化身份、压抑文化多样性的做法，越来越受到人们的质疑。以加拿大为例，当加拿大前总理皮埃尔·特鲁

---

① 马科斯·韦伯在《经济通史》中论证："事实上，现代资本主义的一切特有的制度都不是归根于罗马法，无论出自私人债务或战争贷款的有息债券都起源于中世纪的法律，而在中世纪的法律中，德意志的法律观念也起了作用。同样，股票也起源于中世纪或现代的法律，在古代法律中还是陌生的，汇票也是这样。阿拉伯法、意大利法、德意志法和英国法都有助于汇票的发展。"参见［德］马科斯·韦伯：《经济通史》，姚增廙译，韦森校，上海三联书店2006年版，第214页。

多试图在《加拿大权利与自由宪章》中承认和肯定某种统一也是单一的加拿大宪法的认同时，有 10 个省份立刻宣称此种单一的宪法认同不可能"承认"各省份独特的文化，并因此提出了宪法修正案。魁北克政府更是宣称，此举建造了一个帝国式的重轭加诸于魁北克独有的文化，如法语和以《法国民法典》为渊源的民法文化，这一文化是几个世纪依赖魁北克法语群体与加拿大的英语群体长期互动中铸造出来的，因此必须修改宪章以承认魁北克地区的独特文化。而加拿大地区多达 633 个的土著民族则抗议此宪章不仅压抑他们的土著人文化，而且不承认他们的文化，包括土著人的语言、自治的形式和内部的以习俗为主体的法律规则等。此外，在以英语为主要语言的省份内，少数法语群体抗议他们的省份没有承认和保护其作为少数人的独有的地位；魁北克省内的少数英语群体对于魁北克之文化主张也存在相同的指控，即认为魁北克政府没有尊重和"承认"他们在法语区内作为语言少数人的差别权利。

因此，如何"承认"个体的文化身份以及容纳文化的多样性，已经成为现代宪政主义迫切需要弥补的"硬伤"，正如加拿大学者敏锐观察的那样："现代宪政制度是否能够承认，并进而调适文化歧异性？在我们进入 21 世纪的政治新纪元时，这是我们面临的最困难与最迫切的问题之一"①；而"承认"个体的文化身份与调适文化的多样性，"首要的问题在于我们应该采取什么批判态度或精神才能以公平正义的方式对待那些争取文化承认的各种要求"②。而这种文化"承认"就意味着在宪法中"承认"不同的文化具有同等的价值，"承认"少数人在文化上的"天然劣势"不具有当然的公正性，"承认"不同文化背景的个体可以依据自己的文化特点来参与政治，"承认"文化少数人群体基于维护和发展自己独特文化而产生的特别文化诉求，并在公民权利之外确立某些权利来满足少数人的这种特殊文化诉求。因此，弥补现代宪政主义的"硬伤"最后集中在一点，那就是承认少数人的差别性公民身份和由此产生的差别性权利。

---

　　①　［加］詹姆斯·塔利:《陌生的多样性——歧异时代的宪政主义》，黄俊龙译，上海世纪出版集团 2005 年版，第 1 页。

　　②　同上书，第 1 页。

国家通过立法给个体戴上统一的"面具",掩饰了个体不同的特质,从而形成个体统一的基本社会身份——公民身份。但个体基本的社会身份不仅经由国家等共同体形成,也由文化共同体铸就,是多重身份认同的同一。个体不仅是国家认同下的公民,也是文化识别下特定文化群体的成员。文化识别对于个体的意义就在于,其能满足个体完整自我认同的需要。如此,在公民身份中加入文化的因素,整齐划一的统一公民身份就成为"差别性公民身份",这种"差别性"体现在:个体所处的文化在国家共同体中的公共领域被反映的程度不同。其中,对于其所属的文化未能在公共领域得到充分反映的少数人而言,为肯定自己既定文化的价值以及促进文化的生存和发展,少数人自然产生一种长期的"额外文化诉求",体现为一种文化权利主张,即主张其特定的文化身份应得到他人和社会的"承认"和尊重,国家应采取包括各种补偿性规则在内的差别规则,使得他们能够维护、遵从和创造自己的既定文化。依靠统一的公民身份不能满足特定人的这种"额外文化诉求",理由在于:公民身份所表达的国家在文化上的"善意忽略"不能满足这种诉求,公民的基本权利也不能涵盖这种诉求。特定人"额外文化诉求"只能在承认"差别性公民身份"的基础上通过差别权利来实现。

1. 融入文化因素的公民身份

17世纪的德国哲学家赫尔德曾经说过,就像空气、水、食物等必需品一样,文化是人类的特有的需求。这种观点一直受到自由主义的批判。[①] 在自由主义看来,个人自由是"唯一真实的自由",是"真正的现代自由"。[②] 而要达到这种个人自由,让个人摆脱各种社会羁绊无疑是至关重要的,个人所处的文化背景、所依赖的生活方式,在自由主义者眼里也是一种束缚或羁

---

① 即便是对赫尔德的诸多关于文化的观点持肯定态度的伯林,也疑惑人类对文化认同的这种需求,他写道:"至少从亚里士多德以来,归属于一个易于确认的群体的需要,便被视为人类的一种自然要求:家庭、氏族、部落、等级、社会阶层、阶级、宗教组织、政党,最后是民族和国家,都是满足人类这种基本需要的历史形式。也许没有哪种形式像食物或住所、安全或繁衍后代一样为人类的生存所必需……"参见〔英〕伯林:《反潮流:观念史论文集》,冯克利译,译林出版社2002年版,第402—403页。

② 〔法〕贡斯当:《古代人的自由与现代人的自由》,阎克文、刘满贵译,商务印书馆1999年版,第38、41页。

绊。一言以蔽之，文化差异不值得考虑，独立、自由、平等的原子式的个人
才是摆脱各种羁绊、达到个人自由的前提条件，即便是强调个体非一致的个
性具有内在价值的密尔也是这样认为的。在某种意义上，排斥文化差异的公
民身份就是自由主义追求个人自由的一种产物。

　　根源于西方现代宪政主义的公民身份与自由主义有很深的哲学渊源，独
立、自由、能动、自治、平等、权利等自由主义的核心和基础性理念贯穿于
公民身份之中，其中的逻辑关系如下：首先公民不等同于臣民，后者是集权
体制下的产物，不自由、不独立、不平等，实际也不可能达到个人的自治。
公民是宪政体制下的产物，其经由能动的和秩序的力量可成为具有同等决定
能力或赞成能力的人，此处的能动和秩序的力量即为确立个人的各种权利义
务关系、个体与国家的基础关系。如此，个体的选择就成为一种可能，因此
公民身份就意味着一种选择的可能性，一种在宪法框架内自由选择的可能
性。具体体现为：在宪法框架内，个人享有同样的权利、履行同样的义务，
这意味着他们可以依据公民身份独立地、自由地、能动地以个人自治的形式
表达他们各自特殊的善的观念，并且他们各自的善的观念之间是平等的。可
见，自由主义的核心和基础性理念支撑了公民身份，由此公民身份也被视为
自由主义的核心组成部分，是自由主义的主题。

　　公民身份与自由主义之间的渊源以及其中所隐含的逻辑关系暗示了一种
观念，那就是其排斥个体因不同生活方式所形成的文化的差异，推行一种普
遍主义乃至世界主义。支撑公民身份的自由主义的核心价值理念——能动、
自治、自由、权利、平等以及诸如此类的种种理念都与人性有关，但此时的
人性又被抽象出来，与特定的生活方式、文化背景无必然的联系。按照自由
主义所定义的公民身份，一个人无论其身在何处，无论有着何种生活方式、
处于何样的文化背景，其只需要被确认为具有同样的资格和权利，并依照正
式的、普遍性的规则来约束他们的行为，即被确认为具有公民身份，都可以
达到自由主义确立的核心价值追求。既然每个人都有同样的资格和权利、都
遵循同样的普遍的规则，这就说明在一个国家之内，所有人都应该依据排除
了文化特质的公民身份被同样对待。换言之，因自由主义只是承认抽象的人
性，实际上也只假设了抽象的人性，那么在自由主义公民身份的逻辑范围内

思考，自然就会得出一个结论：当涉及所有人的资格、自由、平等时，没有在特殊的界线如群体或别的其他方面犹豫的合理基础。

如果公民身份是一种排斥文化差异理念的产物，目的是为了达到个人自由，那么接下来的诘问就是：文化是否是人的基本需求？文化与人的自由究竟有无联系？自由对文化的依赖关系是否成立？加拿大学者威尔·金利卡对此做了精辟的分析。

虽然金利卡也承认个人自由是"唯一真实的自由"，是"真正的现代自由"，这种自由体现在"对个人如何生活赋予了广泛的选择自由，容许人们选择一种关于美好生活的概念，然后又容许他们重新考虑这一选择，采纳一种新的、希望是更好的生活规划"，[①] 但不同于传统自由主义那种关于个人只有完全挣脱与社会的各种天然联系方能真正成为自由人的观点。金利卡认为，生活在某个社会共同体中的个人所依存的社会文化结构背景，对于个人的自由的获得至关重要，即"自由与文化息息相关，自由依赖于文化"。[②] 正是基于这种"自由与文化"之间关系的理解，金利卡提出，确立少数人差别权利不仅与个人自由不矛盾，而且还能促进个人自由，尤其是少数人的个人自由。

首先，金利卡论证了文化的含义。在他看来，文化应该是一种社会文化，"即这种文化给其成员提供了涉及整个人类活动范围的有意义的生活方式，包括公共领域和个人领域中的社会、教育、宗教、娱乐和经济生活。这种文化往往是建立在地域集中和共同语言的基础上的"。[③] 金利卡的社会文化概念不仅强调共享的记忆或价值，而且涉及共同的制度和实践。在这方面，他引用了德沃金的观点，认为一种文化的成员具有"一套共享的传统和约定的词汇表"，而这些"共享的传统和约定的词汇表"就是特定文化群体全部社会实践和制度的基础，要想了解一种社会实践或制度对于特定文化群体的意义，就应首先了解构成传统和词汇表的语言及其历史，惟其如此，才

---

① ［加］威尔·金利卡：《多元文化的公民身份——一种自由主义的少数群体权利理论》，马莉、张昌耀译，中央民族大学出版社 2009 年版，第 117 页。

② 同上书，第 111 页。

③ 同上书，第 272 页。

能洞察特定的生活方式对于特定文化群体的意义和价值。

在框定了文化的含义后，金利卡论证了文化对于个人自由的不可取代的重要性。首先，他认为人的个性和认同都受共同体文化的深层影响，文化构成了个人内在的独有的特征，它规定了"此人是谁"，文化是甚至永远是"人之所以为其人的组成部分"。① 不仅如此，作为选择背景的社会文化对于个人自由的意义更在于，其为个人提供了选择范围，使选择对于个人有意义。换言之，如果说个人自由是个人选择的自由，那么这种选择不可能在真空中进行；相反，必须在特定的文化中进行，而个人所处的社会文化构成了个人选择的背景。个人也就成为文化中的个人。② 更何况，享有自己的语言和文化，"被视为进行有意义的选择所需的能力得以实现的先决条件"。③

可见，就个人而言，排斥文化差异的公民身份在许多时候很可能不仅不能让个体想当然地摆脱各种束缚和羁绊，而且还会成为个体实现自由的障碍，因为其完全忽略了个体选择的文化背景，实际上让个体无从选择，或者失去选择的意义。联合国人权文件中关于"应当在国家及国际范围内尊重所有群体保持其本身文化特征的权利，以及其独特的文化生活的发展。各群体均有充分的自由来维护、酌情调整或丰富其认为是本民族特征本质的价值观念"④ 的寓意，也在于维持个体的文化背景，以充分实现个体的自由。如果考虑个体的文化背景，那么个体就应该是多重身份认同的同一，不仅是国家认同下的公民，也同时作为文化识别下特定文化群体的成员而存在。个体基本的社会成员身份是由国家等形式的共同体和文化共同体一起铸就而成。罗尔斯早就注意到了这两种"不同认同"的存在。公民身份表明了个人与国家之间的一种稳定关系，这种稳定关系体现在公民对于公家基本制度的认同和彼此之间相互承担的义务，罗尔斯称其为"公共认同或制度认同"，这是一

---

① Will Kymlicka, *Liberalism, Community, and Culture*, Oxford University Press,1989, p.175.

② 在关于个人的选择是在特定文化背景中的选择这一观点上，威尔·金利卡与耶尔·塔米尔等人有着类似的观点。塔米尔曾论证说，个人的选择不可能具有一个"凌空蹈虚"的视点。

③ ［加］威尔·金利卡:《当代政治哲学》下册，刘莘译，上海三联书店 2003 年版，第608 页。

④ 联合国 1978 年《种族与种族偏见问题宣言》第五条。

种"政治认同",表达了公民和国家之间的一种政治承诺。除此以外,公民还有一种"非政治的认同",这种认同体现在对于其所属的非国家形式的共同体的情感、依恋和忠诚,对于其所属的文化群体的信仰、哲学、道德理念方面的确信等。

如此,在公民身份中加入文化的因素,整齐划一地统一公民身份就成为"差别性公民身份"①,"差别性"就体现在:个体所处的文化在国家等共同体的公共领域被反映的程度不同,其所属的文化群体在公共领域的地位也不同。其中,按照成员的数量和其既定文化在一个共同体中的地位(后一标准比前一标准更为实质),可以将不同的文化群体划分成两类,即文化多数群体(也称强势文化群体)与文化少数群体。文化多数群体不仅指其成员的数量占据国家共同体的多数,更是指其文化在公共领域得到充分的反映,如语言被尊为官方语言,价值观被推为标准价值观等。少数人文化群体则是在一个特定的国家共同体中,与多数群体相比较,具有不同文化特征、分享不同文化信念的群体,包括语言、信仰、习俗等。少数人(minority)就是指少数文化群体及其成员,包括少数民族、族裔、族群等文化群体成员,以及移民文化群体成员等。

严格地说,在文化识别下,个体都具有文化群体的身份,相当数量的个体之所以感觉不到其文化群体成员的身份,是因为他们这种身份比较"隐蔽",根本原因在于他们属于多数文化群体的成员。多数人之所以成为多数,是因其文化在社会中得到充分反映,他们的语言直接或间接地成为公共语言,他们的历史成为国家历史的核心,他们的习俗与传统规则以法律的名义成为"游戏规则"让全社会的成员遵循,国家的各种制度中所蕴涵的核心价值观念是他们所持有和追求的价值观念。正是生活在这样一个处处体现自己

① 实际上,还有不少学者认为,个人在社会中的基本身份的多样性因素不仅体现在公民身份与文化群体身份上,还体现在其他身份上,并且分析了在多重身份下,个人的权利和义务的交错情形,如作为公民权利和作为族裔文化群体成员权利的交错,基本人权与公民权利义务的交错等。Cf. Iris Marion Young, *Polity and Group Difference: A Critique of the Ideal of Universal Citizenship*.Ethics,99/2. pp.254-274. 以及 Jennifer Jackson-Preece, The Role of Human and Minority Rights in Complex Power-sharing in Theory and Practice, Leiden Boston 2008, pp.632-635.

文化特质的社会中，习惯了这种存在的合理性，多数群体的成员才常常"健忘"了这样一个事实：他们在拥有公民身份的同时，实际上也拥有特定文化群体成员的身份，即同时作为多数文化群体成员存在，只是这两种身份在充分体现他们文化特质的国家中合二为一了。如此一来，"差别"仅仅是少数人所依存的文化与公共文化的差别，"差别性公民身份"就成了少数人的特称。

2. 差别性公民身份的额外文化诉求

虽说人是文化动物，文化像空气，是无处不在的，但这种无处不在的存在方式是针对整个人类而言的。对于少数人来讲，其拥有的公民身份实质上是差别性公民身份，这种身份暗示了其文化公共领域被反映的程度与多数人的文化有截然的差别。对于自己的文化在公共领域得到充分反映的多数人而言，他们的文化的确就像空气，使得他们能够在其中自由地"呼吸"。反观少数人，由于其文化同社会公共领域中被采纳的文化不同，这种不同甚至达到互不相容的程度，对他们而言，尽可能地"呼吸"乃至自由地"呼吸"自己的空气——文化可能就是一件奢侈的事情。由此，具有差别公民身份的少数人自然产生了一种长期的"额外的诉求"，是为肯定自己的文化价值以及自己所属文化群体的生存和发展而萌生的主张。因此，这种诉求是一种文化诉求，体现为一种文化权利主张，即主张少数人的文化身份应得到他人和社会的承认与尊重，国家应采取各种补偿性规则，使得少数人能够维护、遵从自己的既定文化。

基于这种文化诉求与差别性公民身份的必然联系，更基于这种诉求的特殊性以及与个体普遍性人权或一般人权的区别，少数人所主张的这种权利是差别性权利，是一种特殊人权。其中涉及语言、教育、家庭问题甚至移民方面的文化自治权利，习俗权利以及群体代表权利等。这种文化权利能给少数人的文化提供一个包容、宽松的发展环境，减轻其面临的来自多数人文化不恰当的压力，为其文化的生存和发展提供外部保护，以使处于同一政治共同体内的各种文化群体的文化都能最大限度地得到平等待遇，彼此尊重，从而最大限度地满足少数人按照自己的意愿、自己的选择进行生活的需求。这主要体现在：可减少个体因外界不恰当的压力而被迫脱离与其文化的联系的可能性；若个体想修改与其既定文化的联系，甚至自愿放弃其文化，这种文化权利也能为其融入另一个文化提供一种缓冲，最大限度地降低其在不同文化背景下选择的无所适从，维护其基本的自尊，使得个体在文化之间的变动不至于冲击到其"完整自我"的形成和认同。

关于个体乃至群体之间存在文化差异的观点正逐渐被人们接受，由此，不少人也认为，基于文化差异，少数人具有差别性公民身份，他们会对自身文化和所属文化群体的生存和发展提出权利诉求，因为一个显而易见的事实是："与一个以自己不认同的文化特性为特征的系统之间的疏离感，是个人痛苦与政治不稳定的持久根源。"①但纵然如此，也不一定就意味着要通过专门确立一种差别权利的方式来满足少数人"额外的文化诉求"，只须将其列入一般宪法问题或人权问题即可。这种主张的理由如下：

第一，基于人的感情和理性平等而设计的统一的公民身份不仅意味着个体与国家的一种固定联系，更意味着所有个体基于这种统一的身份都享有平等的、无差别的公民权利，国家对于所有的个体都一视同仁，承诺给予同等的保护。在国家共同体与文化共同体没有合二为一或在国家共同体内存在不同质文化共同体的情形下，刻意隐去文化差异是国家为维持中立而采取的一种"善意忽略"，以便用相同的标准、规则来对待每一个人，达到一种所谓的普遍公正。

第二，没有必要采取给某个群体贴上有问题、有特殊利益"标签"的做法来满足少数人的文化诉求，公民的基本权利可完全涵盖和满足少数人的这种权利诉求。②

下面来一一分析这些主张。

第一种理由中的"善意忽略"（benign neglect），是指在生活模式等有关文化的选择上，政府应该拒绝作出任何可能鼓励或不鼓励特定选择的事

---

① ［以］耶尔·塔米尔：《自由主义的民族主义》，陶东风译，上海世纪出版集团2005年版，第9页。

② 参见［英］亚当·罗伯茨（Adam Roberts）：《超越错误的民族自觉原则》，载于［英］爱德华·莫迪默、罗伯特·法恩主编：《人民·民族·国家——族性与民族主义含义》，刘泓、黄海慧译，中央民族大学出版社2009年版，第130页。

情。如就文化少数群体的语言而言，国家不应该承认、赞同或支持任何特定的语言或语言群体，或对他们的社会繁衍表现出很高的兴趣。换言之，在国家眼里，所有的公民都是隐去了文化特征、戴上了统一"面具"——公民身份的个体，国家对个体文化差异"视而不见"或"善意忽略"的目的，则是为了保持国家的中立，从而使各个文化群体的成员拥有平等的机会。但"善意忽略"无助于实现差别性公民权利下的额外文化诉求。

首先，公共领域不可能不接受、运用某种或某几种特定的文化，从而也就不能回避文化的差异性。那种认为基于对公共领域中权力设立、运作和监督的正义性和公平性要求，对任何文化特质都不应该刻意偏颇、支持、疏远的理论，忽略了一个基本事实，那就是文化从来就不限于私人领域，只有那些生活在充分反映自己文化的社会中的人才会有意无意地健忘这个事实。虽然在文化领域的个别层次有可能做到对某种文化特征的忽略，如政教分离。但即便如此，也不可能在整个公共领域做到对所有文化的"善意忽略"。国家可以不支持或不反对任何教会，在宗教上进行一种"善意忽略"，但国家不可能不实际支持或偏离某种特定文化，因为任何制度的建立和运用都不可能脱离特定的文化，"文化是制度之母"（哈贝马斯语）。以语言为例，国家不可能在公共领域不采用一种或几种语言。主张"善意忽略"学说的人常常举的一个例子就是美国，认为美国的文化尽管在总体上属于英语和新教，但"这种文化从未在象征或法律和政治中被实质地确立过"，"美国保持了民族的、族裔的、种族的和宗教的中立"。① 美国在宪法上不承认任何官方语言，这充分说明国家可以对群体的"语言、历史、文学和历法保持中立"②，如此看来，"善意忽略"似乎已经成为事实。实际情况又如何呢？首先就群体而论，美国采取了一系列的良苦用心来确保英语的主导地位，如"历史上州政府边界的划定和它们加入联邦的时间都经过了精心安排，以确保以英语为

---

① Michael Walzer, *What It Means to be an American*, New York: Marsilio Publisher Corp. 1992，p.9.

② Michael Walzer, 'Comment', in Amy Gutmann（ed.）Multiculturalism and the 'Politics of Recognition', Princeton, Princeton University Press, 1994, pp.100-101.

母语的人可以在美国联邦的 50 个州中都占多数"。① 更重要的是，长期始终如一的学校教育、移民政策均以英语为主导语言，更加巩固了英语实质上的"官方语言"地位，直接促进了盎格鲁-撒克逊文化作为多数文化的主导地位。此外，还有诸多政策的细节性规定也间接确立了英语的强势地位。如在国会中，议员们虽然名义上有权以自己所选择的语言作为发言用语，但甭指望议会提供翻译，这实际上间接地使英语成为立法中的官方语言。② 再进一步分析，因为任何文化都是特定价值观的反映和体现，因此其或多或少地都包含有一定的宗教信仰。由此，在一定程度上国家可以做到与宗教的分离，但实际上很难做到与某种信仰的绝对分离，尤其是与多数人强势文化中的信仰分离。加拿大的"主日法案"案件就是一个例证。1985 年，加拿大阿尔伯塔省的某家医药商场因违背联邦政府的"主日法案"规定，在星期日营业而受到该省政府的起诉，而该省上诉法院却在裁决中支持被告，理由是联邦政府的"主日法案"目的仅仅是为了保证基督教徒在星期日的宗教活动，这不仅违背《加拿大权利与自由宪章》关于宗教自由的条款，也没有履行加拿大保护多元文化的职责。因此，上诉法院认为，对于这种非出自世俗目的保障工作人员休息权利的条款，商场不必遵守。上诉法院的观点得到了加拿大最高法院的认可。这种种事例不仅仅说明国家无"官方语言"的虚伪，说明国家在宗教上中立的不现实，更说明包含语言、价值观、信仰、习俗等在内的文化特质本身就不能够被"忽略"，也不可能被"忽略"。理由很简单，维系一个共同体的存在，不可能不用语言、价值、信仰、习俗等，在公共领域中采用其中任何一种或几种语言、价值观、信仰或遵循某种习俗，这本身就表明了一种承认、赞同或支持的态势，虽然其或许不具备承认、赞同或支持的表面化形式。因此，就对待包括少数人的文化在内的文化而言，"忽略"是不可能的，"善意忽略"是

---

① ［加］威尔·金利卡:《少数的权利——民族主义、多元文化主义和公民》，邓红凤译，上海世纪出版集团 2005 年版，第 12 页。

② Cf. Alan Patten and Will Kymlicka, *Language Rights and Political Theory: Context, Issues, and Approaches,* Will Kymlicka and Alan Patten（edited），Language Rights and Political Theory, Oxford, Oxford University Press,2003, p.20.

一种错觉，抑或是自欺欺人的谎言。

其次，"善意忽略"理论将文化差异简化为个人之间的差异（复杂问题简单化的结果或许就是一种灾难）。许多理论不是不承认差异，而是将诸多差异均限定在个人与个人之间。如自由主义的多元是个体式的多元，指个体具有各自不相同的善的观念，差异也在此基础上形成。由此，文化识别下的"少数人"就演变成为同质文化中与多数个体持有不同观念的人，即密尔定义的"少数人"，但二者显然不是一回事。① 将本属于群体之间的文化差异简化为个体之间的差异，这实际上使少数人的文化在公共领域中被置于一种非常不公正的地位，即便是考虑到国家的慷慨和公正（如国家平等地将文化费用分配到每个公民手里），在进行文化投资和文化分配时，如支助语言教学、图书出版、历史研究、习俗研究等，少数人绝对处于劣势，因为其群体规模的缘故。"正义不承认许多人享受的较大利益能绰绰有余地补偿强加于少数人的牺牲"②，如果不承认少数人在文化公共领域内的这种"天然劣势"地位是一种牺牲，不认为这种牺牲是一种应该得到弥补的不公正，那么少数人将会萌生一种希望生活在他们能够构成多数的共同体中的愿望，而这种愿望的持久存在却能危及他们现在所属的国家共同体的完整。

更何况，将文化差异简化成个体之间的差异，这实际上等于否认了群体的文化差异，这样的结果使得多数人将少数人不可避免地推入一种尴尬的境地。原因在于：虽然对多数人而言，他们只是每天做自己的工作、按照自己的生活方式生活，完成自己分内的事情，但由于这些工作都在多数人的文化

---

① 在《论自由》中，约翰·密尔试图通过探讨"社会所能合法施用于个人权力的性质和限度"来论证公民的自由。在这里，"少数人"的概念就作为与"多数人"组成的"社会"或"集体"或"公众"的对立面来频繁地使用，指那些具有与集体、公众或社会的意见、或与某种得势观点或观念不一致的个体公民，少数不仅仅是在数量上的稀少，更实质地体现在其意见、观点乃或观念上的弱势甚至劣势。密尔的"少数人"实质上是同质文化中的"少数派"，与作为"多数人"的集体相对应。实际上，在密尔所生活的英国，其文化基本是同质的，不存在根据语言、信仰、习俗、价值观等文化差异来划分"少数人"的问题。

② ［美］约翰·罗尔斯：《正义论》，何怀宏、何包钢、廖申白译，中国社会科学出版社1988年版，第3—4页。

基础上进行，多数人的分内工作也就无时无刻不在演化着少数人的两难处境——要么接受同化，尽力融入主流社会（是否能成功还尚且未知），认同一种不同于自己的文化；要么继续接受边缘化的地位。实际上，"善意忽略"理论将群体文化差异简化为个人之间的差异可能引发的不良后果，已经被国际人权公约所关注。如力主以公民身份来实现社会中个体平等的《公民权利与政治权利国际公约》和《经济、社会与文化权利公约》分别在第二十七条和第十三条表达了在"善意忽略"理论下，以普遍公民身份掩盖文化差异的忧虑，强调承认例外的重要性。

再次，在"善意忽略"下，由于处于强势文化的地位，多数人几乎意识不到自己的主张、自己的价值观本身也属于特定文化群体的主张、特定文化群体的价值观，与其特定的经历、历史相联系；相反，"他们（强势群体）所表达的经验和规范，成为一种不具有立场、中立于文化群体的观点"③，具有普遍的意义，代表社会演变、进步的潮流。反之，那些具有不同经历、主张和价值观的少数文化群体之所以被边缘化，根本原因就是他们试图在进步的洪流中拼命地维护他们那可怜的、落后的观念。因此，在普遍公正的主导下，有必要制定统一的规则和标准，用所谓的"不具有立场、中立于文化群体的观点"将这些少数文化群体带入主流。其实，也许本来就不存在所谓中立的、独立于文化之外的观念，任何观念都是特定文化的产物或至少与特定文化相伴随而生，其他文化群体对其的理解必须依赖于一个"翻译"的过程，一个"文化翻译"的过程。而基于文化的平等，没有理由将产生于特定文化的观念强加到另一文化群体身上。事实上，如果不承认文化的平等、忽略文化的差异，即便是主张自由、崇尚人权的自由主义，也会走向自由的背叛，成为奴役他人的依据。④ 可见"善意忽略"下，无视群体文化差异的普遍公正的理想沦为了"同化的理想"

---

③ Iris Marion Young, *Justice and the Politics of Difference*, Princeton: Princeton University Press 1990, p.165.

④ 在欧洲历史上，自由主义曾经与"帝国理论"经历了长期的奇怪的"精神分裂症式"的结合和纠缠，这其中的一个重要原因就在于"欧洲中心主义"，不承认文化的平等，漠视文化的差异（Edward Said, *Culture and Imperialism*, New York, Vintage Books 1994, p.81.）。

（the ideal of assimilation），而同化的结果则使"'文化帝国主义'（cultural imperialism）成为可能"①。

第二种理由认为，公民的基本权利能涵盖少数人特定的文化诉求，因此，特别确立少数人差别权利毫无必要。这种观点忽视了一个事实，那就是基于少数人文化在国家公共领域的劣势地位，他们特定文化诉求的实践受到"外在制约"和"内在制约"的双重约束。

权利背后都有资源的支撑，资源的匮乏也能约束权利。少数人文化诉求的"外在制约"就是资源的分配问题。假设国家公正地将文化产品和文化上的投资分配给每一个个体，那么由于少数人人口数量的关系，他们在资源的分配中自然处于劣势。退一步说，即便没有人口数量上的限制，由于少数人的文化在公共领域内的劣势地位，在支撑他们实现自己文化诉求、享受自己文化利益的那些"隐性的资源"（如各种文化设施、诉讼体制等）方面，少数人又如何能与多数人相提并论？生活在自己文化得到充分反映的社会之中的多数人，他们确实依靠公民个人的基本权利就能够满足自己的文化需求，殊不知，这背后就有各种"隐性资源"的支撑，而这种支撑对于少数人而言情形却大为不同。因此，基于资源分配方面的"外在制约"，单纯依靠公民一般性的基本权利来满足少数人急需的、特定的文化诉求是不现实的。

而"内在制约"则体现在孤立的个体在实现文化权利、享受文化充分利益的能力方面受到限制，因为范围极为宽广的群体文化的各种表达，客观上需要一个共同体的存在，特定文化实践需要最低限度的参加者，并且还不局限于私人领域。以语言为例，如果将语言权利作为个体权利，毫无疑问，个体可以在任何场合运用自己的母语或本土语言来表达自己的主张，践行具体的文化活动。但是这种表达如果由于语言的问题得不到他人的理解（这种理解不是深层次的同情式的理解，而是指最为基本的理解——明白），这种表达又有什么意义呢？语言权利的实现需要一定的条件，首先需要突破内在

---

① Iris Marion Young, *Justice and the Politics of Difference*, Princeton: Princeton University Press1990, p.165.

的制约，即语言群体的制约。"自言自语"的方式虽然在时间和空间上不会受到任何限制，但这绝不是践行语言权利的唯一方式和常用方式（虽然这一方式并没有被排除在语言权利的方式之外），对话、交流才是语言运用最多的场合，这与人的特性有关。用泰勒的话说，"交流是人类最为基本的特征。我们之所以成为人，能够认同我们自己、定义我们自己，就是依靠我们丰富的人类语言的表达"。① 而交流也好，表达也好，都必须有交流和倾听的对象，而成为这种对象最基本的条件就是二者具有语言学上的共同语言，属于同一语言群体。在没有外部援助的情况下，不属于同一语言群体的人是无法交流的。这也是为什么有的人说一个民族至少有"两个人"② 的原因，两个具有共同语言的人才能组成最小的语言群体单位，语言的非"自言自语"方式的运用才能成为可能。进一步分析，虽然由两个人构成的语言群体在理论上使得语言的运用成为一种可能，但是由于涉及运用成本，问题就绝非如此简单。少数文化群体之所以成为少数，其人口数量是一个主要标准。如在加拿大，将少数人之一——土著人的语言作为日常语言的人口只占加拿大总人口的 0.42%（1991 年数据），更何况这其中又划分为若干亚语言群体，其中最大的语言群体的人口数量只有 50650 人，占加拿大总人口的 0.18%。这种人口数量造成的极小的语言群体规模，成为不少土著人实现语言权利所面临的内在制约。其中的情形如塔米尔所言："表达个人的民族身份的能力与该民族共同体的规模呈线性关系——存在一个关键性的规模。"③ 可见，由于这种"内在制约"，少数人的文化诉求不可能单纯地依靠公民一般的、普遍的、同一的个人权利来实现，需要在历史化、语境化的情境中采取差别性的措施来满足少数人不同的、特殊的、具体的文化诉求。与公民的基本权利相比较，差别权利虽然不能完全消灭少数人实现文化诉求的"内在制约"，但

---

① Charles Taylor, *Multiculturalism: Examining the Politics of Recognition,* Princeton, New Jersey, Princeton University Press 1994, p.32.

② 根据民族的核心为文化共同体的观点，有人认为，理论上"两个人只要拥有共同的文化，那么他们就属于一个民族"。这里"语言"是文化的主要标识。Cf. Gellner, E. *Nations and Nationalism*, Oxford: Blackwell 1983, p.7.

③ ［以］耶尔·塔米尔：《自由主义的民族主义》陶东风译，上海世纪出版集团 2005 年版，第 35 页。

如果运作得当，可最大限度地降低这种制约。

　　总之，赋予具有差别性公民身份的少数人差别权利，并不是否认公民基本权利，而是在肯定公民基本权利的前提下，基于文化平等的要求和文化差异的现实，依据特定公民的文化身份所采取的"积极歧视"，为的是弥补公民基本权利在维护个体文化利益方面的不足。这种"积极歧视"体现在在普遍公民身份下包容个体的特殊文化身份上，通过一种有意识的、积极的差别待遇来最大限度地改善少数人文化的劣势地位，满足其特定的文化需要，达到一种真实的平等。其中的情形正如加拿大政府所描述的那样："根据加拿大的经验，仅仅保护普遍的个体权利还是不够的，因为个体还是一定共同体的成员。"①

　　如果世界上的国家都建立在同质文化的基础上，那么就不存在任何关于文化识别下少数人的问题。但现实是，世界上180多个独立国家包含了600多个语言群体以及5000多个族群，即便是曾经被认为是同质文化的韩国，"多文化这个词在20世纪90年代也随着外国人口的流入而产生"②，差别性公民身份已成为一种普遍的事实。在此情形下，若我们真诚地相信个体的文化归属对于个体"完整自我"的形成和认同具有特定的意义，个体身份不仅由国家确定，也是由文化确定的，是文化提供了一种"框架或视界的承诺和身份规定，在这种框架和视界内我能够尝试在不同的情况下决定什么是好的或有价值的，或者什么应该做，或者我应当赞成什么或反对什么"③，那么，就应该承认少数人的差别性公民身份，并在公民基本权利之外确立少数人的差别权利，以将少数人所处的文化，包括其所属的特定的文化群体的存在与发展，视为个体的特定的需要而加以维护。

　　少数人的差别权利并不能直接减轻或消灭所有人的不幸，但对差别权利

---

　　①　Government of Canada, *Shaping Canada's Future Together:* Proposals（Supply and Services. Ottawa）, p.3.

　　②　［韩］崔京玉:《宪法视角的韩国多文化》,《第四届东亚公法学现状和发展趋势国际学术研讨会论文集》，第205页。

　　③　［加］查尔斯·泰勒:《自我的根源：现代认同的形成》，韩震译，译林出版社2001年版，第37页。

的承认与实现至少可以在相当程度上降低或减轻特定的人——少数人的不幸。在另一种意义上，少数人不幸程度的减轻或降低又何尝不能惠及所有人？那种所谓的为了绝大多数人的利益或福祉可以牺牲少数人的信念，可能造成灾难。原因很简单：虽说不能直接将其他群体、其他人的幸福等同于自己的幸福，但作为同一国家共同体的成员，其他群体及其成员的不幸所导致的不满、怀疑甚至敌视，终究会祸及自己本来的幸福。

第五章　少数人差别权利的实践

英国功利主义法学的创始人边沁曾这样评价他之前的法学家："洛克——枯燥、冷峻、干瘪乏味，但能流芳百世；孟德斯鸠——头脑敏锐，辞章华丽迷人，但名声不会超过他那个世纪。"① 现在看来，边沁的这番评论倒是颇值得玩味了。与洛克相比较，曾周游欧洲列国、更多地从经验中获取理性的孟德斯鸠，其理论似乎更能经得住考验，他为我们这个时代不仅贡献了他的权力制衡与分权理论，贡献了他的宪政制度，而且贡献了曾经非常不被人待见的渐进主义和孟氏的中庸之道，表现在其肯定了社会变革中"缓进"的价值，肯定了体现文明和传统的生活方式独一无二的特点和价值，以及对它采取整齐划一方法之不可取。在孟氏看来，法就是存在于世界的一种根本理性，是独特生活方式的产物。为此，他写道：

"法就是这个根本理性和各种存在物之间的关系，同时也是存在物彼此之间的关系。……为一国人民而制定的法律，应该是非常适合于该国的人民的；所以如果一个国家的法律竟能适合于另外一个国家的话，那是非常凑巧的事。……法律应该和国家的自然状态有关系；和寒、热、温的气候有关系；和土地的质量、形势和面积有关系；和农、猎、牧各种人民的生活方式有关系。法律应该和政治所能容忍的自由程度有关系；和居民的宗教、性癖、财富、人口、贸易、风俗、习惯相适应。最后，法律和法律之间也有关系，法律和它们的渊源、和立法者的目的，以及和作为法律建立的基础的事务的秩

---

① The Works of Jeremy Bentham, ed. John Bowring, Edingburgh, 1843, vol.10, p.143.

序也有关系。"①

可见，合适的法律应该是特定生活方式的产物，合适的统治方式应该是了解人们习性的机构采取的最适合人们倾向和风俗、满足特定生活图景的方式。孟氏的这番理论揭示了包括少数人在内的群体自治权利、习俗权利和语言权利、群体代表权利等最为根本的理由。实践中，少数人在长达几个世纪中的境遇也验证了这一理由。以加拿大的土著人为例，在有关自治权利、习俗权利和语言权利的问题上，其经历可以划分四个阶段：一是建立合作与互利关系阶段。在与土著人最初的接触中，英国和法国殖民者很快认识到，和北美当地土著人发生军事冲突是愚蠢的，建立合作关系则对双方是互利的，更何况殖民者们都有各自争夺北美殖民地的军事需要。因此，在这一阶段，合作与互利关系是主流，殖民者承认土著人的国家地位，自然也承认其有权按照自己的传统和习俗规则进行统治。1763 年，英国在赢得长达 7 年的北美殖民地争夺战争后所发表的王室声明，就是这种关系的证明。二是 1867 年至 1945 年的同化阶段。这一阶段是土著人经历中最为痛苦的时期。因为土著人的文化被视为落后的标准，加拿大长期采取的是以建立在英语基础上的盎格鲁文化为主流的"盎格鲁适应模式"（anglo-conformity-model），这种模式设想少数人应该抛弃自己所有的文化，同化到多数人先进的文化规范和习俗中去，以期不被多数人边缘化。在这种模式下，少数人的文化诉求不仅不被考虑，而且其文化还因"野蛮"、"落后"或"不合理"而被刻意漠视。与此同时，加拿大政府采取监管、吸收、同化等措施来对待土著人，寄宿学校就是其中的一个典型措施。② 其中的情形正如有人所总结的那样："为

---

① ［法］孟德斯鸠：《论法的精神》上册，张雁深译，商务印书馆 1963 年版，第 1—7 页。

② 寄宿学校的全称是"Indian resendential school"，是加拿大对印第安人同化措施中的一种，所直接依据的法律是 1857 年的《逐步教化法案》（*Gradual Civilization Act*）和 1869 年的《逐渐授予印第安人公民权法案》（*The Act for the Gradual Enfranchisement of Indians*）。第一所寄宿学校开办于 19 世纪 40 年代，1960 年后开始陆续关闭，最后一所寄宿学校在 1996 年关闭。期间约有 15 万名印第安儿童接受寄宿学校教育，另有 5.5 万名梅蒂斯人的儿童被迫进入白人养父母家庭。根据寄宿学校制度，印第安人的 6—15 岁的学龄儿童必须离开家庭到寄宿学校，不将孩子送到寄宿学校的印第安家庭将受到监禁的处罚。这种措施实际上将印第安儿童强行与其家庭和所属的文化群体相分离，是一种文化强制隔绝行为，目的是培养所谓

了摧毁土著人文化，将之同化于齐一的欧洲生活方式之中，每一种想象得到的可能手段都试验过了。"① 在此阶段中，土著人的自治权自然被剥夺，习俗被国家统一的法律所替代，语言被排斥。三是 1945 年至 1973 年的融入与平等阶段。这一阶段的主要特点是：加拿大政府开始考虑以公民的地位来对待土著人，最为典型的就是加拿大政府 1969 年发布的《白皮书》中所表达的观点，即认为土著人的悲惨境遇是由于其特殊地位、特殊的土地制度和特殊的行政管理所致，因此，为改变这种状况，必须赋予土著人与加拿大其他公民一样的平等的待遇、平等的机会，换言之，即赋予他们公民地位。在同等待遇平等观下，自治权利、习俗权利和语言权利作为特别权利自然也被限制。四是从 1973 年至今，因多元文化主义政策的实施以及对少数人差异文化平等价值的逐步承认，自治权利开始以差别权利的形式进入加拿大的法律领域。

　　加拿大土著人的经历说明，将产生于另一文化和生活方式的法律和由此产生的各类统治形式强加给其他文化群体，未必就能产生企望的结果。孟德斯鸠曾以法国效仿古罗马关于存钱数额的法律为例，得出如下结论：相同或相似的法律未必就有相同或相似的结果，而那种不顾文化背景去强行适用同样的或相似的法律则更有可能导致结果与期望相背。② 在加拿大，同化并没

_____

的"基督教徒"（christiantity）或"使其开化"（civilize them）。进入寄宿学校的印第安儿童禁止讲土著语言，私下也不允许，只能讲英语或法语，并接受基督教的教育。寄宿学校制度使得印第安人等土著人的文化遭到极大的破坏。以语言为例，许多语言被强行灭绝。在 1600 年时，加拿大土著人有 100 多种语言，现在只有 53 种。因此，寄宿学校制度被称为"文化毁灭"（cultural genocide）。"Alberta Nstives Claim to be Victim of 'Cultural Genocide'" The Calgary Herald, March 2, 1999.

　　① ［加］詹姆斯·塔利：《陌生的多样性——歧异时代的宪政主义》，黄俊龙译，上海世纪出版集团 2005 年版，第 205 页。

　　② 孟德斯鸠写道："恺撒禁止每一个人在家里存放六十塞斯德斯以上的钱。在罗马，人们认为这项法律在调和债务人和债权人的关系时是非常适宜的；因为它强迫富人把钱借给穷人……在体制时代，法国也制定了同样的法律，但是它却带来了沉重的灾难。这是因为该法律是在极恐怖的情况下制定的。在剥夺人们存放金钱的一切手段之后，甚至连把钱存放在自己家中这一办法也给剥夺掉了。这就等于是暴力劫夺。"［法］孟德斯鸠：《论法的精神》（下册），张雁深译，商务印书馆 1963 年版，第 289 页。

有让土著人取得所谓的社会进步；相反，其不顾文化差异事实而推行强硬的统一措施，反而极大地破坏了土著人本身的社会结构和文化发展，让土著人陷入一种无所适从的境地。的确立少数人的差别自治权利、差别习俗权利、语言权利和群体代表权利等，就是针对这种激烈社会变革的一种"缓进"。

由于不同类型少数人的生活方式迥异，其具体面临的文化困境不同，利益诉求不同，如土著人群体的诉求与移民群体的诉求有所区别，前者要求维持自己相对隔绝的独特社会以保存其文化，根据自己的习俗和生活方式进行自治；而后者则更多地希望自己积极参与到主流社会既有的制度中，以期真实地融入多数人的社会文化，真正成为其中的成员，只是要求主流群体在其作出融入的选择以及融入的过程中，肯定并承认他们文化上的差异，不排斥、同化或敌视他们的文化。因此，差别自治权利和差别习俗权利并不是所有的少数人都主张的权利类型。更为重要的是，以群体自治权利和习俗权利的形式来寻求文化承认，并不是所有类型的少数人都能够实际享有或能够实际行使的，原因在于维持一个有活力的社会性文化必须有"集中居住区域和历史机制"①，并不是所有的少数人都有这样的必需条件。因此，能够行使少数人的差别权利中的自治权利的主体，集中在像土著人那样的少数民族、少数族裔人等少数群体。尽管如此，在少数人差别权利中，自治权利（self-government rights）仍然是核心。如威尔·金利卡将少数人群体差别权利分为三类，其中首要的就是自治权利，以保证少数人的文化能得到充分和自由的发展。② 詹姆斯·塔利也认为："文化承认之要求争取的是适当的'自治'形式。"③

对移民、外籍劳工等少数人来说，虽然他们不享有差别自治权利，只在一定程度上享有差别习俗权利，但并不能由此剥夺其在有关他们重大事务和

---

① ［加］威尔·金里卡：《少数的权利：民族主义、多元文化和公民》，邓红风译，上海世纪出版集团 2005 年版，第 47 页。

② 参见［加］威尔·金里卡：《多元文化的公民身份——一种自由主义的少数人群体权利理论》，马莉、张昌耀译，中央民族大学出版社 2009 年版，第 39 页。

③ ［加］詹姆斯·塔利：《陌生的多样性——歧异时代的宪政主义》，黄俊龙译，上海世纪出版集团 2005 年版，第 4 页。

事项上的发言权，因此，群体代表权利是移民、外籍劳工应享有且能实际行使的差别权利。此外，对于那些希望融入多数人文化的少数人而言，融入帮助权能帮助他们实现这种愿望，最大限度地减少融入时的彷徨、无助。

一、少数人的差别自治权利

（一）关于少数人差别自治权利的争论

在理论上，对自治的基本内涵通常不存在太大的异议，自治就是自己管理自己，以便最大限度地按照自治人的生活方式生活，适用根植于他们特定文化的各种规则，包括自己决定自己群体内部的事务，衡量成员的行为。纵然如此，在关于少数人差别权利的自治权利方面，仍然存在着一些争论。以加拿大的土著人为例，其中的焦点集中在自治权利的性质，即少数人差别自治权利究竟属于自然权利还是法定权利的定性上。

1. 自然权利学说

这种学说的持有人多为土著人的代表和领导人。在他们看来，以自治权利为核心的土著人权利又称固有权利，是造物主（creator）或上帝赋予的，之所以能享有这种权利是因为他们是特定地域的"原住民"（first nation），即土著人权利是与土著人资格（aboriginal title）联系在一起的，土著人资格是享有土著人权利的前提和条件。鉴于土著人资格的获得是天生的，因此，土著人的权利也是天生的，是一种自然权利或在先权利。如 Oren Lyons 所言，"土著人权利是造物主的法律"，"当造物主把我们安置在这块土地上时，他就已经赋予了我们土著人的权利"。因此，"关于土著人权利的事项已经超出了我们的管辖范围，它属于自然法"。① 这种自然权利包括的内容有：

对其土地和其他自然资源的占有、使用权；

允许他人使用权；

---

① 　Oren Lyons, *Traditional Native Philosophies Relating to Aboriginal Rights,* 引自 *The Quest for Justice: Aboriginal Peoples and Aboriginal Rights,* Edited by Menno BOKDT, J. Anthony Long, Leroy Little Bear, Toronto Buffalo London, University of Toronto Press1985, p.19.

管理自己事务的自治权；

保留其文化和其他有利于自治权利行使因素权利；

法律豁免权。指在土著人没有明确同意接受其他法律管辖时或在其他法律不合理地取消了土著人的在先权利时，土著人所享有的一种免受其他法律管辖和适用的权利。如主张印第安人可自由穿越美国和加拿大边界的权利。

自然权利学说的主要特点如下：

第一，认为以自治权利为核心的土著人权利以及权利的内容不需要加以解释和论证，没有必要对权利本身进行界定，也不能够加以界定和论证。在自然权利学说看来，土著人权利的概念"本身就是一个很基本、简单与清晰的概念"，因为土著人的资格和权利本身就是自然而然的，是上帝将他们而不是别的什么人安排在那块土地上，因此，资格和权利都是绝对的，是不必依靠其他人或与其他权利相比较就能发现和主张的。具体到自治权利，在自然权利学说看来，那是在远古时期就基于与上帝的契约而产生的。由此观点，种种试图界定权利本身的做法都是不可取的。如加拿大印第安人领导人对于政府试图界定什么是土著人权利或什么不是土著人权利、用什么标准来衡量土著人权利的存在以及司法机构对土著人权利的诉求进行听证的做法等，表示了无奈和不理解。[1] 退一步讲，即便确实需要对土著人权利进行解释，也应该由土著人的首领、长者、成员甚至孩子来解释，而不应由联邦政府、省政府以及法院来解释。[2]

第二，强调权利的不可分割性、不可转让性以及不可剥夺性。由于包括自治权利在内的土著人权利是造物主给予的权利，因此是不能通过法律、政治等途径强制分割的。这也是为什么许多土著人主张权利应该集体持有的主要原因。不可转让和不可剥夺则涉及权利与责任的关系。在自然权利学说看来，土著人权利不仅是一种权利也同时意味着一种责任，一种造物主把他们安置在那里而由此产生的一种固有的维护土地、土地上人们的生活以及与自

---

① Cf. David Ahenakew, *Aboriginal rights: the Impossible and Unnecessary Task of Identification and Definition*, pp.24-30, 引自同上。

② Cf. Fred Plain, *A Treatise on the Rights of the Aboriginal Peoples of the Continent of North American*, p.39, 引自同上。

然和睦相处的责任。如就土著人权利中有关土地的权益而言，该学说认为："无论是集体还是个人对土地都不是拥有，而是使用，因此我们（指土著人，笔者注）有严格的责任来保护土地、合理利用土地。"①

第三，主张土著人权利在权利的位阶上属于高层次。如 Oren Lyons 在 1982 年在 Lethbridge 大学举行的有关土著人权利的会议上主张："土著人权利比政策或法律高，因为它们是自然法的一部分。"② 因此，土著人的自治权利在某种意义上就优于加拿大的法律和政策。

其实关于土著人权利属于自然权利的学说也不陌生。当初，美国在摆脱英国殖民者的统治时，也是使用这种学说作为支持自治的理论依据。与英国殖民者相比，在美国人（确切地说还不能称为美国人，而应称为北美人）看来，他们是先于殖民者到达北美大陆的"土著人"，因此，他们理应享有包括自治权利在内的诸多权利。美国《独立宣言》里那句激动人心的宣言："我们享有造物主赋予的不证自明的权利：自由、平等和追求幸福的权利。"不就是包括自治权利在内的土著人权利属于自然权利的另一种翻版吗？

自然权利学说在摆脱不公正的殖民待遇时具有很强的号召力，美国的独立就是一个例证。但是，当国家已经摆脱被殖民统治的地位，寻求更现实的权利框架时，自然权利学说就显得无能为力了。美国独立后，其民众的权利也不是依靠《独立宣言》中那些慷慨激昂的话语来界定的，随后的美国《宪法》和第一修正案以及以此展开的司法审判，才真正起到了权利界定的作用。此外，自然权利学说的困境主要在于其抹去了差别性权利的性质。

土著人的自治权利实际上也是差别性权利，是指为保护土著人独特文化的生存和发展，针对土著人的历史遭遇、现实境遇等所享有的同其他群体不同的独特的权利。世界各地的土著人的文化无疑都是独特的，同时正是因为拥有这独特的文化，土著人几乎无一例外地遭受了不平等的各种殖民待遇和

---

① Cf. Fred Plain, *A Treatise on the Rights of the Aboriginal Peoples of the Continent of North American,* p. 34.

② Kerry Abel and Jean Friesen（edited）: *Aboriginal Resource of Use in Canada: Historical and Legal Aspects,* University of Manitoba Press 1991, p.5.

歧视待遇，或至少是被忽视、被遗忘的待遇，如加拿大境内的因纽特人。① 至于现实境遇，有详细的社会调查资料显示，因历史上延续至今的不平等待遇，土著人在住房、医疗卫生、教育、就业等诸多方面的处境远远低于社会的平均状况。这种差别性权利不是人人都享有，也不是任何时候都享有，在权利具体行使的方式上也不是一种统一的模式。即便是在土著人内部，是否全部的土著人所享有的自治权利都是一样的尚且存在疑问。如在加拿大，虽然混血族被宪法包括在土著人中，但不少人质疑混血族与印第安人、因纽特人是否在同一层面上享有同样的土著人权利？在加拿大的1982年宪法以前，混血族梅蒂斯人并没有被社会当做土著人对待。在现实中，截至1982年颁布宪法法案时，加拿大也只有阿尔伯特省（Alberta）专门为混血族立法并划定其专门使用的土地。② 权利的差别性显而易见。而自然权利则不同，它是上帝或造物主赋予的，或基于作为人的资格所享有的，那么在自然权利面前人人都是平等的。可这种平等性解释不了为什么土著人享有不一样的权利。

2. 法定权利学说

法定权利说是与自然权利说相对应的另一种关于土著人自治权利的学说，持有者多为政府。根据这种观点，土著人的资格和权利是立法的结果，而不是上帝或造物主的旨意。具体体现在：

第一，土著人的资格是法定的。并非所有声称自己是土著人的人都能获得土著人资格，种族、血统以及历史事实等集中体现的文化差异，是划分土著人与非土著人的依据，而这些标准都是通过立法来确定的。如在加拿大，根据1982年宪法案，只有印第安人、因纽特人和混血儿能成为加拿大的土著人。其中印第安人又分为有身份的印第安人（status indian）和无身份的印第安人（un-status indian）。前者是依据《印第安人法》的宗旨确认或有资格被确认的印第安人；③ 后者是指因各种原因失去了自己独特身份的印第安

① 因纽特人属于加拿大土著人中规模最小的一个群体，其生活长期处于一种孤立状态，被称为被遗忘的群体。

② Cf. *Metis Betterment Act of* 1938.

③ 加拿大有身份的印第安人分属于577支，计323782人（截至1981年数据）。

人，包括自动放弃确认资格、与非印第安人结婚的印第安妇女以及由于政府的失职没有被确认的印第安人。在 1982 年宪法法案之前，梅蒂斯人是不属于土著人的。

第二，土著人权利的内容是法定的。与自然权利学说相反，该学说认为在权利的内容上，土著人权利并不是在其"原住地"的范围内无所不包。自然权利学说的那种宽泛而没有边界的权利内容，让权利本身也陷入了一种无所适从的状态。如果土著人在其"原住地"范围内对土地、水、空气、矿产、木材、野生物以及自己事务享有"完全自治"的权利，实际上这本身就否认了权利的概念，因为权利本身并不是没有边界，权利之所以成为权利的原因之一就在于其边界的确定性。加拿大 1982 年宪法法案规定了土著人的权利，包括：现有的土著人的权利和条约规定的权利。[①] 条约规定的权利包括英国国王 1763 年宣布的权利以及土著人可能取得的权利。虽然对其中的土著人权利没有作详细的界定，但是土著人权利这种提法已经说明了权利还是有界限的，不可能无所不包。

第三，解决土著人权利问题的行动必须在现行的法律框架内进行。如加拿大前总理 Prime Minister Trudeau 认为："在没有弄清土著人权利的确切含义之前，关于土著人问题的争论都应该在宪法框架内进行。"[②]

法定权利学说的理由如下：

首先出于对司法滥权的担忧。论及司法滥权，托马斯·杰佛逊（Thomas Jefferson）曾经评论道："在司法手里，宪法什么也不是或仅仅是个蜡制品，司法可以按照自己的意愿将其揉捏成各种形状。"法定学说的持有者是该种信念的忠实信徒，这种信念体现在土著人自治权利的定性上，势必推崇法定权利学说而排斥自然权利学说，从而防止司法的滥权。如加拿大 1982 年《宪法草案》中曾规定："宪法的权利和自由，包括土著人可能享有的未

---

① 参见《加拿大宪法法案》（1982 年）第二十九条。

② Richard Dalon, *An Alberta Perspective on Aboriginal Peoples and the Constitution,* 引自 *The Quest for Justice: Aboriginal Peoples and Aboriginal Rights,* Edited by Menno BOKDT, J. Anthony Long, Leroy Little Bear, Toronto Buffalo London, University of Toronto Press1985, p.102.

被宣告的权利，不能被剥夺。"① 在讨论时，联邦的省政府对"未被宣告的权利"的提法就表示出极大的担忧。"未被宣告的权利"的定义非常宽泛，如一个人有权生活在一个秩序井然的社会，一个人可以有不被骚扰的权利等，如此宽泛的定义实际上将"未被宣告的权利"的定义权全部交给了司法，司法可以按照自己的意愿来解释。换言之，只要基于违背了"未被宣告的权利"的理由，在理论上，司法不仅可以没完没了地确认一些新的宪法权利，还可以对已经被宪法列举的权利形成实际限制，司法滥权成为可能。正是出于此种担心，在正式的宪法文本中，加拿大在土著人权利上加上一个词"存在"（excisting）。当然，这又引起另一场争论。

其次出于对损害权力分立体制的担忧。人们对于权力尤其是绝对权力给人类正常生活所带来的灾难已经有了一个比较深刻的了解。为防止这种灾难而由孟德斯鸠最先提出、由美国最先实施的权力分立体制，确实有相当的效果。因此，在许多国家，权力分立是一个基本的制度框架，对这个基本制度框架的维护涉及一个国家的立国之本，加拿大也不例外。由于土著人自治权利问题涉及道德、历史、文化和法律的责任，因此其制度的基本安排包括权利的定性、内容、实施的基本方式等，应该通过民主的政治途径来进行。如果将土著人权利定位于自然权利学说的范畴，那么在授予司法实际上不可限制的解释权的同时，还有可能让司法卷入政治，因为司法的卷入能实际取代立法的地位或至少在相当程度上削弱立法的权威，而这样的后果可能危及权力分立的体制。

土著人自治权利究竟是自然权利还是法定权利的争论焦点，最终集中在自治权利究竟是中央政府授予的还是少数人群体所固有的这个问题上。在土著人等少数人群体看来，自治权利是其固有的、不可撤销的权利，理由是在加拿大联邦成立之前，土著人在其领地上建立了自己的国家，形成了自己有效的社会运作，英、法政府在历史上就曾长期将土著人社会作为国家对待，1763 年的英国王室声明就是一个有力的证明。该声明规定："在我们管辖和

---

① 原文是：Charter of Rights of Freedoms would not be derogated from, including those unde-clared rights that may pertain to Native People.

领土范围内的印第安民族或部落不应该受到骚扰和侵犯，也不应被我们转让或购买，应该给他们保留。"①基于这个原因，土著人认为他们受到一种国家与国家之间的距离的保护，享有在不可转让的领地上不受侵犯的权利，自治只不过是对土著人曾经是国家这一事实的承认。更为重要的是，尽管拿大的《印第安人法》对土著人的自治权利进行了各种削减，但土著人从未放弃过他们的自治权利。②值得注意的是，土著人这种认为其自治权是固有的、有历史条约证明的观点，得到加拿大最高法院的肯定。在1990年的Sparrow一案中，最高法院认为，只有明确的立法可以剥夺土著人的土地、资源和自治的权利。③

与土著人坚持自治权利固有性质的观点相比较，加拿大政府更倾向于将土著人的自治权利视为是一种政治许可（political concession），他们认为自治权利不是固有权利，而是"或然性权利"（a contingent right），是通过以部落为单位的谈判由联邦政府授予的。因此，自治的结构必须满足加拿大宪法和法律的要求，具体行使自治权利的土著人机构也对联邦政府负责。依照这种观点，联邦政府认为：

第一，自治是以部落或部族为基础，经联邦政府、省政府和其他地方政府共同参与、协商和谈判，并达成协议而产生的权利。

第二，在联邦政府看来，因自治要求极易与《加拿大权利与自由宪章》中的平等条款发生冲突，因此，关于自治机构制定和贯彻法律的权利，必须在立法机构批准以前在谈判中细化。除却个别情况外，对于自治机构的权利不能期望宪法上的额外保证。这实际上是说，自治的机构和形式以及由此享有的具体权利和范围，可能因部落或部族的不同而存在差异。

---

① 原文是 "The several Nations or Indians…should not be molested or disturbed in the Possession of such parts of Our Dominions and Territories as, not having been ceded to or purchased by us, are reserved to them." 参见 The Royal Proclamation of 1763.

② 加拿大政府曾在1969年提出终止所有与印第安人签订的条约，理由是许多条约对印第安人不公平，"我们只能在我们自己的时代里讲公正"，但是遭到拒绝。印第安人认为条约尽管不公平，但签订条约的行为本身说明加拿大将土著人社会视为具有平等地位的主体，反映了加拿大政府与土著人社会之间的基本权利义务关系。Royal Commission, 1992.

③ Cf. R. v. Sparrow,［1990］1 S. C. R. 1075.

第三，联邦政府将享有自治权利的土著人部落或部族视为"自治市"（municipalities）而不是"自治民族"（self-government nations）。这其中的主要原因是出于对国家统一和安全的考虑，担心民族自治可能成为通向独立道路的桥梁。

第四，自治所需要的资金也是困扰联邦政府对自治态度的一个因素。虽说基于原罪理论，加拿大政府对于土著人有赔偿义务，但这方面的资金数额庞大，终究还是因为财力有限而让联邦政府在土著人自治问题上长时间止步不前。

面对关于自治权利性质的根本性差异，加拿大政府和土著人社会都进行了努力。1992年，加拿大发起新的一轮由土著人领导人、各省首脑和联邦政府代表参加的宪法谈判，达成了《夏洛特镇协议》（The Charlettetown Accord）。《夏洛特镇协议》承认土著人拥有固有的自治权利，同时规定《加拿大权利与自由宪章》适用于土著人政府。但是该协议最终没有通过（这也反映了加拿大各方对于土著人自治权利性质的分歧）。1993年，加拿大土著人皇家委员会提出《联邦框架下的合作者：土著人、自治政府和宪法》的报告，认为无论是从法律的角度还是从公共政策的角度，土著人固有的自治权利已经在宪法第三十五条中存在，应该尽快开始谈判来实施这项权利。① 因此，在有关土著人自治权利性质的问题上，联邦政府和土著人社会都采取了一种更加灵活和务实的态度，将精力放在自治权利的具体落实上。从1985年开始，联邦政府已经同200多个土著部落、部族就自治权利问题进行谈判，这种谈判早已超出《印第安人法》的范围。这实际上表明，在加拿大，关于土著人自治权利性质的争论已经被画上一个句号。

（二）少数人差别自治权利的实践

1995年，为了兑现竞选时的承诺，也为了对前期土著人自治权利的实践状况进行总结②，加拿大执政的自由党政府发布《加拿大政府实施固有

① Cf. Partners in Confederation: Aboriginal People, Self-Government and the Constitution, Ottawa: Royal Commission on Aboriginal Peoples, 1993.

② 从1975年到1995年的20年间，由于对自治权利的性质、土著人自治政府的地位等

权利和土著人自治权的谈判路径》(*The Government of Canada's Approach to Implementation of the Inherent Right and the Negotiation of Aboriginal Self-Government*)，正式宣布了土著人自治政策。至今，该文件仍然是加拿大关于土著人自治的指导性文件，同时，该份文件也使加拿大联邦政府开始逐渐摆脱那种完全基于利益考量的自治思维。①

1. 关于少数人差别自治权利的一般性原则

第一，加拿大联邦政府承认土著人有自治的权利，有权决定自身的社会事务，承担实现自治所必需的责任。为了帮助土著人走向自治，联邦政府随时准备和土著人就实施自治的条件进行谈判。同时，由于土著人自治的许多领域涉及到省政府的管辖权，因此，联邦政府主张省和地方政府也应该参与到谈判中来，以最大限度地减少土著人实际自治时所面临的各种矛盾。

第二，联邦政府承认自治权属于宪法第三十五条所确认的"土著人权利"。这实际上意味着自治权利性质的争论已经不是土著人自治的障碍，不通过宪法修改程序土著人也应该享有自治权利。同时，联邦政府表示，希望通过谈判和协商的方式来具体落实宪法第三十五条的规定。

第三，联邦政府特别强调自治权的"差别"性质。联邦政府认识到，每一个土著人部族自治的内容和方式都有差别，这是基于不同部族和政府单独

问题存在根本性分歧，在加拿大就土著人行使自治权利的谈判并不顺利，总体上可以说是失败的。1982 年宪法对这一局面也无多大的改观，因为该宪法第三十五条虽然规定了土著人权利和条约权利，但没有作出解释，分歧仍然存在。当然，这期间在个别地域也有关于土著人自治权利谈判的成果，主要包括：1975 年就克瑞人、那斯卡皮人和因纽特人（Cree, Naskapi, Inuit）的自治权利达成的詹姆斯海湾和魁北克北部协议（James Bay and Northern Quebec Agreement），1978 年魁北克东北协议（Northeastern Quebec Agreement，其后 1984 年在魁北克克瑞 - 那斯卡皮协议即 The Cree-Nascapi of Quebec Act 中实施），1986 年在卑诗省就 Sechelt 印第安部落达成的 Sechelt 印第安部落自治法案（Sechelt Indian Band Self-Government Act），1993 年就 Yukon 的 7 个原住民达成的自治法案（Yukon First Nations Self-Government Act）。

① 在 20 世纪 70 年代和 80 年代，因魁北克省詹姆斯海湾水电工程（James Bay hydro project）的需要，加拿大联邦政府、魁北克省政府和该省的土著人达成了詹姆斯海湾协议（James Bay Agreements）和魁北克克瑞 - 那斯卡皮协议（The Cree-Nascapi of Quebec Act, 1984），承认詹姆斯海湾的克瑞部族、魁北克的因纽特人和谢菲威尔的那斯卡皮部族在地方事务等方面的自治权利。因协议否认资源的移交，履行也缺乏财政保证，因此备受诟病，被认为是水电工程压力下的产物。Aboriginal Pplicy, pp.60-61.

谈判的结果以及部族自身社会状况和发展目标的差异。

第四，就困扰自治权利行使的财政问题，联邦政府提出成立自治政府的成本应该在联邦、省、地方以及自治民族之间分摊。各级政府要和土著人自治政府就特别财政转移支付进行谈判。财政协议还应该考虑土著人自治政府的特殊需要及其创造财政收入的能力。

尽管如此，加拿大各省还是感觉到自治资金的压力。以卑诗省为例（british columbia）为例，该省有197个部落或部族，占加拿大部落数量的1/3；有1628个保留地，占全加拿大保留地的72%。这就意味着，该省将拿出巨额资金，支持数量高达350个的部族行使自治权利，其在财政上的压力可想而知，而这种压力又成为谈判中的阻力。无独有偶，加拿大的阿尔伯塔省也面临同样的困境。

第五，联邦政府提出，实现自治的过程应该由土著人社会来启动，由他们来决定是否开始谈判。当某一土著人部族表达自治的意向后，联邦政府、相关的省及地方政府会派出代表举行初步会谈，达成各方都能接受的谈判议程。那些不再生活在保留地的印第安人群体和梅蒂斯人，只要其能够提供成员的详细名单，能够确认将来自治的覆盖范围，也能发起自治谈判。另外，联邦政府也同意，那些在历史上没有同政府签订土地条约的土著人，也可以在同政府围绕土地权利要求进行一揽子谈判时，把自治问题也纳入进来。

2. 少数人差别自治权利的范围

确定差别自治权利的范围，能解决自治主体在什么事项上具有排他性的管辖权。就这个问题，加拿大的《夏洛特镇协议》（*Charlottetown Accord*）早就给出了一个答案：在"核心"事务上，除却作为自治主体的土著人外，联邦和省政府均无管辖权，这些"核心"事务包括维护和发展少数人的语言、文化、认同、机构和传统等。加拿大土著人事务皇家委员会在这个问题上也持相同的看法，委员会将"核心"事务界定为与少数人群体生死攸关的、极其重要的、不可缺少的生活和福利，包括区域范围内的基本法颁布、机构设置，制定有关教育、健康、家庭事务等方面的法律等。1995年推出的《加拿大政府实施固有权利和土著人自治权利的谈判路径》，也提出了大致相同的看法，总体上将自治权利的范围确定在少数人群体社会内部的事务、与其独特文化密不可分的事务等方面。具体包括：自治政府的组成和选举；群体成员身份的认定；婚姻、收养和儿童福利；语言、文化和宗教事务；教育、卫生和社会服务；管理和实施土著人法律，建立土著人法庭和裁判机构，实施治安处罚，行使警察权，制定财产法和继承法；土地管理事务，包括土地归化、土地的费用、租赁、利用和开发；自然资源的管理，狩猎、捕鱼；农业；群体成员的税收征收；集体财产的交易和管理；公共工程和基础设施的管理；住房，本地交通；自治区域内商业的经营、许可和管理。

　　基于和平、秩序和良好政府等的限制，有一些领域不属于或不完全属于土著人社会内部或其文化的范畴，联邦政府认为此时若发生法律上的冲突，联邦政府和省政府的法律应该优先于土著人社会的法律。这些领域包括：离婚、劳动关系和培训、司法管理、监禁和假释、环境保护和测评、污染防治、鱼类和迁徙鸟类的合作、博彩业、灾害应对等。

　　针对自治权利可能造成的负效应，联邦政府宣布：在有关国家主权等问题上，联邦政府的专属立法权不可动摇。包括：与加拿大主权、国防和外交相关的权力；其他涉及国家利益方面的权力，如国家经济的管理和调控、国家法治秩序的维护、广播和电讯事业、航空航天、海事运输、全国交通体系、邮政服务、普查统计等联邦事业等。

　　虽然加拿大联邦政府以政府文件《加拿大政府实施固有权利和土著人自治权利的谈判路径》的形式，确立了土著人自治权利的总体范围，但在加拿大司法界，对于土著人差别自治权利的范围还是存在争议的。一种观点认为，假设加拿大宪法第三十五条第1款包含了土著人自治权利的诉求，那么这种诉求必须结合宪法条文隐藏的目的来考虑，诉求不应该违反建立在目的考量上的检验标准，而这个检验标准已经在 R.b.Vanderpeet 一案中提出，该案将土著人的自治权利界定为习俗的组成部分或实践土著人独特文化传统的组成部分，若与土著人习俗或传统文化无关，就不应该被包含在自治权利的范围内。另一种观点则以 1997 年 Delgamuukw v. British Columbia 案件的裁决为代表，该裁决认为土著人的资格本身就意味着在土著人领地上，土著人已经被授予一种排他性的自治权利，是土著人在其领地上从事的行为，这种行为可以不必与其习俗有关，不必与其独特文化传统以及领地的传统使用方式有关。而从这两种观点的冲突中可以看出，无论如何，在加拿大有一点人们已经达成了共识，那就是差别性自治权利的范围自然包括以维护文化生存和发展为目的的各种活动，差别性自治权利作为一种文化诉求是没有争议的。

3. 少数人自治权利的差别性质和结构模式

在加拿大，虽说少数人的自治权利都以1982年宪法第三十五条为基础，认为这是对历史性协定的重申和肯定，也是自治权利作为土著人固有权利的证据。但是，就自治权利的具体行使而言，不同类型少数人的自治权利大不相同，这体现在诸多方面，包括由自治权利所体现的联邦与自治群体的关系，权利在联邦、省、地方政府和自治群体之间的划分，自治权利机构的构成及自治机构的性质和目的，对联邦主义和联邦政策的接纳程度等。一句话，考察具体的自治权利，无疑会得出一个结论，那就是自治权利结构模式彰显了少数人自治权利的差别性质。

根据以上因素具体考察，在加拿大土著人社会，少数人差别自治权利有以下几种模式：

（1）"市政府"模式的差别自治。该模式主要是根据自治群体在加拿大联邦体制中的地位来命名的，其特点表现为自治群体在联邦中享有类似于"市政府"（municipality）的地位，享有的自治权利的范围也同"市政府"大致一致，包括颁布地方法规、在管辖范围内对居民征税、管理公共服务等。该模式最早出现在1983年由印第安事务部长向议会印第安人自治特别委员会提交的一份报告中，该报告建议："根据联邦立法，所建立的部族政府应该是次级政府机构，其地位非常类同于在各省中由省政府设立的市政府。对于部族政府而言，联邦政府依然会起到一个监督的作用，这意味着在必要时其有权否认部族政府通过的地方法规。"① 印第安事务部长之所以提出"市政府"的自治模式，这是因为：首先，虽然1982年加拿大宪法已经在第三十五条中规定了土著人权利和条约权利，但对该规定的理解在1983年时尚处在激烈的争论之中。即便按照土著人的理解，宪法第三十五条重申了

---

① House of Comments 1983:46.

1763 年的历史性协定，明确了自治权利是其固有的权利，但采取何种模式来行使自治权利也是一个问题。其次，印第安部落或部族根据加拿大《印第安人法》所享有的权力，远不及加拿大其他通过选举产生的城市政府和城镇政府所享有的权力，其地位和独立性也不及加拿大的市政府。因此，印第安事务部长提出这个报告的目的是，通过比照加拿大市政府的权力和地位，逐渐加大印第安部族的权力，提高其地位，同时也通过市政府的模式来锤炼印第安部族的自治能力。

"市政府"模式将少数人群体自治的机构定位于类似于"市政府"或略差于"市政府"的地位，对现有的权力分配格局没有影响或者影响不大。因此，主流的政治家、官员以及他们的支持者比较看好这种自治模式。当然，"市政府"的权力对于那些急需自治权力来缓解内在困境的少数人也有相当的吸引力。如在加拿大阿尔伯塔省，1990 年达成的梅蒂斯人协议就是这种模式的写照。根据该协议，阿尔伯塔省的梅蒂斯人取得了土地保障，建立了当地政府机构和宗教机构，获得了地表资源的所有权，可以分享地表资源租赁的收益，对地上的资源发展也获得了部分控制权，也有权力介入事关他们法律的三方裁判等。所有的这些自治权利都是在省政府的立法框架内进行，由省立法机构实施。另外，与阿尔伯塔省的其他"市政府"相比较，梅蒂斯人拥有的自治权利更多一些。①

同时，"市政府"模式在加拿大也受到许多质疑。由于该模式将少数人群体自治机构定位于省政府下的次级行政机构，省政府以及联邦对其有监控权力，因此，不少人认为"市政府"模式没有摆脱"家长制"的嫌疑，同加拿大《印第安人法》中对于部族权利的授权定位没有实质性的区别，只是可能比后者分享了更多的权力。因此，"市政府"模式被视为"不平等地位的顽固守护者"。② 更何况，在"市政府"模式中，少数人群体自治权利仰仗于省立法机构等机构的立法和实施，这实际上从根本上否认了自治权利属于

---

① Cf. Bell, Catherine, *Metis Self-Government: The Alberta Model*, in John Hylton, ed., Aboriginal Self-Government in Canada: Current Trends and Issues. 2nd ed. Saskatoon: Purich 1999, p.347.

② Abele, Frances, and Prince J., *Four Pathways to Aboriginal Self-government in Canada*, American Review of Canadian Studies, 2006 December 12.

少数人固有权利的性质，与加拿大联邦政府和土著人社会关于自治权利性质上的一致意见相背离，不符合加拿大宪法第三十五条的立法目的。因此，在加拿大，该模式受到普遍的质疑，也遭到了少数人群体的拒绝。典型的案例发生在卑诗省。2002 年 5 月，在卑诗省举行的协议公民公决中，公决的问题之一为省政府是否应该采用几条特别的原则来指导其参与的有关协议的谈判，以及土著人的自治政府是否应作为地方政府来被授权等。这种典型的"市政府"模式遭到了该省土著人机构的抵制，最终合格投票者中大约只有 1/3 的人参与了公决。而在加拿大土著人的学者中，几乎就没有一个人赞成少数人应采取"市政府"模式来行使自治权利。

尽管"市政府"模式有着"家长制"的做派和否认自治权利固有性的实质性"硬伤"，但是考虑到少数人社会结构的多样性和需求的差别性，该模式在加拿大生存甚至是长期生存还是有可能的。土著人等少数人社会结构的多样性，造成了各自不同的具体困境，也决定了他们在谋求自治权利方面的差别性，包括远期目标和近期目标以及实施路径的差异。如前所述的梅蒂斯人，其之所以采取"市政府"模式，主要是因为该模式能解决他们的实际困境，虽然是省政府的次级机构，但这种次级地位在满足省政府维持现有权力格局的同时，还能使他们获得土地的保障，这恐怕才是他们最为需要的。当然还有其他因素决定了"市政府"模式即便不是少数人行使自治权利的理想模式和最终模式，也可作为过渡时期的模式，尤其是对于那种人口数量较少，居住相对独立的少数群体而言。①

---

①　Abele, Frances, and Prince J. 分析了影响"市政府"模式的其他因素，包括加拿大《印第安人法》修改的困境、省政府在"少数人"自治权利谈判中的顾虑和犹豫以及联邦政府在解释自己对土著人自治权的"高调政策"时的"停顿"等。其中，加拿大《印第安人法》修改的困境是指该法案的修改建议引起了部分土著人的恐慌，他们担心联邦政府借此否认土著人的条约权利，退出已经开始的谈判程序等。各省政府则通常担心，土著人行使自治权利的模式会影响到本省已有的权力格局，所以在落实土著人的自治权利已经是大势所趋、不可逆转的情况下，其比较倾向于"市政府"模式。联邦政府的"高调政策"即指 1995 年颁布的《加拿大政府实施固有权利及土著人自治权的谈判路径》，将土著人的自治权作为宪法第三十五条规定的"土著人权利和条约权利"（existing aboriginal rights and treaty rights），但是宪法并没有在具体权利的享有上对"少数人"的群体作区分，因此，如何针对不同的"少数人"来实施这种固有权利，成为一个有待解释的事情。Cf. Abele, Frances, and Prince J., *Four*

（2）"公共政府"模式的差别自治。该模式在加拿大比较少见，典型的案例发生在加拿大北极地区的因纽特人少数群体。1993年，纽纳沃特的因纽特人和加拿大政府之间的《纽纳沃特土地诉求协议》（*Nunavut Land Claims Agreement*，以下简称《纽纳沃特协议》）生效。根据该协议，加拿大西北领域被重新划分为两个区域，即东部的纽纳沃特区域和西北部区域。《纽纳沃特协议》包含了诸多条款，如土地所有权、海岸管理的合作以及如何将作为土地割让赔偿的财政资金移交给因纽特人受益人机构等。此外，该协议还规定了因纽特人在新的领域内新建立的政府行使管理权的内容以及行使管理权的条件，这方面的条件包括："每一个机构的人员都应该按照人口数量的比例组成"①，这实际上意味着因纽特人是通过建立一个新的"公共政府"的形式来行使其自治权利的。在"公共政府"内，所有的居民不考虑其族裔种类和由此导致的文化差异，都享有同样的权利，因纽特人的自治成为其管辖领域内所有居民（包括非因纽特人）通过"公共政府"实行的"共同自治"。

那么，是什么原因促使因纽特人采取这种自治模式呢？这首先根源于其独特的生活方式。为因纽特人提供食物来源的野生动物的活动范围跨越了北极的大片地域，因纽特人充分意识到，如果同加拿大南部省份的其他少数人一样，在所辖领域内采取排他性的专属权利，那么因为野生动物的习性，因纽特人实际上不能很好地控制他们赖以为生的野生动物的栖息地。当然，对于其传统的领地，《纽纳沃特协议》也确认了因纽特人的专属管辖权，只是这一比例很小，仅占6%。采用"公共政府"模式的另一个原因是，因纽特人在人口数量上占据优势。在新建立的纽纳沃特区域，因纽特人约占全部居民人口的85%，可以想见，即便在"公共政府"内不刻意区分族裔差别和文化差异，因纽特人对于公共生活也有相当的控制权。

Pathways to Aboriginal Self-government in Canada, American Review of Canadian Studies, 2006 December 12.

①　Hicks, Jack, and Graham White. 'Nunavut: Inuit Self-Government through a Land Claim and Public Government.' In Jens Dahl, Jack Hicks, and Peter Jull, eds., Nunavut: Inuit Region Control of Their Lands and Their Lives. Copenhagen: International Group for Indigenous Affairs,2000.

　　因纽特人在加拿大北极地区所创建的"公共政府"自治模式给人一个启发，那就是没有任何一种自治模式可以不加区别地适用于所有的少数人群体，自治模式的特点因少数人的独特生活方式而变化，因他们所确立的不同目标而变化。

　　也有人从因纽特人的"公共政府"自治模式中受到另一个启发，那就是是否可以建立一个土著人省呢？从人口数量上看，加拿大土著人人口已经接近100万人，完全满足组建一个省所要求的人口数量条件，那么以一个全部由土著人组成或者土著人人口占全部人口多数的独特省份来参与到加拿大的联邦体制中，是否可以像法裔文化群体占人口多数的魁北克省一样，在加拿大的公共生活中占据更多的分量，更大限度地达到不同文化群体之间的平等要求呢？理论上可以这样设想，但是实际上却难以实行，或者说根本就行不通。加拿大的土著人虽然同为土著人，具有相同的或相似的历史境遇，但是只要深入观察，就不难发现其中的种种差别。他们的生活方式不同，习俗不同，社会内部的运作模式不同，由此产生的文化诉求不同。作为一个省，其参与到联邦中势必会有统一的要求，这实际上是在不同的生活方式上采取一种整齐划一的做法，而这种做法本身就是对不同生活方式独特价值的直接否认。这也是建立一个土著人省或土著人作为多数人省份的想法得不到土著人社会响应的根本原因。另外，从另一个角度看，因纽特人的"公共政府"与单纯建立一个土著人省所形成的"公共政府"还是有相当区别的。前者是因纽特人在维护特定生活方式的前提下探索出来的一种行使自治权利的路径。对因纽特人而言，虽然"公共政府"并不是由因纽特人独自构成，相反，是辖区内的所有居民按照人口比例组建的，但这种政府在组成上的"公共性"方式，既能维持因纽特人独特的生活方式，又能使其在所辖领域内的公共生活中占据主导地位，构建维护其以生活方式体现的独特文化所需的公共领域，何乐而不为呢？而组建一个土著人省，不同土著人社会的生活方式可能因这种组建而受损，如将分散在加拿大全境内的土著人集中在一个区域就会使部分乃至全部土著人的生活发生不可控制的根本性变化。此外，组建土著人省的方式并不一定就能加强土著人在加拿大公共生活中的分量。根据少数人群体代表制度，加拿大的4个主要土著人机构在第一部长会议（first ministers' conference）上都有相应的席位，在受邀请或在直接对其有影响的事项上拥有发言权。而如果组建土著人省，这些席位可能被省的席位所替代，因此，对土著人而言，他们更愿意以更多个席位的方式来参与加拿大的公共生活，而不是仅仅依靠作为"省"的一个席位来起作用。从这个角度看，组建一个土著人省的"公共政府"模式，不仅不是加拿大北极地区因纽特人"公共政府"模式的重现，而且还是一种"倒退"①。

（3）"三边联邦主义"模式的差别自治。该自治模式的特点是将土著人社会作为加拿大联邦中除联邦政府、省和地方政府以外的第三种形式，其与联邦政府、省和地方政府共同构成和践行加拿大的联邦主义。在加拿大，"三边联邦主义"的自治模式受到土著人社会的普遍青睐，也得到联邦政府的认可。早在1974年，印第安权利（indian claims）的一名委员巴伯（Lloyd Barber）就曾写道："土著人特别关注在加拿大的社会中获得一种独特的不同的地位，一种基于他们的固有权利更多地自治和更公平地分享资源的机会。毫无疑问，这种关注就要求在我们的政治框架中确认一种新的、特殊的机构形式。"②虽然巴伯没有就什么是"新的"、"特殊的"机构形式作出具体解释，但其主张无疑对"三边联邦主义"观点的形成起了促进作用。20世纪80年代，在一份名为《潘纳报告》（Penner Report）的联邦官方文件中，"三边联邦主义"的观点得到进一步的阐释。

《潘纳报告》认为，自治就意味着土著人应该享有一系列的权利，包括制定法律和政策，实施法律和裁决争议。土著人实际行使的权力应该由相关各方通过谈判来确定。该报告还设想了将联邦立法权和省立法权移交给土著人的过程和程序，认为在这一过程中，土著人在逐渐走上权力舞台的同时，在联邦和省的法律和政策的制定方面会继续发挥作用。在联邦体制内，权力在联邦、省和土著人社会之间的重构，也会形成一些领域的交叉管理，如联邦和土著人社会的共同管理。

《潘纳报告》虽是以特别委员会的名义提出的，但却是第一份在联邦的

---

① Abele, Frances, and Prince J., *Four Pathways to Aboriginal Self-government in Canada*, American Review of Canadian Studies, 2006 December 12.

② House of Comments 1983:40.

层面上提出这种"三边联邦主义"的文件，只是这种观点遭到当时的联邦政府的拒绝。在自治问题上，土著人与联邦政府之间根本性的分歧继续困扰着加拿大，直到 20 世纪 90 年代。在 1992 年，由于米契湖事件的影响①，土著人社会情绪波动非常大，于是加拿大召开了由土著人领导人、各省首脑和联邦政府代表参加的宪法谈判，达成了《夏洛特镇协议》（the Charlottetown Accord）。该协议全面接受了"三边联邦主义"的观点，将土著人作为加拿大联邦的第三个组成部分。即便在提交全民公决时，该协议未获得通过，但整个加拿大无疑已经知晓"三边联邦主义"的主张，虽然"在那个时候，还没有人能就在一个国家内如何采取一种类似于'州'的形式来履行这种主张作出一个令人满意的解释"。②加拿大联邦政府在 1995 年发布的《加拿大政府实施固有权利及土著人自治权的谈判路径》（The Government of Canada's Approach to Implementation of the Inherent Right and the Negotiation of Aboriginal Self-Government），应该被视为对"三边联邦主义"的正式肯定，体现在：

首先，该文件确定了土著人行使自治权利的框架范围。认为其应该在加拿大宪法（包括《加拿大权利与自由宪章》）框架范围内行使自治权，并且土著人的管辖范围和权限应当同其他政府的管辖范围和权限相协调，以便在土著人政府和非土著人政府之间发展一种共同的合作关系，从而保证发挥联邦政府恰当功能不可缺少的法律以及和谐关系。

其次，该文件不仅肯定了土著人自治权利的固有权利性质，将其作为宪法第三十五条的诠释，而且承认了土著人在一些领域和事务上的专属管辖权，即"土著人在关于他们的内部事务、事关他们独特文化的事务，事关他们的认同、传统、语言和机构的事务，以及事关他们同其土地和资源的特殊

---

① "米契湖协议"是加拿大联邦政府与魁北克省达成的协议，该协议认可魁北克省的自治地位。土著人早就试图将自治权列入宪法，并为此与联邦政府进行了长期艰苦的谈判，却没有取得实质性进展。因此，联邦政府迅速与魁北克省达成的准备承认魁北克省自治地位的"米契湖协议"，极大地伤害了土著人的感情。

② Pal, Leslie A. 1996. *Missed Opportunities or Comparative Advantage? Canada Contributions to the Study of Public Policy.' In Laurent Dobuzinskis*, Michael Howlett, and David Laycock, eds., Policy Studies in Canada: the State of the Art. Toronto: University of Toronto Press, p.371.

关系的事务"上拥有自治权利。

再次，该文件规定了联邦法律与土著人法律之间冲突的解决规则。在一些尚需联邦政府和土著人进行谈判方能确立管辖权的事务上，如果土著人法律与联邦法律产生冲突，联邦法律优先。此外，该文件还确认了联邦政府在一些事务上的专属管辖权，包括国家主权、国防、外交关系等。

加拿大联邦政府在《加拿大政府实施固有权利及土著人自治权的谈判路径》中展现的关于土著人自治权的政策，表明其已经将土著人政府视为联邦体制下政府的第三种序列，其中的关系正如加拿大土著人事务皇家委员会所评价的那样："如果土著人是在联邦体制内行使其自治权利，那么联邦和省政府就必须为土著人的权力行使腾出空间。即取代权力在两类政府间的划分，权力将在三种序列中划分。这是一个主要的变化，同时也要求相关各方呈现出友善、灵活、合作和勇气。"①

虽然"三边联邦主义"的自治模式得到了联邦政府的肯定和采纳，但是也受到一些批评。不少加拿大人认为，这种模式体现了一种"种族政府"或"孤立的小团体"观念，质疑其有类似于种族隔离的效果②。《夏洛特镇协议》公决的失败，在某种程度上也反映了这种质疑。其实这种质疑经不住推敲。任何国家都不可能是文化上的中立机构，土著人等少数人之所以成为少数，就在于他们的文化与公共领域占据主导地位的文化之间存在差异，这使得少数人比多数人更容易游离在公共领域之外，或与不以自己文化为特征的公共系统之间始终存在着一种疏离感，例如他们不了解或不能全部接受主流的价值观和生活方式，不擅长用来自主流文化的"游戏规则"来进行游戏。当然，"少数人"也可以选择去熟悉和了解在公共领域占据主导地位的多数人的文化，但这需要时间和精力，而这种花费对少数人而言不仅是不公平的（因为多数群体的成员可以把这部分时间和精力投放到别处），而且使他们

---

① The Royal Commission on Aboriginal Peoples 2:5.

② Cf. Gibbins, Roger, and J. Rick Ponting. 1986. *An Assessment of the Probable Impact of Aboriginal Self-Government in Canada.* In the Politics of Gender, Ethnicity and Language in Canada. Collected Research Studies of the Royal Commission on the Economic Union and Development Prospects for Canada. Vol. 34. Toronto: University of Toronto Press.

感到并被迫接受某种无形的"外在强制",多数群体的成员却感觉不到更不会被迫接受这样的强制。如此看来,在这方面,少数人是不自由的。伯林曾说,"'自由'这个词的'积极'含义源于个体成为他自己的主人的愿望。我希望我的生活和决定取决于我自己,而不是取决于随便哪种外在的强制力。我希望成为我自己的而不是他人的意志活动的工具。我希望成为一个主体,而不是一个客体;希望被理性、有意识的目的推动,而不是被外在的、影响我的原因推动。我希望是个人物,而不希望什么都不是。……"① 因此,自治权利的行使,在某种意义上就是最大限度地减少占据主导地位的多数人文化对少数人的无形"强制",让少数人的成员不额外地花费时间和精力也能最大限度地不被边缘化,满足其在自己文化中生活的选择,实现自由。如果因为自治权的行使,在为少数人排除外界不恰当的压力的同时,也给人一种被"隔离"的感觉,那么这种"隔离"是可以接受的,因为其不仅体现了一种对少数人的公平和平等,更体现了对少数人自愿选择的一种尊重。

（4）其他模式的差别自治。实际上,在加拿大,就自治模式的探索还不止上述三种尝试,上述三种模式主要是针对加拿大的少数人之一——土著人而言,对于其他能够实际享有自治权的少数人文化群体而言,其实际履行自治权利的方式不同于这三种模式,典型的就是加拿大的法裔文化群体,其在自治上采取了一种"省政府"的模式,这是由特殊的历史境遇和历史协定所造就的。

在殖民时期,除土著人外,加拿大还存在着两大文化群体,英裔文化群体和法裔文化群体,二者同被视为加拿大的建国民族。当英裔移民和法裔移民就加拿大建立联邦的条件进行协商时,法裔文化群体就意识到:如果他们同意组建加拿大联邦,他们就会成为这个国家永远的少数群体,在联邦一级的投票中会被多数群体即英裔群体所压制。因此,他们当时面临两个选择,要么加入加拿大联邦,成为联邦中的少数群体;要么继续作为大英帝国内的一个单独殖民地存在。而后一个选择提供了一种可能,那就是其日后可以建立一个法裔文化群体占据多数的独立国家。

---

① ［英］以赛亚·伯林:《自由论》,胡传胜译,译林出版社2003年版,第200页。

但是，法裔文化群体最终还是选择了加拿大联邦，这再一次验证了：就维护少数人的文化生存和发展而言，建立区域内的公共领域比建立一个独立的民族国家更为现实，也更为可靠。同时，法裔文化群体加入加拿大联邦的选择也成就了加拿大少数人的另一种自治模式，那就是"省政府"自治模式。作为法裔文化群体加入加拿大联邦的条件，其坚持语言和教育的管辖权由各省掌管，而不归属联邦政府，并且这个条件是"不可协商的条件，作为交换，他们准备在新议会中让步，同意按人口选举代表的原则"。① 当然，法裔文化群体加入联邦的这一条件，客观上不仅为魁北克省赢得了语言和教育等领域的自治权，也为其他省赢得了地方自治权。但无论如何，这种条件最终确立了一种自治模式，那就是"省政府"模式，以此来划分建立省政府的少数人文化群体与联邦政府之间的关系。

（三）少数人差别自治权与司法审查

1982 年，加拿大在公布 1982 年宪法的同时，将原有的属于联邦文件的《权利法案》以《加拿大权利与自由宪章》的形式颁布，作为 1982 年宪法的第一构成部分。其中最有创新力的地方之一，就是引入了宪法审查。根据《加拿大权利与自由宪章》第三十二条的规定，联邦、省、地方等政府权力的行使都可能受到宪法审查。于是，出现了一个问题，该条是否适用于土著人依照自治权利所行使的内部权力呢？即《加拿大权利与自由宪章》能否对土著人自治的内部权力进行是否合乎宪法的司法审查？

在这场争论中，有一个观点旗帜鲜明，那就是认为土著人社会内部的权力尤其是以部落会议（band council）等形式出现的针对土著人社会成员所行使的权力，不应该受到《加拿大权利与自由宪章》所规定的司法审查的约束。主要理由是：首先，土著人内部权力是早已存在的，在宪章以及政府的其他法律生效之前，土著人管理自己社会、调整自己社会成员的内部权力早已存在并有效运行，是得到土著人社会成员承认的，是一种"固有的而非授

---

① Smith Jennifer, *Canadian Confederation and the Influence of American Federalism*, in Marian McKenna（ed.）, The Canadian and American Constitutions in Comparative Perspective, University of Calgary Press, Calgary 1993, p.75.

受的权力"①。换言之，习俗本身是土著人内部权力的来源。其次，土著人权力的性质不适宜司法审查。土著人内部权力并不存在单纯的公权力或私权利之分，确切地说，其更应该被视为公权力与私权利的混合体。之所以不是公权力，因为这种权力不是来源于加拿大政府，不是基于加拿大政府的授权而获得，而是基于历史上政府与土著人所签订的条约获得的，是一种独立于政府权力之外的条约权（treaty rights）②；同时，由于这种权力在土著人社会内部的行使涉及经济、政治等领域，其自然又不能同纯粹局限于私生活领域的私权等同。鉴于土著人内部权力的这种性质，试图通过司法审查，以严格划分公权力与私权利的界限来防止公权力对私权利侵犯，从而确保个人自由的《加拿大权利与自由宪章》自然不适用于土著人的内部权力。更为重要的是，如果将土著人内部权力纳入司法审查，不管其动机多么高尚，结果势必会对土著人社会的文化、社会结构造成"侵蚀性"的影响，这种影响的最坏结果是将土著人社会变成加拿大普通的一个地方社会，从而损害文化的多样性。加拿大本来就是一个具有多元文化的国家，经过几个世纪的发展，尤其是 20 世纪 70 年代以来从理论到实践对加拿大曾经长期实行的、一种被称为"盎格鲁适应模式"的同化政策和实践的反省，加拿大已经意识到文化多样性的重大意义，联邦最高法院也在不同的判例中强调维持文化多样性的这一宪法原则，认为"加拿大是一个多元文化的社会，不同文化群体的多样性和丰富性值得保护和坚持"③，并且把为少数文化提供生存和发展空间作为加拿大宪法秩序的一项基本的长期的原则，"对少数人权利的保护也成为宪法秩序下的一项独立原则"④。1982 年宪法第二十五条和第三十五条更是被视为加拿大通过确立少数人差别性公民身份的地位，维护其差别性权利从而维护维护文化多样性的一种宪法承诺。可见，对于文化多样性可能遭到损害的担

① Kent McNeil, *Aboriginal Governments and the Canadian Charter of Rights and Freedoms*, 34 Osgoode Hall L.J.61（1996）.

② Cf. Patrick Macklem, *Indigenous Difference and the Constitution of Canada,* Toronto: University of Toronto Press2001, pp.197-199.

③ R. v. Keegstra,［1990］3 S.C.R.697 at 757.

④ Reference re Secession of Quebec,［1998］2 S. C. R. 217 at 261-262.

忧，是对土著人内部自治权力进入司法审查这一做法的最大顾虑。

　　与坚持土著人的内部权力是固有权利的一种、不应受到司法审查的观点截然相反，另一派（可以称为肯定派）则认为同在一个国家共同体内，依据平等原则，《加拿大权利与自由宪章》的适用没有例外。其次，土著人内部权力的性质属于公权力，这不是依照其来源确定，而是根据权力行使者是否具备"政府性角色"（governmental actor）来认定的，"即如果权力的行使者担当了典型的政府职能，或在一种相当于政府控制的方式下履行职责，那么其决定可视为政府本身的决定。"① 由此判定，以部落会议为代表的土著人内部权力的行使机构就很难逃脱"政府性角色"的定位，即便将部落会议视为"自治机构"，在土著人社会，这种"自治机构"本身也充当了"政府性角色"。此外，还有一种观点根本就否认了土著人内部权力的固有性，认为其来源是议会根据加拿大《印第安人法》授权给部落会议的。② 加拿大下级法院就持这种观点。③ 此外，肯定派至关重要的一个理由就是，任何权力都有潜在的滥用和侵权的可能性，更何况在土著人社会，同样存在着一些"弱势群体"，如妇女群体等，其极可能成为权力滥用的牺牲品。而将土著人内部权力纳入司法审查的轨道，就能最大限度地防止侵权行为的发生，尤其防止性别或其他歧视行为。④ 突出的例子就是关于土著人印第安人的资格问题。

　　加拿大《印第安人法》规定了印第安人资格丧失的条件，其中针对妇女

---

　　① Douglas/Kwantlen Faculty Association v. Douglas College,［1990］3 S.C.R. 570. 持相同观点的还有其他判例。如Stoffman v. Vancouver Central Hospital,［1990］3 S.C.R.483 和Lavigne v. O.P.S.E.U.,［1990］2S.C.R.211.

　　② 依据加拿大《印第安人法》，"部落会议"成为土著人社会的基本组成单位。同时，该法案规定了"部落会议"的选举方式，为部落管理制定了复杂的规则，框定了"部落会议"政治权力的性质和范围以及与联邦的关系，确认了"部落会议"依据法案和联邦立法，针对地方事务，审议通过关于部落成员资格、健康、商业、交通等方面的法律；联邦政府则保留关于部落基金、选举、保留地的使用和管理等方面的裁量权。Cf. Indian Act,ss.81,83,85.

　　③ Cf. Patrick Macklem, *Indigenous difference and the Constitution of Canada*, Toronto: University of Toronto Press2001, p.201. 页下注 15.

　　④ Cf. Teressa Nahanee, Dancing with a Gorilla: Aboriginal Women, Justice and the Charter, in Royal Commission on Aboriginal Peoples, *Aboriginal Peoples and the Criminal Justice System* Ottawa: Supply and Services,1993, pp. 359-82.

的特别规定是，若印第安人妇女与非印第安人结婚即丧失印第安人的资格，而同样情形下，印第安人男子则不然。在 1985 年以前，土著人社会内部通常依据这种规定来取消同非印第安人结婚的原印第安人女子的成员资格，并剥夺其成员资格下的相关权益，如个人财产的免税等。加拿大《印第安人法》虽然赋予土著人社会确认和管理自己成员的内部权力，但这种权力的行使却遭到其内部及加拿大妇女群体的质疑。[1] 最终，Bill C-31 议案在 1985 年获得通过，加拿大《印第安人法》中的这一条款被修改，再不会有任何人因婚姻而丧失印第安人资格。Bill C-31 虽然许诺印第安人的土著人社会可自行制定和执行关于成员资格的条件，但前提是在生效前必须受到内阁的审查，即土著人内部权力的行使实际受到了制约[2]。

在这场关于土著人内部权力是否应纳入司法审查的争议中，综合了否定派和肯定派各自主张的折中派的观点颇值得关注，其观点十分鲜明：既要保证《加拿大权利与自由宪章》在土著人社会的适用，以防止权力的滥用，保障土著人社会成员的个人权利，同时也要注意审查的深度和广度，以防止对土著人文化和社会结构产生不应有的侵蚀性负面影响。如有人提出，"在土著人社会描述他们自身的'宪法'时，《加拿大权利与自由宪章》应设置一些限制性的规定，当然这些限制性规定不能限制或取消宪法第二十五条和第三十五条所确认的土著人的自治权；同时《加拿大权利与自由宪章》应按照与土著人文化和传统相适应的方式解释和适用于土著人"[3]。可见，折中派的

---

①　如印第安和北方发展事务常务委员会（Standing Committee on Indian Affairs and Northern Development）认为："这种歧视性的规定和权力的行使引起了印第安社会的痛苦，尤其是妇女和孩子"。Cf. Standing Committee on Indian Affairs and Northern Development, Minutes of Proceedings and Evidence, Ist sess., 32nd Parl, 1980-81-81, Issue no.58, p.7. 妇女地位皇家委员会（Royal Commission on the Status of Women）则认为："应修改加拿大《印第安人法》，以使同非印第安人结婚的印第安女子能维持其印第安社会的成员资格，并将成员资格传承给其孩子。Cf. Reports of the Royal Commission on the Status of Women in Canada, Ottawa: Supply and Services, 1970, pp.237-238.

②　Cf. Patrick Macklem, *Indigenous Difference and the Constitution of Canada,* Toronto: University of Toronto Press2001, p.229.

③　Brian Slattery, in 'First Nations and the Constitution: A Question of Trust', 71 Can Bar Rev. 261 at 286-287.

观点是试图在适用《加拿大权利与自由宪章》和维护土著人社会的习俗及传统社会规则之间寻找一个平衡点。即在其看来，土著人社会的习俗和传统社会规则不是不应该得到尊重和维护，但如果存在一个经过价值评估的更好的理由，那么习俗和规则可以得到修改，这其中自然包括按照传统习俗和规则行使的土著人的内部自治权力。在目前看来，折中派在这场争论中占了上风，只是在每一个具体的纷争中，法院应该根据具体的情节，考察具体的场景并权衡行为的后果，在维护文化多样性的前提下去衡量、评估每一个改变土著人社会习俗和传统社会规则的"更好"的理由，以达到社会适应。

此外，伴随着土著人自治权是否应受到宪法审查的争论，还有一种观点在加拿大也越来越受到关注，那就是认为在土著人权利的行使中，之所以出现土著人社会内部如部落等的一些成员被压制的现象，其根本原因不在于土著人权利如自治权利本身，而是由于"多数人"社会没有承认土著人文化具有同等价值的前提下，用自身文化摧毁了土著人旧有的体制和传统，并培育出为多数人社会所接纳的"权力精英"所致。如詹姆斯·塔利认为，土著人社会中"由少数精英垄断权力的族长制（patriarchal）架构其实是殖民政府的行政官员造成的，这些殖民官员摧毁了土著人民族原先拥有的相当多样的男性和女性统治形式"，表现为"他们（指权力精英——笔者注）在加拿大《印第安人法》和其他行政安排的掩护下获得了相当大的权力，以至于土著人自身可能没有力量控制这些新兴精英"。① 无独有偶，不少人也从另一角度来证明土著人自治权利本身不是在少数人内部社会产生压迫的直接原因，相反，恰恰是没有尊重少数人差别权利才造成少数人内部社会压迫的结果。如有人认为："某些群体似乎愿意使用强迫的手段来保存群体习俗，虽然令人遗憾，但这可能恰恰不是因为任何天生的非自由主义，而是由于更大的社会没有尊重他们的少数人权利。由于不能从更大的社会寻求公正，来保护自己的土地和体制，少数人就把注意力放到了他们唯一可以控制的人，即自己群体的成员的身上。"②

---

① ［加］詹姆斯·塔利：《陌生的多样性——歧异时代的宪政主义》，黄俊龙译，上海世纪出版集团 2005 年版，第 202 页。

② Reaume, Denise, *Justice between Cultures: Autonomy and the Protection of Cultural Affiliation*, UBC Law Review 29/1:121 1995.

（四）差别自治权利——少数人自决权的归宿

在谈到自治权时，不能不涉及到另一个权利—"自决权"（self-determi-
nation rights）。"自决权"又称民族自决权（national self-determination），其
含义从来就是模糊的，即便在《联合国宪章》中，也只是笼统地讲"人民具
有平等权和自决权"，但何谓"人民"、何谓"自决"却是定义不清晰、不
明确的。因此，更多的时候，"自决权"是作为处理国际关系时的一种抽象
的政治概念来使用的，其目的是表达政治诉求，具体指"相信每一个民族都
有权建立一个独立的国家并决定自己的政府。"①并且，这里的"民族"是指
殖民统治以及种族主义政权之下的民族；联合国在此对于"自决权"只是有
限度地承认，主体也仅限于海外殖民地的"人民"。因此，从理论上讲，"自
决权"与"自治权"之间没有任何联系，更何况，根据人权事务委员会的一
般性意见，《国际人权公约》已经对"自决权"与"自治权"做了清晰的界
定，认为"少数人""享有自己文化的权利"不属于"自决权"。②但是，理
论归理论，现实中作为少数人的文化少数群体可能构成民族，也可能仅仅是
族裔，但是这种认定（无论是出自自身还是他人）都不妨碍文化少数人认为
自身属于民族，享有"自决权"，以维护群体独特文化的生存和发展。那么，
接下来的诘问就是：基于维护自身独特文化生存和发展的要求，少数人是否
享有"自决权"？如何厘清"自决权"与其他宪法规则的关系？"自决权"
的终极目标究竟何在？许多少数人都坚持自己的文化群体属于"人民"或
"民族"，因此享有"自决权"，将"自决权"作为"享有自己文化权利"的

---

①　Alfred Cobban, *The Nation State and National Self-Determination,* rev. ed., London: Collins
Fontana Library,1969, p.39.

②　联合国人权事务委员会 1994 年第五十届会议第 23 号一般性意见中认为，根据在《公
民权利与政治权利国际公约》（以下简称《公约》）中的不同位置和表达，已经对"自决权"
和"少数人的权利"作出区分。原文是："《公约》区分了自决权利和根据第二十七条受到保
护的权利。前者被表示为属于民族的权利，在《公约》的另一部分（第一部分）作出规定。
自决并不是可依照任何议定书予以确认的权利。另一方面，第二十七条则涉及赋予个人的这
类权利，并且同涉及给予个人的其他个人权利一样，载于《公约》的第三部分，并且能够在
《公约》中予以确认。"

必经之路。并且"这些民族如果认为自己的自决在较大国家不可能实现，他们的极端要求就会是希望分离"①，这注定给社会带来动荡。因此，如何克服"自决权"本身所具有的巨大的"负作用"和社会难以承受的灾难性的"附加结果"，这成为主张通过"自决权"来保证自己独特文化生存和发展的少数人不得不面临的问题。在这方面，加拿大最高法院在以加拿大魁北克法裔文化群体为主体，因实施"自决权"而导致的魁北克分离事件中所作的宪法裁决，颇具有启发意义和信赖价值。

1994—1995 年，加拿大魁北克省发生了魁北克政府主导、以加拿大的少数人之一——魁北克的法裔文化群体为主流，在"自决权"的名义下要求脱离加拿大的一系列事件，包括就魁北克是否脱离加拿大进行的全民公决。在此期间围绕少数人"自决权"所产生的根本性争议，由联邦政府提交到加拿大最高法院，寻求法院的裁决。加拿大最高法院的宪法裁决对于如何理解少数人的"自决权"以及少数人"自决权"的归宿有着可信赖的参考价值。裁决首先应用了一种客观的解释方法，从文本的客观含义来阐释和挖掘加拿大宪法的含义，认为宪法与达成"宪政的规则"有着本质的不同，依据"宪法规则"达成的宪法独立于宪法协商者的意志及其所理解的价值和意义，确立了"分离本身既是政治问题也是法律问题"的论断，从分离的政治纠纷中提炼出了具体的法律争议。宪法裁决还诠释了"自决权"的含义，认为"自决权"不等同于"单方面宣布脱离的权利"，魁北克的行为违宪。基于权利目的、行使主体和方式的不同，"自决权"分为"外部自决权"和"内部自决权"。由于魁北克的法裔文化群体不属于"殖民地人民"和"被压迫人民"，所以其"自决"应该是一种"内部自决"，权利的目的是在现存的宪法框架内追求政治、经济和文化以及社会发展。加拿大最高法院还阐释了"自决权"与法治原则的冲突关系，认为法治原则的目的是维护宪政秩序和国家主权的统一，法治原则更为重要，"自决权"应该在宪法框架内依据法治原则来行使。加拿大最高法院的宪法裁决还暗示了少数人"自决权"的一

---

① ［加］威尔·金里卡:《多元文化的公民身份——一种自由主义的少数人群体权利理论》，马莉、张昌耀译，中央民族大学出版社 2009 年版，第 39—40 页。

个发展趋势，那就是"外部自决权"并不能达到少数人维护自己独特文化生存和发展的目的，因此"内部自决权"即"自治"不失为少数人"自决权"的一个明智归属。

1. 魁北克分离事件及宪法裁决的事实和背景

在加拿大，英裔文化群体由于人数较多，所占据的地域广大，一直主宰着国家的政治、经济生活。法裔文化群体对此极为不满，在法裔群体的聚集地魁北克省，这种情绪更为突出。长期以来，法裔文化群体以加拿大少数人的身份为争取自身的政治、经济和语言文化的平等权利进行斗争。第二次世界大战结束以来，随着"平静革命"（quiet revolution）的进行，这种不满和害怕情绪更加高涨，主张魁北克独立的人越来越多。到 20 世纪 60 年代末，魁北克分离主义逐步兴起。1968 年 10 月，分离主义政党—魁北克党正式成立，在其党纲中明确规定要"通过民主渐进手段争取魁北克独立"。魁北克党人在魁北克省执政后，更是掀起了争取独立的斗争高潮。具体在 1994 年 12 月 6 日，魁北克省国民议会制做了一份名为《关于魁北克主权的法案》（*An Act respecting the sovereignty of Quebec*）[（以下简称《权利草案》）（*Draft Bill*）]，开列了魁北克成为独立国家的 6 个步骤，其中包括所谓的全民公决。① 一句话，《权利草案》实际上意味着魁北克要单方面宣布独立。1995 年 1 月 12 日，魁北克党、魁北克民主行动党和魁北克布拉克三方领导人起草了一个三方协议，认为一方面魁北克议会有权宣布魁北克的独立，另一方面魁北克政府有义务提议在新的经济和政治伙伴关系上与加拿大政府达成协议，只要与加拿大政府的协议达成一致，议会就宣布独立。达成协议的谈判期不超过一年，一年内若无结果，魁北克议会可单方面宣布独立。1995 年 9 月 7 日，魁北克议会通过了名为《关于魁北克的未来》（*An act respecting the future of Quebec*）的一号法案，宣称："我们魁北克人民，通过我们的国民议会宣布：魁北克是一个独立的国家。"其中，法案的第一条和第二条在"自

---

① 这 6 个步骤包括：《权利草案》的公布；为改进《权利草案》和起草作为《权利草案》序言部分的《主权宣言》做准备；讨论和通过关于魁北克主权的《权利草案》；在魁北克公民公决中批准《权利草案》；与加拿大政府就过渡措施进行协商，尤其是关于财产和债务的分配；拥有魁北克主权。

决"（self-determination）和"主权"（sovereignty）的名称下规定："魁北克的国民议会有权在法案的范围内宣布魁北克的主权"。这实际上就表明了魁北克议会是以"自决权"的名义来宣布脱离加拿大的。其间，一些公民提起诉讼，挑战《权利草案》和魁北克单方面宣布脱离加拿大的宪法效力，但均被驳回，没有能阻止魁北克政府在"自决权"名义下单方面实施的脱离计划，包括魁北克全民公决。①1995 年 10 月 30 日，魁北克举行了全民公决，结果是：50.58% 的魁北克公民反对魁北克脱离加拿大联邦，49.42% 的公民则赞成魁北克成为一个主权国家。这一系列事件被称为魁北克分离事件。

　　从公决结果上看，似乎魁北克分离事件因魁北克公民公决的微妙结果已经画上了一个句号，但加拿大联邦政府与魁北克省政府就该事件所持有的截然不同的看法并没有因此而改变。"在魁北克省政府看来，依据国际法，其能够根据自决权单独决定与联邦分离的程序；联邦政府则认为国际法没有赋予魁北克省政府单方面脱离加拿大的权利，作为一个法律问题，公民公决也不能自动地创制出这样的权利"，加拿大其他省也表达了与魁北克省政府不同的看法。② 不仅如此，此时联邦政府已经意识到，魁北克的一号法案以及其后的系列措施，已经涉及加拿大作为一个民主国家的根本问题，在这些基本问题没有得到澄清之前，魁北克省政府已经将魁北克公民公决视为一种"决定"，即"可以就是否单方面宣布脱离的决定"，由此，下一轮的公民公决又在所难免。③ 更何况，魁北克省政府在此过程中将联邦政府排除在外，

---

　　① 1995 年 6 月 30 日，魁北克省的一名律师 Mr. Guy Bertrand 写信给魁北克司法长，要求就《权利草案》（Draft Bill）和单方面独立的效力寻求魁北克法院的裁决。由于没有得到回复，Mr. Guy Bertrand 在 1995 年 8 月 10 日向魁北克高级法院起诉，质疑《权利草案》和单方面宣布独立的宪法效力。1995 年 8 月 24 日，魁北克司法长提起了一项诉讼，否认 Mr. Guy Bertrand 的动议。1995 年 8 月 31 日，魁北克高级法院否认了司法长的起诉，决定就 Mr. Guy Bertrand 的起诉召开听证会。1995 年 9 月 8 日，法官 LESAGE 就 Mr. Guy Bertrand 案件作出判决，他拒绝发布禁令来阻止魁北克全民公决。

　　② Letters of Minister of Justice and Attorney General of Canada to Attorney General of Quebec（26 September 1996）［translation］, filed of recorded in the Quebec Secession Reference, Case, vol. V. tab 43 at p.1003.

　　③ 魁北克公民公决的结果刚出来，许多人都预见到不久的将来很可能还有另一场公民公决，只要其中根本性分歧没有消除，宪法问题没有得到澄清。Cf. Warren J. Newman, The Que-

仅仅凭借魁北克举行的公民公决的结果就决定魁北克省是否分离出去。在这种具体的紧迫情势下，1996 年 9 月 30 日，加拿大联邦政府将魁北克分离事件所要咨询的基本法律问题提交到最高法院，寻求法院的裁决。联邦政府开列的基本法律问题包括三项内容：

第一，依据加拿大宪法，魁北克的国民议会、立法机构和政府能否采取行动，单方面宣布脱离加拿大联邦？

第二，国际法是否给予魁北克的国民议会、立法机构和政府一个权利，使其能单方面决定脱离加拿大？基于这种考虑，是否有一种"自决权"使得魁北克的国民议会、立法机构和政府可采取行动，单方面从加拿大脱离？

第三，就魁北克的国民议会、立法机构和政府而言，其是否享有单方面从加拿大脱离的权利？当国际法和国内法在"自决"问题上的规定相互矛盾时，国际法和国内法相比较，哪一个法更优先？

1997 年 8 月 20 日，加拿大最高法院就魁北克分离事件作出裁决：总体上承认自决权，但是其行使应考虑到加拿大宪法的民主原则、法治原则和国家的领土完整。其中，法治原则最为重要。法治原则要求"自决权"必须在宪法的框架内行使，否则就是对民主原则的破坏。加拿大最高法院认为，"自决权"不等同于"单方面宣布脱离的权利"，魁北克政府在分离事件中的行为属于"单方面宣布脱离"，是违背加拿大宪法的非法行为。国际法或"自决权"都没有赋予魁北克一个"单方面脱离的权利"。裁决的核心内容是，魁北克"没有单方面宣布脱离的权利"，除非魁北克公民表决的"问题明确"，得到了"明确的多数"的支持，而且联邦各方与魁北克就"脱离"的内容和条件经过谈判达成了一致意见。

2. 解读加拿大最高法院的宪法裁决

（1）少数人的自决行为本身属于法律争议。在魁北克分离事件中，加拿大最高法院首先运用对宪法含义的解释，从政治纷争中提炼出具体的法律问题，很好地承担起在解决政治争议中法院应该承担的责任。从表面看，魁

---

bec Secession Reference, York University 1999, p.18.

北克分离案件就是魁北克法裔文化群体同加拿大多数群体的一种政治分歧，"自决权"被视为达到政治诉求的一种政治手段，没有被当成一种法律权利。加拿大联邦政府最初也是持这种看法，认为既然是政治问题，只能通过政治途径即可解决。①

　　加拿大最高法院首先刻意区分了宪法和"达成宪法"二者之间的不同，从而诠释了法院和政治家不同的职责范围。法院在裁决中花费不少的篇幅，用一种客观解释的方法，从文本的客观含义来阐释和挖掘加拿大宪法的含义，认为宪法（constitution）与"宪政的规则"（constitutional rules）有着本质的不同，前者是各方已经达成的协议，是法律；后者则是形成宪法或达成协议的规则。依据"宪法规则"达成的宪法独立于宪法协商者的意志及其所理解的价值和意义。如此，魁北克只是作为加拿大 1982 年宪法的协商者之一，1982 年宪法在颁行后已经有了自己作为加拿大最高法则的独立含义，不受协商者意志的左右，除非协商者再重新协商修改宪法。② 由此，加拿大最高法院得出结论："宪法由法院来执行，但如何达成宪法却是政治问题"，魁北克分离案件中的法律问题也就被从中剥离出来。最高法院认为，既然宪法已经是各方达成的协议，是加拿大的最高法则，那么包括魁北克政府在内的各方就应承担相应的宪法义务，且最高法院有义务监督这些宪法义务的落实。从这个角度看，魁北克政府的分离计划和由此采取的行动应该是一个与

----

　　①　实际上，就在《权利草案》制定三天后，即 1994 年 12 月 9 日，魁北克的一部分公民写信给加拿大总理，要求国民议会的议长应该就魁北克法裔文化少数群体同加拿大多数群体的一种政治分歧中的以下问题，咨询加拿大最高法院：根据加拿大宪法，加拿大的一个省是否可以制定一个法案来宣布该省成为一个独立的国家？如果这样的法案已经颁布，其效力如何？加拿大总理回信说，他不认为在目前的情势下，这些公民的建议对加拿大政府而言是不宜采纳的。加拿大总理还强调："接下来最为核心的问题应该是，魁北克人是否还想继续留在加拿大，因此那些主张魁北克独立的人应该负担一个举证责任，说明为什么独立最符合魁北克人的利益。"显然，作为政治家的总理当时寄希望于一种包括公民公决在内的政治途径来一劳永逸地解决魁北克独立问题的纷争。Cf. Case on Appeal in Quebec Secession Reference, Case, vol.1, tabs 7 and 8, pp.79-83.

　　②　加拿大最高法院在裁决中也提到，在目前的宪法下，魁北克的"脱离"是不合宪的，使其变成合法行为的一个必要条件就是重新修改宪法。这也是依据宪法文本的客观含义来阐释宪法含义的原旨主义解释法的一种表现。

宪法义务相关联的、用司法裁判来评判的法律行为，即"分离本身既是政治问题也是法律问题"①。因此，对魁北克分离事件的评判不应该仅仅是政治家们操心的事项，也是法院的职责所在，法院对此作出的裁决不仅具有约束力，而且能确保政治家们所能寻求的所有的政治途径都在宪法框架内安排，不违背宪政秩序。此外，根据宪法作为最高法则的含义，魁北克省作为加拿大联邦的一个组成单位，无论其如何行为，都改变不了宪法对其的基本定位，即其作为加拿大联邦成员，有义务依照宪法从事各种活动，以维护宪法的实施。针对魁北克政府将魁北克公民公决的结果视为"人民的一种决定"和"人民授权"的标志，加拿大最高法院认为："公决只是为政府与人民协商提供了一种机会，无论公决的结果如何，都改变不了魁北克政府在加拿大宪法秩序中的法定地位"。既然宪法是包括魁北克政府在内的各方已经达成的协议，魁北克的法律地位已经由宪法确定，那么，在宪法框架内，最高法院作为宪法的监督机关，有责任对魁北克政府发布的《权利草案》一号法案以及其后采取的包括组织魁北克公民公决在内的系列行为是否具有"合宪性"进行司法裁断。

加拿大最高法院从魁北克分离纷争和联邦政府所开列的问题中提炼出的具体法律事项包括：

第一，在关于"自决权"的法源上，国际法与国内法哪一个更优先？

第二，"自决权"的含义，即回答"自决权"是否等同于单方面宣布脱离的权利？

第三，"自决权"的主体，即谁有权行使"自决权"？

第四，行使"自决权"的有效宪法原则有哪些？

（2）对"自决权"的主体——"人民"概念的不作为。加拿大最高法院虽然从魁北克分离事件中提炼出了具体的法律争议事项，但"分离本身"既

---

①　这是加拿大最高法院在裁决中对魁北克分离事件的定性。其实，因魁北克分离事件在地方法院引起的各种纠纷中，地方法院的法官也作出过如此的判断。如法官 Pidgeon 曾经在 Bertrand 案件中总结到，原告的诉求关系到以下宪法问题：1."自决权"能否等同于脱离的权利？　2.魁北克能否单方面脱离加拿大？　3.国际法与国内法哪一个更优先？　Cf. Reference re Secession of Quebec, supra, para 83.

然作为政治和法律问题同时存在，不可避免地在具体的法律争议中包含了政治性概念。就"自决权"而言，其最初就是一种政治诉求，即便是在宪法的框架内，其某些政治特征并没有因此而减弱，最为典型的就是"人民"的概念问题。作为建立一个独立国家的政治诉求，"自决权"的逻辑起点是：国家是人民意愿的产物。这种观点并不新鲜。早在启蒙时期，卢梭的社会契约论就清晰地表达了这种观点，认为国家不过是形成、执行人民意愿的机器。换言之，人民既然可以形成国家，那么在意愿一致时也可以解散现已存在的国家，更何况，人民没有放弃自己加入或脱离国家的意愿。如此一来，那种在一个现存的国家内通过所谓人民公决来集体决定是否脱离现存的国家并组建新的国家的行为，也就顺理成章地获得了正当性，成为人民宣称、维护、执行自己意愿的强有力的证据。这一主张看上去很符合逻辑，因此，"自决权"在政治上曾经作为反殖民统治的"武器"就有了正当使用的理由。但是"自决权"要成为法律权利，必须解决一个问题，那就是究竟谁有资格享有以建立一个独立国家为目的的"自决权"？某些学者提出"被压迫的民族"（captive nations）或"本应该独立的民族"（nations that ought have been independent）①应作为"自决权"的主体，但是怎样对"被压迫"与"本该独立"进行认定又成为一个难题。少数文化群体之所以成为少数，这本身就可能暗示着有其他强势的群体比较性地存在，那么作为少数文化群体的民族，其在历史上所遭受的不公正待遇是否就能作为"被压迫"和"本该独立"的理由？如果那样，岂不是所有宣称自己遭受"压迫"或"本该独立"的文化群体都有权建立自己的独立国家？实际上，"被压迫"也好，"本该独立"也罢，都是对一种状态的描述，而只有在这种状态的极端情形下才能将寻求建立独立的国家作为唯一可能的解救途径。但是对作为少数文化群体的民族而言，在这样一个后殖民时代，遭受不公正待遇是可能的，但是这种不公正待遇是否能达到一种极端状态以至于不独立就无法生存，对此确实不能轻易下结论。作为文化少数群体的少数人毕竟不是奴隶的代名词，如同加拿大

---

① Cf. Michael Walzer, *The New Tribalism: Notes on a Difficult Problem,* Dissent（Spring 1992），p.166.

最高法院所指出的那样:"魁北克(指法裔文化少数群体,作者注)不符合'殖民地人民'或'被压迫人民'的特征。"① 不仅如此,即便是确认了"被压迫"的事实,谁有权代表"人民"?可见,在"自决权"的主体标准不确定或者难以确定的前提下,轻易地将"自决权"奉为原则以及可实施的人权,只能造成一种无政府的混乱状态。这正应了这样一句话:复杂问题的简单化很可能带来灾难。

在实践中,一些国际机构对因"自决权"主体的政治性而带来的不确定问题深有体会,以至于已经放弃了对"自决权"主体的判断,实际上停止了"自决权"的操作。如联合国人权委员会(the united nations human right committee)在裁定中认为,自己无法处理有关"自决权"遭到否认的申诉,因为其根本就无从判断究竟谁有权代表"人民"。② 联合国国际法院也发现,在一个有争议的土地上确定谁是"人民"非常困难。③ 这些做法与加拿大最高法院在"人民"问题上的做法有异曲同工之妙,即不刻意地严格界定某些政治概念,如不愿给出"人民"在法律上的确切含义,避免将复杂的政治问题简单化,而这样做就能避免不确定的后果可能引发的灾难,即避免对现存宪法秩序的冲击。

当然,不越俎代庖地刻意澄清政治概念的含义,并不等于在案件中不作为,只是这个作为是在宪法框架内对法律问题进行裁定。虽然在法律上,"人民"作为"自决权"的主体依然是一个不确定的概念。但是,加拿大最高法院在这种不确定中明确了一点,那就是作为自决权的主体——"人民"虽然不必一定指一个国家的全体居民,也可以是部分人口,但是人民应该是一个宽泛的概念,这种宽泛性体现在不同的文化群体都可以成为人民的一部分,这在国际法中的趋势也是如此。如果"人民"属于一个宽泛的概念,那么特定的文化群体与"人民"之间是否就可以直接画等号?加拿大最高法院没有对此直接作出回答,而是认为"人民"的范畴问题受制于"自决权"在宪法框架内行使的原则。针对魁北克以"自决权"为名义的独立要求,加

① Reference re Secession of Quebec, supra., para.147.

② Cf. Lubicon Lake Bond V. Canada, Communication No.167/1984.

③ Cf. Western Sahara Advisory Opinion,(1975)International Court of Justice Reports.

拿大最高法院强调:"显然,在社会、历史和政治的意义上,在魁北克生活着一个被称为魁北克人的群体,他们可能被视为人民,但同理,在魁北克和加拿大其他地方,也生活着其他的群体,他们同样可能被称为人民。"① 即魁北克人虽然都具有某些共同的特征,如语言和文化,并且这些特征可在定义一个特定的群体是否属于"人民"时作为参考,但由于"自决权"只能在一国的宪法框架内行使,一国领土的完整优于"自决权"的行使,更何况"自决权"并不等于单方面宣布独立的权利,因此,"没有必要去探究'人民'的法律特征,也没有必要去研究魁北克人是否属于国际法中所说的人民"。② 加拿大最高法院的言论暗示了加拿大并不能直接认同特定文化群体等同于"人民"的说法。针对法庭之友(即专门就法律问题给法院提供咨询的人员,作者注)关于通常情形下不存在加拿大人民,只存在诸如土著人、魁北克人、阿卡迪亚人、英语群体等具体文化群体的说法,加拿大司法部长在1998 年 3 月 13 日的书面答复中声称:"(这种观点)忽略了一个事实,那就是在宪法之下,加拿大的国会是加拿大人民的代表;忽略了在魁北克之外法语群体的存在,这些群体同样拥有保护自己语言和文化的宪法性权利;忽略了绝大多数表面上属于英语群体的个人其本来不是英语群体的成员;忽略了加拿大公民固有的和真正的含义。殊不知,加拿大公民的身份保证了个人作为人民成员的资格,保证了他们在一个政治体制中的参与。"③ 其实,在关于少数人是否属于"人民"这个问题上,仔细分析加拿大司法部长与法庭之友的观点,不难发现二者并不冲突。加司法部长在强调"加拿大国会属于加拿大人民代表"这一观点的基础上,否认了魁北克法裔群体的"人民"身份;法庭之友则从否认"人民"的存在来说明,文化群体并不等同于"人民"。可见,二者在文化少数群体不直接等同于人民的观点上是一致的。如此,特定少数群体将寻求独立的国家地位作为其行使"自决权"的当然结果,其在权利主体上存在着一种理论上的"硬伤",不能自圆其说。

值得一提的是,加拿大最高法院对魁北克分离案件的最后判决也包含了

---

① Reply factum of the A.G. Canada(15 January 1998),para.91.

② Reference re Secession of Quebec, supra., para.125; emphasis added.

③ Reply of the A.G. Canada to Written Responses of the Amicus Curiae 13 March 1998.p.21.

政治问题，既然他们认为"本质上属于政治范畴的问题不应该由法院来向政治谈判的各方发表自己的看法"①，因此将其留给政治家们通过政治谈判解决才是正道。②

（3）严格界定少数人"自决权"的概念和含义。宪法裁决在相当程度上具有补充立法甚至替代立法的作用，因此，其对一国国内的影响可想而知。鉴于此，若运用宪法解释进行宪法裁决，就不得不考虑该解释给政治生活和社会生活可能带来的影响和后果，包括积极的影响和消极的影响。如果有不止一种宪法解释的可能时，应选择其中对于政治生活或社会生活有积极影响的解释，或是选择对维护既有秩序的安定有利的解释。③ 更常见的情况是，无法很确切地衡量宪法解释可能产生的影响是积极的还是消极的，毕竟现实生活中各种不确定的、晦暗不明的、偶然的因素太多，此时，维持现状不失为一种明智的解决问题的路径。即便是所谓的前瞻性解释，最好是在宪法所预留的有限空间内、在充分考虑现行的宪政秩序和利益现状延续的前提下，谨慎地进行宪法解释。魁北克省以"自决权"的名义单方面宣布脱离加拿大联邦，这对加拿大的影响无疑是巨大的。因此，如何界分"自决权"成为宪法裁决的关键。最高法院运用了"结果取向考量"的宪法解释方法，将"自决权"放在一个最大限度地可预见的背景中去考量，而不是单从字面意思上来解释"自决权"，这样做更能全面衡量、评价、把握魁北克在"自决权"名义下的行为对加拿大可能产生的影响。

虽然无论是在学术界还是在实务界，近些年加拿大对于"自决权"颇有

---

①　Reference re Secession of Quebec, supra., p.101.

②　1997 年 8 月 20 日，加拿大最高法院裁决魁北克没有单方面宣布脱离加拿大联邦的权利，但如果魁北克举行公民表决的"问题明确"又获得"明确的多数"的支持，那么联邦的各方必须与魁北克就独立问题进行谈判。此时，脱离加拿大联邦有可能成为合法行为。但法院并没有就什么是"问题明确"和"明确的多数"作出具体解释，因为其认为这是属于如何达成宪法的"政治判断"，需要各方通过政治途径来达成一致看法，法院对此没有"解释的职责"，只是要求各方"在强调宪法权利和宪法义务的框架内来权衡全体加拿大人的利益"。Cf. Reference re Secession of Quebec, supra, pp.100-104.

③　参见苏永钦：《结果取向的宪法解释》，载于《合宪性控制的理论和实际》，元照出版公司 1994 年版，第 253 页。

看法，不少人甚至主张不应该承认"自决权"。但不能否认的是，在不少国际人权条约和不少国际机构的章程中，"自决权"仍然跃然纸上，典型的有《联合国宪章》第一条、第五十五条等。加拿大作为众多国际人权公约的签署国，不可能不承认"自决权"。因此，加拿大最高法院在裁决中列举了一系列关于"自决权"的国际的和区域的人权公约，结论就是加拿大宪法承认这些公约的效力，也承认"自决权"。但承认"自决权"，不等于承认魁北克包括组织公民公决在内的行为就是行使"自决权"，更不是承认魁北克有"单方面宣布脱离的权利"，这其中的关键就在于解释"自决权"的含义。

　　"自决权"的字面含义似乎有"自己决定政府"之义，但是否就等同于"单方面宣布脱离"？支持"自决"等同于承认"脱离"的观点基本上基于两个理由：一是认为国际法规定的"自决权"中既然没有特别禁止单方面宣布脱离的权利，那么就可以推定其拥有单方面宣布脱离的权利，即认为"自决权"推定地包含"单方面宣布脱离"的含义；二是认为国家承认独立具有合法性的义务是通过实践国际法中人民的"自决权"来履行的，① 因此认为国家有承认其单方面宣布脱离的义务。对于第一种观点，加拿大最高法院认为，国际法中的"自决权""既没有明确地包含单方面宣布脱离的权利，也没有明确地否定这样的权利，尽管在某种程度上，在一些特例中基于"自决权"而产生的独立要求没有被否认"。② 对于第二种明确认为国际法中人民的"自决权"包含了国家有承认脱离义务的观点，加拿大最高法院认为："国际法更强调一个民族国家领土的完整性，总体说来，其把一个新国家的创建问题留给了该新国家本来所从属的国家内部的民主法律去解决。"③ 可见，加拿大最高法院在解释"自决权"的含义时，已经充分考虑到其解释对现有的宪政制度和宪政秩序可能产生的影响和结果。因此，对于"自决权"，加拿大最高法院得出结论说："国际法并没有特别地保证具有一定权力的州有单方面宣布从它们的母国脱离的法定权利。这种观点已经得到加拿大那些

---

① Cf. Warren J. Newman, The Quebec Secession Reference, York University1999, p.62.

② *Reference re Secession of Quebec,* supra, para, 111.

③ Ibid,112.

协助法庭的法律之友和加拿大司法部长的认可。"① 由此，通过采用"结果取向考量"的解释方法来界分"自决权"的含义，将魁北克"没有在宪法框架内同联邦各方进行原则性谈判"的行为定为"单方面宣布脱离的行为"而加以否认。不仅如此，加拿大最高法院还认定，依据加拿大宪法，基于魁北克的宪法地位和宪法义务，其单方面宣布脱离的行为违背了加拿大法定秩序，是一种违法行为。

　　加拿大最高法院在解释"自决权"时，还充分考虑到其解释以及裁决对于加拿大不同文化群体的影响，这在加拿大宪法裁决的一些细节中得到体现。由于加拿大存在英裔文化群体和法裔文化群体之分，后者作为加拿大的少数人一直要求获得"独特社会"地位的宪法承认，这种要求也延伸到了加拿大法院中。如在加拿大法院一直有着英裔法官和法裔法官或讲英语的法官与讲法语的法官之派别区分。在魁北克分离事件的宪法裁决过程中，不少人，尤其是主张魁北克独立的人士，企望在这个问题上就加拿大最高法院的裁决发难。作出裁决的9位法官对此有充分的认识，他们深知裁决对于加拿大宪法、国家的主权、国家机构以及加拿大的两个语言群体的意味深重和长远影响，用首席大法官的话说："由于该案对加拿大国家结构的深远影响，这是法院至今为止接手的最为重要的案件。……我们之间没有一个人对此掉以轻心。"② 法官们在该裁决中不仅考虑到结果，而且考虑到"结果的长远性"，能否经得住时间的考验，即"（该）裁决不是针对法学教授和律师们所写的，其涉及到加拿大人的根本利益，应该是一份绝大多数人想看就能看明白的文件。……我想它应该经得住时间的考验，这也是我们一直在努力的目标：做一份经得住时间检验的裁决"。③ 由此，基于结果取向的考量，加拿大最高法院就魁北克分离事件的裁决在形式上与其他裁决有很大的不同，不仅统一以法院（THE COURT）的名义书写判决，而且判决书后面没有随附通

---

①　*Reference re Secession of Quebec,* supra, para,111.

②　Chief Justice Antonio Lamer, quoted in ' Top Court Gets Supreme Case', Toronto Star（16 February 1998）.

③　Mr. Justice John Major, quoted in 'Behind the Scenes as History Was Made' Sean Finn, Globe & Mail（21 August,1998）.

常判决所常有的"异议书"。这只能说明考虑到裁决对加拿大宪政秩序的影响，9 位法官在反反复复的讨论、辩解、协商、斟酌中，最大限度地就"自决权"的含义及其行使的相关问题达成了一致意见。

（4）少数人"自决权"与法治原则的冲突。加拿大法院认为，因"自决权"在国际机构中被如此宽泛地确认，所以"自决可以作为国际法的一个基本原则"，而该原则在加拿大国内的推行势必与加拿大的宪法原则产生冲撞。这其中首推"自决权"与法治原则的冲突。

如前所述，加拿大法院把"自决权"与"单方面宣布脱离"的权利相区分，并依据权利行使的主体、方式和直接目标的区别，进一步把"自决权"区分为两种，即内部自决权（internal self-determination）和外部自决权（external self-determination）。在通常情形下，"自决权"都表现为内部"自决权"，即人民在现存国家的宪法框架内追求政治、经济、文化发展的权利。外部"自决权"只应用于存在"殖民地"和"被压迫人民"的场合。由于魁北克的法裔文化群体虽然在加拿大作为少数人存在，但因其不符合"殖民地人民"和"被压迫人民"的特征，所以魁北克法裔文化群体的"自决"应该是一种"内部自决"，运用这一权利的目的是在现存的宪法框架内追求自己政治、经济和文化以及社会的发展，而不是建立一个独立的国家。那么"内部自决权"是否需要遵循法治原则呢？或者二者相比，哪一个更为优先？在这方面，魁北克省和加拿大联邦政府存在着根本性的分歧。法治原则是加拿大宪法所规定的，被认为是加拿大民主的基石。当魁北克党的领导人认为魁北克关于独立的公决行使的是"自决权"、是民主的一种生动体现时，加拿大政府强调"自决权"的行使必须遵循法治原则，否则"自决权"不仅不是民主的体现，反而会对民主产生巨大的破坏力。

如何解决"自决权"与法治原则的冲突，成为加拿大最高法院宪法裁决的一个难点。从理论上看，法治原则的目的是维护宪政秩序和国家主权的统一，不可能对"内部自决权"造成损害或构成威胁，因此，二者在理论上不存在冲突。这在许多国家都是如此，正如加拿大最高法院所言："包括加拿大在内，在维持现存国家的领土完整和人民达到充分的自决之间并不存在着必要的不和谐。其政府代表了本国人民的一个国家在其领土内是固有的，该国在平等和无歧视的基础上，在本国内部的安排下尊重自决权的原则时，有权在国际法中保护本国的领土完整。"① 但是如果承认魁北克的"自决权"是"外部自决权"，只会对法治原则造成极大的损害。根据阿列克西的衡量原则，即对于相互冲突的两个原则而言，对某一原则的侵害越强，另一个原则实现的重要性就应当越高。② 因此，加拿大最高法院得出结论，相较于魁北克的"自决权"原则，法治原则具有更加重要的意义，宪法框架内的"自决权"即"内部自决权"的行使应该遵循法治原则（the rule of law），而主张"外部自决权"不符合法治原则。

值得一提的是，加拿大最高法院就魁北克分离事件所作出的宪法裁决受到了联邦各方的积极认可，包括倡导魁北克分离运动的所谓独立人士。③ 作为联邦政府和其他地方各省政府，他们对最高法院否认魁北克把"单方面宣布脱离"等同于"自决权"的做法表示认可。而在魁北克的独立人士看来，虽然法院裁定"自决权"不等于"单方面宣布脱离"，"魁北克没有单方面脱离加拿大的权利"，但他们将法院在裁决中开列的关于"脱离"如何才能符合法治原则并在加拿大宪法下成为合法行为的条件，视为"有趣的和意外的惊喜"。④ 这真是应了这样一句话："各人各的眼"。这在很大程度上得益于最高法院非常妥当地解决了"自决权"与法治原则的冲突，确定了法治原则的优先地位。

3. 加拿大法院宪法裁决的思考——少数人的"自决权"何去何从

"自决权"的终极目的何在？自决是否一定要将建立一个独立的国家作为唯一可能的目标？独立国家的建立就一定能达到自决的终极目的？这可以说是加拿大最高法院就魁北克分离事件的宪法裁决所直接引发的问题。

作为不同文化群体的民族、族裔，坚守维持自己独特性文化、按照自己

---

① Reference re Secession of Quebec, supra., para.130.

② Cf. Robert Alexy. On the Structure of Legal Principles. Ratio Juris , 2000,（9）. p.298.

③ 加拿大联邦政府评价到："法院在澄清我们民主生活的指导原则方面做得很好，包括一些非常棘手的问题。"魁北克内务部长则成为第一个认可加拿大最高法院裁决的独立人士，魁北克其他持独立主张的重量级人士如魁北克前领导人等也对裁决表示了肯定和认可。Cf. Warren J. Newman, The Quebec Secession Reference, York University1999, p.85.

④ Warren J. Newman, *The Quebec Secession Reference*, York University1999, p.85.

独立的善的观念寻求幸福之路，这本身无可非议，但是这种诉求的满足与实现是否只有建立一个独立国家这一唯一的路径？抑或只有以一个独立国家的存在才能从根本上减轻其他文化群体对其文化生存和发展的压力乃至威胁？如果答案是肯定的，那么将建立一个独立的国家作为"自决权"主要的甚至是唯一的目标，似乎就有了正当性的基础；但答案显然没有那么简单。因为常识告诉我们，在当今世界上，作为文化群体的民族、族裔的数量远远高于国家的数量。这个事实实际上暗合一种观念，那就是民族不必与国家分离，单一民族的国家是不现实的。世界上存在着 15000 多种文化，如果每一个民族都要求建立一个国家以满足其文化承认的要求，这是不可想象的，"在这么一个小小的彼此依存的行星上，由 15000 个独立国家组成的世界体系是无法运作的"。① 因此可以断定，建立民族与国家相互分离的单一民族的国家的可能性几乎就不存在，抑或根本就不可能存在。

民族与国家分离的观点并不新鲜，密尔曾经在论及民主时认为，民主只能在同质文化中出现，以此标准只有单一民族的国家才符合这个条件，因为多民族就意味着多文化，这样的国家缺乏民主所需的相互信任、稳定、共同的情感和价值观。② 无独有偶，米勒也论证说："为达到分配的正义，也需要建立一个单一民族的国家，因为人们只有在认同他人是自己同族一员的情形下，才能与其分享财富。"③ 密尔也许是基于英国同质文化的历史事实得出了历史经验，但这种经验的普适性值得深思。真正意义上民主国家的出现是非常晚近的事情，而且衡量民主的标准之一恰恰就是其是否真正采取了有效措施来实现国内少数人的差别权利要求。因此，有人称密尔的关于同质文化或单一民族与民主关系的理论具有"早熟性的悲观"。④ 实际上，密尔关于同

① ［加］詹姆斯·塔利：《陌生的多样性——歧异时代的宪政主义》，黄俊龙译，上海世纪出版集团 2005 年版，第 8 页。

② Cf. John. Stuart. Mill, *Considerations on Representative Government,* The Libery of Liberal Arts Press,1958, p.230.

③ Miller, Dvid, *On Nationality*, New York: Clarendon Press 1995.

④ Allen Buchanan, *Uncoupling Secession from Nationalism and Intrastate Autonomy from Secession*, Hurst Hannum and Eileen F. Babbitt（edited）Negotiating Self-Determination, Lanham, Boulder, New York, Oxford, Lexington Books 2006, p.91.

质文化与民主的关系不仅体现了一种"早熟的悲观",而且还隐藏了一种潜在的危险。如果将同质文化的存在作为民主得以实现的前提,那么任何同化就有了一个正当性的理由,强制同化也能被认为是合理的,因为有一个如此高的目标——民主在前,同化焉有不合理之说?哪怕是求助于暴力的同化。至于米勒所主张的分配正义与族性认同之间的关系就更牵强了。民族认同与分配正义之间并没有必然的联系,用一致的民族认同来保证分配的正义显然是荒谬的,若不如此,那么为什么世界上有那么一些可以够得上单一民族国家标准的国家,还在为自己国内基于分配或再分配所产生的各种矛盾挣扎呢?米勒一个隐含的前提也许是:"一个道德质朴、高度理想化的民族主义可能促进分配或再分配正义。"① 这个前提也实在是过于理想化了。回头看看现实,世界上的文化群体、民族群体数量远远超过国家数量。如果认可建立国家是一个民族群体、文化群体得以生存的唯一路径,那么这个事实本身不就意味着现存的那些多民族国家的正当性还存在问题?显而易见,这个违背常识的结论只能说明:那种试图在单一民族国家、同质文化国家与民主、正义之间建立联系的想法和做法实在是过于简单化。对于多文化群体并存、多民族并存这样一个复杂的问题,采取建立国家这样一个简单化的解决方式,要么意味着不现实,要么意味着一场灾难。

从表面上看,"自决"的直接目的似乎是建立一个独立的国家;但深究起来,"自决"的终极目的不是建立独立国家,尽可能排除外来的不适当的压力,维护其独特文化的生存和发展,才是文化少数群体主张"自决"权的根本所在。因此,建立一个独立的国家对于文化少数群体而言,不仅不能被视为维护其文化独特性的唯一途径,而且很可能不是一个有效途径。文化不是一定要借助独立国家这种形式才能保持其生存和发展。通常来讲,文化的生存和繁荣与地域、群体有关,更与其在一定公共领域内的地位有关,但这种公共领域是否一定是国家的公共领域则有待分析。虽然在一国境内构建国家的公共领域,客观上能起到排除对特定文化群体不适当压力的保障作

① Allen Buchanan, *Uncoupling Secession from Nationalism and Intrastate Autonomy from Secession*, Hurst Hannum and Eileen F. Babbitt (edited) Negotiating Self-Determination, Lanham, Boulder ,New York, Oxford, Lexington Books 2006, p.91.

用，但这种保障作用并非只有通过国家构建的公共领域才能实现，区域性的公共领域同样可以产生这样的效果。以语言为例，一种语言不一定非得被宣布为官方语言才能生存和发展，瑞士、比利时、加拿大等采取的地区语言规则和准官方语言地位也足以保证每一语言群体的语言安全。因此，有一句话说得对："虽然不可能保证每个民族都有自己的国家，但是所有的民族都应该有自己的公共领域，在这个公共领域中，他们可以建构自己的多数性。"[1]因此，对少数人而言，维护自己独特文化的生存和发展的路径绝非只有通过"自决"以建立民族国家这一条道路，更何况，对于少数文化群体而言，建立独立国家的代价非常昂贵，昂贵到足以抵消建立民族国家可能带来的期望值。且不说这一过程中可能因流血冲突而引发的大规模侵犯人权的行为，姑且假设"自决"的直接目的能够达到，少数人也未必能从中获取多少收益。这其中的原理可以用"色拉"拼盘来做比喻。组成"色拉"的各个部分在维持自己独特性的同时，共同分享着作为一个整体的"色拉"的价值，如果"色拉"的某个部分从中脱离出去，那么它不再被视为"色拉"的一个组成部分，即便获得了所谓的独立，但这个独立对于其而言又有什么意义呢？这种情形与现在国际上的真实景象如出一辙。国家尤其是多民族的大国在国际上自然举足轻重，不管其中的文化群体、民族群体的构成如何，人们都把它作为一盘整体的"色拉"对待，"被当做一盘菜"而不敢被小视。作为其中组成部分的不同文化群体包括少数群体，都能从中分享到利益。分离的结果是，既然"色拉"不存在了，组成"色拉"的各个部分通常也就不能获得作为整体"色拉"时期的待遇，那些特别突出的、当初本身也是"色拉"的重要组成部分的文化群体可能例外，但这种例外从来就不可能落在原本就是文化少数群体的少数人身上。这也是为什么加拿大的魁北克在发生所谓的"宪法危机"[2]后，魁北克公民仍然选择留在加拿大联邦中的主要原因。

---

① ［以］耶尔·塔米尔:《自由主义的民族主义》，陶东风译，上海世纪出版集团2005年版，第154页。

② 所谓"宪法危机"是围绕魁北克的宪法地位以及宪法本身发生的一系列事件。1980年，加拿大总理 Trudeau 宣称，只要魁北克党人拒绝公民投票，其就改革联邦制度。魁北克人普遍将这种说法视为魁北克将在联邦中获得"新权力"的"同义词"，但在1982年的宪法

　　既然同质文化、单一民族、族裔与民主、正义并没有必然联系，并且不是所有的文化群体都能够建立独立的国家，更不是所有的少数民族、少数族裔等文化群体都愿意建立自己的国家，那么建立一个独立的国家就不应该被视为尊重和保证少数人独特文化生存和发展的唯一路径。相反，与建立独立国家的狭隘路径相比较，寻求法律上的积极措施，典型的如差别自治权，来尊重与保证少数民族、族裔等少数文化群体维护自己的文化认同，保持自己的文化发展，以实现不同文化群体在一个国家共同体内的和平相处，这恐怕才是少数人应该寻求的路径，这种路径才会更现实、更长远。其现实性体现在：对于国家而言，通过差别自治权增加少数民族文化群体的向心力，让各个民族群体、文化群体彼此尊重、和睦相处，达到防止国家分裂的主要目的；而对少数文化群体而言，行使差别自治权不仅能消除不平等及被边缘化待遇，认同自己的文化归属感、维持自己文化发展的终极目标也能最终实现。可见，尊重、保证少数人的差别自治权利将这两个貌似不相关的目标联系在一起，现实性由此产生。其长远性则体现在：目前在少数人的文化归属方面采取多元文化主义并在法律上保障少数人差别自治权的国家，如瑞士、比利时、加拿大等国在国家的稳定性及民主化的程度等方面，均显示出良好的现实状况与美好的发展前景。

　　此外，在实践中，国际法上笼统规定的"自决权"并不能获得一个主权国家理所当然的承认，国内宪法的各项基本原则构成了"自决权"运用的基本框架。以加拿大为例，作为加拿大文化少数群体的法语文化群体，虽然其

法案中，这种"同义词"并没有体现。随后在 1981 年 11 月 4 日，加拿大各省就《加拿大宪法法案 1982》进行宪法性协商时，魁北克缺席。此后，1982 年的宪法法案在未获得魁北克赞成的情形下实施。此事被魁北克的民族主义者作为不承认加拿大宪法法案的借口。1987 年，魁北克提出应承认魁北克的"独特社会"地位，并在移民、最高法院法官任命以及宪法修改等方面增加魁北克的权限。这一系列宪法性要求在 1992 年 7 月 7 日遭到拒绝。虽在随后的 8 月 22 日达成新的协议，但在同年的 10 月 27 日遭到否决。经过这一系列的事件，主张脱离联邦的魁北克民族主义势力开始抬头。这一系列事件也被称为"宪法危机"。Cf. Stephane Dion, *The Reemergence of Secessionism: Lessons from Quebec*, in Nationalism and Rationality edited by Albert Breton, Gianluigi Galeotti, Pierre Salmon, Ronald Winerobe, Cambridge: Cambridge University Press 1995, pp.131-133.

在差别权利的获得上远远超出其他少数文化群体如土著人，其中最为典型的是法语已经获得加拿大官方语言的地位，但是在法语群体内，以魁北克人为主体的法语群体成员却将谋求建立独立国家作为维护其群体利益的唯一出路，这不仅得不到加拿大多数群体的理解，甚至同为少数人群体的土著群体也对此感到迷惑，其中的原因颇值得反省。

除上述困境外，"自决权"在实践中还面临一个无法回避的棘手问题，那就是建立一个主权国家的"自决"与维护领土完整的原则之间不可避免的矛盾如何解决？任何国家在面临自己的文化少数群体的"自决"要求时，都不会放弃维护领土完整的原则，并且在实际中主张领土完整的原则应该优于"自决原则"。若谋求"自决"的民族文化群体为此寻求所谓国际社会的支持，那么如何解释主权不可侵犯的原则？更何况除此之外，"自决"作为法定权利还存在着诸多难题。①

由于民族"自决"无论是作为人权原则还是作为具体的人权，其自身都面临着不可克服的理论缺陷与实际困境，使其在实践中成为造成国内和国际不稳定的一个重要因素。正如有人所评论的那样：

"'民族'与'国家'分离的观点是导致20世纪绝大多数战争和内战包括两次世界大战和1945年之后大部分战争的根源。民族自决原则不仅可以说是战争的起因，它还使战争进一步恶化。它为诉诸武力提供了一系列依据，更奇怪的是，它还有助于创造战争爆发的环境。"②

近些年来，在国际法对"自决权"地位和实践效果产生很大争议的同

---

① 除此之外，有人还认为作为法律权利的民族"自决权"还可产生诸如实现自决的方式等问题。如联合国1977年《日内瓦公约第一项附加议定书》所称的"武装冲突"方式，以及主权国家的外部势力能否为民族"自决权"的实现提供援助等具有破坏性的问题，这些都是"自决权"作为法律权利无法克服的缺陷，以至于"民族自决"不仅不是解决问题的方式，而是本身就成为问题的一部分。参见亚当·罗伯茨：《超越错误的民族自决原则》，引自爱德华·莫迪默、罗伯特·法恩主编：《人民·民族·国家》，刘泓、黄海慧译，中央民族大学出版社2009年版，第120—121页。

② 联合国秘书长布特罗斯·布特罗斯·加利在1992年《和平纲领》中也表示了同样的看法。参见亚当·罗伯茨：《超越错误的民族自决原则》，引自爱德华·莫迪默、罗伯特·法恩主编：《人民·民族·国家》，刘泓、黄海慧译，中央民族大学出版社2009年版，第119页。

时，无论是在理论上还是在实践上，有一种观点逐渐赢得人们的信任，那就是由于缺乏清晰的标准来筛选和确定究竟谁有资格作为代表来行使"自决权"，并且"自决权"作为手段并不能达到其追求的目的，而且产生的负效应是灾难性的，至少造成了一种不稳定的局面，而在不稳定状态下，人权是无法保障的。因此"自决权"不应作为人权原则，也不应该作为法律权利来对待。

当然，在否认包括民族在内的少数文化群体行使作为手段的"自决权"的同时，并不能否认"自决权"的目的。对于少数文化群体及其成员而言，"自决"的目的无非就是为自己独特的文化的生存与发展创造条件，以维护自己作为独特的群体的地位以及在相互尊重的基础上与其他文化群体和平相处的局面。而这种要求，完全可以通过一定的差别性自治权来达到，即"应该放弃民族国家的理想转而追求另外一种更加实际的、更加公正的理想"。①这个实际的、公正的理想就是在维护同一个国家共同体的前提下，文化少数群体用"差别自治"的方式来建立一个自己可构成多数的公共领域来进行自己的文化表达，这不仅可以完全避免"自决"方式带来的灾难性的负效应，而且能更实际地达到"自决"所追求的目的。从这个意义上讲，"差别自治权利"（即加拿大最高法院所称的"内部自决"）不失为少数人追求"自决权"的明智归宿。

二、少数人的差别习俗权利

少数民族、少族裔群体等少数人在归属于一个更大的民族国家之前，已经拥有自己的文化、习俗规则，形成了自己的社会并有效地运作。因此，在归属于更大的民族国家之后，其实际地面临着法律运作上的矛盾，具体体现为少数族裔群体的习俗规则与国家法律之间的矛盾。其中的情形正如艾格

---

① ［以］耶尔·塔米尔：《自由主义的民族主义》，陶东风译，上海世纪出版集团2005年版，第154页。

利斯顿（Eggleston）所言："欧洲的征服者制造了一个法律矛盾的难题，不管他们是否已经意识到。"① 而解决这个矛盾的有效途径之一，就是承认少数人的习俗权利。习俗是一种直接来源于特定社会生活的规范，鉴于习俗本身所蕴涵的自然正义②，习俗本身就意味社会群体对在长期的社会生活中反复博弈而产生的规范的一种承认，而这种承认也直接赋予适用规范的群体成员一种权利——习俗权利，包括遵循和维护习俗和传统社会规则的权利，要求他人和社会依照习俗和传统的社会规则来进行作为或不作为的权利等。

（一）少数人差别习俗权利存在的理由

1. 习俗本身就意味着一种权利——习俗权利

现在，几乎没有人能够质疑这样一个事实：没有立法机构制定的法律规则的地方也存在着某种秩序，甚至是和谐的秩序，这已经被社会学、人类学、历史学、法学的田野调查结果所证明③。构建社会生活秩序的途径是多样的，法律、道德、习俗都可能成为其中的依赖路径。而但凡有社会生活秩序的地方，就一定存在着权利义务关系，而这种权利义务关系的设置、运行和维护，很可能没有政府或其他科层化协调者的参与。因此，从这个意义上讲，权利并不一定必须由法律来创设和维护，立法机关经过合法程序，通过

---

① Eggleston 的这番话是针对澳大利亚的情形而言的，具体指澳大利亚的土著人如雍古人关于犯罪和刑罚的习俗规则与澳大利亚官方刑事法律规定之间的矛盾。但这种情形又何尝不在其他法律领域存在？在其他国家和地区又何尝不多见？ Cf. Eggleston E.M. Fear, *Favour or Affection: Aborigines and the Criminal law in Victoria, South Australia and Western Australia,* Canberra, Australia National University Press 1976, p.277.

② 习俗的自然正义首先通过其合理性来体现，习俗"不是因为存在而合理，而是因为合理才存在，存在与流传本身就揭示了其合理性"；其次，习俗通过尊重人性、满足人性的需要来满足自然正义的要求。具体论证参见耿焰、王洪丽：《民间法与高级法的距离》，《山东大学学报》2009 年第 4 期。

③ 美国学者罗伯特·C.埃利克森观察到夏斯塔县的邻人运用非正式的规范，而不是正式的法律规则来解决他们之间出现的大多数争议，论证了没有立法机构制定的法律规则同样可以存在某种秩序，甚至是和谐秩序的原理。参见［美］罗伯特·C.埃利克森：《无需法律的秩序》，苏力译，中国政法大学出版社 2003 年版，第 52 页。

制定法律规则来创设和维护的权利只是权利的法律化和制度化，实际上不是也不可能是权利的唯一存在形态。与此同时，社会群体在长期社会生活中，经反复博弈在互动中产生的，直接来源于其社会生活、诠释其社会生活、作为社会生活产物的其他非法律规范，也能成为支撑权利的理由。这其中的情形正如埃利克森所观察的那样："是规范，而不是法律规则，才是权利的根本来源。"①

既然习俗作为权利的根本来源之一，本身就意味着一种权利——习俗权利，那么任何特定文化群体都可以将习俗作为权利的支撑，即有权主张自己的习俗权利，有权遵循和维护习俗和传统社会规则以及要求他人依照其习俗和传统的社会规则来作为或不作为，那么为什么还要刻意强调少数人的习俗权利，将其作为少数人差别权利的一种类型呢？理由很简单，在一个国家共同体内，作为多数人成员的个体因自身的文化在公共领域得到了充分的反映，受到了充分尊重，其习俗更有机会被法律化和制度化，甚至早已经成为以国家名义颁布的法律规范。典型的事例就是公共节假日的安排。国家共同体常常将反映多数人文化的节假日定为法定节假日。如此，多数人的习俗权利直接转化成一种法定权利，此时，再单独主张习俗权利就无甚意义。反之，就少数人的习俗而言，因其与生活方式和经历所反映的特定的文化相关，不可能将其内容简单地作为渊源而吸收为法律规范，以调整多数群体成员的行为。因此，少数人的习俗成为法律规范的可能性微乎其微，少数人遵循和维护自己习俗的权利还须在公民基本权利之外，以差别权利的形态出现。

2. 就造就和维护少数群体的秩序而言，习俗比法律更有效

也许，很少有哪一个时代像我们现在这样虔诚地奉行一种观念：法治和进步，认为唯有服从"法律的统治"（rule of law），人类才能摆脱"人治"之苦，持续进步，走向康庄大道。其中，法治中的"法"最为核心的内容无疑是指立法机关经过合法程序制定出来的法律规则。如此，"法治"实际上

---

① ［美］罗伯特·C. 埃利克森：《无需法律的秩序》，苏力译，中国政法大学出版社 2003年版，第 52 页。

就隐含了一个命题，那就是将立法机关制定的成文法律规则作为权利的根本来源，同时也被视为社会秩序和发展的前提。于是，在"法治"的名义下，执著于进步的欲望，种种强化国家管制的立法出台，"法治"成为立法机关的法治。在人类历史上，当启蒙运动浩浩荡荡地席卷欧洲时，尚有反启蒙的浪漫主义反其道而行之。虽然后者有矫枉过正的扭曲，但其对非理性的过度张扬到底稀释了启蒙运动所释放的激情①，确立了人本身就是目的的核心理念。反观当今这个时代，因执著于"法治"的教条和"进步"的欲望，"改革"受到前所未有的青睐，传统的生活规则、生活方式也沦为被改革的对象，即便是曾经远离国家权力中心的少数人的生活也被纳入国家的"法治"轨道，其传统的习俗被国家统一的立法所替代，其结果如何呢？加拿大印第安人的遭遇或许能说明问题。

在加拿大历史上，早期出于贸易利益和军事联盟（英国当时与法国进行争夺北美殖民地的战争）的需要，当时的英国政府对加拿大印第安人采取了"放任"的政策，承认印第安人的习俗权利。基于 1763 年同印第安人签订的《1763 年王室声明》（*Royal Proclamation of 1763*），从 1763 年到 1830 年，印第安人一直依照自己的习俗和传统社会规则来管理自己的人口、土地和财政。其间，教会是沟通加拿大政府和印第安人的主要渠道，尽管政府曾以"有价值的公民"为目标，试图通过教会以所谓先进的知识、技术和价值观念来影响和改造印第安人，但这些尝试仅限于观念上，没有采取立法等措施。总之，这一时期，政府承认印第安人等土著人的习俗权利。

从 1830 年开始，加拿大政府以进步的需要为由，开始对印第安人实施有计划的"改造"和"同化"，为此颁布了一系列的法律和政策来逐步消除印第安人传统社会规范和习俗的适用性。1869 年通过的《逐渐授予印第安人公民权法案》（*The Act for the Gradual Enfranchisement of Indians*），全面地实施国家的统一法律，完全排除了印第安人的习俗和传统社会规范。1966 年，加拿大政府对印第安人的状况展开了调查，调查报告（the hawthorn re-

---

①　启蒙运动崇尚理性，虽然休谟铮铮地断言：激情是理性的奴隶；但孟德斯鸠的谨慎观察同样具有可信度：理性也是一种激情，只不过较弱罢了。

port）的结果表明，当时印第安人的悲惨状况与加拿大联邦政府预计的"进步"之间存在着巨大的差异，统一法律下的新秩序没有得到预想的效果，印第安人传统的社会秩序反而遭到巨大的破坏，由此导致了严重后果，包括犯罪人数的急剧上升。①

可见，在造就和维护少数人群体的秩序方面，统一的法律不比少数人原有的习俗更有效。如果将官方发布的统一法律规范作为正式规范，那么习俗就是一种典型的非正式规范，代表了一种非正式的社会控制力量。任何社会均不能忽视这种非正式规范，因为它是社会群体在长期的社会生活中反复博弈互动中产生的，直接来源于其社会生活，诠释其社会生活。从这个意义上看，习俗比那种直接由官方颁布的"强行法"的立法（不管其动机多么高尚、目标多么远大）更能造就和维护一种秩序。具体体现在：

首先，习俗维护保守的价值。习俗的称呼不同，如昂格尔称"互动习惯法"、韦伯称"习惯、习俗、惯例"。但不管如何称呼，其最为明显的特点就是"相沿成俗"，其中的情形正如米尔恩所言："习俗一词既是描述性的（prescriptive），又是规定性的（descriptive），它描述在一种特定的场合下一直在做的事情并且规定应该继续做下去。"②习俗存在的理由是逻辑上所依赖的惯例，为什么一定要遵照习俗的规则行事呢？原因就在于一直这么做，除非有更好的、更合理的理由停止这么做。因此，习俗本身就体现了一种遵循传统的社会保守，所服务的目的也是社会保守，而这种保守性对于社会的发展是必需的。"没有一个社会能够敢于忽视社会保守。当变化在进行时，只有至少大体维持部分的社会生活方式以其既有方式不变，一个社会才能吸收变化。"③历史经验也告诉我们，社会的进步不是急剧式的，急剧式的变化给社会带来更多的恐怕是灾难，战争就是一个典型的例子。因此，社会的

---

① Cf. Milloy, John S., *The Early Indian Acts: Developmental Strategy and Constitutional Change in* As Long as the Sun Shines and Water Flows, A Reader in Canadian Native Studies. Edited by I.A.L. Getty and A.S. Lussier. Vancouver: University of British Columbia Press, pp.56-64.

② ［英］A. J. M. 米尔恩:《人的权利与人的多样性——人权哲学》，夏勇、张志铭译，中国大百科全书出版社 1993 年版，第 134 页。

③ 同上书，第 138 页。

发展和进步应该是稳定和渐进式的，而维系这种渐进方式的有效途径之一就是通过对习俗所代表的传统的尊重和承继来大体维持部分的社会生活方式。换言之，少数人维护习俗直接关系着社会保守，而这种保守则维持着其发展的基础。

　　有一种观点认为，不是社会保守不应该受到重视，而是少数人的习俗所反映的生活方式是一种落后的、不文明的方式，如游牧生活、狩猎、捕鱼等"靠天吃饭"的生活方式与定居、农耕以及其他文明时代的生活方式相比，其只能是落后的代名词。对代表这种落后生活方式的习俗的积极改革，如用现代立法（指非认可性的立法）来全部替代这种习俗规则应该是一种进步。这其实是一个极大的误解。少数人的习俗不一定就意味着落后，现代文明的生活方式不一定就是科学的化身，实际上许多所谓的现代文明方式已经被证明是不可持续的、自我毁灭的，在尊重自然、重新调整人与自然的关系方面，少数人反而可能通过其习俗为人们提供一种模式、灵感和指南。如游牧方式已经被证明对于防止生态资源的过度开发是极有效果的。即便是被所谓现代文明人曾经抛弃的习俗也不一定就是落后的，仅仅是认识不同罢了。利用阳光晾晒衣服的习俗的回归就是例证。① 实际上，现在人们所面临的许多问题如环境问题、资源匮乏问题等，都与所谓现代文明的生活方式有关，少数人通过其习俗规则所展现的生活方式，反倒更有助于缓解人与自然、人与环境的紧张关系。许多实证资料表明，遵循少数人的习俗规则，人与自然的紧张关系能得到极大的缓解，甚至人的活动根本就不会对自然构成威胁。而当这种习俗规则被破坏之后，人与自然的关系反而愈加紧张。如加拿大许多历史学家、法学家、人类学家对其境内的土著人如印第安人、因纽特人等在农业、渔业和贸易业、矿业等方面习俗规则的考察，充分证实了这一点。生活在雨河边的奥吉布瓦人（ojibway）在捕杀鲟鱼方面的习俗，也说明了同样的问题。他们对大自然的索取不过分，如果一次捕杀超过了预期的数量，那么他们就将鲟鱼拴在河岸，不仅很好地储存了鲟鱼，更重要的是减少了下次的捕杀量。因此，在捕杀鲟鱼一直是奥吉布瓦人所拥有的习俗权利的年代

---

　　① 加拿大的安大略省 2009 年通过立法，鼓励居民在院子里晾晒衣服，以改变居民都用烘干机的高能耗习俗。

（根据 1873 年加拿大政府和雨河的奥吉布瓦人以及相关的地区签订的条约，印第安人拥有捕鱼保留地并保持传统生活习俗），不仅渔业产量稳定，而且鲟鱼的资源一直保持在平稳的水平。从 1892 年开始，奥吉布瓦人的这种习俗权利被侵犯，商业性的公司开始介入鲟鱼捕杀。在经过几年短暂的高产后，雨河的鲟鱼资源开始枯竭。① 同样的情形也出现在其他地域。如依靠北美驼鹿、梅花鹿和美洲赤鹿生活的 Saultraux 人，用自己的习俗规则来最大限度地降低自然资源匮乏的危险，他们知道哪些资源应该开发、什么时候开发、如何开发，这样既保持了自己充沛的食物供应，又平衡了自然资源，收到了事半功倍的效果。

其次，习俗比法律更能减少和避免文化差异引发的冲突。习俗是文化的一种沉淀，反映着特定文化群体最根深蒂固的传统和本能，诠释了其最为根本的生活方式，往往不因预先设计好的"计划"或人为的"变革"而改变。影响、制约或左右文化形成和发展的因素不仅错综复杂而且晦暗不明，不仅不可理解甚至难以言明，若对作为文化沉淀之一的种种习俗进行剧烈的改革，很可能对少数人的社会生活带来不可预期的后果，结局可能比当初更糟。因此，面对文化差异，强制地推行一种整齐划一的方式、适用统一的规则、确立统一的制度，很可能引发激烈的冲突，倒是那种自然的、温和的、步履缓慢的、顺应习俗的各种措施，不仅能减少和避免由此引发的冲突，还能以几乎无法察觉的压力达到自己的目的。英国普通法的发展历史就是明证。当年，诺曼征服英格兰后，并没有武断地废除英国的本土法律，立即强制地推行其所熟悉和推崇的诺曼底的观念和规则，即尽管"征服者威廉当时是接管了一种利益，一种人们可以对其合法地主张权利的东西；不过他明确表示承认先前的人们所留下的各种法律。"② 不仅如此，征服者当时还注意到

---

① Cf. Tim E. Holzkamm, Victor P.Lytwyn and Leo G.Wsisberg, Rainy River Sturgron: *An Ojibway Resource in the Fur Trade Economy,* 引自 *The Quest for Justice: Aboriginal Peoples and Aboriginal Rights,* Edited by Menno Bokdt, J. Anthony Long, Leroy Little Bear, Toronto Buffalo London, University of Toronto Press1985, pp.118-140.

② ［英］S. F. C. 密尔松：《普通法的历史基础》，李显冬、高翔等译，中国大百科全书出版社 1999 年版，第 1 页。

英国各地的习惯法并不一样，社区之间存在差异，"这并非是对相同问题的不同回答，而是其生活方式的不同"，"这些社区的地理界线在某些情况下，又是区分人和文化的界限"。^① 由此，征服者威廉及其继任者认可了盎格鲁时期被称为古老良法的《爱德华法令》，适用了各地的习惯法。经过几个世纪的演变，以这些习惯法为基础的普通法才得以形成。后人在梳理普通法的历史时，不能不感慨当时的征服者保留英格兰习惯法的明智之举。而游历欧洲数十年、着重考察欧洲各国尤其是英国法制现象的孟德斯鸠，却从这段历史中洞悉了维护习俗与减少和避免不同文化群体之间冲突的关系。他认为，世界每个地方的人都愿意保持他们的生活方式而不愿意轻易改变，因此当地的现存法、习俗以及传统不能被忽视，也不能对其进行激进的变革，即便这种变革在立法者看来非常必要。为此，他得出一个至今仍然值得信赖的结论：最能适应人们"习性和倾向"的政府是最好的政府。孟氏的这番话暗合了一个原理，那就是习俗权利可充当中央权力和少数人之间的缓冲器，从而减少或避免因文化差异所引发的冲突。

再次，习俗权利能弥补法律对少数人的"失效"。国家的统一法律对少数人的"失效"，这是多文化国家中法律适用时常见的现象，其中的原因之一在于，法律预测少数人行为模式的尝试受到文化差异的制约。人的行为必受制于规则，现代社会最重要的规则就是法律，制定法律的过程本身就是一个在确定终极合理目标后预设各种理性因素、确立各种理性阶段的过程。由此，制定法律就成为一个通过演绎和推理发现人们的行动原理和规律，并试图由此建立一个规则体系的尝试。这种尝试成功的前提是同质的文化环境，因为人的行为模式受到其置身其中的文化所提供的价值框架和观念模式的制约，虽然同一文化群体中每个人对于自己内心世界的理解以及理想和目标的设置不完全一样，但也可以找到一些共同的因素，有大致相同的模式可以遵循。反之，缺乏同质文化的基础，法律预设人们的行为模式则鲜有成功。人都处于特定的环境之下、成长于特定的文化群体之中，是具体的、个别的、

---

① ［英］S. F. C. 密尔松：《普通法的历史基础》，李显冬、高翔等译，中国大百科全书出版社 1999 年版，第 1—2 页。

独特的人，其具体性、个别性、独特性体现在，不同的生活经历以及价值观念造就了不同的内心世界和不同的理想及目标，并且满足这些不同的内心世界以及实现不同的理想及目标的方式和途径又在很大程度上受制于其所置身的文化所提供的价值框架和观念模式。少数人的文化在国家共同体的公共领域被反映的程度与多数人的文化之间存在截然的差别，这意味着法律更多地反映了多数人的价值观、生活理念，折射了他们的生活经验。用这样的法律预测另一文化背景的少数人的行为时，必然会造成不对应，也无法对应，预测行为模式的尝试也就很难成功了。

典型的例子是民法、刑法等实体法对少数人的"失效"。现代国家的实体法多以个人为首要主体，以此来确定权利义务，加拿大的民法和刑法也不例外，但少数民族和少数族裔群体的习俗规则则不全然如此。如加拿大的印第安人，其以家族、宗族关系为基础来构建权利和义务，其中首要的是土地的权利义务，而这种权利义务以家族关系作为基本的构建点，其他权利义务包括潜在的权利义务则以此为平台展开，有时"失效"自然在所难免。这种情形在其他少数人中也存在，如澳大利亚的 Yolngu 人。①"失效"现象不仅存在于实体法之中，也存在于程序法之中，而产生这种"失效"的根本原因之一，就是二者各自追求的价值目标不同。如加拿大的刑事诉讼程序中追求一种"看不见的正义"（blind justice），与孟德斯鸠所称的"司法的超然性"如出一辙，基本的程序制度如对抗制（adversary）以及细节性的程序如交叉询问（cross examination）等，都是基于这种理念的设计。追本溯源，虽说这种程序实质上也是最早来源于英国的习惯法，但此习惯不是彼习惯，与加拿大印第安人等少数民族、少数族裔的习惯相距甚远，后者多建立在自己的生活方式之上，来源于其对生活的独特理解（虽然在他人看来是肤浅的，甚至是错误的），追求的价值目标是家族和宗族的和谐。因此，倚重家族关系、宗族关系的少数民族、少数族裔群体，其解决纠纷的程序规则也多体现了这种关系，如在程序的设计和运作中突出家族、宗族的地位与程序权

---

① Cf. Mancy M. Williams, *Two Laws: managing disputes in a contemporary Aboriginal community,* Canberra, Austrialia Institute of Aboriginal Studies 1987, pp.127-154.

利等。

　　退一步说，即便法律不是有意地预测人的行为模式，而只是谨慎地预设权利、设定义务，对个人而言，其只需要依照法律预设权利行为、不违背其设定义务即可。但就少数人来说，囿于不同的文化背景，法律的这种最低要求也很难达到，他们在法律面前的真实表现更多的是"无所适从"，最终导致法律的"失效"。少数文化群体成员通常从三种途径来理解法律：一是从自身的社会生活以及自己的"法律"即自身文化的习俗和传统社会规则的角度去理解法律；二是通过对特殊事件的观察来认识有关的法律规则；三是通过同主流文化群体的接触，包括同官方机构、政府人员、多数文化群体成员的接触和交流等来理解法律。其中，第一种途径是最普遍的一种情形，但也是最容易产生误解的情形。从"自己的法律概念"来理解法律，意味着少数群体成员首先要在自己的生活和反映自己生活的"法律"——即习俗和传统社会规则中寻找相对应的概念、规则，如果恰好比较接近，理解的正确度就大为提高；反之，则不可能有太好的效果甚至会有大相径庭。实际上，由于存在着价不同的价值观，少数人的生活及其习俗和传统社会规则极少能与产生国家共同体的统一适用的法律拥有相似或相对应的背景，它们之间甚至根本就无法进行比较。具体到加拿大，印第安人的整体价值观念就很难与主流社会突出个体的价值观念进行比较。依据印第安人的大致的哲学观，世界上的每一样事物都是有生命的，都有自己的灵性和运动规律，即他们将世界视为整体的、循环的。由此，他们产生了整体的价值观念，认为只有在整体得以维护的前提下，其中的个体才能够健康，才能与他人分享，才能够做到诚实和友善。在整体价值观的主导下，印第安人的社会结构以家族、亲族为基本单位进行扩展，呈现出一种类似于"蜘蛛网"的社会结构。这与加拿大主流社会以线性发展、突出个体为特征的自由主义价值观显然不同，后者形成了以高度原子化的个人为基本单位的线性社会结构。[①] 面对如此巨大的文化差异，即便是全国统一适用的宪法性法律，也存在着因无法对应而"失效"

---

　　① Cf. Leroy Little Bear, Jagged Worldviews Colliding, 载 Marie Battiste（edited）, Reclaiming Indigenous Voice and Vision, Vancouver Toronto, UBC Press 2000.

的问题。如针对《加拿大权利与自由宪章》在土著人社会的适用，不少学者
敏锐地察觉到："建立在整体或集体观念之上的土著人生活很难与个人权利
并行，它们之间的法律概念已经不是简单地不一致"，① 言下之意是，土著人
的生活、社会结构与《加拿大权利与自由宪章》所调整的生活、所运用的
社会结构根本就无法对应，又怎么能谈得上后者的适用呢？事实也是如此，
《加拿大权利与自由宪章》以个人自由为最高价值和最终目标，其试图通过
划定公权力行使的范围来确定个人自由的领域，从而达到保护个人权利的
目的。但对以整体价值观念作为核心观念的印第安人而言，宗族、家族、
亲族、部落等这些体现整体价值的集体不仅与个人密不可分，许多时候前
者的地位甚至优于个人，个人不能离开集体而生活，其中的情形如有人所
总结的那样："（在土著人社会）宗族是社会秩序，是司法系统，是政府，是
家庭的延伸单位。"② 总之，生活不同，文化不同，获得的经验、确立的核心
观念、珍视的价值自然迥异，将以一个文化群体的经验、观念和价值为基
础总结而来的法律用以调整另一文化群体的生活，可能会有所作用，但更
多的则要么是自作多情，要么是无所适从。在某些条件下对一些人有益的
事情，在不同条件下对另外一些人未必同样有益，反映共同体内多数人生
活和价值的法律对少数人的实际效果就可想而知了，尊至宪法地位的《加
拿大权利与自由宪章》，在土著人社会的适用上也不免有"落空"的危险。
反之，倒是少数人从自身生活中产生的"法律"——习俗和传统社会规则
在这方面更为可靠，虽然在不少人看来，这些习俗和传统社会规则与法律
相比，可能是非理性的、盲目的、不成熟的，甚至就是落后或野蛮的代名
词，但它们终究来自少数人的经历、来自少数人成员之间以及群体与其他

---

① Mary Ellen Turpel, *Aboriginal Peoples and the Canadian Charter: Interpretive Monopolies, Cultural Difference*, 6 Canadian Human Rights Yearbook 3 at 30（1989-1990）. 持类似的观点还有 W.A.Bogart, Courts and Country: the Limits of Litigation and the Social and Political Life of Canada, Oxford: Oxford University Press,1994, pp.271-7.

② 这是 Leonard Nelson, Roseau River1992 年 12 月 8 日在加拿大土著人事务皇家委员会（The Royal Commission on Aboriginal Peoples）作证时所言。引自 Royal Commission on Aboriginal Peoples, *Final Reports,vol.2,Restructuring the Relationship*（Ottawa: Minister of Supply and Services,1996）at 128.

群体的交往事实和经验、来自他们的文化所提供的基本道德观，甚至来自少数人在特定环境下的一种本能的直觉（很多时候，一种直观的道德意识和身边的经验不比理性的学说更教条、更荒唐），其适用在少数人身上自然更为有效。

当然，国家共同体法律对少数人之所以"失效"，不是因为国家共同体法律和少数人自身的习俗及传统社会规则之间存在，孰对孰错、谁更优越的问题。文化没有公度性，不存在优劣之分，只存在适宜与否、合理与否之别。包括法律、习俗在内的特定文化，只对那些实际上过着能产生这些文化的生活的那部分人有效，倘若忽视其中的文化差异，法律的"失效"就在所难免。[①] 有学者对此总结到，忽视土著人社会与主流社会之间根深蒂固的、持久的巨大差异而企图以统一的《加拿大权利与自由宪章》去调整土著人的生活，这"的确是冒了一个很大的风险"[②]，更何况即便同为土著人社会，其中的文化和与此相关的包括习俗和传统社会规则在内的制度和社会结构也不尽相同，即不存在一个所谓的"统一的土著人文化"[③]。

---

① 这种情形在忽视少数人的文化差异、强制推行国家统一法律的澳大利亚也曾存在。如澳大利亚的雍古（Yolngu）人从自己的法律"rom"出发来认识澳大利亚的法律，"rom"包含了宗教仪式、禁止性规范、规则的原则等几种含义，因此，对于澳大利亚法律规则他们多不理解。典型的如诉讼程序规则，在雍古人看来，在自己的"rom"中无法寻求如此复杂的规则，自然也就不理解其中的细节要求，更谈不上价值追求的认可。即便是法律中严厉的惩罚规则，囿于不同的文化背景，效力也大大降低。如在雍古的习俗中，没有类似于监禁和强制的惩罚措施，其习俗中最为严厉的惩罚措施莫过于"放逐"，在雍古人看来，将受罚人与家人、族人分离是最痛苦的事情。因此，雍古人普遍地对澳大利亚法律中的"监禁"表示了一种不理解甚至"蔑视"。后来该种情形的"法律失效"受到澳大利亚官方的关注，如在1977 年，澳大利亚法律改革委员会建议有限地承认澳大利亚土著人的习俗规则，以克服"法律失效"难题。关于这方面的具体论述，Cf. Mancy M. Williams, *Two Laws: managing disputes in a contemporary Aboriginal community*, Canberra, Austrialia Institute of Aboriginal Studies 1987, pp.127-154.

② Patrick Macklem, *Indigenous difference and the Constitution of Canada,* Toronto: University of Toronto Press2001, p.195.

③ Ibid, p.47.

（二）少数人差别习俗权利中的习俗

1. 确立和实践少数文化群体共同道德的习俗

对于任何文化群体而言，群体共同利益的维系关系着群体本身的生存，对处在各种潜在压力之中的少数群体来说，对共同体利益的维系要求就更为迫切，而这种要求反过来就使得群体的成员负担了一项义务，将群体这种文化共同体的利益置于优于其个人的自我利益的地位，或者要求个人以与共同体利益相一致的方式去追求个人的自我利益，并竭尽全能做一切有利于共同体利益的事情。这种利益权衡关系主要体现为共同体的道德，即在维护共同体利益的过程中，群体的成员实际上已经变成了一个道德主体。这个过程很长，起点也很早，即"一个人在成长成为共同体的成员的过程中，成了一个道德主体"。或者说，"要成为共同体的成员，除了其他条件外，还应该是一个道德主体"。① 而道德的一个重要载体就是习俗。群体成员在成长过程中，通过习俗理解到其所担负的种种义务，而在其不考虑或不优先考虑自己个人的偏好、而是依照习俗规则来做某些事情的时候，不仅习俗规则得到遵守，而且共同体的道德得到伸张，共同体的利益也就得到维系。

2. 涉及少数人生活方式的习俗

由于习俗直接来源于特定生活方式，是特定文化的体现，因此，出于对特定文化的尊重，涉及少数人生活方式的习俗应该为其保留（其中包含对自然资源的利用方式等），允许少数人履行和维持构建自己生活方式的习俗规则，即便这些习俗规则与法律规定相冲突。加拿大将遵循和维护涉及土著人生活方式的习俗作为土著人权利的构成部分，其最高法院判决的 Sioui 案件就是例证。在该案中，4 名休伦族男子② 因在魁北克省立公园砍树、生活和野营而受到指控，控方认为其行为违背了魁北克省相关的禁止性法律规定。这 4 名被告辩解说，他们的行为只是遵循了休伦族的习俗，尽管这种习俗的一个方面就是以一种现代文明不认可乃至法律所禁止的行为方式来利用自然

---

① ［英］A. J. M. 米尔恩：《人的权利与人的多样性——人权哲学》，夏勇、张志铭译，中国大百科全书出版社 1993 年版，第 52、45 页。

② 北美易洛魁印第安人的一支。

资源，但是休伦族人有充分履行习俗规则的自由，这种履行习俗的自由属于土著人的权利。法院最后首肯被告的辩护理由，认为即便是魁北克省建立公园的行为以及由此颁布的法律规定，也不能使被告履行习俗规则的行为无效，因为这种习俗规则的履行和维护属于被告的土著人权利的范畴。最高法院判决被告胜诉。①

至于如何判断一种被奉为习俗的规则是否属于少数人的权利，通常可采取历史性的解释方式，即从历史上看，该习俗规则是否为少数人所实际奉行，并且探究其在历史上的全部含义，包括习俗规则适用的范围、习俗规则认可的行为模式等。在 Sioui 案件中，法院之所以认为在省立公园砍树、生活和野营的行为不应受到处罚，是因为这种行为属于休伦族的习俗规则，并且 1760 年的《蒙特利尔条约》（*Capitulation of Montreal*）已经认可了履行习俗规则的行为属于土著人的权利，即便是魁北克省建立公园的行为以及由此颁布的法律规定也不能使之无效。同理，发生在 1985 年的加拿大宾戈赌博案件（bingo game），则从反面说明，一项行为或行为模式如果不是历史性地长期被人们实践，那么就很难被认定为一种构成生活方式的习俗，即便其行为最终使少数人群体受益。②

3. 作为少数人独特文化传统组成部分的习俗

习俗通常是文化的一种表现形式，与文化密不可分。由于少数文化群体的差别性权利的终极目的是为少数人独特文化的生存和发展提供一个宽松的环境，因此，维持作为少数人独特文化传统组成部分的习俗也就顺理成章了。应该看到，习俗本身的存在以及成员对习俗的遵从已经显示了一种效力，习俗规则存在的理由是其逻辑上所依赖的通例，人们之所以应该继续依照习俗的规则行事，乃是因为历来就如此。因此，少数文化群体对习俗的维

---

① Cf. Sioui case.

② 该案件的背景是，在加拿大伊沟湖畔（eagle lake）的土著人通过了一项法律，可以在保留地开设赌博游戏，于是土著人通过在该地区开设宾戈纸牌的赌博方式，吸引了大量的非土著人游客，年利润达到 100 万加元。土著人用这些利润建立了社区运动场、会议中心、学校以及体育馆等设施。由于联邦法律规定，开设赌博场所需要得到省政府的授权，该地区土著人开设宾戈赌博游戏的行为被提起司法诉讼。加拿大最高法院最后裁定，赌博不属于土著人历史性长期实践的行为，不属于其生活方式的一部分。因此判决土著人败诉。

持是自然而然的事情，本不需要其他的权威来认可习俗的效力。但是为了防止外在的压力对于习俗本身效力的削弱，通常的做法是用更大共同体的法律权威来认可习俗的效力，一些国家还将这种认可上升到宪法高度。虽然对用更大共同体的法律来认可文化少数群体习俗效力的做法存在着很大的争议，对文化的多样性也存在着负面的影响①，但在实践中，由于文化少数群体成员的多重身份，这种认可对于尽可能减少文化少数群体的习俗免于外界不适当的压力还是比较有效的。如发生在加拿大的 R. v. Sparrow 案件就是一个例证。罗纳尔德·爱德华·斯帕（Ronald Edward Sparrow）是属于摩斯魁姆（musqueam）的土著人，居住在加拿大不列颠哥伦比亚省。1984 年，在其持印第安部落的捕鱼许可证进行利用独木舟在 Fraser 河口捕捞三文鱼时，因流网的长度大于《捕鱼法案》（*Fisheries Act*）的规定而被起诉。该案一直被上诉到加拿大最高法院。在最高法院，罗纳尔德·爱德华·斯帕作为上诉人承认案件事实，但诉称，其所持的印第安人捕鱼许可证中所规定的流网长度的限制，与加拿大 1982 年宪法法案第三十五条第 1 款关于土著人权利保护的规定不符合，应该无效。最高法院经过审理认为：摩斯魁姆人作为土著人的一部分，在远古时候就开始在 Fraser 河口捕鱼，被称做独木舟航行（canoe passage）。根据人类学家的证言证实，捕捞三文鱼不仅是摩斯魁姆人重要的食物来源，而且在摩斯魁姆人的文化认同中起着非常重要的作用。摩斯魁姆人认为，三文鱼是在"神话时代"形成的一个物种，与人类建立了一种联系，由此，三文鱼每年都回流将自己奉献给人类，而摩斯魁姆人也以自己独特的宗教仪式来对它们表示尊敬。因此，在有关加拿大《宪法法案》第三十五条第 1 款中关于土著人权利的保障方面，法院认为土著人的权利保障是一个基于目的的保障，而这个目的之一就是确认和保护那些作为土著人群

---

①　有学者非常尖锐地指出，用法律权威来认可习俗的效力，导致习俗效力来源的改变，即习俗之所以有权威是因为其被认可，而不是由于习俗本身即被认可，也不是由于习俗的权威才被认可，认可与否是国家的一个选择过程。因此，可进一步推论的是，国家可用各种所谓的进步理论（the theory of progress）来筛选拟认可的习俗，将一些习俗排除在法律权威之外。由此，文化的多样性不可避免地受到抑制。Cf. James Tully, *Strange Multiplicity: Constitutionalism in an age of diversity*, Cambridge: Cambridge University Press 1995, pp.66-67.

体"独特文化"（distinctive cultural）的"内在组成部分"（integral part）的那些实践活动，并且这种实践活动在1982年的宪法法案出台之前从未间断过。因此，斯帕先生用独木舟在传统捕鱼领域基于食物和祭祀等文化目的捕捞三文鱼的行为，符合加拿大《宪法法案》第三十五条第1款设立权利条款的终极目的。[①] 可见，出于维护少数人文化的目的来认可少数人的习俗权利，在相当程度上能有效地抵制或削减少数人在实践自己的文化理念过程中所遭受的外界不适当的限制。

（三）少数人差别习俗权利的维度

如前所言，习俗虽然代表了一种社会保守，但社会保守并不要求所有的习俗都绝对地保持完好，不能作出改变，新的环境下社会适应的要求可以成为改变习俗的理由。正如有人所言：

"维持习俗只有一个初始的前提——继续做一直在做的事除非或直到有好的理由停止去做。……遵从习俗是不必列出什么理由的，约定俗成，这就够了。但是，背离习俗的事情必须是根据社会适应的要求：习俗束缚人们去充分适应新环境或者对新知识、新见解的社会和道德蕴意作出适当的反应。"[②]

1. 背离个人的基本权利和自由的少数人习俗规则不应得到维持

如果将人权视为一种道德权利，那么合理的推论就是：人权在不同的道德场合下的解释会大相径庭，在一个场合下被视为侵犯人权的事项在另一个场合未必如此。其中的理由很简单，道德规范建立在文化的基础上，不同的文化反映出人们在生活方式、共同信仰以及价值观方面的差异，所形成的道德抉择、道德裁判、道德批判自然也不一致。少数人的社会习俗也不例外，受其文化、道德的制约，可以视为文化和道德的"活性"体验。由于不存在

---

① 法院还用其他语言表达了同样的"目的"认定理论。如：It was a right for purpose, not one related to a particular method. Essentially, it was a right to fish for food and associated with traditional band activities. 参见 R. v. Sparrow,［1990］1 S. C. R. 1075.

② ［英］A. J. M. 米尔恩：《人的权利与人的多样性——人权哲学》，夏勇、张志铭译，中国大百科全书出版社1995年版，第140—141页。

文化的等级优劣之分，只有文化差异之分，自然也就不存在判定某种基于特定文化的特定道德优于倚重另一文化基础道德的理性根据。由此，也就不能依据道德基础——"文化"来对道德规范——人权进行评判，否则会得出在各个不同的道德场合均不存在任何人权侵犯的荒谬结论。对少数人习俗规则的评判亦是如此。

但是，从另一方面看，人权不仅是道德权利，而且应该是最低限度的道德权利。这种最低限度，即为个体作为公民所享有的基本权利和自由。包括少数人的习俗规则在内的各种不同文化群体的习俗规则，虽在大体上不与其文化内部的道德规范发生冲突，但都有可能与最低限度的道德规范发生冲突，即存在社会习俗规则冲击个人基本权利和自由的可能性。许多少数文化群体奉行的哲学理念强调整体性、循环性①，其文化也包含了这种整体利益至上的哲学观，以此产生了以家族以及扩展的家族为主体的价值观，其奉行的社会习俗也就被视为这种价值观的具体规则的实践。这种社会习俗规则在许多场合与个人权利相矛盾，甚至与包含了个人基本权利和自由的内容，如婚姻自主权、受教育权等相矛盾。对于个人的这种基本权利和自由的保障，人们应该已经达成共同的认识，即便是出于保护群体利益的需要，如为了维护群体文化的纯洁性、观念的正统性等，也不能成为剥夺和限制群体成员个人基本权利和自由的正当理由。群体的文明也好，文化也罢，乃至群体本身，都不应被视为比群体中的个体成员更实在、更具体、更具有目的性、更深刻、更优秀。少数群体成员的适用习俗规则的权利的直接目的就是维护一种群体的文化，是其在不至于受到外界不恰当的强制下的自由发展，以达到

---

① 如有学者通过对北美印第安人，尤其是北美大平原上的印第安人的考察，对印第安人世界观的特点做了总结：依据印第安人的哲学观，世界的每一样事物都是生命的，都有自己的灵性和运动规律，即他们将世界视为整体的、循环的。由此，他们产生了整体的价值观念，认为只有在整体利益得以维护的前提下，其中的个体才能够健康，才能与他人分享，才能够做到诚实和友善。在整体价值观的主导下，印第安人的社会结构以家族、亲族为基本单位进行扩展，呈现出一种类似于"蜘蛛网"的社会结构。这与以线性发展、突出个体为特征的欧洲价值观显然不同，后者形成了以个人为基本单位的线性社会结构。Cf. Leroy Little Bear, Jagged Worldviews Colliding, Marie Battiste（edited）, Reclaiming Indigenous Voice and Vision, Vancouver Toronto, UBC Press 2000.

实现尊重个人选择、实现个人权利的目的。换而言之，虽然倚重其文化，但少数人终究不是他们文化的客体、文化的手段或工具。

另一方面，少数人群体本身不是密不透风的密舱，与外界隔绝。群体本身的历史在很大程度上涉及其与其他群体相处的状况，包括和平共处和相互对峙的关系。伴随着思想及信仰和价值观的扩散、知识和艺术的传播、制度和实践的推广以及工艺和技术的流传，不同的文化之间相互作用、相互渗透。有人将文化间的这种相互作用称为"文化扩散"，认为其"意味着不同共同体的生活方式既有共同的特征又有各自的特色"。① 在少数人习俗规则与人权的关系上，其共同的特征表现为：需对一种最低限度的道德加以承认和遵守，即维护个体的基本权利和自由。在遵守最低限度规则的框架内，渊源于少数群体不同的生活方式、不同的历史以及由此获得的不同的经验所形成的习俗规则，对于少数群体的成员来讲更为重要，这既作为少数群体成员享有维护、适用其特定习俗规则权利的理由，也作为其维护、适用习俗规则权利的界限。

实际上，不少文化少数群体习俗规则的发展也呈现出这样一种趋势，即在遵守最低限度规则的框架内维持自己的独特习俗规则。如澳大利亚的雍古（Yolngu）人，自20世纪70年代开始，已经用最低限度标准来修正自己在对待妇女权利包括婚姻、受教育方面的习俗规则，表现为女孩如果愿意的话，可在婚前完成她们的学业；如果女孩在完成学业前决定结婚，那么结婚一直要等到女孩完成学业后方能进行；1967年及其后出生的女孩，其婚姻不再由家庭决定等。

2."大麻烦"、"小麻烦"的管辖模式

所谓"大麻烦"、"小麻烦"是指从纠纷的性质入手来划分法律与习俗规则各自的管辖范围，以界定习俗规则的适用范围，从而确定少数群体成员享有习俗权利的界限。该管辖模式是针对如何才能依据习俗权利有效地发挥少数人传统习俗规则的作用而由澳大利亚的雍古人（Yolngu）提出的②。如

---

① ［英］A. J. M. 米尔恩：《人的权利与人的多样性——人权哲学》，夏勇、张志铭译，中国大百科全书出版社1995年版，第72页。

② Cf. Mancy M. Williams, *Two Laws: managing disputes in a contemporary Aboriginal community,* Canberra, Austrialia Institute of Aboriginal Studies 1987, pp.127-154.

前所述，文化少数群体熟悉由多数文化主导的法律的途径之一，就是对特殊事件的观察。在长期的观察中，雍古人发现，一旦政府介入某种纠纷，哪怕是在他们看来纯粹属于少数人之间的纠纷，他们也很少有发言权，法律（在他们眼里是其他群体的法律）的地位比他们的习俗规则的地位更高。在雍古人看来，法律系统地误解了他们的文化以及由此组成的社会结构，表现在法律将所有雍古人所倚重的社会关系如家族关系、婚姻关系等都翻译成多数人的语言英语，用多数人文化中的术语来解释雍古人之间的各种纷争。在这种翻译和阐释的过程中，雍古人认为他们原本的家族关系"变味了"，即被法律误解了。家族关系是雍古人基本的社会关系，其习俗规则均围绕家族关系设立，可以说所有的争执、纠纷都与家族关系密切相关，围绕家族关系展开。而在白人法官眼里，这种"家族关系"仅仅等同于一般意义上的"家庭关系"，没有意识到其在雍古人社会结构中的中心地位。为纠正这种偏差，雍古人提出了"大麻烦"和"小麻烦"的管辖模式，试图将通过习俗规则控制的雍古人的行为与政府通过法律控制的社会行为完全区分开来，用习俗规则来维持他们的价值观念和与此相适应的社会结构。在此种模式中，"小麻烦"是指纯粹的民事争执、家庭矛盾以及轻微的伤害等，包括：因违反家族权力或责任引起的纠纷；只涉及雍古人的纠纷等。除此之外，其他的纠纷可划入"大麻烦"的范围，由政府介入。

该种管辖方式在《加拿大政府实施固有权利和土著人自治权的谈判路径》中也得到肯定。如该份文件规定了土著人在婚姻、家庭、财产方面的管辖权，而在离婚、劳动关系、司法管理以及国防、外交方面则确定了联邦政府的排他性管辖权，"大麻烦"与"小麻烦"的界限比较清晰。

三、少数人的差别语言权利

语言权利并不是仅仅着眼于人有讲话的权利或使用语言的权利。每个人都有使用语言的资格，即便是奴隶制度下的奴隶也被称为"会说话的工具"，这说明使用语言是天经地义的。人至关重要的一个特征就是其语言能力，我们之所以成为人、理解自己、对自己形成完整的识别，原因之一就在于我们人类拥有丰富的语言。语言权利所关注的是：什么人在什么场合下有使用自己所选择的语言的权利。作为少数人差别性权利的语言权利，其解决的就是在什么场合下，少数人有使用自己选择的少数人语言的权利，以及为行使这种权利需要国家等集体组织承担的义务。

（一）少数人差别语言权利的理由

1. 语言是文化的最系统的、最为恰当的、最成功的诠释

语言就是传达人们思想、想法的一系列的沟通符号、表达方式和处理规则，通过人们的发声系统，结合视觉、听觉等来完成。虽说从语言学的角度看，语言的种类可谓五花八门，这其中的重要原因就在于语言本身的多样性。① 但这些五花八门的语言都有一个共同的特点，即所有人类语言的形成都是历史性的，借用赫尔德的话说，那就是："语言是群体共同经历的表达"。因此，与特定文化历史的联姻似的语言成为文化识别的标志。如果说文化的成长是一个自然的过程，那么语言无疑就是这个自然过程中最为核心的部分。可以说，一个人的文化或经历是由语言构成的，一种语言本身就是一种独特的世界观，说不同语言的人基于其语言特有的结构，利用其语言特有的表达方式和对现实独到的观察形成了不同的观点。用菲西曼（Fishman）的话说，语言是特定文化的利益、价值和观点的最好表达，是特定文化典型产物的最好命名。套用菲西曼（Fishman）的描述，语言和文化二者之间存

---

① 早在 1951 年，UNESCO 就将全人类的语言做了分类，包括：特定地域缘由居民的本土语言或原生语言（indigenous language）；通用于地中海某些港口掺有法语、西班牙语、希腊语、阿拉伯语和土耳其语的意大利混合语（由具有不同的第一语言的人们为特定目的而沟通所惯常使用的语言）（lingua francas）；一个人从孩提时代就掌握的语言——母语（mother tongue）；作为一个政治、社会或文化共同体的民族语言（national language）；用于官方场合的官方语言（official language）；由具有不同语言背景的人使用的混合语（pidgin）；以及由居住在特定地域的具有不同语言背景的人使用的地方语言（regional language）；等等。有人对这种分类的标准提出质疑，如一种语言的"最初状态"要到什么程度才能够得上土著人的语言。有人提出了另外的语言分类，包括官方语言、地方语言、跨越种族界限在多语言民族使用的语言、群体语言、教育语言、文学语言、宗教语言等。Cf. Colin H. Williams, *Linguistic Minorities in Democratic Context*, Palgrave Macmillan 2008, pp.82-83.

在一种"索引"式的关系。① 虽然这种联系并不意味着一种文化只能用一种语言来表达，但是在特定文化发展中所形成的与之伴随产生的"原生语言"，无疑却是对特定文化最为系统的、最为恰当的、最为成功的诠释。

进一步追溯，语言不仅是对特定文化最为成功、最为恰当、最为系统的诠释，甚至语言本身就是文化的化身。对特定群体而言，将成员与成员之间联系起来的信念和行为必须依赖公共的符号，是大家所公认和遵守的符号，即语言。在这个意义上，语言不仅是一种媒介，也是作为观念本身而存在的。在通常情形下，人不可能先想出某种观念，再设法寻求一种语言来"包装"，除非你所使用的语言不是你自己的原生语言。思想的过程就是使用符号的过程，也就是语言产生的过程。这其中的情形正如赫尔德所坚信的那样：语言是一种意识的自然成长过程的核心部分，这个意识认识到他们之间（指群体成员——笔者注）具有共同性，而这种共同性的意识又依赖于人与人之间的交流。② 特定的词汇、特定的语言将事物与感情联系起来，将过去与现在联系起来，并且依照语言所形成的记忆和想象，文学、历史、艺术乃至家庭、社会得以产生，即语言成为文化本身的典型化身。

2. 语言是文化识别的符号

语言不仅仅是交流的工具和手段，而且不同的语言为不同的语言群体支撑起一个应该如何生活和如何彼此相处的价值系统和生活方式。特定语言、特定词汇总是与特定经历相联系，如汉语中的许多成语就是如此，"黄粱美梦"比喻空欢喜一场可以理解，但"美梦"何须与"黄粱（小米）"连在一起？这其中的缘由绝不应该从逻辑、推理等方面去寻找，甚至其中根本就没有什么逻辑联系或推理关系，脱离语言产生的特定场合、情景，所有的语言就表现为一种"随意"的形式。由于特定语言形成的历史不同，观念迥异，不同的语言之间甚至难以找到妥帖的可以相互转换的词汇。如加拿大

---

① 关于语言和文化"索引"式关系的详细论证，Cf. Fishman, *Reviewing Language Shift: Theoretical and Empirical Foundations of Assistance to Threatened Language*s, Clevedon, England: Multilingual Matters, p.20.

② Cf. Isaiah Berlin, *Vico and Herder: Two Studies in the History of Ideas,* London: The Hogarth Press 1976, p.168.

印第安人就认为，他们难以在英语中找到能表达他们愿望的词汇，那种认为模仿、学习和使用外语也一样能表达文化识别的观点，如果不是过于乐观就是过于肤浅。每个人都可以模仿其他文化群体的语言，但这并不意味着能同时抓住其中的精神实质、理解其中的经历和背景；即便抓住了精髓但是否能全盘接受又是一个问题；即便全盘接受也不一定就意味着已经成为特定文化群体的成员。早有有识之士对于试图用外语取代本土语言的幻想予以了否认。① 特定的语言不仅与特定的文化识别相联系，而且作为文化识别的标识，表明了个体对于特定语言所代表的一种生活方式的参与，一种价值观念的认同。因此因语言被破坏而受到损害的不仅仅是语言本身，更涉及其所代表的一种生活方式、价值观念的延续性和系统性。这些损害的最终结果是影响甚至否认了个人的文化识别，而这种文化识别是其之所以成为特定个人的一个基础。正如有些文化少数群体成员所评论的那样："若语言遭到损害，我们印第安人的生活方式和文化的许多方面也会由此遭到损害，尤其是我们的母语所描述的那种人与自然的关系、伟大的精神以及事物间的秩序等。没有我们的语言，我们就不再作为一个独立的人而存在。"②

3. 少数人差别语言权利满足自身特定需求

克劳斯（Krauss）和格瑞米尔（Grimer）分别在 1992 年和 1996 年的统计表明，世界上有 6000 多种语言，其中 20%—50% 的语言将在 21 世纪消亡。③ 语言的死亡通常发生在多语言的环境中，其中多数人的语言因有更大的社会优势，更有可能取代少数人的语言。少数人语言消亡的过程通常分为三个阶段：第一阶段是用更大的压力迫使少数人讲主流语言，尤其是在正式场合。这种压力通常是通过在少数人的教育中引进主流语言来实现的。第二阶段是双语阶段，即少数群体中的不少成员开始同时使用主流语言和少数人

---

① Cf. Isaiah Berlin, *Vico and Herder: Two Studies in the History of Ideas,* London: The Hogarth Press 1976, p.180.

② *Eli Taylor, of the Sioux Valley Reverse in Manitoba, as quoted in Stacy-Diabo*, Aboriginal Language Rights, p.141.

③ Cf. Stefen Msy, *Language and Minority Rights: Ethnicity, Nationalism and the Polittics of Language*, Harlow Englaand London, Pearson Education Limited 2001, p.2.

语言，这意味着少数人语言将大量丧失语言者，尤其是在青少年中。第三个阶段就是少数人语言最终被多数人语言取代，少数人语言消亡。

少数人语言的消亡不是一个所谓的进化的结果，"优胜劣汰、适者生存"的生物进化论掩盖了少数人语言困境的实质。语言所面临的消亡或其他困境等问题，在本质上根本就不是一个语言本身的问题，一种语言在多语言的环境中能够得到生存和发展，这并不表明该语言更能适应社会；相反，在多语言的环境中，一种语言对其他语言的取代往往与该语言群体的权力、特权等脱不了干系，是语言群体利用其社会优势地位、采取各种措施，促进了其语言的生存和发展，如明示或默许地规定在公共正式场合必须使用其语言等。最为典型的例子就是美国盎格鲁文化群体利用社会优势地位对其语言——英语在美国的推广，结果是英语逐渐取代了包括法语、德语、西班牙语等在内的其他语言，成为没有官方语言地位的实质上的"官方语言"①。少数人由于文化的差异，其在社会中处于一种"天然的劣势"，这种地位无疑将其语言置于一种"危险"的境地，与多数人语言相比较，如果国家不采用特别的措施来支持和保护少数人语言生存所需要的公共领域和社会环境，那么同多数人语言相比较，少数人的语言更容易因多数人优势地位而陷入危机甚至遭受消亡的命运，而这对于少数人来讲，无疑是不公平的。原因很简单，少数人语言的危机或消亡的命运限制了少数人在语言上的选择，尤其是在对少数人而言必需的场合下对语言的选择更是如此。

根据常识，个人最愿意选择的语言应该是其最为熟悉、最能清晰、全面、恰当地表达其意愿的语言，这种语言应该是非母语莫属，在涉及个人最为切身利益或危机关头，这种使用自己母语来表达意愿的愿望最为强烈。如在加拿大部分省的一项调查显示，尽管在其他许多场合如商业场合是否应该使用母语上存在争议，但绝大多数人都认为，在联邦政府提供的服务、学校

---

① 美国在对盎格鲁文化群体语言 —— 英语的推广方面可谓煞费苦心。其措施包括在长期始终如一的学校教育、移民政策中使用英语并作为主导语言等。Cf. Alan Patten and Will Kymlicka, *Language Rights and Political Theory: Context, Issues, and Approaches*, Will Kymlicka and Alan Patten（edited）, Language Rights and Political Theory, Oxford, Oxford University Press 2003.

教育以及医院这些与人们重大利益相关的场合，人们应该有权使用自己的母语，有权要求政府机构、学校和医院以其母语提供服务。① 瑞士 1999 年的宪法规定："任何人在自由被剥夺时，有权依照其所了解的语言，立即被知会其自由被剥夺的理由以及其应有的权益，特别是有权知会其亲人。"② 其中，"知会其亲人"同样暗示了一种被剥夺自由的人拥有和自己的亲人以惯常交流所使用的语言如母语等进行交流的权利。之所以这样规定，理由很简单，那就是无论是母语还是本土语言抑或其他个人最为熟悉的语言，都是个人出生在一个特定的社会中、成长在一个特定的群体内并从孩提时代就开始学习掌握的一种语言，这是一种与个人的生存和发展最为密切的语言，运用起来自然也就最放心、最惬意、最自如。对于许多人而言，在各种场合使用自己想使用的语言是自然的事情，但这种看似天经地义或非常自然的要求并不是所有人都能如愿。就国家共同体中的文化多数群体的成员而言，他们往往感觉不到还存在一个语言选择的问题，其群体语言作为民族语言乃至官方语言的事实，使得他们忽视了这一问题的客观存在。换言之，在一个国家中，因多数文化共同体的文化在国家公共领域内得到充分反映，在通常情形下，其成员不会再产生一种特定需求，即要求国家在现有的制度安排和资源投放之外，另行设立制度和投入资源来满足其使用自己语言的需求，多数文化群体成员使用自己语言的权利完全可以通过公民的基本权利得到满足。相反，鉴于少数人的"差别性公民身份"，其最为熟悉和通晓的语言不论是其母语还是本土语言，往往很难与在公共场合被政府所认可的语言如官方语言等合为一体，这使得少数群体成员更多地面临着一个语言选择问题。不仅如此，面对多数文化"得天独厚"的发展条件，少数文化群体的成员及其语言往往陷入不利境遇，这种不利境遇有可能发展成为一种半危机乃至危机状态。③ 在此情形下，少数人必然产生一种在一些至关重要的场合下能使用自

---

① 对这三种场合使用母语的平均支持率分别为 74%、74%、71%。Cf. Data from Canadian Facts survey reported in Language and Society（19 April 1987）.

② 《瑞士宪法》1999 年。

③ 少数文化群体成员在语言方面的不利状态包含以下情形：为掌握多数群体的语言不得不进行投资，包括时间，相反多数群体的成员却不必如此，因此可将"相应的时间"用于其

己所选择的语言（包括自己母语在内）的特定需求，这种特定需求不能通过国家的作为或国家的一般性义务来满足；相反，其只能通过一种不同于公民基本权利的差别性权利，要求国家履行积极的义务来实现。

综上所述，少数人差别语言权利并不是仅仅着眼于少数人有讲话的权利或使用语言的权利，而是着眼于在什么场合下作为少数人的个人是否有权使用以及能够实际使用自己选择的语言。因文化差异，少数人的语言通常没有在国家共同体的公共领域内得到采纳，与多数人相比，其想使用自己语言来生活的需求更不容易得到满足和实现。但是，无论如何困难，都不能理所当然地否认少数人有使用自己语言的权利；相反，这种困难倒是说明有必要采取诸多特别的措施来满足少数人在某些必需的场合能够实际使用自己语言的需求，少数人语言差别权利就是这些诸多特别措施的体现。可见，作为少数人差别权利的语言权利，其解决的就是在什么场合下，少数人有使用自己选择的少数人语言的权利，以及为行使这种权利需要国家等集体组织承担的义务。即少数人差别语言权利的确立，能满足少数人在使用自己语言方面的必需的特定需求。

从人权的角度看，通常认为语言权利本身是一项人人都应该享有的人权，是不考虑文化差异的最低限度的要求，即如有人所言：

"经得起辩驳的人权概念不是一种理想的概念，而是一种最低限度标准概念。更确切地讲，它是这样一种概念：有些权利，尊重它们，是普遍的最低限度的道德标准的要求。……最低低限标准根植于某种社会生活本身的道德要求，那么，无论它采取何种特定形式，我都将认定低限标准在事实上能够适用于一切文化和文明，而不管它们之间有何种差异。"①

语言权利就是这样一项普遍人权。克容斯通（Cronston）还针对这种最

他事项，获得更多的收益；在学习多数群体语言的同时抑制了他们自己语言群体的内部互动；依赖翻译人员，而翻译人员由于"瓶颈"作用可能对少数群体成员实施不公正的权利；放弃他们的传统语言，接受同化；迁移出特定的语言区域。Cf. Jacob T. Levy, *Language Rights, Literacy, and the Modern State*, Will Kymlicka and Alan Patten edited, Languages Rights and Political Theory, Oxford, Oxford University Press 2003, p.232.

① ［英］A. J. M. 米尔恩：《人的权利与人的多样性——人权哲学》，夏勇、张志铭译，中国大百科全书出版社 1993 年版，第 7 页。

低限度标准的人权概念，提供了检验一种权利是否为普遍人权的三个基本标准，那就是至关重要性、实践性和普遍性。如前所述，鉴于语言本身对文化的索引作用、符号意义，以及形成文化识别的关键构成，因此，从一般意义上看，语言对任何个人的至关重要性、实践性和普遍性都毋庸置疑，语言权利应该作为普遍性人权而存在，是一种普遍的道德权利，而且也是最低限度的标准的权利，意味着所有的人在任何时候、任何地点都应该享有的、没有重大的或基于正义的理由可以被剥夺的权利。既然如此，为什么还单独强调其作为少数人的差别权利呢？其中的原因还在于文化的差异。对于文化识别下的多数人而言，由于其文化已经在公共领域得到充分反映，因此对多数人来说，"生活在自己的文化之中"不仅仅是一个愿望，而且是一种现实。换言之，文化识别下的多数人已经实际地生活在自己的文化之中，这意味着他们在任何场合下，包括公共场合都可以使用自己的语言，即他们已经实际地享有并随时随地都可以践行自己的语言权利。反之，少数人则不然，因文化的差异，少数人的文化在公共领域没有得到充分的反映和采纳，于是在公共场合，少数人使用自己语言的资格受到了局限，践行自己语言权利的能力受到外界的阻碍。由此，才特别需要确立少数人的语言权利，将其作为差别权利的一种类型，使得少数人能尽可能地使用自己的语言，以最大限度地满足其生活在自己文化之中的愿望。

（二）少数人语言差别权利的内容

1. 语言平等

语言与文化有着符号式的联系，特定的原生语言、本土语言就是特定文化的代表。虽然语言最重要的作用是通过作为交流工具的方式得以体现，但是并不存在一种单纯作为交流工具的、中立的、与文化没有联系的纯语言。任何语言都掺杂了人类的选择，包括曾经的选择、现在的选择以及将来可能的选择，历史上的事件哪怕是偶然的事件也往往在语言中留下影子。一句话，过去的任何一代都会在语言中打下自己的烙印，留下自己的观点、看法（至于这些观点、看法能不能被后人认可则是另一个问题）。因此，从此种意义上看，文化群体即等同于语言群体，一种语言本身就是一种独特的文化观。说不同语言的人基于不同语言所代表的不同文化环境，利用不同语言独特的语言结构形成自己独立的观点。根据康德的平等观，如果说人的平等是基于个人道德能力的平等，所形成的善的观念的平等，那么表达这种能力和观念的语言在本质上也是平等的，无优劣之分。更进一步的分析显示，语言与文化有着符号式的联系。由于文化是平等的，不同的文化之间不存在优劣之分，只有种类之别，那么与文化历史性地、传统地联姻而产生的语言，就不仅作为文化的重要的组成部分甚至不可缺少的组成部分而存在，以及作为文化识别的重要标志而存在，更重要的是，语言与文化之间的密不可分的这种关系，表明了语言之间也应是平等的，无天生的优劣之分。其中的原理正如有人所观察的那样：

"每一种语言都是人类经历、欢乐和痛苦的无尽的宝贵的珍藏，都代表了一种独特的不可被取代的对世界的认识。那些通过语言形成自己生活方式的人有拥有自己语言的基本权利，必要的时候，可以捍卫自己的语言。"①

2. 少数人语言的困境不是一个自然选择的过程

既然任何语言都是在特定的条件下、依据特定的历史、伴随特定的文化所形成的，在本质上，每一种语言都是旗鼓相当的，不存在语言学上的优等语言与劣等语言之分，特定文化群体所使用的特定的语言都是其经历、观念的一个写照。那么接下来的诘问就是：在世界上诸多的语言中，为什么有的语言兴盛，而有的语言主要是少数文化群体语言却面临消亡的命运呢？即便没有到消亡的程度，其前景也往往令人堪忧。

据统计，世界上有6000多种语言，但是并不是所有的语言至今都显示出勃勃生机。相反，20%—50%的语言被认为到21世纪末将消亡，40%的语言处在一种濒临消亡的危险状态。不仅如此，另一个值得深思的现象是："大量的处于危急状态的语言是那些在社会中属于边缘或从属地位的少数民

---

① P. Berger, *Facing up to Modernity*, Harmondsworth: Penguin,1979, p.161, 转引自 C. Michael Macmillan, *The Practice of Language Rights in Canada, Toronto*, Buffalo London, University of Toronto Press 1998, p.17.

族群体的语言。"① 如前所述，有人用生物学和进化论的隐喻来描述语言的这种灭绝或濒临灭绝的情形。如果论及语言灭绝或濒临灭绝的严重性，生物学的观点是可取的，因为至少这种观点揭示了一种语言灭绝对人类文化的丰富性所产生的负面影响。但是生物学和社会进化论的观点更强调了一种"适者生存"的状态，将某些语言如少数人的语言的衰落甚至濒临消亡视为理所当然的事情，从而认为，确定少数人的语言差别权利、促进少数人语言的发展是违背语言进化规律的、是不可能的事情。现代社会就是一个竞争的社会，语言也是如此，只有更适合的才能生存下来；反之，对于得以生存乃至繁荣的语言，其原因只能归咎于"适合"或"适应"。这种观点完全掩盖了语言背后推动语言发展的社会因素。

　　实际上，语言的灭绝、丧失问题不仅仅是语言本身的问题，或不能完全归咎于纯语言学的问题，甚至本质上就不是个纯粹的语言问题，其与权利、权力等诸多因素密切相关，是语言背后各种势力的较量或博弈造成语言尤其是少数人的语言面临着各种困境、危险乃至消亡，包括少数人语言在内的各种语言在发展上的起伏波动，在许多时候都是这种博弈的结果的一种反映。如同 Noam Chomsky 所指出的那样："语言问题本质上就是一个权力问题。"② 从另一方面讲，语言既然作为特定文化群体识别的符号，那么语言的命运本身就不可避免地与特定文化群体的命运捆绑在一起。如果一种语言仅仅属于一个处于社会边缘或从属地位的文化群体，其命运很难不令人担忧。世界上许多濒临灭绝的语言多属于那些在经济、政治、文化上处于边缘或从属地位的群体的事实就证明了这一点；反之，一种语言如果属于一个在社会中乃至世界上居于优势地位、支配地位的文化群体，其语言也随之成为所谓的优势语言，居于支配地位，命运自然是赢得勃勃生机。英语就是一个典型的例子，其兴盛并不在于与其他语言相比，它的结构有多么严谨、科学，词汇有多么丰富，表达有多么完整。实际上，许多少数群体的语言在丰富性上胜过或至少不亚于所谓的优势语言。如有人考察发现，萨米人的语言

---

①　Stephen May, *Language and Minority Rights: Ethnicity, Nationalism and the Politics and Language,* Pearson Education Limited 2001, p.4.

②　Chomsky Noam, *Language and Responsibility,* London: Harvester 1979, p.191.

萨米（Sami）语在描述自然界、气候等方面的准确度和优美感就特别突出。单是关于"雪"的词汇就达到 200 多个，每一个词都能准确地表达"雪"的状态，如是否可以滑冰？温度又多少？人能否在上面行走？最近的变化将是如何？等等。① 但是，如同许多其他文化少数群体的语言一样，在命运的气势上，萨米语无论如何也不能与英语相提并论，最根本的原因还是其所属的文化群体英国以及英国的历史，包括英国人在世界上曾经的地位等，他们在输出殖民的同时，将英语作为文化一并输出，以至于像印度这样本来与英国、英语毫无关系的民族，由于曾经的英国的附属国地位，决定了英语在该国家的官方语言地位。在加拿大魁北克省，土著人母语的命运可以说明同样的问题。② 其中的情形恰如有人所评论的那样：

"如果一种语言连同语言的地位都是历史、社会和政治势力的结果，那么我们有理由对生物学观点所暗示的'自然选择'过程表示怀疑。在关于特定的得势语言的地位和优势方面，不存在所谓的'自然'问题，也不存在另一相反的含义，即认为少数人的语言或方言是所谓不名誉的代名词。"③

3. 补偿方式体现的语言平等

恰如一个人不能选择自己的出生一样，一个人对其父母的语言、其成长的文化环境中的语言也是无法选择的，没有非常特殊的情形，这种语言就成为一个人的母语或本土语言。每个人都有自己的母语，从孩提时代就开始学

---

① Cf. Kerttu Vuolab, *Such a Treasure of Knowledge for Human Survival,* Robert Pillipson edited, Rights to Language : Equity, Power, and Education, Mahwah, New Jersey, Lawrence Erlbaum Associates, Inc. 2000, p.14.

② 加拿大魁北克省从 20 世纪 60 年代起，同 Cree 和 Inuit 签订协议，允许他们开办自己的学校，承诺为土著人的母语教育提供师资类的财力，在 101 法案中承认土著人的成员有权以自己的母语接受教育。魁北克政府的这些积极措施使得魁北克省文化少数群体的语言兴旺起来。有资料显示，在魁北克省，有 83% 的学生受到母语教育，或者将母语作为一门课程，或者以母语为教育的媒介。这里的少数群体母语教育的普及性远远高于同期加拿大其他省份。如同期在 Atlantic Canada，70% 的学生没能实际地接受母语教育。Cf. Nominal Roll data（1983）prepared by the Education Directorate , Indian and Inuit Affairs Program, Department of Indian Affairs and Northern Development.

③ Stephen May, *Language and Minority Rights: Ethnicity, Nationalism and the Politics and Language,* Pearson Education Limited 2001, p.4.

习，如果将胎教之类的方式也作为一种特殊的学习方式，甚至可以说从出生前就开始了学习母语的过程。如果一个人的母语或本土语言恰好属于特定共同体中一种少数群体的语言，单纯依靠这种母语，与掌握居于支配地位语言的人相比较，这个人就可能在社会经济生活中失去许多机会，如许多工作的任职前提条件是掌握支配性语言。为了改变自身这种低级的社会经济地位，为将来争取一个更为宽广的、更为多样的经济机遇，该人就很可能不仅自己要去学习特定共同体中的支配性语言，而且极有可能让自己的孩子学习同样的语言，即便不能从小在一个将支配性语言作为日常语言、家庭语言中的环境中成长，也会总是想方设法地让孩子学习支配性语言。如有报告显示，加拿大的许多土著人的家长在其孩子已经掌握英语的情形下，更期望他们的孩子将加拿大的另一官方语言——法语作为自己的第二语言，而没有将其本民族语言纳入选择范围。① 文化少数群体的成员"偏好"支配性语言的情形，客观上使得支配性语言作为"公共产品"不断得以发展、强大，而这种发展或强大在客观上又使得支配性语言群体的成员不断受益。同时，文化少数群体学习支配性语言是要付出成本和代价的，且不说他们这种"偏好"对于其语言群体的负面影响，单是学习过程的金钱、时间、精力的代价也不小。因此，从这个角度来看，让文化少数群体的成员自行承担学习和掌握支配性语言的代价并不公平，更何况，不能指望文化少数群体成员的父母都有超强的能力来为孩子提供一种包括支配性语言在内的多元的语言环境，以期将来获得尽可能与支配性语言群体成员均等的经济机遇。一种体现语言平等的"补偿正义"的方式就由此产生。该方式通过对文化少数群体成员在公共教育中的补偿来弥补其学习、掌握支配语言的代价，尽可能减少其因与母语、本土语言的分隔所造成的损失。如对于母语为非英语和法语的移民，加拿大政府通过减免费用的方式来提供学习官方语言的各种便利，包括提供学习地点、配备教师、提供教材，进行包括在官方语言的语境下如何提高面试技巧、如何撰写工作报告和进行工作交流等各种针对性的语言培训。

---

① Cf. C. Michael Macmillan, *The Practice of Language Rights in Canada*, Toronto, Buffalo London, University of Toronto Press 1998, pp.186-187.

用"补偿方式"来体现语言平等，这在许多国家的在历史上都曾出现过。但是这种方式毕竟是以支配性语言以及支配性语言群体的最终受益、以文化少数群体的语言受损为代价，这个代价的极端表现就是支配性语言取代文化少数群体的语言。一种语言的兴盛建立在另一种语言的消亡之上，这不仅对于文化少数群体而且对于人类的语言宝库来说，都是不可估量的损失，什么样的补偿也不可能弥补。更何况，在文化少数群体中确实存在数量不小的一部分人，他们认为如同不能抛弃自己的出身一样，无法放弃自己的语言而转向另一种语言，哪怕是能带来若干好处的支配性语言，这种念头和行为对于他们来讲是不可想象的。相反，他们想坚持自己的语言，坚持在自己的语言下生活和工作，坚持自己的孩子应在母语下接受教育。对这部分文化少数群体的成员而言，"补偿"本身体现不出一种语言之间的平等，"补偿"不仅不能带来正义，甚至可能引起反感，加深间隔，"补偿"被认为是变相地将其语言引入危险境地的一种冠冕堂皇的手段，这种观点在多语言的国家中尤其突出。如苏联、印度曾发生过这样的事例。在印度，任何由中央政府采取的、为母语为非印地语的人学习印地语（印地语又称北印度话，1965 年成为印度的官方语言）提供费用的行为，都引起了政治上的争议。由于印地语主要分布在印度北部，因此印度中央政府所采取的这种对学习官方语言的补偿措施，在印度南部地区引起的争议尤为激烈。①

虽然对学习文化多数群体的语言或其他支配性的语言采取"补偿方式"来体现语言平等的做法受到质疑，但以保护、促进文化少数群体的语言为目标的补偿措施却得到了一致的首肯。如瑞士在小学教育中对罗曼奇语言教育进行补偿，还补偿罗曼奇语联盟。讲意大利语的人口在瑞士只占 8%，但有关意大利语的广播和电视的支出在全瑞士的广播和电视的总预算中，却占到了 25% 的份额。②

① Cf. Will Kymlicka and Alan Patten edited, *Languages Rights and Political Theory*, Oxford, Oxford University Press 2003, p.84.

② 参见（中国台湾）张维邦:《瑞士的语言政策和实践》,"各国语言政策研讨会 —— 多元文化与族群平等",语言公平网站。

4. 语言自由

根据语言平等原则并结合文化少数群体语言的困境来看，作为文化少数群体，其成员都应享有语言自由，享有按照自己的意愿在各种场合使用自己母语或选择自己的语言来进行表达、交流的自由，但是这并不意味着文化少数群体的成员都享有不二的权利。即便同为文化少数群体，由于成为少数群体的缘由不同、作为少数群体成员的条件不一，以及具有不同的文化历史和所在的具体地域、领地各不相同等诸多因素的影响，各自所面临的语言问题也不尽一致，相应产生不同的语言诉求和选择意愿。这一系列的差异具体到语言自由上，表现为不同的文化少数群体的语言自由也不尽相同。如移民群体与土著人群体的语言自由不可能完全一致。这也是语言权利之所以成为差别性权利而不作为普遍性权利的缘由之一，差别不仅体现在文化少数群体与非文化少数群体之间，成员与非成员之间，也体现在同为文化少数群体的群体之间以及不同文化少数群体的成员之间。根据语言自由的内容，大约可以划分为容忍性的语言自由和具有促进性质的语言自由。这种语言自由的分类最初由海因兹提出，在此作为区分不同类型的文化少数群体所享有的语言自由的一种衡量标准。

第一，容忍性质的语言自由。

容忍性质的语言自由是指，在私人场合个人所享有的运用自己选择的语言的权利，即没有立法上的禁止性规定，或者说立法没有特别地规定在私人场合哪些语言是被允许的。容忍性语言自由的实现，仅仅要求政府不要在私人场合的语言的运用上设置种种限制。根据这种权利要求，文化少数群体成员在私人场合可以用自己的母语或本土语言进行交流。具体包括：在家庭中使用；用于名字；在个人交流中使用，如信件、电话、电报等；用于私人的经济活动，包括商业和企业场合工作人员之间的交流、在商店沿街正面的广告、命令、通知、报表、信笺抬头等场合；以长久使用为目的的各类组织活动，包括学校、报纸、杂志、期刊和书籍、广播和电视播放、电影；在私人的社交场合，包括各类俱乐部如社会的、体育的、文化的俱乐部等，教堂和其他宗教场合；法庭上的语言权利，如政府出资提供翻译；等等。

伯林认为，自由有两种核心性含义，其中之一被称为"消极自由"，它主要回答这样一个问题："主体（一个人或人的群体）被允许或必须被允许不受别人干涉地做他有能力做的事、成为他愿意成为的人的那个领域是什么？"① 即消极自由表现为一个人能拥有不被别人阻碍地行动的领域，别人不能阻止一个人做他本来能够做的事。从这个意义上看，容忍性的语言自由就属于一种消极自由，表现为少数群体及其成员能够用他们自己选择的语言进行交流、表达，不受更大的群体及其成员的干预。如前所述，使用语言是在正常的人类生活中自然获得的一种能力，但对于文化少数群体及其成员而言，在什么样的场合使用什么样的语言却是个实实在在的选择问题，母语、本土语言抑或其他语言？这其中的选择就涉及少数文化群体及其成员受到外界干预的程度，即在私人场合少数群体及其成员有按照自己的意愿选择自己所使用的语言的行为可以接受干预的最大限度。在人类的生活中，"应该存在着最低限度的、神圣不可侵犯的个人自由的领域；如果这个领域被践踏，个人将会发现他自己处于一种甚至对于他的自然能力的最低限度的发展也嫌狭隘的空间中，而正是他的那些自然能力，使得他有可能追求甚或领会各种各样人们视为善良、正确或神圣的目的"②。容忍性语言自由所保护的就是个人的这种神圣的领域，私人生活的领域。在该领域中，即便是遭遇官方语言也不例外。其中的情形正如加拿大联邦人权委员会在 Mclntyre V. Canada 一案中所认定的那样："一个共同体可以选择一种或多种官方语言，但在公共生活之外，这种选择亦不能排斥个人选择自己意愿的语言来表达的自由。"③ 可以设想，如果在私人场合连选择语言的自由都要受到挤压，那么还能奢望什么样的自由？当然，作为少群群体的成员，这种不受干预的领域也并不意味着他们一定要选择其群体的本土语言或原生语言，他们也可以选择其他语言如多数群体的语言，只要这种选择是出自其真实的意愿。只是依照常识，群体的本土语言或其母语应该是其第一选择，是作为第一语言存在的，语言自由首先肯定这种选择，当然也肯定其他基于少数群体或个体意

---

① ［英］以塞亚·伯林:《自由论》，胡传胜译，译林出版社 2003 年版，第 189 页。

② 同上书，第 191—192 页。

③ Ballantyne, Davidson, McIntyre v. Canada, Communications Nos. 359/1989 and 385/1989,U.N.Doc.CCPR/C/47/D/359/1989 and 385/1989/Rec.1（1993）.

愿的选择。不难看出，容忍性的语言自由是一种消极自由，是一种不受干预的自由。鉴于此，土著人、少数民族、少数族群、移民群体等各种类型的文化少数群体及其成员，均应享有这种自由。

第二，促进性的语言自由。

就文化少数群体的语言状况而言，有一种情形很常见，那就是不仅少数语言群体的规模小，而且少数语言群体的结构呈现老年化的趋势，即能够流利地使用少数群体本土语言的人集中在老年。为什么呢？文化少数群体中的年轻的一代怎么了？是他们对自己群体的本土语言冷漠吗？应该不是，至少不全是。"没有能力"才是其中的主要原因，即他们运用自己群体传统语言的能力已经大大下降了，表现为没有能力用本土语言来表达、听不懂本土语言的表达、看不懂使用本土语言的书籍。虽说"不能"不一定就代表着一种不自由，个人能力的弱小不能想当然地成为抱怨不自由状态的一种理由，但如果少数文化群体的部分成员在运用自己本土语言上的这种"无能"不是自己刻意追求或选择的结果，而是他人安排的结果，那么这种"无能"也是语言自由受到压制的另一种表现。有人以"贫困"作比喻来说明这类"无能"与"自由"之间的关系，"如果我相信我没有能力获得某个东西是因为其他人作了某些安排，而根据此安排，我（而不是别人）才没有足够的钱去支付这种东西；只有在这个时候我才说我自己是一种强制或奴役的牺牲品"①。为防止和纠正文化少数群体成员在自己本土语言上的这种"无能"，另一种以"促进能力"为目的的语言自由也就应运而生了。这种语言自由表达了国家对特定语言的赞成、支持姿态，主要指在公共机构使用特定的语言，包括在立法机构、行政机构、司法机构和公立学校等。促进性语言自由显示了公共的权力对特定的语言的利益的支持。根据促进的目的不同，可以将促进性的语言自由划分为两类：弱促进性语言自由和强促进性语言自由。前者指明确规定某些语言作为公共机构的语言或获得官方语言的地位，后者是指保证个人能在自己母语或本土语言的环境中生活，包括用母语或本土语言向个体提供私人服务以及个人可用自己的母语或本土语言作为工作语

———————
① ［英］以塞亚·伯林：《自由论》，胡传胜译，译林出版社2003年版，第190页。

言等。

　　弱促进性的语言自由的具体内容是：用自己的母语或本土语言与政府沟通或接受政府的服务；在公共场合的通知、布告等方面使用母语或本土语言，如街头指示牌、公共信息标志等；在公共机构的竞选和运作中使用母语或本土语言；在立法、司法、行政机构中使用母语或本土语言；以自己的母语或本土语言接受公立教育。

　　强促进性的语言自由的具体内容是：在自己母语或本土语言的环境中工作；从私人商业机构接受以自己的母语或本土语言提供的服务；以自己的母语或本土语言表达公共知识和公告；以自己的母语接受教育的普遍的权利。

　　由于弱促进性语言自由和强促进性语言自由在目的上有一定的区别，因此，文化少数群体及其成员在该类语言自由的享有上并不能追求"一视同仁"的效果；相反，不同种类的文化少群体的这类语言自由存在着差别。通常，移民群体[①]的成员由于已经离开自己原有的文化群体，融入新的文化群体才是其最终目的，不管这种融入有多困难，移民群体的成员基本不享有促进性的语言自由。只是为降低移民最初离开自己文化和文化群体的那种茫然失措，以减少其融入新的文化和文化群体的困难，在一定时期和一定范围内，移民国家会依其母语为其提供特定的服务，如在《加拿大权利与自由宪章》中对于移民语言权利的规定。因此，移民通常享有弱促进性语言自由。比较之下，由于少数民族在更大的民族国家建构以前就已经形成，并且展现出共同而客观的特征，比如历史、文化、语言等，因此，作为文化识别的一

------

　　① 移民通常指自愿的移民，非自愿的移民如难民等通常认为他们不是主动选择放弃自己文化的，与自愿移民不同，原则上应该允许他们在异国他乡再造自己的社会文化，在语言自由上表现为，原则上应该享有促进性语言自由。但是现实是，没有哪个国家愿意以这种方式对待难民的语言权利，更何况难民群体通常规模更小，更分散。虽然在个别国家，对难民还给予了一些政策上的特殊体谅。如加拿大允许哈特派教徒（the Hutterites）群体定居，保留自己的社会机构如学校等。因此，"难民可以现实期待的最好结果，是被当做移民看待，有相应的多族类权利，并希望能尽快返回家乡"。从这个角度观测，难民享有容忍性语言自由，促进性语言自由的实现对难民来讲不现实。参见［加］威尔·金利卡《多元文化的公民身份——一种自由主义的少数群体权利理论》，马莉、张昌耀译，中央民族大学出版社 2009 年版，第 142—143 页。

个标识，少数民族享有强促进性语言自由。

第三，促进性的语言自由的地域原则。

少数文化群体成员促进性的语言自由依赖于存在足够数量的利益相关的个人，这种存在不仅意味着促进特定语言的正确性，而且保证了促进特定语言的可能性。换言之，一定规模的语言群体是实现促进性语言自由的基础。因此，以促进文化少数群体语言发展为目的的语言自由通常采取地域原则，这与以保证最低限度的语言自由为目的的容忍性语言自由所采取的个人原则存在差异。个人原则则指在语言自由方面，每个人都享有同样的一系列的语言自由，无论其身在何处，权利和自由不依其所选择的居住地而变化，只要在一国之内，个人语言方面的权利和自由都是相同的。地域原则则指在特定的地域内，将某种或某几种语言作为公共场合的语言或官方语言，以地域为基础来促进特定语言的发展。依据地域原则，一个多语言的共同体国家如等将被划分为不同的语言区域，在特定的语言区域，通常是以当地多数文化群体的语言作为当地的公共语言。但从国家的范围看，即便当地的多数群体也可能属于少数群体，因此，这种地域原则在语言自由上的运用，客观上促进了文化少数群体语言的发展。

个人原则和地域原则的目的不同，前者将语言权利视为个人的权利，主张个人是语言权利的主体，由个人来享有语言自由；后者则着重考虑语言区域，特别是考虑语言权利的实现条件，同时也保护历史上留下的特定地域、特定文化群体的整体利益。如果个人原则体现的是一种个人权利，那么地域原则将特定的语言区域与个人语言权利相联系，甚至作为个人享有相应语言权利的条件则更多地体现了一种集体权利的姿态，意味着语言权利的实现依赖于足够数量的利益相关的个人的存在。比利时、瑞士和加拿大的魁北克省是体现地域原则的典型。比利时两个最大的省（wallonia 与 flaneters）分属于法语区和德语区，其首都布鲁塞尔则成为同时适用法语和德语的双语区。在瑞士，有关语言权利的政策都是在州一级的层面上制定，绝大多数的州都选择当地的多数人语言作为单一的语言运作。如罗曼奇语也是瑞士联邦官方语言，但共集中在格劳宝登邦郡使用，并且只有在罗曼奇族群公民与联邦政府发生联系时，才凸显其官方语言的地位和作用。

地域原则从文化少数群体的整体利益出发，以群体的生存和发展为最终目的。虽说其客观上对于促进少数群体原生语言的发展有利，但当群体的生存和发展与包括群体成员在内的个人的选择发生冲突时，即个人（这个个人既可以是文化少数群体的成员，也可以是居住在文化少数群体所在区域的其他个人）按照自己意愿所选择的语言与特定地域原则下所欲促进的少数群体的原生语言不一致时，个人还有无选择的自由？群体利益在多大程度上能对个人的选择形成压制？个人的选择或自治能否拥有绝对的优先权利？群体的生存利益与个人的自治意愿之间应该如何权衡？在这些问题上，笔者总结了实践中各国不同的语言地域原则，认为存在两种基本分类——排他性语言地域原则与开放性语言地域原则。前者过于看重、倚重包括语言在内的文化少数群体的脆弱性，对少数群体的语言采取"唯我独尊"的做法（虽然是在聚居区内），但多少有些"矫枉过正"的态势；而后者基于其在处理群体利益与个人利益、群体自治和个人自治方面的灵活性和妥当性，更值得信赖。

（1）排他性语言地域原则。由于语言事关特定文化群体的生存，因此，有人主张在语言的选择上，文化少数群体的生存利益不仅必须纳入被考量的范围，而且在一定条件下可优于个人选择的利益，群体的自治成为可尊重的目标。如泰勒以魁北克为例，认为魁北克的法语政策"不仅是让那些可能会选择法语的人有机会接触法语的问题，而是涉及确保将来的一个群体有使用法语的机会。以生存为目的的政策积极地寻求以创造群体的成员，比如保证未来的一代人继续把自己认同为说法语的人"[①]。这种观点在实践中就体现了一种排他性语言地域原则，即在文化少数群体聚居的特定的地域范围内，为促进群体语言的发展，将群体语言作为唯一的排他性的合法语言，其他语言包括个人选择的语言均不在考量范围之内。从一个大共同体的角度观察，聚居于特定地域的文化群体虽然作为少数群体存在，但在其地域范围内，却往往又属于多数群体。排他性语言地域原则在特定地域的使用，即便该特定地

---

① Charles Taylor, *Multiculturalism: Examining the Politics of Recognition*, Princeton, New Jersey, Princeton University Press1994, pp.58-59.

域是少数文化群体的聚居地，也可能成为一种变相的"多数压制"，尤其对非少数群体的成员而言，这种感觉就更加明显。

以加拿大魁北克省的 McIntyre 等三位原告加拿大魁北克《法语宪章》的案件为例，可以说明排他性语言地域原则的"矫枉过正"性。

加拿大魁北克省的法语文化群体就一度采用了排他性语言地域原则。同讲英语的益格鲁文化群体相比较，法语文化群体在加拿大属于少数文化群体，但在加拿大的魁北克省，法语文化群体却属于当地的多数文化群体。为维护法语文化群体的整体利益，依据魁北克省的《法语宪章》(the Charter of French Language)①，法语不仅成为当地的官方语言，还获得了排他性的垄断地位，即法语成为公共生活中的唯一法定语言。如魁北克省在 1977 年颁布的《法语宪章》第五十八条，规定了法语在招牌、标语牌和商业广告方面的排他性地位，即将法语作为上述场合的唯一语言，其他语言包括英语的使用都成为非法。用法语的这种排他性地位来促进法语发展的这种做法，遭到了不少质疑和挑战。1982 年，加拿大《宪法法案》(Constitution Act，1982)颁布，其第二十三条规定了"少数人的语言教育权"，这使得人们对魁北克《法语宪章》的这种质疑更是上升到宪法层面，即个人的宪法权利能否被以促进少数文化群体的语言发展为目标的排他性地域原则所取代。1983 年，魁北克对《法语宪章》进行了修改，增加了"尽管"条款，但仍不能撼动法语的排他性地位。②1989 年，居住在魁北克省的 3 个非法语群体的 McIntyre 等 3 人，针对魁北克省《法语宪章》中关于户外广告语言使用问题的规定提起诉求，由加拿大人权委员会裁决。

（2）开放性的语言地域原则。与排他性语言地域原则相比，开放性语言地域原则更具有包容性，虽然依据该种原则，在特定地域内也确认特定文化少数群体语言在公共场合的合法地位，但并不以此作为排斥个人所选择的其

---

①　魁北克省的《法语宪章》由魁北克立法机构颁布，历经多次修改，俗称 101 法案、104 法案、178 法案。

②　如涉及户外商业广告的语言使用条款，1983 年的修改法案，在规定法语仍然为户外广告唯一合法语言的基础上增加了尽管条款，称"尽管有上述规定，依据法语语言办公室颁布的法规所规定的条件和情形，户外广告可同时用法语和另一种语言，或单独使用另一种语言。"

他群体语言的理由，即其他文化群体的语言也同样具有合法地位。同时，为了不让文化少数群体的语言受到一种来自外部的不恰当的压力，受地域原则保护的少数群体的语言与其他个人选择的语言在使用方式上可进行适当的区分，如前者可以更加突出。1988年，加拿大最高法院在 Ford v. Quebec 一案中认为，《法语宪章》在户外商业广告上排他性地将法语作为唯一合法语言的规定违宪。但是同时为了促进特定地域文化少数群体语言的发展，最高法院同时评论说，魁北克政府可以通过立法使法语的使用与其他语言的使用在"视觉上"不一样，法语可以有更高的"可见度"、"明显度"或在标识上占据"突出地位"①。加拿大最高法院的这个判决，就是对魁北克的《法语宪章》排他性地域原则的一种修正，使其转向开放性语言地域原则。这样，既能在客观上促进文化少数群体的语言发展，又同时尊重个人在语言上的自治。

实际上，没有谁能够比个体本人更明白自己的利益所在、优势所在，没有谁能比个体本人更明白自己的利益追求。虽说个人对自己的出身、对自己成长的环境无从选择，但当个人已经具有选择能力时，对文化的选择却成为可能。在此情形下，个体不能够仅仅被动地接受因历史命运强加于他们的责任，而应该被看做是因自由地遵循他们所选择的文化而自愿地承担某些责任。如果把语言视为文化的标志、不可缺少的部分，那么个人的这种选择就包含了对于语言的选择。在他们作出选择后，他们的成员身份可能会把某些责任强加给他们，但这些责任是他们自愿承担的，内在于他们对特定文化的理解之中。作为定居在文化少数群体聚居区域内的非少数群体成员，其对语言的选择虽异于少数群体的语言，但只要出于自愿自然无可厚非。更何况，少数群体使用自己语言的权利并不因个人的这种选择处于一种危险之中。即便对于少数群体的成员而言，他们有权利维护自己的语言，维护自己作为一个独特群体而存在的状态，但权利不等于义务，他们绝没有义务一定要这样做。尤其是对于那些选择离开群体分散在各地的外围成员来讲，融入其他群体的选择可能比维护自己群体的选择更重要。因此，即便为了保护和促进文

① 加拿大最高法院判决的原词为"greater visibility"和"marked predominance"。

化少数群体的语言，也没有必要采取排他性的语言地域原则来禁止其他语言的使用，比较之下，具有包容性、能容忍差异的开放性语言地域原则更值得推崇。

（三）少数人的差别语言权利与官方语言地位

1. 少数人语言权利与对官方语言地位的挑战

有不少文化少数群体越来越发现，一系列形式化的公民的普遍权利的规定，对于保证他们的平等权利来说是远远不够的，这种普遍性的权利留给他们的只有两种选择，要么保留在社会中被疏远、被边缘化的地位，要么否定自己的文化识别而接受被同化。在这种情形下，许多文化少数群体提出，既然语言平等，那么少数文化群体的语言也应该获得与官方语言同等的地位，并以此作为自己的语言权利诉求，以挽救自己被边缘化或被同化的命运。如加拿大的土著人提出，土著人的语言应获得同英语和法语同样的地位和待遇；在土著人居住区，立法和其他机构应该在书面和广播中使用几种土著人语言；在对居住成员有承诺的地区，政府应该用土著人语言来提供服务；在涉及晋升和委任时，土著人雇员讲土著人语言应该被视为双语。① 于是，将少数人的语言上升为官方语言，获取官方语言地位成为少数人践行其语言权利的首选目标，而这个目标在加拿大似乎也很现实，因为加拿大的法裔文化群体已经成功地将自己的语言上升为加拿大的官方语言。但仔细分析，却不难发现法语的官方语言地位是一种历史性境遇所造就的结果。

魁北克在当初加入加拿大联邦时，就保留了语言和教育的自治权利。同时，为承认法裔文化群体作为加拿大建国民族的地位，在1867年的加拿大宪法中就规定了法语的官方语言地位。1867年宪法规定，任何人在加拿大国会和魁北克立法机构中辩论时，可采用英语和法语中的任何一种语言作为辩论语言，代表报告和杂志也应采用两种语言来印刷；任何人在加拿大最高法院和魁北克法院的起诉和诉讼过程中，可采用其中的任何一种语言。②

---

①　Cf. Eli Taylor, Of *the Sioux Valley Reserve in Manitoba, as quoted in Stacey-Diabo*, "Aboriginal Rights." p.141.

②　Cf. *Constitution Act* , 1867（U.K.）, 30 ,31Vict.

然而，这种规定遭到许多省暗地的回避或排斥，它们利用本省在语言上的一定立法权来回避 1867 年宪法关于法语官方语言地位的规定。如 1890 年，Manitoba 省通过了一项立法，规定英语为该省的官方语言。① 因此，20 世纪 70 年代在加拿大开始的"双语言双文化"运动，不过是对法语官方语言地位的一种落实。由此也不难看出，法裔文化群体的语言——法语的官方语言地位，实际上是多种历史性境遇所造就的结果。

从表面上看，少数文化群体将获取官方语言地位作为其践行语言权利的目标，似乎对官方语言政策构成了实际挑战，尤其是在多语言群体的国家，其挑战意味似乎更浓。这种诉求要求政府就如何对待文化少数群体成员的语言权利作出回应；而在对这个问题作出回答之前，必须先探讨法学的诸多问题。如前所述，平等的基本原则是同样的情形同样对待，不同的语言在本质上是平等的，但是否就一定能推理出少数人的语言应该获得官方语言的地位？就语言权利而言，什么才是"同样的情形"？什么样的措施能够体现"同样的对待"？语言平等的维度在哪里？是否只有获得官方语言地位才是文化少数人语言权利的终极目标？或者是否只有获得与官方语言同等的地位才意味着语言平等？在什么样的基础上文化少数群体的语言才能真正被推进？

"同样情形应被同样对待"是平等原则，原则的必要基础是他人的义务，而责成他人承担义务只有在存在最低限度的能够从中受益的个人的数量的时候，这种责成才是合理的。因此，具体就语言权利而言，是否存在"同样的情形"是决定是否责成包括政府在内的他人承担义务的依据，而语言群体的人口数量可以作为考察是否存在"同样情形"的一个因素。如果两个语言群体的人口数量大致相当，那么可以作为语言权利的"同样情形"，从而使得两个群体的语言都享有同样的待遇，比方说同样作为官方语言或同样不作为官方语言。虽说语言的平等是基于文化的平等、文化群体的平等，不同文化群体在规模上的差异不应成为阻碍平等的借口。即便是文化群体规模相差较

---

①　该法案的原文规定：英语是诉讼中或开始于 Manitoba 省的任何法院的起诉过程中所能使用的唯一语言。Michel Bastarache, ed., Language Rights in Canada, 2d ed. Cowansville, QC: Les Editions Yvon Blais 2004, p.164.

大，小规模文化群体的语言与大规模文化群体的语言在地位上也应无本质区别。如在加拿大，讲法语的法兰西文化群体与说英语的盎格鲁文化群体从规模上看，前者远不及后者，人数只有后者的一半；但在语言地位上，二者是平等的，因为从文化群体平等的前提出发，"（语言）平等更多地是关注特定语言标志性的地位，而非在不同的语言群体之间进行一种利益分配"①。但是，如果不同语言群体的人口数量相差悬殊，使得"被同样对待"的成本非常高昂以至于根本就不可能的话，语言群体的规模就成为构成"同样情形"的一个不可忽视的因素。

如同任何权利一样，语言权利都有实现的条件，表现为作为一种文化权利，语言权利不仅受到外在因素的影响，还受到自身特别的"内在制约"。如同耶尔·塔米尔曾经观察到的那样："特定的仪式或实践需要最低限度的参加者，而这就创造了一种内在制约。"②语言权利的实现就需要最低限度的参与者，需要一定规模的语言群体。如果将语言权利作为个体权利，毫无疑问，个体可以在任何场合运用自己的母语或本土语言来表达自己的主张，践行具体的文化实践，但是这种表达如果由于语言的问题得不到他人的理解（这种理解不是深层次的同情式的理解，而是指最为基本的理解——明白），这种表达又有什么意义呢？语言权利的实现需要一定的条件，其首先需要突破的是内在的制约，即语言群体的制约。"自言自语"的方式虽然在时间和空间上不会受到任何限制，但绝不是践行语言权利的唯一方式和常用方式（虽然这一方式并没有被排除在语言权利的方式之外），对话、交流才是语言运用最多的场合，这与人的特性有关。用泰勒的话说："交流是人类最为基本的特征。我们之所以成为人，能够认同我们自己、定义我们自己，就是依靠我们丰富的人类语言的表达。"③交流也好，表达也罢，都必须有交流

---

① C. Michael Macmillan, *The Practice of Language Rights in Canada*, Toronto, Buffalo London, University of Toronto Press 1998, p.170.

② ［以］耶尔·塔米尔:《自由主义的民族主义》，陶东风译，上海世纪出版集团 2005 年版，第 47 页。

③ Charles Taylor, *Multiculturalism: Examining the Politics of Recognition,* Princeton, New Jersey, Princeton University Press 1994, p.32.

和倾听的对象，而成为这种对象的最基本条件就是二者具有语言学上的共同语言，属于同一语言群体。在没有外部援助的情况下，不属于同一语言群体的人是无法交流的。这也是为什么有的人说一个民族至少有"两个人"① 的原因，两个具有共同语言的人才能组成最小的语言群体单位，语言以非"自言自语"方式的运用才能成为可能。进一步分析，虽然两个人的语言群体在理论上使得语言的运用成为一种可能，但是涉及运用成本，问题绝非如此简单。少数文化群体之所以成为少数，其人口数量是一个主要标准。如在加拿大，将土著人语言作为日常语言的人口只占加拿大总人口的 0.42%（1991年的数据），更何况这其中又划分为若干语言群体，其中最大的语言群体的人口只有 50650 人，占加拿大总人口的 0.18%。规模如此之小的语言群体的语言，无论是作为官方语言还是作为非官方但在公共场合可使用的语言，都意味着高昂的成本，如国家不得不在政府、交通、医疗、金融、教育等公共服务机构和领域中配备诸多语言系统，这对许多国家来讲，都是不现实的。即便按照自由民主主义的观点，每一个个体或群体都有权要求国家为其必需的公共产品提供支持，语言被视为一种必需的公共产品。为达到这一目的，每一个个体都可以运用程序的和利益群体的压力来形成包括语言群体联合在内的各种联合，以寻求国家对特定语言、语言群体的支持。这样，何种语言是否成为官方语言就应该通过每一公民的投票来确定。② 可以想象和预见，语言群体人口数量仍然是影响投票结果的一个重要因素。理由很简单：每个人都希望生活在自己的文化背景下，都希望能最大限度地在各种场合使用自

---

① 有人认为："两个人只要拥有共同的文化，那么他们就属于一个民族。"这里"语言"是文化的主要标识。Cf. Gellner, E., *Nations and Nationalism*, Oxford: Blackwell 1983, p.7.

② 在如何体现语言平等上，有民族主义与自由民族主义之分。前者将语言权利集中在民族群体这类语言群体上，后者则认为个人才是权利的核心。为实现这种权利，前者将语言权利和其他文化权利作为一种政治诉求，认为建立单一的民族国家方能保障语言等权利的实施。这种主张极易滑向种族民族主义，产生极端的排外性和种族敌视，不仅不能给独立国家带来民主的社会价值和稳定的政治秩序，还日益成为一主权国家内部冲突的根源和不稳定的因素。相反，后者则认为，民族利益不能高于个体利益，也不是个体拥有的唯一利益。自由民族主义不把政治诉求作为其核心，而是将文化作为目的，力求保持文化识别身份与公民身份的统一，因此更值得信赖。

己最为得心应手的语言来表达自己的意愿，都希望以自己的文化识别支撑自己的独立性。退一步说，即使国家有心如此，也可能因为某些语言群体规模太小，不能提供足够的合格的（语言）人才来提供上述服务，如同步翻译服务等。如在加拿大，由于因纽特人的语言群体很小，致使在其居住的主要区域的人们发现，政府不得不雇佣不会讲因纽特语的非因纽特人来提供公共服务。塔米尔曾以文化少数群体的代表——少数民族为例，总结特定文化群体的规模对群体成员的文化实践能力的实际约束，为此她写到：

"由于规模的关系，少数民族群体可能不得不消耗更多的文化成本以便达到与多数人一样的目的。在绝大多数情况下，不考虑国家的公正与慷慨，除非相当大的群体对于遵从一种特定的文化感兴趣，否则给予孤立的个体的费用将足以保证文化服务的供给。这样，即使社会资源是公平分配的，少数民族群体实践其民族文化的能力仍然会受到限制。"①

因此，由于人口数量和规模的关系，即便国家公平地分配文化资源，在通常情形下，少数人的语言权利不可能对官方的语言政策形成真实的挑战，因"内在制约"所形成的高昂成本，其语言通常没有上升为一国境内官方语言的现实条件。

2. 少数人语言的准官方语言地位

如果获得与官方语言同等地位不是语言平等的唯一标志，那么成为官方语言就不应作为少数人维护自己语言生存和发展的终极目标。比较而言，在一定条件下，拥有准官方语言的地位更现实，也更有助于少数人摆脱语言的困境，从而构建其语言所需要的公共领域，满足其维护语言生存和发展的需要。此外，准官方语言地位不仅能推动少数人语言的生存和发展，而且能在相当的程度上减轻甚至消除少数人与公共领域文化之间的疏离感。

少数人语言的准官方语言地位是指，在少数人特定的聚居区域内，典型的如自治权所及的辖区内，使少数人的语言获得与一国境内官方语言相同或

① ［以］耶尔·塔米尔：《自由主义的民族主义》，陶东风译，上海世纪出版集团2005年版，第48页。

相对等的待遇。成为准官方语言的原因通常有二：

首先，如前所述，依据少数人人口的规模，其语言群体如果具备构成"同样情形"的一种情形，相对于一国境内的多数文化群体而言，散居的少数人文化少数群体成员，其语言权利的实现就面临着固有的"内在制约"。反之，因人口规模和语言权利实现的成本原因，在特定地域内，若少数人的人口数量已经达到相当的规模，那么这种相当规模的聚居地的文化少数群体的语言权利就更有可能与多数人的语言一样"被同等地对待"。因为在聚居地，不论其在人口数量上是否成为多数群体，至少在语言群体上，聚居地的文化少数群体保证了一定的语言群体的规模，从而保障了群体成员作为个体实践语言权利的必要前提。如在加拿大纽那瓦特地区，86%的纽那瓦特人将因纽特语作为自己的母语，这使得讲因纽特语的人口已经在该地区达到了相当的规模，有效地克服了践行语言权利的"内在制约"因素，因纽特语最终获得与英语和法语同样的待遇，成为当地的准官方语言。

其次，"同样的情形同样对待"中的"同样情形"的另一类情形，就是依据语言与人的关系的亲密程度和对人的生活的直观重要性来判断。虽然人不可能选择自己的母语，但可能基于各种情形改变自己的语言，尤其是家庭语言、日常语言和工作语言。如早在加拿大西北领域重新划分之前，根据加拿大西北领域的官方语言法案，6种土著人的母语——Chipewyan，Cree，Dogrib，Gwich'in，Inuktitut，Slavey，在本辖区内、在特定的公共领域内，同加拿大联邦政府的官方语言——英语和法语同等对待，享有包括语言服务平等、语言使用平等等体现语言平等的诸多现实性平等待遇。这其中的一个重要原因，就是当时这6种语言与辖区内居民的生活有着密切的关系，作为日常生活语言而成为该辖区内社会、经济领域的重要组成部分。① 但是，新近的调查显示，在纽那瓦特地区，只有不到1%的人还与上述除因纽特语之外的其他5种语言有密切的关系，而且只有10人可算作是"原生语言者"（native speaker）。因此，因纽特语顺理成章地取代其

---

① Cf. C. Michael Macmillan, *The Practice of Language Rights in Canada,* Toronto, Buffalo London, University of Toronto Press 1998, p.191.

他 5 种语言成为纽那瓦特地区的准官方语言。①

可见，因特定区域内少数人的人口规模和少数人的语言与其生活的密切联系程度，少数人的语言在特定的区域内可获得与官方语言同等的待遇，获得一种准官方语言的地位，集中体现在立法机构、政府部门在履行职责、提供服务的过程中，必须遵循特定的语言要求，将少数人语言与国家的官方语言同等对待。这类语言义务具体包括：

第一，在特定区域内立法机构的辩论中，少数人的语言可作为辩论语言，获得与官方语言同等的地位。即辩论者可在官方语言和少数人语言中选择一种语言作为在立法机构的辩论语言。包括因辩论者的要求，立法机构的报告和议事记录可采用少数人语言印刷；立法机构的所有法案都可以用少数人的语言来颁布，其与官方语言的文本具有同等的效力。如加拿大在纽那瓦特地区因纽约特人的自治地域中，应立法机构执行委员会委员的要求，立法机构的法案可用因纽特语颁布，其与英语和法语文本具有同样的效力。②颁布法令的公报除必须用官方语言发布外，可以同时用少数人语言的译本发布。

第二，个人在参与司法或类似于司法的各种程序中，可以选用少数人语言进行辩论和申诉。个人在民事诉讼的程序中有被告知可选用少数人语言的权利，如果选用的是少数人语言，还有权要求法庭提供翻译服务。考虑到公共利益或出席成员的利益需要，司法或类似司法的机构也可指示提供翻译服务。参与司法或类似司法程序的个人，有权要求司法机构或类似机构用他们所选择的包括少数人语言在内的官方语言来送达机构的最终决定、裁决或判决。此时，少数人语言在特定地域内就被作为官方语言之一来对待，获得与官方语言同等的地位。

第三，特定区域内的公共机构在对公众发布的指示牌、标志或布告上，必须使用包括少数人语言在内的官方语言。

---

①　Cf. John Fraser and Pierre Claude Nolin, Language Rights in Canada's North: Nunavut's New Official Languages Act Final Report: A Special Study on the motion that the Senate concur in the June 4,2008 passage of the Official Language Act by the Legislature of Nunavut.

②　Cf. Ibid.

第四，在特定区域内的居民有权用他们选择的包括少数人语言在内的官方语言来接受公共机构提供的各类服务，包含口头或书面形式的服务。

不仅如此，为切实保障在特定地域内少数人的语言获得与官方语言同等的待遇，保持准官方语言的地位，通常还要求采取一系列的保障措施。具体包括：

第一，设立特别的机构来监督立法和政府等公共机构在语言使用上的义务，保证少数人语言在公共领域内获得与官方语言同等的待遇，保证个人尤其是少数群体的成员在选择少数人语言作为特定区域官方语言的现实性和便利性。

第二，设立公共基金来保障少数人语言作为公众可选择的官方语言的现实性。资金的来源可以是政府部门包括联邦政府部门的拨款，也可以是因违反语言方面的法规而被法庭裁决所缴纳的罚款等。

四、少数人的差别群体代表权利

（一）少数人差别群体代表权利的法理基础

1. 少数人与多数暴虐

就控制社会运作的法律规则而言，无论是"发现观"还是"契约观"①，二者都涉及参与式民主。依据参与式民主的要求，因个人总是保持对法律和政治控制的服从，因此在法律的制定、修改、实施以及在其他控制个人的政治行为方面，理论上个人具有发言权。但是这种发言权在许多时候很可能仅仅意味着一种潜在的参与机会，并不指个人实际成为制定、修改和执行法律的有组织实体的成员或参与者。再进一步深究则不难发现，即使人人都有可能参与规则的形成或有参与的潜在机会，民主的实际运作也与理论有着不小的差距。詹姆斯·布坎南将这种差距称为"民主的限制条件"，认为个人

---

① 发现观指有益于社会的规则早已"在那里"，人们需要做的只是发掘、发现。契约观则认为规则是通过讨论、分析、游说和相互协商等参与过程而严格地逐字逐句制定或创造出来的。即对社会有益的规则是社会成员自由选择和确定的，是社会成员一致性的契约。

"即使存在着诸如此类的成员资格，也并不意味着进行集体选择或这些选择对个人所具有的具体影响方面存在着平等性"①。对于一个特定社会的文化少数群体而言，因多数主义的程序规则，这种"民主的限制条件"在他们身上体现得更加充分：在决定社会所遵循的运作框架包括基本政治结构和法律规则的形成中，多数主义占据上风，民主演化成"一人一票"的简单多数的程序规则。如果这种程序规则不能受到有效的制约，就会导致多数主义至上，少数人的利益就可能受到侵害或至少处于危险的境地，典型的如少数群体的社会文化生存能力，可能因某种或某些决定而被削弱；而这些决定之所以得到运行，不在于其内在的合理性（即便有也不作为原因），而在于其是由多数人决定的。当通过多数人决策的决定具体地侵犯了少数人的利益时，多数至上就变成了多数暴虐。如此，民主可能在某些方面超出民主本身可能的含义，成为一种"非民主"。少数群体差别代表权利在某种意义上就是这种"非民主"的反向，通过反向为少数人提供一种特别的"民主通道"。

2. 对防止多数暴虐传统路径的反思

现代宪政观对多数至上主义多有防范，甚至认为宪政就是指"对多数派决策的一些限制，在某种意义上是自我施加的限制"②。在决策中的多数至上主义之所以要加以限制，就在于它仅仅信奉这样一条原则，该原则认为，在一个特定的共同体中，任何一项规则、政策只要得到大多数人的赞成就应该加以实施，这是经不起推敲的。一项政策是否应该实施应取决于它的价值，而价值又与其正当性相联系；如果这项政策的正当性不能获得支持，无道德上的善，人们就无从知晓它的价值何在。有时候，最好的政策、公正的政策却无法赢得大多数人的支持。因此，反对多数至上主义最明显的理由就在于，它仅仅涉及人数的多少，却没有涉及政策的道德合理性。由此就对多数暴虐形成了多种防范路径，包括比例代表制、个人自律、移情体验等。但由于这些防范路径都没有考虑到少数人的文化差异，因此在防止多数人暴虐、

① ［美］詹姆斯·M. 布坎南、罗杰·D. 康格尔顿：《原则政治，而非利益政治——通向非歧视性民主》，张定淮、何志平译，社会科学文献出版社2008年版，第4页。

② ［美］埃尔斯塔、［挪］斯莱格斯塔特：《宪政与民主：理性与社会变迁研究》，潘勤、谢鹏程译，生活·读书·新知·三联书店1997年版，第32页。

保障少数人的额外文化诉求时，多多少少都表现得比较无力。以下进行逐一分析。

首先是比例代表制的失效。防范集体意见利用多数暴虐干涉个人利益的一种途径就是找出集体意见对于个人利益合法干预的限度，为个人提供一种外部保护，以防止社会作为集体凌驾于构成它的个人之上。自由主义的代表密尔认为，比例代表制可有效地防止多数至上主义，其"以文章和演说倡导比例代表制，因为他认为只有它才能让少数派（并不必然是品德高尚的或理性的少数派）的声音被听到"①。但是比例代表制不能改变文化少数群体利益可能的危险境地。很明显，代表少数群体的代表在参与决策的代表中不可能占多数，因此，即便是形式上非常公平的比例代表制也不能在事关少数人文化生存和发展的决策上防止多数至上主义。这其中最为重要的原因就是，由于某些不能归咎于少数人的历史因素，在许多国家，少数人的人口数量已经处于绝对劣势。如在加拿大，典型的少数人如土著人自 1800 年后，其人口数量已经下降了 95%，到 2001 年为止，据加拿大联邦政府的统计资料，包括印第安人、因纽特人和梅蒂斯人在内的土著人只有 976305 人，占加拿大总人口的 3.2%。试想，单纯地依靠比例代表制，怎么能指望在关系到少数人文化生存和发展的决策中，少数人的"声音"能被听到？除非少数人的人口数量占据多数（像南非当年的黑人所面临的情形一样）。可见，在通常的情形下，比例代表制在防范多数至上主义、保护少数人利益方面已经失效了，也不可能走得再远了。

其次，由于少数人的文化特征，缺乏个人自律的前提，依靠个人自律来防多数人的暴虐也是不现实的。防范集体意见利用多数暴虐干涉个人利益的另一路径就在于尊重个人自律，即以多数决策方式形成的集体意见应尊重个人的某些权利，特别是个体有能力选择自己目标、选择自认为幸福的生活的权利。但是依靠个人自律来防止多数暴虐是有前提的，那就是个人所依赖的文化的繁荣。其中的原理如有人所表明的那样："个人自律——他们对于幸福生活的选择能力——最终与下列事项密切相关：是否能接触他们的文

---

① ［英］以塞亚·伯林：《自由论》，胡传胜译，译林出版社 2003 年版，第 254 页。

化、这一文化的繁荣、他人对这一文化的尊重。"①可见，是否能自律、多大程度上自律，都与其生活方式、与其所置身的社会环境尤其是文化环境紧密联系，只有在其所属的文化中，个人才能有充分的机会形成、修正和合理追求自己的目标、自认为幸福的生活，因为特定社会的生活方式往往给个人诠释了幸福的含义，直接影响了个人的目标。因此，从这个角度分析，在一个更多反映、采纳多数人文化的公共领域中，少数人要依靠自己的自律来防范多数至上主义形成的多数暴虐，这多少有些"望梅止渴"的嫌疑，想象大于现实，在事关自己文化生存和发展的决策过程中，少数人想让自己的主张、自己的观点被倾听的愿望实现的可能性不大。

再次，通过对"移情体验"（empathy）的考察也不难发现，在面对少数人的文化差异时，"移情体验"实际上也很难有效防止多数人的暴虐。作为公民，有效地参与其所在的共同体的管理是一项基本的权利。现代民主国家在如何体现民主、保证公民有效地参与共同体的管理方面颇费了一番心机，"移情体验"就是这种心机的一个表现。有人可能认为，比例代表制中产生的代表即便不属于少数文化群体，这也并不意味着代表们不能理解少数群体及其成员的意愿、通晓他们的想法、代表他们的利益，借助"移情体验"是完全有可能做到这一点的。要知道"移情体验"是现代国家构建民主政治的一个重要途径，代表们作为群体利益的代言人，在决策时也在设身处地地为被代表人以及决策可能影响到的人着想，客观上能产生对任何一种激情的同感——"同情"，即"将别人的幸福看成是自己的事情……当看到或逼真地想象到他人的不幸遭遇时所产生的感情"②。但是，就特定文化少数群体而言，其他文化群体尤其是多数文化群体的代表即便能设身处地地理解他们的想法，就一定能真实地代表他们的利益吗？更何况，并非来自文化少数群体的决策代表们，又能在多大程度上去想象、去体味一项政策如官方语言政策对于少数群体个体生活影响的激烈程度？同情也许是人的天性，亚当·斯密在其《道德情操论》开篇即指出："无论人们会认为某人怎样自私，

---

①　Raz, Joseph, *Multiculturalism: A Liberal Perspective*, Dissent, Winter 1994, pp.67-79.

②　［英］亚当·斯密：《道德情操论》，蒋自强等译，商务印书馆1997年版，第5页。

这个人的天赋中总是明显地存在着这样一些本性，这些本性使他关心别人的命运，把别人的幸福看成是自己的事情……"① 想象别人正在遭遇或可能遭遇的苦难是可能的，而且这种想象本来就属于利益代表者职责的构成部分。但是若没有特别的措施来包容文化的差异，要代表们跨越文化差异去全面衡量少数人的利益，这实际上很难做到。更何况，"虽然人类天生具有同情心，但他从来不会为了落在别人头上的痛苦而去设想那必然使当事人激动的激情程度。那种使旁观者产生同情的处境变化的想象只是暂时的。认为自己是安全的，不是真正的受难者的想法，硬是频繁地在他脑海里出现。虽然这不至于妨碍他们想象跟受难者的感受多少有些相似的激情，但是妨碍他们想象跟受难者的感情激烈程度详尽的任何情况。"② 这种始终处于具有文化差异的"旁观者"角度的状态，最终会阻止代表们对少数群体困境的想象程度，导致"移情体验"的局限性。历史上不少国家的少数群体成员如美国的非洲裔文化群体，其遭受困难的时期也是比例代表制度盛行的时期，这从事实上也证明了比例代表制所推崇的"移情体验"在包容少数人文化差异、维护其利益方面的极大局限性。

此外，依据经济学信号传递理论的分析，也可以得出同样的结论，即少数人群体代表权利的确认能增加人们的选择机会，客观上减轻歧视。

霍布斯认为，社会对于个体来讲是必不可少的，没有社会中他人的帮助，个人不可能安全和舒适地生活下去，即个人对于社会具有依赖性。鉴于这种依赖，个人对于任何有助于维护社会的东西，都会认为具有间接增进自己利益的作用；相反，对于任何可能妨害和破坏社会的东西，都会认为对自己具有一定程度的伤害和危害作用。霍布斯由此认为，人只是根据"自爱"来决定自己的行为，赞成或反对他人的行为。这种"自爱"不是一种自然的普遍的关爱，而是关注自己利益的另一种表达方式。以该种观点来解释不同群体、社群之间的歧视现象，那就是歧视同个人的利益有关，是自己的利益驱使人们作出歧视和不歧视的行为，并赞同或反对他人歧视或不歧视的行为。

---

① ［英］亚当·斯密：《道德情操论》，蒋自强等译，商务印书馆 1997 年版，第 5 页。
② 同上书，第 21 页。

经济学的信号传递理论对于这种"自爱"现象进行了经济学上的细节分析。

依据信号传递理论，"对于某些显著的、不可改变的特征——而这些特征又与自己群体成员所向往的合作伙伴具有系统性差异——的人们的歧视是一种向合作伙伴表明自己具有低贴现率的信号"①，即歧视是为了自己不被自己向往的未来合作伙伴如自己所属群体的成员等规避、回避、躲避、放逐甚至攻击，表达一种忠诚、服从、可靠、合作的姿态，以从社会获取回报。"歧视"或"不歧视"在此时成为一种信号，是表明自己是"好人"或"值得信赖的合作伙伴"的信号。如此看来，减轻和消除歧视应该从"信号"入手，加大"歧视"信号传递的成本，如对于某种特定的作为"信号"的歧视行为"征税"，如惩罚等，以影响"信号"的数量和种类，进而影响人们的行为。总体来看，少数人差别权利的确认实际上就是对"歧视"行为的一种征税，因为对这种权利的侵犯与不尊重的行为需要承担相应的法律义务，这就增加了传递"歧视信号行为"的成本。而少数人群体代表权利则将这种"成本"明细化，通过少数人的"声音"将一项决策可能给少数人文化生存和发展带来的负面影响或灾难加以清晰展现，让人们去权衡和比较其中的"成本"。不仅如此，由于"对于一种信号的征税导致了一个分离均衡的瓦解，那么人们就不再会推断发出该信号的人属于好人类型"②。即关于少数人群体代表权利的差别权利的法律能改变人们基于一个人的行为而对其作出的判断，这样，"自爱"的人出于效用的考虑，就会谨慎行事乃至不再发出"歧视信号"，作出"歧视行为"，群体之间至少在行为方面的和睦成为一种可能。

3. 对少数人群体代表权利的质疑

不少人担心，少数人群体的代表权利会制造矛盾、分立，使人们不容易达成一致意见。这种情形在少数人因少数人群体代表权利而享有否决权时更为常见，往往使得决定的事项"泡汤"。③

---

① ［美］埃里克·A.波斯纳：《法律和社会规范》，沈明译，中国政法大学出版社2004年版，第201页。

② 同上书，第48—49页。

③ Cf. Iris Marion Young, *Justice and the Politics of Difference*, Princeton: Princeton University Press 1990, p.189.

其实，这种担心是没有必要的。既然少数人最为本质的特征在于文化差异，那么就应该有制度来使其在决策的制定中充分地释放这种"差异"，正所谓"宽容使差异成为可能，而差异使宽容成为必要"。① 唯有保持宽容、承认差异，才能达到真正的平等，"一个民主的公共制度应该为那些处于不利地位的群体提供有效的承认机制和独特的代表制度。……包括在提出决策议案以及政策分析时，决策者有义务表明他们已经充分考虑到各个群体的观点，并将这种做法制度化。群体对与他们息息相关的政策有最后投票权。"② 更何况，文化的差异并不一定就意味着不可调和的矛盾。一项决策能否最终形成，来自不同文化群体的决策代表们能否达成一致意见或至少形成基本的共识，这实际上并不取决于文化群体的差异，更取决于决策本身的公正性与合理性。虽然"对利益的诠释与个人身份和文化联系"③，但决策对利益的权衡所表明的公正与合理，却能使来自不同文化群体的人达成一致意见。因此，从这个意义上看，少数人群体代表权利制并不是制造矛盾的源泉，相反，其还能减少矛盾或至少不增加矛盾，因为在尊重差异的基础上达成的一致意见方是真正的一致。如果因为少数人群体代表的否决票使得决策难以通过，那么只能说明对于决策的公正性与合理性的认识还存在着相当的差距，共识无法达成。在此种情形下，"让决策处在'泡汤'或无限期的酝酿中也许是最为公正的办法"④。当人们不能就一项决策可能带来的影响达成一致意见时，强行实行决策不比维持现状更为安全。如果单为决策的效率考虑，那就更没有必要了。将效率建立在压制差异、掩饰差异之上，只能引起纷争，最终毁了效率本身。

另一种观点则从实际操作的角度考虑，认为少数人群体代表权利还面临着实际运作上的困境，因为"其首先必须决定哪些少数文化群体享有代表

① ［美］迈克尔·沃尔泽:《论宽容》，袁建华译，上海人民出版社 2000 年版，第 3 页。

② Iris Marion Young, *Justice and the Politics of Difference*, Princeton: Princeton University Press 1990, pp.203-217.

③ ［美］迈克尔·沃尔泽:《正义诸领域：为多元主义与平等一辩》，褚松燕译，译林出版社 2002 年版，第 7 页。

④ Iris Marion Young, *Justice and the Politics of Difference*, Princeton: Princeton University Press 1990, p.189.

权？谁来作出这样的决定？又是通过什么样的程序来作出决定的？"①要知道，虽然同为少数文化群体，但由于各自的文化困境和发展需求不同，产生各自不同的文化诉求，是否存在着一个可以普遍适用的原则来决定谁有权享有群体代表权还是一个未知数。但这个观点实际上也是多虑的，因为任何一种权利的确立都要面临主体区分的问题、行使的程序问题等。更何况，少数人差别代表权利在一些国家的尝试已经充分说明了这种顾虑不足以构成障碍。

（二）少数人差别群体代表权利的尝试

首先，在当地的政策决策机构中，少数人应该有自己的代表，在事关少数人文化生存和发展的事务决策上拥有发言权。这种代表权利对于那些还没有拥有居住国公民身份的少数人而言尤为重要，包括没有取得公民身份的移民以及外籍劳工等。对于他们而言，没有公民身份并不意味着他们的生活不与当地相联系，实际上，只要居住在那里，其自身或其生活就不可避免地被卷入当地社会，当地有关地方事务的各种决策亦有可能触及其特定的差异文化身份。

其次，在最高司法机构中，少数人有一定的代表数额。如在加拿大最高法院的 9 名法官中，属于魁北克法裔文化群体的法官有 3 名。但是考虑到少数人类型的多样及人口数量的差异，不能采取每个代表拥有一个席位的做法，为此，有人提出可参照国际法庭的模式，保证特定少数人在对其有直接重大影响的问题的裁决上拥有席位。②

此外，少数人在教育机构中的代表问题。这种代表的最低标准是能够让少数人对与他们文化生存和发展有关的教育问题具有掌控权。通常要求是：在管理地方社区有关少数人教育的机构和设施的当地委员会或公共机构中，必须保证少数人有自己的代表；少数人代表的数额应该与有关少数人的教育机构的数量相适应；少数人的代表在事关少数人教育的问题上有排他性的权

---

①　Iris Marion Young, *Justice and the Politics of Difference*, Princeton: Princeton University Press 1990, p.18.
②　国际法庭的模式是：允许某一争端的各个当事国提名一名法庭成员代表其参加庭审。参见［加］威尔·金利卡：《多元文化的公民身份——一种自由主义的少数群体权利理论》，马莉、张昌耀译，中央民族大学出版社 2009 年版，第 204 页注 2。

利。如加拿大最高法院在1990年梅诉阿尔伯塔省的案件中裁决认为一般情况下学校董事会应拥有少数族群的代表，以便其在一定程度上能控制和管理有关少数人的教育，包括课程设置、教员的雇佣以及学校的开支等。①

因为少数人群体代表权利在防止少数人的声音被"淹没"方面具有的独到功用，其具有的维护和发展独特文化、保持多样性的差别权利在国际人权领域开始逐渐得到认可。如联合国1999年《关于少数人民族有效参与公共生活的隆德建议书》第九条规定：在少数群体地域集中的地方，采用一区有一个成员的办法即可能足以保证少数群体的代表性，将其置于"比例代表制"之前，强调"降低获取立法机构代表资格所需数额可增进少数群体在国家治理中的作用"②。

五、少数人的融入帮助权利

（一）少数人融入帮助权利的含义

融入帮助权主要是针对移民群体以及其他有融入主流文化群体意愿的少数人的差别权利。融入帮助权的设立主要基于以下目标：

1. 在尊重少数人自由选择的基础上，为少数人提供平等的机会

由于文化识别认可个体在其中的主动性和能动性，因此，对个体而言，归属于某种特定的文化不是被动地接受命运强加于他的选择，而是一种主动的、能动的选择。在个体自认为条件成熟时，其完全可以脱离某一文化而融入他文化，这种选择在各种通信、信息比较发达的当今社会更容易获得成功，典型的表现就是个体自愿地移民，从一个文化到另一个文化、从一个文化群体到另一个文化群体的移居。换言之，这种移民的目的之一就是尽快地融入当地的文化，被当地的文化群体承认，且在绝大多数情形下，当地文化和当地文化群体就是移居国的多数人文化和文化群体的代名词。融入帮助权

---

① Cf. M v.. Alborta.

② 1999年《关于少数民族有效参与公共生活的隆德建议书》第九条。

就是针对移民的这个目的而设立的，通过向移民普及移居国的官方语言、宗教、习俗等，让移民尽早地、全面地认可移居国的多数人文化。从表面上看，融入帮助权与历史上早期对待少数人文化的同化政策似乎多有相通之处，如让少数人接受多数人的文化，让少数人学习多数人的语言、信奉多数人的宗教、遵循多数人的习俗、认可多数人的生活方式等，但进一步分析的情形却不尽然，二者在是否尊重少数人选择上体现了最大区别，或者说最为本质的区别。同化是在文化不平等的价值观下，将多数人的文化奉为高等文化并强行向少数人灌输，融入帮助权则是在少数人已经自愿地作出融入多数人文化的选择之后，帮助少数人融入而设立的权利；同化的目的是为了强制推行所谓的多数人高等文化，少数人的意愿不在考虑之列，融入帮助权的目的却是在尊重少数人选择的基础上，通过针对性的种种措施来缓解少数人融入多数人文化最初阶段的那种无所适从和茫然无措，最大限度地帮助少数人在异文化中立足。

2. 减轻少数人融入他文化和文化群体的压力

融入帮助权在减轻少数人融入他文化和文化群体的压力方面的作用，主要体现在其能够提供整合、融合的标准，即在一定程度上，融入帮助权能回答应该具备什么样的文化整合程度，少数人才能够被他文化群体接受，被视为其中的成员之一，能够在多大程度上和什么限度内融入多数文化群体，尤其是多数人文化群体的少数人可以保留自己的文化，或者政府在多大程度上可以包容他们多样的族裔文化。对于有融入多数文化群体意愿的少数人而言，他们需要知道融入的条件和融入的限度，正如有人所指出的那样："少数人在心理上和政治上最想弄清什么是共同体制框架和国家象征。因为，弄清是什么使我们乐意融入一个共同的社会，可以减轻少数人群体，尤其是那些还未得到完全认可的新少数群体的压力，这种压力产生于他们为反驳不忠的指控而不得不在社会生活的所有领域或任意选定的领域内与主流保持一致。"① 而确立融入帮助权有助于澄清少数人的疑问，少数

---

① Modood, Tariq, *Establishment, Multiculturalism, and British Citizenship*. Political Quarterly（1994）65/1:53-57.

人可以从融入帮助权设置的目的、行使的领域和方式等角度来了解多数文化群体接受他们的文化整合的最低限度，了解政府包容其多样文化的最低限度。

3. 促进文化交流，最大限度地减少脸谱化的文化偏见，降低乃至消除因文化差异引起的冲突

脸谱化的文化偏见在多文化的国家和地区都不同程度地存在，最典型的表现就是将异文化视为野蛮与落后的标志，或将某种强势文化视为进步的代表，加拿大也不例外。

加拿大政府虽然已经改变了对少数人差别权利诉求的"麻烦"或"问题"的定性①，着手在宪法框架内就如何落实少数人的差别权利问题与少数人进行谈判，但政府的这种努力却使不少公众，尤其是多数文化群体公众如英裔文化群体成员等感到困惑。在他们看来，少数人不仅是加拿大的社会问题，花费纳税人大量的钱财，而且给加拿大制造麻烦，威胁加拿大作为一个整体的社会结构，成为加拿大作为一个整体国家的"腐蚀剂"。这其中的首要原因，就是由于脸谱化的文化偏见导致文化平等的观念尚未被普遍接受。

在对待文化以及文化群体的生存与发展问题上，社会达尔文进化主义在加拿大仍然有相当的市场，这使得脸谱化的文化偏见得以盛行。以土著人为例，虽然加拿大乃至整个美洲以土著人为代表的少数人悲惨的命运与欧洲人在北美的殖民开拓行为直接相关，如有数据显示：单是由于饥饿、疾病和文化的错位以及战争等因素的影响，到1930年时，土著人的人口已经锐减了95%，而且这种锐减多发生在公元1800年之后。但是，运用达尔文的进化理论，许多人认为土著人的这种遭遇是进化过程中不可避免的命运。如同自然界的规律一样，物竞天择、优胜劣汰，不同文化群体之间的竞争是自然的，并不是所有的文化群体都能够生存下来，只有那些具有强大生命力、符合自然发展规律的群体才能生存和发展。反之，一个文化群体的生存机会在其他文化群体的压力之下变得微乎其微，甚至丧失生存机会，这只能说明其

---

① 1969年，加拿大政府在旨在解决印第安人地位的《白皮书》中，将印第安人事务定性为"印第安人问题"（indian problem）。

是劣质的、野蛮的，遭到淘汰是自然规律作用的结果，即族裔特征决定了文化的劣根性。由于进化是一种自然规律在起作用，谁也不能违背，因此，土著人遭遇同化、衰落甚至灭绝的命运是竞争的结果，是一种显然的、不可避免的命运。在加拿大，有相当一部分人用这种社会达尔文进化论的观点来看待少数人在历史上乃至今天正在遭受的不公平待遇。如《第一居民？第二种思考》（*First Nation? Second Thought*）的作者汤姆·弗拉根（Tom Flanagen）就是代表人物。他认为："无论是在技术上还是在体制上，欧洲的文明、文化都比土著人领先了几千年，如果我们接受洛克和爱莫德·威特尔（Emerde Vattel）的分析，那么欧洲在北美的殖民就是不可避免的，就是正当的。"①

脸谱化的文化偏见不是一朝一夕就能够被矫正的，这需要社会的长期努力。确立少数人融入帮助权就是社会努力的一种表现，其能在很大程度上矫正人们的文化偏见，迫使人们反思一个基本问题，那就是少数人的文化也是文化，具有不可取代的价值，从而理解、认同不同文化群体独特的文化追求，理解来自其他非多数文化群体的少数人对自己文化的归属感、依赖感，从而减少因文化差异所引起的冲突。否则，不仅是少数人在历史上悲惨遭遇的原因会被曲解，而且各种潜在的矛盾也会在所难免，即便是在一个少数人事务都公开的年代。

（二）少数人融入帮助权利的构成

必须有针对性地建立少数人融入的过渡时期，减轻融入压力，帮助有融入意愿的少数人更全面、更真实地融入主流社会。其中的措施包括：

1. 利用双语教学的手段来保证少数人的文化自尊

采用双语教学的手段对部分少数人及其子女进行教育，实际上是通过为少数人群体提供一种整体性的外部保护，以保证其文化自尊。有学者将其作为一个群体对抗外部更大的群体的权利，是一种集体权利，有别于群体对于

---

① Tom Flanagen, *First Nation? Second Thoughts*, Montreal, McGill-Queen's University Press 2008, p.3.

其成员的权利。①

与那种针对群体内部成员所行使的权利不同，该种权利是用以防备多数群体或更大的社会的权利，使该群体免受来自外部的不适当的压力（如大社会作出的有关少数群体的利益的经济决定或政治决定）的影响，或者提高少数群体对抗多数群体的经济压力或政治压力的能力，是对少数人群体的一种"外部保护"②。少数群体成员不仅作为群体的属员而存在，对于更大的社会如国家而言，还作为其公民而存在。公民有基本的权利和自由，即便是为了维护群体传统、习俗等的纯洁性或稳定性，也不能限制群体的个人作出放弃群体传统、习俗决定的权利，更不能限制其实际抛弃群体传统或习俗的行为，只要这种决定或行为是出自个体的真实意愿。"外部保护"不是通过限制内部成员的自由来达到群体的身份认同，而是为了向在外界不恰当的经济政治压力之下群体的脆弱的抵抗能力提供保护。换言之，"外部保护"权利的目的是为了加强少数群体作为集体的防范能力，促进群体之间的平等关系。而在这种平等的群体关系下，群体内部个体的权利更有实现的条件与可能。可见，这与个人权利保护是一致的。如加拿大对于作为少数群体代表的移民群体采取的"多元文化主义政策"即属于典型的"外部保护"。根据该政策，对移民的孩子实行双语教育（其母语和加拿大的官方语言），使得他们在面临另一个文化的情形下，能在自己母语的语境下接受本族裔的文化、观念，有针对性地建立了一种过渡时期，极大地减轻了其面对更大的群体、更大的社会时所接触的不同于自身族裔文化时的一种压力，为他们日后作出是否融入主流社会以及在多大的程度上融入主流社会等决定提供一种过渡和参照。

2. 在公民身份教育中融入文化身份教育的理念和内容

对个体而言，公民身份不仅是由一系列的权利和责任所确定的一种法律地位，而且还是一种认同，一种对自己归属于某个特定的国家共同体的一种表示。但是公民身份教育不能取代文化身份教育，更不等同于强制公民只承

---

① Cf. Will Kymlicka, *Finding Our Way: Rethinking Ethnocultural Relations in Canada*, Oxford University Press Canada 1998, p.62.

② Ibid.

认和接受一种特定强势文化的同化教育。对于任何一个文化群体而言，如果不将包含其主要价值观念和信念的文化传承给下一代，那么在可预见的未来，特定的文化群体将不复存在。在各种传承途径中，最为突出的就是教育，尤其是学校教育，这不仅是因为学校教育在灌输价值观念、信念方面的功能是不可取代的，更为重要的是，通过教育"欣赏自己社会的文化，参与到社会的事务之中，由此能给个人的价值追求提供一种安全意识"①。由此，文化身份的教育对于包括少数文化群体在内的任何文化群体的意义就不言而喻了。

　　罗尔斯曾经在《政治自由主义》中论证，如果把共同体设想为一种特殊类型的联合体，即靠一种完备性学说统一起来的联合体，那么一个秩序良好的社会既不是一种共同体，也不是一种联合体，因为在这种社会中缺乏任何个人或联合体那种终极的目的和目标，即没有在完备性学说中占据特殊地位的目的和目标。② 这番论证的言下之意就是，即便在秩序良好的社会，也不存在一种同质的基本道德观念，人们对何谓善、何谓美好的生活有着多样的甚至是互不相容的观念，并以行为来践行自己的观念和完备性学说。在这种情形下，依靠产生于一种特定文化之中的观念和完备性学说来试图统一具有不同文化背景的各种观点，这显然是行不通的。历史经验对此已经进行了证明。在加拿大，为了消除国内少数人对自己独特文化群体身份的认同意识，代之以盎格鲁文化作为统一的认同，加拿大政府可以说是想尽了一切办法，采取了一切可能的措施，包括建立印第安儿童寄宿学校、禁止部落习俗等。但是，几个世纪过去了，尽管受尽了法律的歧视、社会的偏见和毫不掩饰的冷漠，加拿大少数人对于自己独特的文化认同依然不放弃，相反这种试图将不同文化统一于主导文化下的同化教育反而引起了更多的疏远、敌视和仇恨。这其中的缘由正如有加拿大学者所总结的那样："文化上的承认乃是一种深刻永恒的人性需求。借由文化一致性与统一之名迫害文化差异的行径，

---

　　①　Rawls, J, *A Theory of Justice,* Cambridge, Mass: Harvard University Press 1971, p.101.

　　②　参见［美］约翰·罗尔斯：《政治自由主义》，万俊人译，译林出版社 2000 年版，第 41—44 页。

正是在今日引发社会动荡、分裂与解体的首要因素之一。"①

那么在一个因不同文化背景所产生的各种各样的甚至是互不相容、无法调和的观念和完备性学说共存的社会中，依靠什么作纽带才能达到一种团结、一种秩序井然呢？罗尔斯对此的回答是"政治上的正义观念"，其修正了自己在《正义论》中所持的观点，认为秩序良好的社会不再统一于同质的基本道德观念，而是统一于政治上的公平正义观念，这种正义观念是各种合理的综合性学说之间重叠共识的焦点，通过社会对宽容原则的逐渐接受来实现。② 而这种政治上的公平正义观念在文化领域的体现就是认同不同的文化具有同等的价值，个人的文化身份认同应该得到承认。如此，公民身份教育就不应该沦为试图以一种特定文化取代其他文化的同化教育；相反，本着所有文化都具有同等价值的公平正义观念，公民身份教育中应容忍和包含有关文化群体身份的教育，所有的受教育者都应该获得与他们处于同一政治共同体中的各种文化群体的文化、历史和知识，并通过尊重的方式来实际承认不同文化的同等价值。

国际人权领域对个体的文化身份教育早已提供了依据，这最早可以追溯到联合国的《世界人权宣言》。1948 年发布的《世界人权宣言》(*Universal Declaration of Human Rights*)，强调父母拥有为其子女选择所接受的教育方面的权利，这种权利在 1959 年《联合国儿童权利宣言》(*The U.N. Declaration of the Rights of the Child 1959*) 中再次得到重申。国际人权公约对于父母对子女教育享有选择权的共识成为少数文化群体成员享有在公民身份教育外拥有文化身份教育权利的依据，因为既然父母有选择子女接受何种教育的权利，那么自然就包括父母选择子女接受一种特定文化教育的权利，即便这种文化在一个共同体内属于少数文化。而为了满足父母的这种意愿和实现他们的权利，国家就有义务提供一种协助，使得少数文化群体接受自己文化的教育成为现实。由此，在公民身份教育中融入文化身份教育就成为少数文化

---

① ［加］詹姆斯·塔利：《陌生的多样性——歧异时代的宪政主义》，黄俊龙译，上海世纪出版集团 2005 年版，第 206 页。

② 参见［美］约翰·罗尔斯：《政治自由主义》，万俊人译，译林出版社 2000 年版，"导论"。

群体传承其文化的一个不可缺少的前提。其中的理念和内容主要包括：

首先，提供多文化的视角，使得学生和公民能够从其他文化的角度来观察、深思和评价自己以及其他群体文化或民族文化。由于文化都是人类重要经历、经验的凝结，如果个体仅仅从自己单一的文化角度来观察、认知和参与世界，那就等于丧失了许多分享人类经验的机会，很可能导致在文化上陷入一种无知，尤其是对他文化的无知。而这种无知不仅可能妨碍个体完整地认识自我，因为"只有完整认识他者，才能准确认识自我"①，而且这种对他文化的无知还极有可能导致一种对他文化的冷漠、轻视和不尊重。

其次，给学生和公民提供文化选择的权利和机会，使他们获得适应本民族或文化群体的文化以及其他文化所必需的知识、技能和态度，具备跨文化适应能力和交往能力。公民教育如果排斥多文化教育的理念和内容，就可能沦为一种同化教育或者一种文化压迫，因其在语言选择、课程安排以及价值观念上仅仅倚重主流文化群体的一元文化，这不仅使得公民教育客观上不可能做到中立，而且使得那些少数文化群体的成员处境尴尬。他们要么坚持自己的文化认同，继续承受被边缘化的结果；要么接受主流文化，完全放弃自己的母语、价值观和行为方式。即便那些有着强烈的融入主流文化群体愿望的少数人如移民等，在其看来，一味排斥多文化的公民教育也传达出一种冷漠和疏离，因为这种教育无视少数人在否认自己文化群体的语言、信仰、价值观和行为方式中所承受的巨大的心理压力和挫败感。此外，融入文化群体成员身份的公民教育还包括在课程设置方面删除文化歧视的内容，增加不同文化群体文化的介绍和价值肯定等。

当然，在公民身份教育中融入文化身份教育的内容和模式并不是一成不变的，这其中依据不同的少数文化群体的需求和所面临的实际条件而定。常见的有地方社区的模式和多民族委员会模式等。地方社区模式的特点是，少数文化群体在教育中的权利主要是以通过地方社区、地方机构的形式进行。如少数文化群体可通过代表参与地方教育的管理、政策的制定；通过地方社区对当地学生的教育问题加以解决；通过地方社区在当地的土著人机构中贯

---

① Augus Stewart, *Social Inclusion*, Ma Cmillian Press, Ltd., 2000, p.145.

彻国家的政策；依照国家的政策就学费问题进行谈判；在省或区域的权限内参与地方机构的决策等。而多民族委员会的模式通畅运行的途径是，政府与少数人之间可就学费协议、省或区域所应提供的服务、在少数人和省或区域之间就学术计划上的交接等问题进行谈判、制订课程计划，并得到省教育官员、大学和培训机构的指点。此外，在公民身份教育中融入文化身份教育的内容，还应该防止将多文化教育局限于特定文化群体成员身份教育，同时更应防止将文化群体经历中的苦难神圣化。

3. 在资源的分配和享用上，建立倾向于少数人的资源分配和享用制度，这方面的典型是少数人配额制度

少数人配额制度是指在大学招生和就业方面考虑文化、民族、种族等因素，以便增加少数民族和少数文化群体的学生人数和就业人数，帮助他们更快地、更真实地融入主流社会。

因文化的差异，少数人与不以反映自己文化为特征的公共系统之间更有可能存在一种疏离感或孤立感，而这种疏离感或孤立感在很大程度上妨碍了他们充分利用公共系统和制度提供给所有公民的潜在机会去进行自我实现，表现为他们不熟悉公共领域的文化起源，不擅长用游戏规则去开展游戏。因此，有必要在某些特别的领域，制定特别的制度和规则来帮助他们克服这种妨碍，其中最为重要的领域就是教育和就业，因此少数人配额制度成为在大学招生和就业方面应用最广的、对少数人在资源分配和享用上实行差别待遇的制度。

对少数人配额制度的批评主要来自两方面：一种批评认为其无疑是一种歧视对另一种歧视的置换，侵犯了非少数人申请人的利益，长此以往，人们就会片面追求配额，最终会导致教育标准和公共服务质量的急剧下降；另一种批评则来自少数人，他们认为这种配额制度意味着，他们的被承认并不是因为他们个人的天赋和能力，而是通过有组织的特殊优先权得到的。

对于少数人配额这种制度优劣的争论一直没有停止过。而仅仅从理论上进行辩驳的说服力并不强，需要对其进行更系统的、更纵深的实证性研究。但是到目前为止，在加拿大不管是赞成者还是反对者，都仅仅依靠粗糙的或传闻式的印象证据来支持自己的主张，他们所举的例子通常是报纸上报道的孤立事件，而通常引起注意的事例都具备耸人听闻或神话般传奇等极端的性质，不具有普遍的考察意义。加拿大联邦政府也公布了一些数据，但是尚无集中反映有关大学入学和就业方面的少数人配额制度的相关研究数据，倒是美国在此方面的一项统计学研究成果可以说明问题。

与加拿大一样，从 20 世纪 70 年代开始，美国在大学招生和就业环节实行种族、文化等方面的优待措施（affirmative action），对该措施的争论也是一致围绕着上述两个方面进行的。在现实中，少数人配额制度也遭遇到来自政治和法律方面的压力。①1998 年，当时的普林斯顿大学校长鲍温和哈佛大学前校长博克出版了一本名为《河流的形成》的专著，对美国大学录取中考虑种族因素这一政策的长期后果进行了统计学上的分析，并得出这样一个结论："大学极为成功地利用了考虑种族因素的录取政策，促进了对每个人都很重要的教育目标。"②

应该说，这个结论是令人信服的。首先这个结论建立在翔实的数据库基础之上，这个数据库是鲍温担任主席的梅隆基金（Mellon Foundation）在 4 年内收集的名为"大学及其他"（College and Beyond）有关数据，掌握了非常丰富和详细的相关信息，包括美国 28 所录取标准严格的大学在 1951 年、1976 年、1989 年录取的 80000 多名本科生的材料。在 1976 年和 1989 年的材料中，数据库记录了本科生的种族、性别、中学成绩、学术资质测验（SAT）得分、大学主修课程的成绩、课外活动、学位和职业学校记录以及家庭的经济和社会背景，还包括样本中所有的人离开大学后的经历，样本来源则是建立数据库时他们就具体问题作出的回答，回答率比较高，1976 年是 80%，1989 年是 84%。其次，《河流的形成》一书采取科学而复杂的统计

---

① 如美国联邦最高法院 1978 年在加利福尼亚大学校务委员会诉巴克案中的裁决认为，考虑种族因素的录取方案没有违反《美国宪法第十四修正案》关于平等保护的规定，只要这些方案没有为特定的任何种族或群体规定不变的配额。美国联邦最高法院在 1996 年第五巡回法庭在霍普伍德诉得克萨斯一案中宣布，得克萨斯大学法学院考虑种族因素的录取方案违宪。Regents of the University of California v. Bakke, 438 U. S.265（1978）. Hopwood v. Texas, 78 F.3d 932, cert denied, 116 S. Ct 2581（1996）.

② William G. Bowen and Derek Bok, *The Shape of the River: Long-term Consequences of Considering Race in College and University Admissions*（Princeton: Princeton University Press 1998）, p.284\290.

学分析方法，回答了关于少数人配额制度的诸多争论，如针对黑人的优待措施是否侵犯了每个申请人的权利？优待措施是否录取了一些学习能力有所不及的黑人？优待措施是否暗示黑人都是能力低下者？或者优待措施致使社会增加而不是减少了种族意识，所以弊多利少等。正如有人对该书所评价的那样："假如《河流的形成》一书没有大大改善长期的政治和法律论战的品质，那未免令人感到惊奇和可耻。它的分析大大提升了辩论标准。印象主义的或传闻式的证据不再有效：对大学的优待措施的任何值得尊重的讨论，现在要么必须承认它的发现，要么向它发起挑战，而任何挑战都必须符合鲍温、博克及其同事所达到的广度和统计学专业标准。"① 因此，关于帮助少数人更真实地融入主流社会的少数人配额制度的一个结论就呼之欲出了，那就是："国家现在就禁止这种政策是错误的，因为大量的统计资料和证据都证明了它的价值，除非《河流的形成》被更为出色的——更全面或更细致——研究所推翻，我们没有理由把禁止大学优待措施作为一件克服我们可悲的种族分层的武器，除非我们对这个问题漠不关心，或我们只是为它没有自动消失而感到恼怒。"②

当然，同任何少数人的差别权利一样，在特定领域的少数人配额制度或措施也不是一个脸谱化的统一的模式，针对具体的复杂困境以及少数人不同的需求和文化差异，其应该是一个在诸多方面存在差别的制度和措施，包括接受资源配给的少数人的类型的差别，资源配给模式的差别等。如不同的学校和就业机构可能在分配资源方面更多地考虑某一类型的少数人，有的更多地考虑土著人，有的则希望更多地吸纳来自其他非洲等文化群体的黑人。这些差别都是为了更好地应对少数人融入主流社会所遭遇的障碍的复杂性和多样性。

---

① ［美］罗纳德·德沃金：《至上的美德：平等的理论和实践》，冯克利译，凤凰传媒出版集团、江苏人民出版社 2007 年版，第 415 页。

② 同上书，第 436 页。

参 考 文 献

一、中文论文

1. 耿焰:《差别性公民身份与差别权利》,《政法论坛》2010 年第 4 期。

2. 耿焰:《个体理性与法律理性的冲突与协调》,《政治与法律》2011 年第 1 期。

3. 耿焰、王洪丽:《民间法与高级法的距离——从宪政的视角》,《山东大学学报》2009 年第 4 期。

4. 耿焰:《少数人自决权的宪法解释》,《法律方法》第 11 卷,山东人民出版 2011 年版。

5. 姜德顺:《加拿大土著民艰辛的维权之路——解读"土著权利"和"条约权利"》,《世界民族》2007 年第 5 期。

6. 黄现璠:《论西方"民族"术语的起源》(六),甘文杰、甘文豪整理,《广西科学》2008 年第 6 期。

二、中文(译)著作

1. [德] 威廉·冯·洪堡特:《论人类语言结构的差异及其对人类精神发展的影响》,姚小平译,商务印书馆 1999 年版。

2. [英] 以赛亚·伯林:《自由论》,胡传胜译,译林出版社 2003 年版。

3.［加］查尔斯·泰勒:《自我的根源:现代认同的形成》,韩震译,译林出版社 2001 年版。

4.［英］A. J. M. 米尔恩:《人的权利与人的多样性——人权哲学》,夏勇、张志铭译,中国大百科全书出版社 1993 年版。

5.［加］威尔·金利卡:《多元文化的公民身份——一种自由主义的少数群体理论》,马莉、张昌耀译,中央民族大学出版社 2009 年版。

6.［以］耶尔·塔米尔:《自由主义的民族主义》,陶东风译,上海世纪出版集团 2005 年版。

7.［加］詹姆斯·塔利:《陌生的多样性——歧异时代的宪政主义》,黄俊龙译,上海世纪出版集团 2005 年版。

8.［英］约翰·密尔:《论自由》,许宝骙译,商务印书馆 1959 年版。

9.［英］伯林:《反潮流:观念史文集》,冯克利译,南京译林出版社 2002 年版。

10.［英］C. W. 沃特森:《多元文化主义》,叶兴艺译,吉林人民出版社 2005 年版。

11.［加］威尔·金里卡:《少数的权利:民族主义、多元文化主义和公民》,邓红风译,上海世纪出版集团 2005 年版。

12. 周勇:《少数人权利的法理》,社会科学文献出版社 2002 年版。

13. 杨宇冠主编:《联合国人权公约机构与经典要义》,中国人民公安大学出版社 2005 年版。

14.［美］约翰·罗尔斯:《政治自由主义》,万俊人译,译林出版社 2000 年版。

15.［法］贡斯当:《古代人的自由与现代人的自由》,阎克文、刘满贵译,商务印书馆 1999 年版。

16.［加］威尔·金利卡:《当代政治哲学》(下册),刘莘译,上海三联书店 2003 年版。

17.［英］爱德华·莫迪默、罗伯特·法恩主编:《人民·民族·国家——族性与民族主义含义》,刘泓、黄海慧译,中央民族大学出版社 2009 年版。

18.［美］约翰·罗尔斯:《正义论》,何怀宏、何包钢、廖申白译,中国社会科学出版社 1988 年版。

19.［英］洛克:《政府论》(下),叶启芳、瞿菊农译,商务印书馆 1997 年版。

20.［美］哈罗德·J．伯尔曼:《法律与革命——西方法律传统的形成》,贺卫方、高鸿钧、张志铭、夏勇译,中国大百科全书出版社 1995 年版。

21.［意］维柯:《新科学》,朱光潜译,人民文学出版社 1986 年版。

22.［法］孟德斯鸠:《论法的精神》(上、下册),张雁深译,商务印书馆 1961 年版。

23.［意］阿奎那:《阿奎那政治著作选》,马清槐译,商务印书馆 1963 年版。

24.［美］约翰·麦克里兰:《西方政治思想史》,彭淮栋译,海南出版社 2003 年版。

25.北京大学哲学系外国哲学史教研室编译:《西方哲学原著选读》(下卷),商务印书馆 1982 年版。

26.［英］以赛亚·伯林:《扭曲的人性之材》,岳秀坤译,凤凰传媒集团、译林出版社 2009 年版。

27.夏勇:《法治之源》,中国社会科学文献出版社 2003 年版。

28.［美］肯尼思·W．汤普森编:《宪法的政治理论》,张志铭译,生活·读书·新知三联书店 1997 年版。

29.孟广林:《英国封建王权论稿——从诺曼征服到大宪章》,人民出版社 2002 年版。

30.［德］马科斯·韦伯:《经济通史》,姚增廙译,韦森校,上海三联书店 2006 年版。

31.［美］卡尔·弗里德利希:《超验正义——宪政的宗教之维》,周勇、王丽芝译,生活·读书·新知三联书店 1997 年版。

32.［英］以赛亚·伯林:《现实感》,潘荣荣、林茂译,译林出版社 2004 年版。

33.夏勇:《人权概念的起源——权利的历史哲学》,中国政法大学出版社 2001 年版。

34.［美］迈克尔·沃尔泽:《正义诸领域:为多元主义与平等一辩》,褚松燕译,译林出版社 2002 年版。

35.［美］罗伯特·C.埃利克森:《无需法律的秩序》,苏力译,中国政法大学出版社 2003 年版。

36.［英］S.F.C.密尔松:《普通法的历史基础》,李显冬、高翔等译,中国大百科全书出版社 1999 年版。

37.［美］詹姆斯·M.布坎南、罗杰·D.康格尔顿:《原则政治,而非利益政治——通向非歧视性民主》,张定淮、何志平译,社会科学文献出版社 2004 年版。

38.［美］埃尔斯塔、［挪］斯莱格斯塔特:《宪政与民主》,潘勤、谢鹏程译,生活·读书·新知三联书店 1997 年版。

39.［英］亚当·斯密:《道德情操论》,蒋自强等译,商务印书馆 1997 年版。

40.［美］迈克尔·沃尔泽:《论宽容》,袁建华译,上海人民出版社 2000 年版。

41.［美］埃里克·A.波斯纳:《法律和社会规范》,沈明译,中国政法大学出版社 2004 年版。

42.徐显明主编:《国际人权法》,法律出版社 2004 年版。

43.［美］罗纳德·德沃金:《至上的美德:平等的理论和实践》,冯克利译,凤凰传媒出版集团、江苏人民出版社 2007 年版。

三、外文论文、著作

1. Avigail Eisenberg (edited), *Diversity and Equality: The Changing Framework of Freedom in Canada*, Vancouver, Toronto, UBS Press 2006.

2. Duncan Ivison, *Postcolonial Liberalism,* Cambridge: Cambridge University Press 2002.

3. Homi K. Bhabha, *Cultural, Choice and the Revision of Freedom,* in Austin

Sarat and Thomas R. Kearns (eds) *Human Rights: Concepts, Contests, Contingencies* Ann Arbor, The University of Michigan Press 2001.

4. Charles Taylor, *The Politics of Recognition, in Amy Gutmann (ed.) Multiculturealism and the Politics of Recognition*, Princeton Univercity Press, Princeton 1992.

5. Raymond Williams, *Keywords: A Vocabulary of Culture and Society*, London: Frontana Paperbacks 1983.

6. Isaiah Berlin, *The Crooked Timber of Humanity,* edited by Henry Hardy, London: John Murray (Publishers) Ltd.

7. Lewis H. Morgan, *Ancient Society*, edited by Leslie A. White, Cambridge, Massachusetts, the Belknap Press of Harvard University Press 1964.

8. John Stuart Mill, *Considerations on Representative Government*, The Library of Liberal Arts Press 1958.

9. Isaiah Berlin, *Vico and Herder: Two Studies in the History of Ideas,* London: The Hogarth Press 1976.

10. Ernest Gellner, *Nations and Nationalism,* Ithaca, New York, Cornell University Press 1983.

11. Smith Anthony, *Canadian Confederation and the Influence of American Federalism*, in Marian McKenna (ed.) , The Canadian and American Constitutions in Comparative Perspective (University of Calgary Press, Calgary).

12. Hume, Dvide, Essays, *Moral, Political and Literary*, edited and with a foreword, notes and glossary by Eugene F. Miller, Indianapolis: Liberty Classics 1985.

13. Charles Taylor, *Nationalism and Modernity,* in R. Beiner (ed.) Theorizing Nationalism, State University of New York Press.

14. Dworkin Ronald, *A Matter of Principle*, Cambridge, Massachusetts, and London, England, Harvard University Press1985.

15. Amy Grtmann edited, *Liberal Eeality*, New York: Cambridge University Press 1980.

16. Iris Marion Young, *Justice and the Politics of Difference,* Princeton: Princeton University Press 1990.

17. Bruce Granville Miller, *Invisible Indigenes-The Politics of Nonrecognition*, Lincoln and London, University of Nebraska Press 2003.

18. Alan Patten and Will Kymlicka, *Language Rights and Political Theory: Context, Issues and Approaches,* Will Kymlicka and Alan Patten（edited）, Language Rights and Political Theory, Oxford: Oxford University Press 2003.

19. Michael Walzer, *What It Means to be an American*, New York: Marsilio Publisher Corp. 1992.

20. Edward Said, *Culture and Imperialism*, New York, Vintage Books 1994.

21. Gellner, E., *Nations and Nationalism*, Oxford: Blackwell 1983.

22. Anthony Pagden, *Lords of all the Word: Ideologies of Empire in Spain, Britain and France.C.1500-C.1800, New Haven and London*, Yale University Press 1995.

23. James Tully, *The Two Treaties and Aboriginal Rights, in Locke in Contexts*: an Approach to Political Philosophy Cambridge, Cambridge University Press 1993.

24. Tom Flanagan, *First Nations? Second Thoughts*, Montreal，McGill-Queen's University Press 2008.

25. B. Parekh, *Rethinking Multiculturalism——Cultural Diversity and Political Theory*, Harvard University Press 2000.

26. Raymond Williams, *Keywords: A Vocabulary of Culture and Society, London*: Frontana Paperbacks 1983.

27. Immanuel Kant, *Observations on the Feeling of the Beautiful and Sublime,* translated by John T. Goldthwait, Berkeley, Los Angeles, London: University of California Press 1960.

28. Immanuel Kant, *Idea for a Universal History with a Cosmopolitan Intent and Perpetual Peace: A Philosophical Sketch, in Perpetual Peace and Other Essays*, tr. Ted Humphrey, Indianapolis: Hackett Publishing Company 1983.

29. Kymlicka, Will. *Liberalism, Community and Culture*, Oxford: Oxford University Press1989.

30. Will Kymlicka, *Finding Our Way: Rethinking Ethnocultural Relations in Canada*, Oxford University Press Canada 1998.

31. Ayelet Shachar, *Multicultural Jurisdictions: Cultural Differences and Women's Rights, Cambridge*: The Press Syndicate of the University of Cambridge 2001.

32. Nathan Glazer，*"Individual Rights against Group Rights"*，in Nathan Glazer, Ethnic Dilemma:1964-1982, Harward University Press,Cambridge, MA 1983.

33. Joseph Eliot Magnet, *Official Language of Canada, Cowansville*, QC: Les Editions Yvon Blais 1995.

34. Joseph Carens（ed.），*Is Quebec Nationalism Just? Perspective from Anglophone Canada* McGill-Queen's University Press, Montreal 1995.

35. Kerry Abel and Jean Friesen（edited）: *Aboriginal Resource of Use in Canada: Historical and Legal Aspects*, University of Manitoba Press 1991.

36. *The Quest for Justice: Aboriginal Peoples and Aboriginal Rights,* Edited by Menno BOKDT, J. Anthony Long, Leroy Little Bear, Toronto Buffalo London, University of Toronto Press 1985.

37. Patrick Macklem, *Indigenous Difference and the Constitution of Canada*, Toronto: University of Toronto Press2001.

38. Warren J. Newman, *The Quebec Secession Reference*, York University 1999.

39. Miller, Dvid, *On Nationality*, New York: Clarendon Press 1995.

40. Allen Buchanan，*Uncoupling Secession from Nationalism and Intrastate Autonomy from Secession*, Hurst Hannum and Eileen F. Babbitt（edited）Negotiating Self-Determination, Lanham, Boulder ,New York, Oxford, Lexington Books 2006.

41. Bell, Catherine, *"Metis Self-Government: The Alberta Model"*，in John

Hylton, ed., Aboriginal Self-Government in Canada: Current Trends and Issues. 2nd ed. Saskatoon: Purich 1999.

42. Smith Jennifer, *Canadian Confederation and the Influence of American Federalism*, in Marian McKenna（ed.）, The Canadian and American Constitutions in Comparative Perspective, University of Calgary Press, Calgary 1993.

43. Augus Stewart, *Social Inclusion*, MaCmillian Press, Ltd.,2000.

44. Myers, Norman, *The Anatomy of Environmental Action: The Case of Tropical Deforestation*, in Andrew Hurrell and Benedict Kingsbury（eds.）, International Politics of the Environment（Oxford University Press 1992）.

45. Marie Battiste（edited）, *Reclaiming Indigenous Voice and Vision*, Vancouver Toronto, UBC Press 2000.

46. C. Michael Macmillan, *The Practice of Language Rights in Canada*, Toronto, Buffalo London, University of Toronto Press 1998.

47. Stephen May, *Language and Minority Rights: Ethnicity, Nationalism and the Politics and Language*, Pearson Education Limited 2001.

48. Robert Pillipson edited, *Rights to Language : Equity, Power, and Education*, Mahwah, New Jersey, Lawrence Erlbaum Associates, Inc. 2001.

后　记

2009年春，受加拿大多伦多大学法学院副院长 Anita Anand 教授的邀请，我赴加做访问学者。此前，已经确定将"少数人"权利作为研究课题，且经过前期长达半年的准备，依据"少数人"的类型、差别权利的类型和其他多种因素，确定重点以加拿大为视角进行研究。此番访问学者之行，目的很明确，就是为课题的研究进行访学交流、收集资料，尤其是案例以及涉及政策的各种政府文件、统计等实证资料。也许是对课题研究未来一种可预知的确定，虽然自己从没有去过加拿大，但回想起来，当时的心情或许有些不安，但更多的是兴奋、新奇。

随着在加拿大日子的增多，我的心情悄然起了变化。兴奋与新奇逐渐被一种惆怅感、疏离感所替代。这种惆怅感和疏离感不是来自对家人的思念，发达的通信已经将这种思念减少到了最低程度；也不是来自学习和工作上的压力，多伦多大学良好的研究条件、法学院教授及其他同行的真诚相待以及自己付出的勤奋和努力使得研究工作进展得非常顺利。仔细品味，这种惆怅感和疏离感竟是来自异文化及异文化群体对自己原本"自由自在"生活的不着痕迹的"剥离"。

一个人如果脱离自己的文化群体，或作为少数人生活在另一文化群体构成多数的共同体中，其是否还能够过一种真正的自由自在的生活？如果每个人都要求能实际接触自己的文化，那么少数人是否能因此产生要求社会承认自己的文化识别和认同，承认其具有某些差别性的权利，以便让其能最大限度地、合乎情理地生活在自己文化构成的公共领域中的诉求？对于上述问题，在去加拿大做访问学者之前，我更多地是从理论上探讨，而非从自身的真切体认中感悟。虽然在此之前我也在日本做过访问学者，但这段为期半年之久的异国他乡生活却没能使自己真正沉静下来思考这些问题。其中的原因不仅是因为在日本所见的几乎都是亚洲人，外貌极其相似，单是日本到处可见的"汉字"就让我恍惚感觉还在中国。同日本人交流时，那种异文化群体的感觉也不是那么明显，这根源于两个文化群体的同源性。但加拿大则不同，盎格鲁文化在这里占据主导地位，这使我处处感觉到自己是少数人，来自另一文化群体。这不是说存在语言的障碍，而是指缺乏那种像对自己文化一样切身的、无法言表的了解和信任。虽然我一再告诫自己遵循所谓的"入乡随俗"，但种种来自异文化的"俗"却还是常常让我困惑。从小费给付到华人移民店主因现场抓获劫贼反被警察以非法拘禁罪拘捕的种种实例，无不在提醒自己与当地异文化之间的疏离感。

　　我仅仅是作为访问学者在加拿大生活了 9 个月，短期的"少数人"身份所造成的种种不便、种种不自在都是可以克服的，但加拿大本土的少数人呢？土著人、众多的移民群体及其成员，他们如何应对因文化的差异而造成的种种不便和不自在？当然他们也可以选择去了解占据主导地位的文化，但这需要其投入大量的时间和精力，而多数人则不必付出这种时间和精力。可见虽然同为加拿大公民，但因文化的差异，公民与公民在社会中的"天然地位"实质上是不同的，普遍性的公民身份应该被"差别性公民身份"所取代。经过这样深入的挖掘不难找出一条路径，那就是：在公民基本权利之外确认少数人差别权利，满足其生活在自己文化中的愿望，同时也不断地创造文化，在与他文化的平等交流中不断地确定自己的文化归依，以最大限度地成就少数人自由自在的生活。而这其中的关键就是对文化中的社会达尔文主义的摈弃，对不同文化平等价值的承认和充分尊重。

　　加拿大虽然在少数人权利问题上不停地进行反思，作出了让国际人权领域颇为关注的种种努力，但是否认不同文化平等价值以及认为对少数人文化没有必要予以尊重的社会达尔文主义在那里还有相当的市场。追本溯源，这种现象也不是偶然的。这种观点早在 17、18 世纪就盛行于欧洲，这与自然科学的发展有着深刻的渊源。在当时的欧洲，自然科学的发展给人们带来巨大的冲击是可以想象的。人们发现，自然原来有规律可遵循，而在各种规律中，进化论的观点令人信服，自然界的生物无不遵循这一神奇的规律，演绎着一种从低级到高级的进步过程。不仅如此，人们还进一步非常合理地推理，既然自然界有这种规律，那么人类作为自然界的一个部分，有什么理由不遵循这种进化的规律呢？这其中的逻辑就如同伯林所总结的那样："既然自然科学是整个人类历史中也许最成功的故事，那么假设只有人不服从由自然科学家发现的自然规律，便是非常荒谬的。"① 于是，人们用进化论的观点来看待各种社会文明、社会文化，非常虔诚地相信，"有一个进步的阶梯，从远古一直延伸到现在（赫尔德语）"。而在这个进步的阶梯中，依照欧洲的文化标准，当时的欧洲无疑站在了阶梯的顶端，其他的非欧洲文化自然位于进化的低级阶段。当时的哲人们也潜心地为这种社会达尔文主义注释，其中北美的印第安人的社会结构被贴上了"自然状态"的标签，自然无法与已经处于"政治社会"的欧洲抗衡，开拓北美的欧洲人对印第安人的殖民也就在所难免了。不仅仅是在所难免，站在欧洲人的角度，殖民让处于进化低级阶段的印第安人享受到高级阶段的欧洲文明，享受到欧洲文化的荣耀，这是印第安人的荣幸。如果印第安人由此遭受了什么损失或牺牲如文化的衰落、群体的锐减甚至灭绝等，那么这种损失或牺牲只能视为进化所不可避免的代价，纵然这种代价极其昂贵和痛苦，但是与能进化到完美社会这一崇高的目标相比，这些痛苦又算得上什么呢？ 18世纪的哲人们就是这样思想的，洛克、康德、休谟、密尔等人都不能例外。

这种文化上的社会达尔文主义观念不仅仅是造成少数人在历史上遭受不公正待遇的根源之一，也成为造成加拿大少数人差别权利困境的一个缘由。如果不承认印第安人等土著人的文化也是文化，不肯定土著人文化具有同其他文化一样不可取代的价值，不认同土著人独特的文化追求，不理解来自其他非英裔文化群体的移民对自己文化的归属感、依赖感，那么尽管公众具有正常的同情心，又如何能要求他们理解少数人想要什么、为什么想要以及如何才能得到满足等一系列问题呢？如此，在文化平等观念没有被社会公众

---

① ［英］以赛亚·伯林：《自由论》，胡传胜译，译林出版社2003年版，第367页。

普遍接受的前提下，少数人的文化诉求被不少人视为一种包袱，是加拿大的"社会问题"，是花费纳税人钱财的"社会问题"，是危及到加拿大社会结构的"社会问题"。

实际上，关于不同文化平等价值的承认和尊重不仅成为制约加拿大少数人差别权利发展的瓶颈，从更长远来看，还折射出宪政主义的一个重大问题，那就是是否应该承认个体的文化成员身份，是否应该包容文化的差异。在帝国主义时代，宪政主义本质上否认个体的文化成员身份，排斥文化的多样性，将欧洲文化的主张和追求以一种"仿效世界语的宪政主义"的面目出现。现在已经是"后帝国主义时代"或"后现代时代"，与帝国主义时代相比较，二者之间就不应该仅仅限于时间上的顺序关系。后帝国主义时代或后现代主义时代对于帝国主义时代的超越，更应体现在对帝国主义文化心态的超越上。有人将"文化承认"即"现代宪政制度是否能够承认，并进而调适文化歧异性"作为后帝国主义时代最困难和最紧迫的问题之一[1]，而少数人的差别权利就是对这个时代最为困难和紧迫的问题的一种回答。

以上是我在写作《少数人的差别权利——以加拿大为视角》时的体会，也是我作为"少数人"在加拿大学习和生活时的感悟和体认。在某种意义上，本书就是对这种感悟和体认的思考和提炼。

耿焰

2011 年 3 月于青岛

---

① ［加］詹姆斯·塔利：《陌生的多样性——歧异时代的宪政主义》，黄俊龙译，上海世纪出版集团 2005 年版，第 1 页。

致　谢

本书的写作和出版得到了许多人的无私帮助，特此表示感谢。首先，感谢我国人权法方面的知名学者、山东大学法学院的齐延平教授，他在我研究课题的确定方面起了关键作用，不仅建议我将"少数人"作为研究课题，还建议我去加拿大。该书的完成与出版，与齐教授的工作分不开。在加拿大做访问学者期间，我还得到了许多友人的帮助。在这里，特别感谢加拿大多伦多大学的 Anita Anand 教授，在我选定以加拿大有关"少数人"差别权利的实践作为研究视角时，是她向我发出邀请，使我的加拿大访学之旅得以成行。多伦多大学法学院的现任院长 Bruce Chapman 教授则对我在加拿大的访问工作出具了一份很好的鉴定，称我访问期间"成果丰富，干得好"，在此表示感谢。多伦多大学法学院的 Cathy 女士非常热心而细致地帮我联系医疗保险问题，最终使我顺利地加入了安省的 HUOP 医疗保险项目，解决了我的后顾之忧。另外，加拿大皇后大学（Queen's University）的 Xudong Liu 教授以其丰富而独到的学术经验对我在访问期间的资料收集和研读工作提出了非常中肯的意见，令我受益匪浅。Jianhua Liu 女士及其儿子 Kevin 为我在加拿大的生活提供了非常舒适、安心的住宿，周末晚上与他们的轻松聊天在相当程度上慰藉了我的思乡之情。我至今仍然想念那幢漂亮的小楼，不知道花园中那棵樱桃树是否已经硕果累累？此外，皇后大学法学院的 Gillian Ready 教授也曾对我发出访问邀请，但因种种原因我最终接受了多伦多大学的邀请，谢绝了皇后大学的邀请。虽然最终没能在皇后大学进行访学，但 Gillian Ready 教授的信任和坦诚让我备感亲切。

　　此外，青岛大学的刘忠世教授的学识和真诚让我受益良多，即便在我出国期间，他也曾通过越洋电话与我多次长时间地讨论康德、洛克等对于异文化的哲学观。这些讨论使我越来越信服这样的观点，那就是一些自由主义者在潜意识里还是西方中心主义的。青岛大学法学院王成儒教授对本书的出版做了细致、周到的推荐工作，在此表示感谢。

　　我还特别感谢我的家人。在我出国期间，我的先生在繁忙的工作之外还一人独自承担起照顾孩子和家庭的职责，且一直"报喜不报忧"，让我安心在国外访学。一年的工作任务我用了9个月的时间就完成了，这其中凝结着我先生的辛苦。回国后，在本书写作的关键阶段，我的父母为了让我安心完成书稿，千里迢迢从四川到青岛帮我照顾家庭，而青岛不同的方言、生活习惯乃至迥异于南方的干燥气候对他们来说无疑都是一个个的挑战。该书的完成，许是对他们辛苦的最好慰藉。我也不能不提到我的女儿子仪，我知道她最大的愿望是放学后一进家门就见到自己的妈妈，并诉说学校里的种种趣事。但这个愿望因我的出行而不能实现，即便回国后，我大部分时间也耗在了写作上，但愿自己以后能多满足其愿望。

耿　焰

2011 年 3 月于青岛旺海花园

责任编辑：方国根　段海宝

封面设计：肖　辉

图书在版编目（CIP）数据

少数人差别权利研究——以加拿大为视角／耿焰 著 .

　－北京：人民出版社，2011.9

ISBN 978－7－01－010138－5

I.①少…　 II.①耿…　 III.①公民权 － 研究 － 加拿大

　 IV.① D971.11

中国版本图书馆 CIP 数据核字（2011）第 159180 号

少数人差别权利研究

SHAOSHUREN CHABIE QUANLI YANJIU

——以加拿大为视角

耿焰 著

人民出版社 出版发行

（100706　北京朝阳门内大街 166 号）

环球印刷（北京）有限公司印刷 新华书店经销

2011 年 9 月第 1 版　2011 年 9 月北京第 1 次印刷

开本：710 毫米 ×1000 毫米 1/16　印张：19.75

字数：300 千字　印数：0,001－3,000 册

ISBN 978－7－01－010138－5　定价：48.00 元

邮购地址 100706　北京朝阳门内大街 166 号

人民东方图书销售中心　电话（010）65250042　65289539